완역
서우
2

점필재연구소
대한제국기 번역총서

완역 서우
西友
2

권정원
신재식
장미나
최진호

보고사
BOGOSA

발간사

강명관 / 부산대 한문학과 교수

2019년에 『조양보(朝陽報)』를, 2020년에 『태극학보(太極學報)』를 발간한 우리 '대한제국기 잡지 번역팀'은 이번에 『서우(西友)』를 완역하여 발간한다. 『조양보』와 『태극학보』 등 이른바 대한제국기 잡지의 중요성에 대해서는 이미 상식이 되어 있기에 여기서 다시 말할 필요는 없을 것이다.

『서우』는 서우학회(西友學會)의 기관지로서 1906년 12월 1일 창간되어 1908년 5월까지 통권 17호를 발간하였다. 『서우』는 겨우 1년 반 정도 발간되고 말았으니, 이 시기 대부분의 잡지가 그랬던 것처럼 단명했던 것이다. 『서우』의 내용 역시 애국계몽기 잡지와 크게 다르지 않다. 그럼에도 불구하고 『서우』는 『서우』만의 특성이 있다. 『서우』의 발간 주체인 서우학회는 1906년 10월 26일 평안도와 황해도 출신의 지식인들이 주축이 되어 결성한 학회다.

조선시대에 평안도와 황해도를 '양서(兩西)'라 불렀던 바, 양서는 함경도 지역과 함께 심한 차별의 대상이었다. 박은식(朴殷植)은 창간호의 사설에서 "수백 년간에 이른바 서도 출신이 우리 국민들과 비교하여 어떤 대우를 받았던가? 독서하는 선비들은 재상가의 인역(人役)에 불과했고, 일반 평민들도 모두 관리들의 희생이었다."라고 말하며 자신들이 받았던 지역적 차별을 강렬하게 의식했던 것이다.

『서우』는 이처럼 지역적 차별에 대한 강렬한 의식에서 출발했지만,

최종적인 목적은 지역을 넘어선 민족의 계몽을 지향하고 있었다. 박은식은 이렇게 말한다. "지금 우리들로 하여금 지난 일들을 생각하게 하면 당연히 화가 나고 속이 끓는구나. 아주 옛날에 우리 선조와 부형들 중 과거 급제로 관료가 된 자들은 나그네 처지로 서울에 머무를 때에 '도계(道契)'라는 조직이 있었으니, 이것이 지금 학회의 배태(胚胎)이다. 그러나 그때 도계의 주의(主義)는 일반 계원의 상애상조(相愛相助)를 목적으로 한 것이었지만, 지금 우리의 학회 발기는 그 취지 목적이 단지 회원의 친목구락(親睦俱樂)을 위함이 아니고, 일체 청년의 교육을 진작시키며 동포의 지식을 개발하여 대중을 단체 결합시켜 국가의 기초를 곧게 세우고자 함이다." 곧 서우는 평안도와 함경도인의 '친목구락'이란 지역적 이기주의를 벗어나 청년의 교육, 동포의 지식 개발, 민족의 단결 등 민족의 각성과 계몽을 지향하고 있었던 것이다. 이 점에 유의하지 않을 수 없다.

『서우』의 내용은 전반적으로 이 시기 계몽적 잡지를 크게 벗어나지 않는다. 격변하는 세계정세에 대한 보고, 근대적 지식의 수용, 민족의 각성에 대한 계몽적 논설 등이 주류를 이룬다. 물론 이 시기가 을사늑약 이후 통감부 체제 하라는 것을 염두에 두지 않아서는 안 될 것이다. 어쨌든 이번 『서우』의 완역을 계기로 하여, 계몽기에 대한 연구가 보다 치밀해지고 풍성해지기를 기대한다.

『서우』의 완역에도 여러 사람이 참여했다. 권정원, 신재식, 신지연, 최진호 등이 번역을 맡았고, 서미나, 이강석, 전지원은 편집과 원문 교열을 맡았다. 그 외 유석환, 손성준, 임상석, 장미나, 김도형, 이태희 등 여러분들이 책의 완성에 수고를 아끼지 않았다. 이 자리를 빌려 고맙다는 말을 전한다.

차례

서우 제6호

서우 제7호

서우 제8호

서우 제9호

서우 제10호

서우 제11호

일러두기

1. 번역은 현대어화를 원칙으로 하였다.

2. 단락 구분은 원문의 형태를 따르는 것을 원칙으로 하되, 문맥과 가독성을 위해 번역자의 재량으로 단락을 나눈 경우도 있다.

3. 중국의 인명과 지명은 그 시기가 근·현대인 경우는 중국어 발음에 따라 표기하고, 그 이전의 경우는 한국 한자음을 써서 표기하였다. 일본과 서양의 인명과 지명은 시기에 관계 없이 해당 언어의 발음대로 표기하였다.

4. 본서의 원본은 순한문, 국한문, 순국문 기사가 혼합되어 있다. 이를 구분하기 위해 순한문인 경우 '漢', 순국문인 경우 '한'을 기사 제목 옆에 표시해두었다. 표시하지 않은 기사는 국한문 기사이다.

5. 원문의 괄호는 '- -'으로 표기하였다.

광무 10년 12월 1일 | 메이지 39년 12월 1일 | 제3종 우편물 인가

광무 11년 5월 1일 발행
(매월 1일 1회 발행)

제6호

서우학회

서우학회월보 제6호

축사 漢

해평(海平) 윤덕영(尹德榮)

저 서북 지역 황해도와 평안도를 돌아보면	睠彼西土
패수¹가 넓디넓은 바다와 같고	浿水汪洋
단군과 기자께서	維檀維箕
남기신 은택 없어지지 않았네	遺澤靡泯

패수¹가 넓디넓은 바다와 같고

천고토록 신령한 기운이 모여　　　千古鍾靈
향산²은 가파르기 그지없네　　　香山峥嶸
비로소 문명이 열리니　　　肇啓文明
많은 선비가 여기서 태어났네　　　多士是生

훌륭한 선비가 수두룩하고　　　濟濟多士
예로부터 충성심과 의리가 있건만　　　古來忠義
인재를 천거함에 구애되어　　　注擬局束
오래도록 한탄했네　　　悠悠齎恨

평소 기절을 숭상하여　　　素尙氣節
훌륭한 명성이 끊이지 않았건만　　　令名不絶

1　패수(浿水) : 고조선 때의 강 이름으로, 지금의 압록강 또는 청천강이라는 설이 있다.
2　향산(香山) : 평안북도 영변군(寧邊郡) 묘향산(妙香山)의 다른 이름이다.

재사와 준걸이 묻혀	才俊沉沒
답답하게도 흘러나오지 못했네	鬱而莫洩
사물의 이치는 궁하면 반드시 통하는 법	物窮必通
인권이 신장되어	人權伸張
하루아침에 격앙하자	一朝激昂
구습을 개혁하여 새것을 도모하네	革舊圖新
시대의 풍조를 누가 막으랴?	風潮孰沮
현인만을 등용하고	惟賢是擧
믿을 만한 사람을 분발시켜	奮發心膂
수많은 동료를 단합시키네	團合群侶
바로 이때다! 해볼 만하구나	時哉有爲
마침내 이 학회가	肆玆學會
다투듯 서로 익히고 힘써	爭相講劘
서둘러 발달하기를 꾀하네	亟圖發達
배움이 아니면 어느 곳을 향하리?	非學何向
이곳에 들어와 앞장서 인도하리라	爲入域倡
교육은 날로 왕성해지고	敎育日旺
진보함은 헤아리기 어려우리라	進步難量
또 월보를 보면	且看月報
몽매를 열어주고 미혹을 깨쳐주네	開蒙牖迷
사업을 비록 경영하기 시작했지만	事雖經始

조급해하거나 게을리하지 마시게 · · · · · · 毋躁毋怠

어두운 거리에 밝은 등불같이 · · · · · · · · 昏衢明燭
사람들이 읽을 만하네 · · · · · · · · · · · · · 夫夫可讀
어려울 때마다 종국엔 · · · · · · · · · · · · · 每難終局
한마음으로 서로 힘쓰세 · · · · · · · · · · · · 一心相勖

축사 漢

청우(聽雨) 민경호(閔京鎬)

　내가 일찍이 들으니, 서양 사람들의 배움에는 모두 회(會)가 있어 위로 왕공(王公)과 후비(后妃)부터 아래로 말단의 포의(布衣)에 이르기까지 회중(會衆)이 모이면 수백만 명에 이르며 회의 자본금을 거두면 수백만 금에 이르고 회 안에는 살펴보기에 편한 서적이 있으며 만들어낼 수 있는 기계가 있으며 지식을 넓힐 보관(報館)이 있고 혹독함을 이겨낼 바탕이 되는 사우(師友)가 있다 한다. 이런 까닭에 학문이 이루어지지 않을 수 없으며 기술이 정밀하지 않을 수 없어 오대륙 중에 부강이 으뜸이며 문명은 삼고(三古) 시대를 넘어섰다. 그러므로 서세동점(西勢東漸)은 아침에 돋는 해가 순일하게 떠오르며 바람을 따른 조수가 격렬해지는 것과 같으니, 동아시아의 황인종이라면 누가 근심스레 마음속으로 벌벌 떨지 않겠는가! 오직 우리나라에서는 양서(兩西)만이 지구상에서 서양에 흡사하다. 산천이 수려하고 풍기가 굳세어 종종 충신호걸의 선비와 비분강개하는 인물이 있어 시국을 가늠하며 교육을 장려하니 격앙하고 분발하는 뜻이 다른 도의 인사와 비할 바가 아니다. 이것이 서우회가 일어난 연유다. 작게는 자유를 행할 수 있으며 크게는 국권을 회복할 수 있어 벗들을 불러들임에 동서남북에서 흥겨운 느낌이 무성하고 그 이목을 낭랑하게 일신하며 그 지식과 생각이 활발하게 통달해 서양인에게 한 걸음의 땅도 허락하지 않을 것을 내가 눈을 씻고 기다리고 있으니, 힘쓰라! 서우여!

절실한 의견

본 회원 홍순오(洪淳五) 씨는 일본에서 유학한 것이 수년인데, 예전에 환국(還國) 시에 시무에 관한 의견을 들어 말하길 "국가의 회복은 실력 양성에 있고 실력 양성은 공업 발달에 있다. 오늘날 우리에게 정치 · 법률의 고등학문은 아직 천천히 도모해도 되는 것에 속하니, 급히 실업과의 학생을 한 90인 정도 파견하여 분과별로 취학하게 하면 가까이는 1년 반이요 멀리는 2년에 졸업시킬 수 있을 것이며 장차 이들이 제반 공업에서 국민에게 보통 지식을 가르치면 몇 해 지나지 않아 실력이 자생하여 실권(實權)을 회복할 수 있을 것이다."라 하였다. 이는 현재 급무에 대하여 가장 절실한 의견이기로 이를 게재하여 공중(公衆)이 열람하도록 제공하니 정계 혹은 사회에서 급급히 채용하여 국민의 실력이 양성되기를 절절히 희망하노라.

○ 실업학과 및 학생 수

염직과(染織科)	5인	부기전문과(簿記專門科)	2인
조사과(繰絲科)	5인	상업과(商業科)	1인
사기제조과(沙器製造科)	3인	농업과(農業科)	1인
유리제조과(琉璃製造科)	10인	목선제조과(木船製造科)	1인

연초제조과(烟草製造科)	3인	인촌제조과(燐寸製造科)	2인
주장제조과(酒醬製造科)	2인	치석과(治石科)	1인
연와석제조과(煉瓦石製造科)	1인	도칠제조과(塗漆製造科)	1인
직석과(織席科)	1인	양산제조과(洋傘製造科)	1인
양촉제조과(洋燭製造科)	1인	수산과(水産科)	1인
납촉제조과(蠟燭製造科)	1인	연필	2인
광산과(鑛産科)	1인	백분필(白粉筆)	
양복세탁과(洋服洗濯科)	1인	잉크	
재봉과(裁縫科)	1인	활판과(活板科)	1인
건축과(建築科)	3인	제염과(製鹽科)	2인
인조석(人造石)	1인	목공과(木工科)	3인
시멘트〔洋灰〕		식목과(植木科)	1인
제혁과(製革科)	2인	배과과(培果科)	1인
제혜과(製鞋科)	2인	양어과(養魚科)	1인
제혁물제조과(諸革物製造科)	2인	양전과(養蠶科)	1인
모직과(毛織科)	2인	과자제조(菓子製造)	2인
모사과(毛絲科)	2인	통조림제조〔鑵詰製造〕	2인
연와과(煉瓦科)	1인	사탕제조과(沙糖製造科)	1인
전기과(電氣科)	1인	제약사(劑藥師)	2인
용미과(舂米科)	1인	제지과(製紙科)	3인
농업실시(農業實試)	1인	목재제조과(木材製造科)	1인
세목공과(細木工科)	3인	회사사무실습 및 경제과(經濟科)	1인
가리장이	3인	차량제조과(車輛製造科)	1인
주철기술과(鑄鐵技術科)	2인	목축과(牧畜科)	2인
철공장제과(鐵工匠諸科)	5인	모자 및 양말 등 과(科)	1인
도량형기제조과(度量衡器製造科)	2인		

학과 : 합 59과

학생 : 합 90명

○ 학비 예산의 대략

본국에서 일본 오사카(大阪)까지의 여비	1인당 25환 90명 합계 2,250환
의복 및 침구비	1인당 21환 90명 합계 1,800환[3]
의료비	1년 500환 2년 합계 1,000환
학비	1개월 1인당 12환 90명 1개월 합계 1,080환 2년 합계 25,920환

○ 학생감독 월비(月費) 예산의 대략

집세	1개월 30환
교제비	1개월 20환
식료비 겸 하녀 급여	1개월 30환
잡비	1개월 20환
1개월 합계 100환, 2년 1,400환	

이상 총합계 33,370환이다.

양서(兩西)의 사우(士友)에게 삼가 아뢰다 漢

총교장 이도재(李道宰)

아아, 선대 유학자가 말하기를 "사람이 이 세상에 살면서 학문이 아니면 사람이 될 수 없다." 하였는데, 나는 여기서 다시 한층 더 나아가

---

3 1,800환 : 1,890환의 오류이다.

"사람이 이 세상을 살면서 학문이 아니면 생존할 수 없다."라 하겠노라. 지금의 시대는 인종이 경쟁하는 시대인데 그 경쟁의 승패가 지식의 우열로 판별되기 때문이다. 만약 우리 민족의 지식이 저 민족의 지식보다 못하면 반드시 저들에게 병합되어 다 멸할 것이다. 이는 역사적 사례로 보더라도 분명히 살필 수 있다. 이른바 지식이란 반드시 학문을 바탕으로 진보한다. 그러므로 지금 학문을 하는 것은 그 생존을 도모하는 방도가 되니, 이것이 있으면 살고 이것이 없으면 죽는다. 그러하니 우리를 위하는 자가 어찌 십분 힘쓰지 않을 수 있겠는가.

대개 학문에 신구의 구분이 있지만, 이른바 신학문도 특별한 것은 아니다. 단지 시대의 변천과 민지(民智)의 증가로 인하여 학문의 방법이 갈수록 더 정교해지고 더 자세해지며 더 성대해지고 더 구비된 것일 뿐이다. 이에 대하여 잠깐 논해보면, 학교의 제도는 우리 동아시아 역사상 오직 삼대(三代) 시대가 가장 잘 갖추어져 있었다. 가숙(家塾), 당상(黨庠), 주서(州序), 국학(國學) 등은 입학(立學)의 등급이다. 8세에 소학(小學)에 들어가고 15세에 대학(大學)에 들어가는 것은 입학(入學)의 연령이다. 6세에 숫자와 방위의 명칭을 가르치고, 9세에 날짜를 세는 법을 가르치며, 10세에 글과 셈을 배우고, 13세에 악(樂)을 배우고 시(詩)를 외운다. 성동(成童)이 되면 활쏘기와 말타기를 배우고, 20세에 예(禮)를 배우는 것은 수학(受學)의 순서이다.

나이에 맞게 입학하고 2년마다 학업 성과를 평가해서 경서의 구절을 끊어 읽고 글의 뜻을 이해하는지를 첫 과제로 삼고, 사물을 분류할 줄 알고 다시 일반화시켜 통달할 줄 아는 것을 큰 성과로 삼는 것이 과학(課學)의 과정이다. 『대학(大學)』 한 편은 대학교의 일을 말한 것이고, 「제자직(弟子職)」 한 편은 소학교의 일을 말한 것이고, 「내칙(內則)」 편은 여학교의 일을 말한 것이고, 「학기(學記)」 편은 사범학교의 일을 말한 것이다. 관자(管子)가 말하기를 "농인·공인·상인 등을 모여 살게 하여 서로 일에 대해 말하게 하고 서로 이룬 결과를 보여주게 했기에, 그 부형의 교육이 엄격하지 않아도 성공하게 되고 자제의 학습이 부지런하지 않아도 능하게 된다." 하였다. 이는 농학(農學)·공학(工學)·상학(商學)이 전부 학교에서 이뤄졌다는 것이다. 공자(孔子)가 말하기를 "가르치지 않은 백성을 싸우게 하는 것을 일러 백성을 버린다고 하는 것이다." 하였고, 진(晉)나라 문공(文公)이 처음 들어가서 그 백성을 가르쳐 3년이 지난 뒤에 그를 기용하였고, 월왕(越王) 구천(句踐)이 회계산(會稽山)에 살면서 10년 동안 백성을 가르쳤다. 이는 무예(武藝)가 학교에서 이뤄졌다는 것이다. 그 가운데 다른 일에 전념한 나머지 학문을 성취하지 못한 자가 있어도 10개월 기한으로 일을 마치고 부로(父老)로 하여금 교당에서 가르치게 하였고, 가르침을 따르지 않는 자가 있으면 향관(鄕官)이 가려서 고하였으니 그 감시의 엄중함이 이와 같았다. 그러므로 국내에 교육을 받지 못한 자가 한 사람도 없었고 학문을 모르는 이가 한 사람도 없었던 것이니, 토끼그물 치는 야인(野人)도 나라를 지키는 군인이 될 수 있었고, 소융(小戎)의 부녀자도 적개심을 가질 수 있었으며, 소를 먹이는 정(鄭)나라 상인도 적군을 물리칠 수 있었고, 수레바퀴를 깎는 제(齊)나라 장인도 치도(治道)를 논할 수 있었으며, 백성들의 노래를 듣고서 패업을 안정시켰고 향교의 논의를 채택해 정사를 들었으니, 온 나라 사람들 모두 나라와 일체가 되었다. 이것이 바로 삼대의 교육이 그 치세를 구가한 이유이다.[4]

지금 동서 각국 학교의 제도는 실로 여기에 은연히 부합하면서도 그 완비를 더욱 지극히 하였으니, 인재가 홍성하고 민지(民智)가 크게 열려 그 부강과 문명의 실효를 거둔 것이 저토록 탁월하고 성대하게 되었다.

---

4   학교의 제도는……이유이다 : 이 단락은『서우』2호에 실린 량치차오의「학교 총론」을 거의 그대로 가져온 것이다.「학교 총론」은 국한문체이고 이 기사는 순한문으로 작성되었다.

그런데도 궁벽한 벽촌에서 좁은 소견이나 고수하는 선비들 중에는 세상의 변화에 통달하지 못하고 시기의 적절함을 강구하지 못하면서 신학문을 언급하기만 하면 곧 입에서 나오는 대로 욕하면서 배척하고 방해하려는 자들이 왕왕 있다. 이는 그 실제의 여하를 강구한 적이 없어서일 뿐이다. 아아, 우리가 이날에 이르러 극렬한 풍조를 맞이하여 팔을 걷어붙여 시대를 논하는 자들 모두 교육을 말하지 않음이 없건마는, 현재 국내에서 앞장서서 일어나 학교를 건립하는 것은 오직 양서 지역으로서 이에 먼저 착수하고 있다. 하지만 그 실질을 궁구해보면 교내에 오래 유지할 수 있는 경비가 많지 않고 개몽(開蒙)에 적합한 교사를 얻기 어렵고 선본(善本)에 걸맞는 교과가 완비되지 않았으니, 비록 현시대의 정도가 그렇게 되도록 한 것이지만 한갓 허명만 있지 실질이 없으니 또한 어찌 좋은 성과를 거둘 수 있겠는가.

이 서우학회가 한성의 중앙에 창립되니 이는 양서 지역 인사들의 모범이 되는 곳이다. 무릇 그 사우들 모두 모름지기 여기서 힘을 합하고 여기서 법을 취하여 학교를 세우고 학문을 진흥시켜 앞서기를 다투고 뒤처질까 염려하면서 그 자제들로 하여금 그 재능을 양성시키고 그 지식을 발달시켜서 나라의 근간이 되고 백성의 복택이 되도록 하는 것이 실로 우리의 본분이니, 어찌 각자 힘써서 일으켜야 하지 않겠는가.

분투하는 생활

회원 류동열(柳東說) 역술

미국 대통령 루즈벨트 씨가 '분투하는 생활'이라는 제목으로 연설한 것이 다음과 같다.

나는 오늘 분투하는 생활이라는 제목으로 말하고자 하니, 저렇게 부끄러워할 만한 잠시의 안일은 결코 내가 찬성하는 바가 아니다. 내가 말하려는 바는 불요불굴의 굳센 의지와 고난을 이겨내고 근면한 생활로 위험을 무릅쓰며 쓰디쓴 노고를 구하고 괴로움과 수고를 견디어 광채가 있는 최후의 승리를 널리 얻을 수 있는 사람을 최상등의 상등으로 삼는다는 것이다.

대체로 일시적인 안일을 추구해서 헛되이 아무 일 없는 생활을 구하면 큰일을 이룰 수 있는 희망과 능력을 갖지 못할 것이니, 이와 같으면 개인에게도 이미 조금의 가치도 없고 국민에게도 또한 조금의 가치도 없을 것이다. 내가 물어보노니, 자존(自尊)하는 미국인이 그 미국에서 구하는 것이 자손을 위해 계획하고 국가를 위해 계획하는 것이 아니면 무엇이겠는가.

여러분은 생각해보라! 여러분이 아동에 대해 과연 아동의 일락(逸樂)과 안정을 가장 중요한 일로 삼는가. 반드시 최종의 목적이 있어야 가르치고 깨우치지 않겠는가. 이는 여러분이 힘쓸 바이다. 여러분은 반드시 발걸음을 더욱 나아가서 이 미국을 창대하게 할 것을 생각해야 할 것이요, 이 미국을 창대하게 하고자 할 경우 마땅히 그 본분을 다할 것을 생각해야 할 것이다. 여러분은 현재의 사업과 장래의 사업에 있어 반드시 그 자제를 교육해야 할 것이니, 여러분이 만약 집안이 부유해 노력할 필요 없이도 생활할 수 있을지라도 여러분은 반드시 그 자제를 교육해야 한다. 유용한 한가함을 무익하게 소비하지 말고 마땅히 충분히 이용함으로써 과학과 문학, 미술과 탐험 등의 일에 종사하게 해야 한다. 이것들은 비록 직접적으로 몸에 유익한 것이 없다 하더라도 또한 국가에는 부족해서는 안 되는 것이다. 또 이로 인하여 명예가 국민에게 미치어 국민이 이를 의지해 모범으로 삼으면 역시 국민 진보에 매우 유익할 것이다.

우리는 고식(姑息)을 편안하게 여기는 사람을 좋아하지 않는다. 우리는 근면해서 백 가지 어려움을 배제해 가는 사람을 매우 좋아하며 사람에게 해를 가하지 않고 친구의 갑작스러운 어려움에 달려가는 자와 또 모든 장부의 자격을 갖춘 사람을 더욱 좋아하는 바이다. 큰일이 일어나는 것을 원하지 않으면서 실패를 두려워하거나 양손을 모아 편안히 앉아서 일하지 않는 사람을 우리는 좋아하지 않는다. 무릇 사람이 세상에 처신함에 실로 근면 각고하지 않으면 일을 이룰 수가 없다.

혹 현재 근면 각고를 벗어나 마침내 세간에 근면 각고가 필요 없는 날이 저절로 있게 되었다고 말하기도 하지만, 현재에 근면 각고를 벗어난 사람은 실은 조부모가 근면 각고를 쌓아서 이룬 것임을 알지 못한다.

조부모가 근면 각고로써 내 몸을 한가롭게 잘 살게 해주고 생계에 마음을 쓰는 데 이르지 않도록 해준 것이다. 또 문학자와 혹 군인으로 입신하고 혹 정치계를 주선하거나 혹 탐험하고 모험하는 사업을 하게 해준 것은 진실로 우리 생의 행운이다. 지금 만약 우리 생애의 행운을 알지 못하여 훗날의 계획을 세우지 않고 일시의 쾌락으로 방자하게 달려가면, 정말로 부도덕하다는 혐오를 받을뿐더러 그 사람은 이에 무용한 사람이요 인류의 독물이라 할 것이니, 어째서인가. 훗날에 이르러 번잡한 일에 어지럽게 매달려야 하는 날을 맞으면 결코 무사안일한 사람은 그 임무를 감당할 수 없다. 이에 이 세계에 서서 큰일을 이룰 자격을 잃음이니, 고로 '무용한 사람이요 인류의 독물'이라고 말할 수 있겠다.

최근 분석법에 따르면 건전한 국가를 성립하고자 하면 반드시 남녀가 똑같이 청결하고 건전한 생활을 경영하고 또 그 자녀로 하여금 가난하고 어려웠던 시절의 습관을 간직하게 해서 가정을 조직해야 한다. 이를 위해 반드시 남자는 남자의 일을 경영하여 과감히 행하고 인내를 갖고 노력함으로써 그 업을 이룰 수 있고 여자는 가정을 정리함으로써 가장의 부족함을 보조하고 또 자녀의 좋은 어머니가 될 것이다.

내가 오늘 여러분들에게 말하니 미국은 일시적인 안일함을 편히 여기는 생명은 필요치 않고 힘써 일해서 고통을 견디는 생명을 필요로 하는 곳이다. 간절히 말하면 곧 분투하는 생명이라 할 것이다. 20세기에 열국이 품은 운명을 우리는 마땅히 깊이 기억해야 할 것이니, 만약 우리가 헛되이 양손을 잡고 우두커니 서거나 움츠려 물러나고 경쟁을 할 수 없어 견강불굴(堅强不屈)의 다른 국민에게 응전할 수 없으면 20세기 세계에 자립할 수 없다. 고로 우리가 두려운 바가 있어 다른 나라 사람을 심중에 두지 않는 것은 결코 옳지 않다. 오직 용감히 떨쳐 일어나 전진해 세계의 주도권을 잡는 것이 우리 미국의 천직이니, 여러분은 힘쓸지어다.

이 연설을 번역해 읽어보면 미국이 장래에 세계에 대한 권리를 위해 힘을 떨쳐 경쟁할 것임을 헤아려 알 수 있으니, 태평양 바다에서 사건이 있을 날이 머지않았을 듯하여 두렵다. 이처럼 부유하고 강성한 나라도 오히려 근면 각고와 모험 용진으로 그 국민을 북돋움이 이같이 매우 절절하고 통렬한데, 우리 한국 인민은 이렇게 위태로운 시대를 맞아 비참한 지경에 빠져 있으면서도 오히려 고식(姑息)을 편안히 여기고 두려워 피하고 움츠리고 물러나는 습관을 아직 버리지 못해 근면 각고의 사상과 모험 용진의 기상을 전혀 목도할 수 없으니 어찌 가련하지 않으리오. 우리 동포도 반죽음을 각오로 생명을 구하려는 생각이 있거든 이런 연설을 곱씹어보고 몸에 새겨 진심으로 실행하여 나가보시오.

류동열 씀

총독 위안스카이(遠世凱) 부인의 연설

『톈진보(天津報)』조등(照謄)

지난 음력 정월 22일에 베이양(北洋)고등여학당에서 개학식을 거행했는데, 위엔궁바오(袁宮保)[5]의 부인이 학교에 와서 개학식에 참석하고 한 연설이 한 편 있으니 그 기사에 이른 바가 다음과 같다.

"중국인 수가 4억 명이라 하는데, 그 절반인 여자를 제외시켜 쓸모없는 것으로 치부한다면 나라는 그 절반을 잃는 것이다. 백성이 또 그 절반인 여자를 증가시켜서 국가를 좀먹게 한다면 국가는 한층 더 생계가 궁핍하게 될 것이다. 그러므로 여성의 배움이 흥하지 않으면 가정만이 그 피해를 받을 뿐 아니라, 국가 또한 그 영향을 반드시 받게 된다. 동서를 막론하고 각국이 흥성하는 까닭은 모두 여자와 남자가 동등한 학력을 소유한 데서 비롯된 것이니, 문명 진보와 지식 개통이 우연히 이루어진 것이 아니다. 일본의 고대 풍속은 자못 중국과 서로 유사했는데, 메이지(明治) 5년부터 비로소 여학교를 설립하였고, 28년에 비로소 고등여학교를 설립했으며, 30년 이후에는 고등여학교를 증설하는 경우가 많아져서 전국에 백여 개까지 계획되었다. 무릇 여학교가 고등이라 이미 칭해진다는 것은 분과에 따라 연구함으로써 완전한 영역에 도달하고자 한다는 것이다. 중국 여학교의 설립은 최근에야 비로소 생겨나서 이 고등여학당이 작년에야 설립되었다. 또한 세계 문명 속도가 날로 빨라짐으로 인하여 여자들의 가정교육이 원래 가지고 있던 것을 취하여 여자 소학의 단계로 삼았다. 여러분들은 학당에 온 지 이미 오래되어 규범을 잘 따르고 또한 먼 길을 함께 나아갈 만한 이가 많으니 내가 애지중지

---

5 위엔궁바오(袁宮保) : 위안스카이가 자신을 가리키는 데 사용한 별호이다.

하노라.

　오직 여러분께 바라는 것은 명예를 돌아보고 의리를 생각해서 이른바 고등이라는 것을 실행하되, 한 가지만을 얻는 것으로 자신을 제한시키지 말고 중도에 포기하지도 말라는 것이다. 진실로 능히 국문과 위생과 글쓰기와 산수 여러 과목에 대하여 힘써 종사하고, 역사와 지리를 겸해서 나아가며 미술도 아울러 다루고 윤리에 대해서는 더욱 힘써 환하게 밝히며 국가 사회가 간여한 것에 대하여 여자의 당연한 의무가 있음을 확실히 안다면, 한 사람 한 가정의 사사로운 행운이 될 뿐만 아니라 실제로 중국이 강국이 되느냐 약국이 되느냐의 큰 전환의 계기가 될 것이다. 내가 다시 좀 더 나아가 말하려는 것이 있으니, 여학(女學)이 지금 한창 싹트는데 행동거지가 공교롭게도 거칠면 남의 입에나 오르내리게 된다는 것이다. 지식은 그 새로움을 구하는 데 힘써야 하며 도덕은 마땅히 옛것을 따라야 할 것이다. 여러분은 예법을 잘 숙지하고 마땅히 이 말을 이해하지 않으면 안 되니, 나는 깊은 바람으로 나도 모르게 이 말을 반복하고 있노라."

교육부

가정학 (속)

회원 김명준(金明濬) 역술

4. 소아의 생치(生齒)와 종두(種痘)와 질병

　소아의 이가 나는 시기에 또한 매우 주의해야 할지니, 강건한 자는 앓는 바가 없기도 하나 허약한 소아는 발열과 괴로움이 있는 경우가 빈번하다. 또한 종두 후에는 마땅히 보살핌에 신경을 쓰고 심상한 질병이라도 또한 마땅히 마음을 써야 한다. 비유컨대 어린 풀과 갓 피는 꽃 봉오리 같아 풍우를 견디지 못하니 전적으로 배양하는 자의 보호를 받아야 하는 것이다.

이가 날 때에 소아가 혹 불안정한 상태일 때가 있으니, 눈꺼풀이나 뺨이 적색을 띠고 수면 중에 눈을 뜨며 놀라기도 하고, 발열·설사와 전신 두드러기가 나타나는 등의 일이 그것이다. 그러면 속히 마땅히 의사를 찾아 진찰을 받아야 한다. 소아가 약간의 잇몸 통증으로 울면 청결한 천 조각을 따뜻한 물에 적셔 가볍게 닦아주면 된다. 일본 미시마(三島) 의사의 조사를 따르면, 일본 소아는 생후 대략 7개월이 되면 먼저 하악(下顎)에 절치(切齒) 두 개가 나고 이어서 상악(上顎)의 절치가 나고 점차 소구치(小臼齒)와 견치(犬齒)와 대구치(大臼齒)가 나서 3년이 지나면 유치(乳齒) 20개가 완전해진다.

예전에 일본이 종두법을 알지 못하여 소아가 천연두로 요절하는 경우가 아주 많았고 요행히 이를 면할지라도 또한 용모가 누추해지므로 여자가 특히 그 전염을 두려워하였으니 이는 어머니 된 자가 가장 염려하는 바였다. 근래 종두법이 성행하여 천연두 사태를 거의 잊으니 이는 실로 문명 세계의 막대한 행복이다. 그러나 전해오는 풍속이 종두의 혜택을 알지 못하고 위정자들이 간곡히 깨우치려 해도 일찍이 부주의하다가 두창(痘瘡)이 유행하는 시기에 이르면 비로소 순순히 이를 들으니, 어머니여, 어머니여, 그 사랑하는 영아(嬰兒)를 정중(鄭重)히 보전코자 할진대 어찌 이렇게 지극히 절요한 것을 가벼이 여기는가. 소아의 종두는 대략 생후 70일로부터 6개월에 이르는 사이에 의사를 시켜 아이의 몸을 진찰하여 방해되는 것이 전혀 없어야만 접종할 수 있다. 접종 후에 6개월마다 살펴 다시 반드시 접종해야 하니, 만약 두창이 유행하는 시기가 아니면 모두 종두를 할 수 있다. 종두는 대개 좌우 팔에 세 개에서 다섯 개 사이로 시행한다. 접종 후 3일이면 침을 놓은 자국이 홍색을 약간 띠고 4·5일가량이면 접종 부위가 둥글게 짙은 홍색을 나타내고 7·8일가량이면 그 중심에 틀림없이 고름이 생긴다. 이때 소아는 틀림없이 통증을 느끼고 또한 열이 나며 갈증으로 괴로워할 것이니 어머니 된 자는 마땅히 잘 간호해야 한다. 10일가량에 이르면 딱지가 앉고 또한 7·8일이면 딱지가 떨어져 점차 나을 것이니 이는 종두 시 경과의 순서이다.

소아의 질병 중 가장 많은 것은 소화기 병과 호흡기 병과 뇌신경과 눈·귀 등의 병이고, 기타 전염병 종류는 두창-이를테면 마마-과 디프테리아와 콜레라와 성홍열과 백일해(百日咳)와 홍역과 수두와 유행성 감기와 유행성 이하선질(耳下腺疾)과 적리(赤痢)와 호열자(虎列刺)와 장티푸스 등이다. 선병(腺病)이 있는 소아는 어떤 병을 막론하고 두루 감염되기 쉬우니 어릴 때에 각별히 유의하여 보살펴 신선한 공기를 호흡하게 하고 자양물을 많이 취하여 조리해주어야 신체가 비로소 강건하기를 기대할 수 있다.

소아의 두부(頭部)가 기울었거나 어깨가 굽었거나 손발을 충분히 굽히고 펴지 못하면 곧 외과의를 불러 살필 것이요, 소아의 울음소리가 평상시와 다르면 그 호흡을 검사해야 한다. 호흡이 피리 부는 것 같거나 혹 심히 가쁘거나 혹 수면 중에 갑자기 놀라 깨거나 하면 또한 마땅히 의사를 불러 살펴야 한다. 진땀과 변비와 배탈과 2일 이상의 물설사 등의 경우는 더욱 신속히 치료해야 할 것이요, 소아는 신체가 박약하여 즉 불편함이 있을지라도 능히 그 용체(容體)가 어떠한지를 알리지 못하니 어머니 된 자가 마땅히 그 기미를 살펴 불치(不治)의 회한을 남기지 않도록 해야 한다. 소아의 병을 돌보는 것이 본디 쉽지 않아 실내의 온도와 의복의 증감과 포유(哺乳)·복약(服藥) 등의 일이 극히 번쇄하니, 어머니 된 자는 응당 조롱 안의 병든 새를 사육하듯 세심히 살펴 어긋나지 않도록 해야 하며, 대충하지 말고 마땅히 급히 약으로 치료해야 한

다. 입에 쓸 것을 염려하여 주저하다가 일을 그르치지 않도록 해야 할
것이다. (미완)

▲ 사상이 있는 사람에게는 한 가지도 무용한 것이 없다.

유학(幼學)을 논하다

지나 음빙실주인(飮氷室主人) 저
회원 박은식(朴殷植) 역술

　서양인은 매년 새로운 법을 만들고 새로운 기기(器機)를 제작하는 사
람이 10만이라고 추산되며 새로운 책을 저술하고 새로운 이치를 획득
하는 사람이 1만으로 계산되는데 중국은 한 사람도 없다. 서양인은 1백
인 중에 글 아는 이가 88인에서 97인에 이르는데 중국은 30인에 미치지
못한다. 머리도 똑같이 둥그렇고 발도 똑같이 네모나며 감각기관도 똑
같이 다섯이며 팔다리도 똑같이 넷인데 현격한 차이가 이와 같으니 슬
프다! 진정으로 하늘이 내린 재주가 다르기 때문인가. 우리가 일찍이
들었던 서양인의 말을 되돌아본다. 동쪽 조정〔震朝〕의 사람이 그 땅에서
배운 재력(才力)과 지혜가 하나도 저들보다 못한 것이 없고, 몇 년간
거학(居學)[6]하며 배우면 자랑스럽게 과거 시험에 장원을 하는 자가 종종
끊이지 않으니 사람의 도량이 서로 차이 남이 그다지 멀지 않은데 이와
같은 것은 왜일까?
　량치차오는 말한다. 춘추만법(春秋萬法)은 처음에서 비롯되고, 기하
만상(幾何萬象)은 한 점에서 발생하며, 인생 1백 년은 유학(幼學)에서
정립된다. 나는 지난날에 내 고향의 서당을 살펴보고 그 학구(學究)와

6　거학(居學) : 성균관이나 사학(四學)에서 기숙하며 공부한다는 뜻이다.

이야기를 나누었는데, 비루하고 너절하며 그릇되고 천박하여 가까이 갈 수 없었다. 빠르게 물러나 걱정하며 근심스레 생각해보니 시골 사람이 종신토록 시골 사람인 것은 괴상한 것이 아니었다. 얼마 있다가 다른 향(鄕)과 현(縣), 도(道)를 돌아다니며 그 서당을 보고 그 학구와 이야기를 나누어보니, 비루하고 너절하며 그릇되고 천박하기가 대부분 먼젓번 사람의 소견과 다르지 않았다. 물러나 눈이 휘둥그레지기도 하고 멍하기도 하고 황당하기도 하여 일러보니, 중국 4억 인의 재주와 학문과 실천과 식견과 지기(志氣)가 이렇게 비루하고 너절하며 그릇되고 천박한 사람의 손에서 닳아 없어지는 것을 어떻게 다 말할 수 있으리오. 다행히 여기에서 벗어난 사람은 억만 중에 한둘에 불과하다. 고염무(顧炎武)가 말하길 "나라를 망하게 하는 사람도 있고 천하를 망하게 하는 사람도 있다." 하였으니, 량치차오는 말한다. 강적과 간신으로는 거의 대부분 나라를 망하게 할 수 없고 오직 이서(吏胥)가 나라를 망하게 할 수 있으며, 외교(外敎)와 사교[左道], 악덕 토호[鄕愿]로는 거의 대부분 천하를 망하게 할 수 없고 오직 학구가 천하를 망하게 할 수 있다. 그러니 천하를 구하고자 하면 학구에서 시작해야 할 것이다.

옛 가르침을 직접 볼 수는 없지만 그 도(道)의 실천을 돌이켜보면 70명의 후학이 기록한 바에 여기저기 보이니, 「곡례(曲禮)」와 「소의(少儀)」와 「보전(保傳)」과 「학기(學記)」와 「문왕세자(文王世子)」와 「제자직(弟子職)」이 어찌 그리도 상세한가. 내가 서양 땅을 유람하며 그 서당과 그 학구를 관찰하지 못하였으나 다만 일찍이 책을 구해 그 사람들에게 질문해보니 오늘날의 중국과 얼마나 상반되는지. 도의 실천에 있어 먼저 그 글자를 알게 한 다음 변별하여 가르친다. 그다음으로 구절을 만들고 그다음에 문장을 완성케 하여 단계를 뛰어넘지 않는다. 글자를 알게 되는 처음에는 반드시 눈앞에서 이름과 사물을 가리켜 어려움으로 꺼리지 않게 하고, 천문과 지리의 초보적 이치를 가르치는 것도 놀이처럼 하니 아이들이 반드시 즐겁게 알게 된다. 고금의 잡사(雜事)를 가르쳐도 고수가 추임새를 하듯이 하니 아이들이 반드시 즐겁게 듣는다. 반드시 몇 개국의 언어를 가르치되 아이들의 혀뿌리가 굳지 않았을 때 하니 배우기 쉽고, 반드시 산술을 가르치는데 모든 일에 반드시 사용되는 바이기 때문이다. 노래를 많이 부르게 하니 입에서 쉽게 나오게 되고, 속어를 많이 사용해서 쉽게 해답을 구한다. 반드시 음악을 익히게 하는 것은 괴로움을 없애고 또 그 혈기를 조화롭게 하기 위해서요, 반드시 체조를 익히게 하는 것은 그 근골을 강하게 하고 또 사람들이 군인이 될 수 있게끔 하기 위해서다. 매일 받는 수업이 세 시간을 넘지 않는 것은 너무 수고로워서 두렵고 힘들지 않게 하기 위해서요, 함부로 체벌하며 가르치지 않는 것은 뇌의 기운을 손상시키지 않고 또 그 염치를 기르게 하기 위해서다. 부모가 자식을 지나치게 사랑하여 배움이 황폐해지게 하지 않는 것은 버려지는 재목이 없게 하기 위함이고, 학구가 반드시 사범학교 출신인 것은 가르치는 기술을 익혀 그 뜻을 깊이 알도록 하기 위함이다.

　그러므로 서양의 아동 중 집 밖으로 나와 외부 스승에게서 4년 동안 배워 선비가 되고자 하는 이는 중학교에 입학하여 그 분야의 전문성을 취한다. 만약 농부, 노동자, 상인, 병사가 되고자 하는 사람도 역시 천지인물(天地人物)의 이치와 중외·고금의 흔적을 대략적으로 익힌다. 그 학문이 족히 부모를 받들고 아이를 기르는 데 활용되고, 조금 더 경력을 더하면 부귀를 이룰 수 있게 하는 까닭에 힘을 적게 사용하고도 덕을 많이 쌓을 수 있어 몇 년의 노력으로 모든 사람이 그 이익을 얻게 된다.

　중국은 그렇지 않아 아직 글자를 잘 모르는데 경전을 받아들이게 하고, 아직 변별하지도 못하고 구절을 만들지도 못하는데 억지로 문장을 짓게 한다. 학교가 열린 지 한 달이 되지 못했는데 "대학의 도는 명덕(明德)을 밝히는 데 있다."는 말이 입에서 튀어나오고 귀에 넘치니, 이에 기자(記者)는 분명히 들어 말하고자 한다. 대학의 도이거늘 지금 젖내

나는 소아에게 돌연 이를 가르치는 것은 어째서인가. '명덕(明德)' 두 글자는 한나라 유자가 『이아(爾雅)』에 근거하고 송나라 유자가 불전을 계승해 수천 마디 말을 더해도 명쾌히 해석할 수 없거늘, 지금 나이 어린 자손을 붙잡고 말하니 그들이 어찌 그것이 무엇을 표현한 것인지 알겠는가. 『대학』의 도는 평천하(平天下)에 있고 『중용』의 덕은 소리와 냄새가 없는 곳에서 지극한 것이니, 어찌 몇 살 먹은 학동이 해낼 수 있는 일이겠는가. 오늘날 교수자가 우선 이를 가르쳐 만일 이해할 수 있기를 바란다면 이는 큰 어리석음이다. 필시 이해할 수 없는 걸 알면서도 오히려 이를 가르치려 들면 이는 그 자제를 채찍질하여 배움을 괴로움으로 여기고 그 스승을 꺼리게 만드는 것이다.

학구가 "아이가 입학한 초기에 반드시 경을 암송하게 해 성인의 가르침을 알게 해야 한다."고 말하고 있으나, 량씨의 말과 같다면 이는 경을 멸시하는 것이요 성인을 비방하는 것이다. 나는 잠시 분별하지 않고 단지 천하의 학구와 학구의 무리를 모아 훈계하노니, 천 명 중에 한 명이라도 경(經)과 교(敎)를 마음을 다해 구하는 자가 있는가. 외운 경전은 시험문제로 나오는 것이요, 과거 급제로 오는 것이다. 가령 불교로 벼슬하는 자를 뽑으면 아마도 '여시아문 일시불재(如是我聞 一世佛在)'[7]라는 말이 장차 학교에 가득 찰 것이다. 가령 예수교의 가르침으로 벼슬하는 자를 뽑으면 아마도 하느님이 7일 동안 사물을 모두 만드셨다는 말이 학교에 넘치도록 차서 사서육경에 관심을 갖지 않을 것이다. 저 『의례(儀禮)』라는 것은 육경의 하나요, 옛 성현의 아름다운 말이다. 그러나 묻건대 오늘날의 배우는 자 중 이를 끝마치는 자가 몇 사람이나 되겠는가. 『예기(禮記)』도 동일하여 「상복(喪服)」편을 암송하는 자가 거의 없

---

7 여시아문 일시불재 : '부처님이 계셨을 때 나는 이렇게 들었다'는 말로 통상적으로 불교 경전 첫머리에 쓰인다.

을 것이니, 어찌 시험에 나오지 않는다고 이것에서 취할 것이 없겠는가. 무릇 옛 성현이 보여준 제작의 정밀함과 경위의 상세함을 이내 이 천박한 유자들이 과거 급제용으로 도용하고 사람들을 내리누르는 용도로 거의 제공하니, 누가 경전을 멸시하며 누가 성인을 비방하는 것인가.

옛사람의 가르침은 얕은 데서 시작하여 깊어졌고 조잡하게 시작하여 정밀해졌는데, 오늘날은 그렇지 않아 앞과 뒤가 도치되고 진퇴가 역행하고 있다. 그리하여 사서육경에 대도(大道)가 있지만 종신토록 이에 근거하여도 이를 수 없으니, 보리와 콩을 분별하기 시작할 때 이를 가르치고, 장성하였을 때 팔고문(八股文)과 시첩시(試帖詩)를 가르치니 이것은 문사의 여기(餘技)일 뿐이며, 또 장성하여서 대권(大卷)과 백접(白蝶)을 가르치니 이는 관청 서리(書吏)의 역할일 뿐이다. 순자(荀子)가 이르길 "선비가 되는 것에서 시작하여 성인이 되는 것으로 마친다." 하였거늘 오늘날은 그렇지 않아서 성인이 되는 것에서 시작해 서리가 되는 것으로 마치니 어찌 상심하지 않겠는가. 그러나 이를 가지고 천박한 유자들을 비난하면 천박한 유자들은 필시 수긍하지 않을 것이다. 내가 단지 그 뜻을 좇아보건대, 과거 급제를 도모하기 위해서라도 반드시 배우기 시작하게 될 때에 그 자제를 채근하되 반드시 이해할 수 없는 학문을 하게 하고 그 이해할 수 있는 바는 반대로 방치하니, 선택한 방책이 얼마나 어리석으며 갈 일은 얼마나 먼가.

사람에게 대뇌가 있고 소뇌가 있으니-즉 혼백(魂魄)이다. 전체학자(全體學者)[8]인 서양인들이 '혼(魂)'을 대뇌로 번역하고, '백(魄)'을 소뇌로 번역하였다-. 대뇌는 오성(悟性)을 담당하는 것이요, 소뇌는 기성(記性)을 담당하는 것이다-부처가 8식(識)에 대해 말하실 때, 눈·귀·코·혀·몸을 전(前) 5식으로 삼고 의(意)을 제6식, 의근(意根)을

---

8 전체학자(全體學者) : 생리학자를 이른다. 만청(晩淸) 시기에 생리학을 전체학이라 하였다.

제7식으로 삼았으니, 제6식은 즉 소뇌요 제7식은 대뇌이다-. 소뇌는 한 번 이루어지면 변하기 어렵고 대뇌는 누차에 걸쳐 더욱 깊어진다. 고로 아이들을 가르치는 사람이 오성으로 이끄는 것은 매우 쉬우나 기성으로 이를 강제하는 것은 매우 어렵다. 어째서인가. 오성은 주로 직진해-말을 주입하는 것을 위주로 하여- 그 일이 순방향으로 되어가고 그 길이 통하니 통하는 까닭에 신령하고, 기성은 주로 회전해-반조(反照)하는 것처럼- 그 일이 역방향으로 뒤집히고 그 길이 막히니 막힌 까닭에 둔하다. 고로 생명 속에서 두 개의 성질을 갖춘 것은 상등이니, 만약 겸비하지 못했다면 강한 기성을 갖춘 것은 좋은 오성을 갖는 것만 같지 못하다. 어째서인가. 사람이 사물과 다른 이유는 대뇌가 있어서이다. 고로 깨달을 수 있는 것이 인도(人道)의 극치가 된다. 기성을 가지는 것은 역시 오성을 구하는 것이니, 소기(所記)된 바가 없이는 오성도 없다. 오성이 여유가 있고 기성이 위축된 이는 그 소기(所記)가 항상 풍족해 그 오성의 쓰임을 보좌하고, 기성이 여유가 있고 오성이 위축된 이는 축적된 것이 비록 많아도 재료를 모두 버리게 된다. 순방향인 것만이 통하고 신령하다. 고로 오로지 오성으로 사람을 이끄는 경우는 그 기성이 역시 반드시 이를 따라 증가한다. 역방향인 것은 막히게 되고 둔해진다. 고로 오로지 기성으로 사람을 강요하는 경우 그 오성이 역시 이를 따라 소멸해 간다.

서양에서 가르치는 사람은 오성에 치우쳐 있다. 그러므로 끓는 물을 보면서 증기 기계를 깨닫고 지푸라기가 떨어지는 것을 보고 중력을 깨닫는다. 존 허셜(John Herschel)은 훌륭한 천문학자로[9], 힘을 얻는 것이 나뭇잎과 돌의 비유에 있음을 스스로 말하였다. 그러나 중국에서 가르치는 사람은 기성에 치우쳐 있다. 그러므로 옛날의 지리와 가옥, 옛날의

---

9 훌륭한 천문학자로 : 해당 부분의 원문은 '婦人之貞者'인데 량치차오(梁啓超)의 「논유학(論幼學)」에는 '疇人之良也'로 되어 있다. 량치차오의 원문을 따라 번역하였다.

해석과 옛날의 명물을 상세하게 참고해 증거로 삼으며 글자마다 내력이 있다고 학동에게 이를 제시할 때 세력으로 인도하지도 않으며 비유로서 깨우쳐주지도 않고 단지 거듭해서 어리석을 만큼 읽혀 반드시 배송(背誦)을 한 뒤에 그만두게 하니, 얻는 바가 견실하지 않은 것은 아니지만 사람의 자질과 바탕은 달라 기억과 암송을 잘 하지 못하는 사람도 아마 있을 것이다. 내가 생각하기에 잘 기억하는 사람은 10차례 정도 입에 올리면 되고, 20차례 정도면 외우지 못하는 사람이 없을 것이나, 이것보다 더 많이 해도 할 수 없다면 백 번 읽을지라도 이익이 없을 것이다. 그 방법을 바꾸어 책 속에 사물을 보여주고 혹 책 속의 의리를 알려주어 이해하기를 기다려 그 암송을 도우면 기억하지 못하는 사람이 없을 것이다.

　사람이 나서 5·6세가 되면 뇌신(腦囟)이 처음 모이고 뇌근(腦筋)이 처음 움직이니[10] 마땅히 이를 따라 이끌어줄 것이요, 따르지 않으면 막히게 될 것이다. 눈앞의 사물을 손으로 가리켜 하루에 몇 가지 일을 가르치면 수년 사이에 하늘과 땅, 사람과 사람에 대한 이치가 대수롭지 않게 되어 그 대략을 다 알 수 있게 된다. 이렇게 되면 그 형세가 매우 도리에 맞고 아이들이 매우 좋아하겠거늘 오늘날에는 이를 버리고 하지 않는다. 반드시 그 이해할 수 없는 것을 취해[11] 이를 강제로 기억하게 하니, 이렇게 해서는 배우고 기억한 바가 소위 어렵고 괴로운 것이어서 그 유익함을 알지 못한다. 앞의 설을 따르면 뇌를 이끄는 것이 되고 뒤의 설을 따르면 뇌를 질식시키는 것이 되니, 뇌를 이끌면 사람이 날로 강해지고 뇌를 질식시키면 뇌가 날로 상하게 된다. 이것이 서양인 중 새로운 법을 만들고 새로운 기계를 제조하는 자가 아주 많고, 중국에서

10　뇌신(腦囟)……움직이니 : '뇌신'과 '뇌근'은 생각하는 힘, 혹은 이와 관련된 뇌의 기관을 가리키는 것으로 보이나 정확한 의미를 알 수 없다.

11　반드시……취해 : 해당 부분의 원문은 '必取其能解者호야'이다. 량치차오(梁啓超)의 「논유학(論幼學)」에 근거하여 '能'을 '不能'으로 바로잡아 번역하였다.

는 이것이 거의 끊어진 이유이다.

그런데도 근래에 오로지 기억하고 암송하는 것으로만 가르치는 이유가 있으니, 책을 읽는 것은 오직 과거 급제를 위해서요 경전을 외우는 것은 오직 시험문제 때문이다. 내가 보기에 공부하는 사람 중 급제 이후에 기억과 암송을 다시 일삼는 사람이 한 사람도 없다. 고로 그 뜻이 오로지 이러하다고 말하겠다. '그런데도 저들은 어찌 사물을 보여주고 의리를 알려줌으로써 기억을 보조하려 하지 않는가?' 또한 말하겠다. '그 암송하는 책의 사물과 의리가 몇 살 먹은 아동이 깨우칠 만한 것이 아니라면, 저들은 어찌 책 하나를 바꾸어 이를 가르치려 하지 않는가?' 또한 말하겠다. '많은 서적이 시험과 관련되지 않으면 읽혀지지 않는다. 고로 뇌를 질식시키는 재앙은 시험에서 시작한다.' (미완)

위생부

위생의 요론(要論)

회원 이규영(李奎濚)

대개 우리가 이 세상에 생활하며 잠시라도 떼놓을 수 없는 것이 즉 위생이니, 이를 불가불 강구하지 않으면 안 될 것이다. 이에 가장 긴요한 생명의 아비 되는 공기의 필요와 생명의 어미 되는 음식, 의복, 거처의 필요를 들어 아래에 논한다.

○ 공기의 필요

공기는 눈으로 능히 볼 수 없는 것이나 세상 사람에게 생활력을 부여하여 용쾌(勇快)한 정신을 도출함이 즉 이에서 나온다. 이제 그 실험상 논거를 들진대, 가령 협소한 실내에 사람들이 모인 채 그 문을 닫을 때는 자연히 두통, 번민의 불쾌한 감각이 생기니, 이는 즉 대기가 유통할 방도가 없어 신진대사의 기능을 하지 못하는 것으로 그저 사람으로부터 배출된 불결한 탄산가스가 실내에 고인 것을 서로 다시 들이쉬기 때문이다. 만약 문밖에 나가 하늘을 바라보고 숨을 들이쉬면 봄의 아침이나 가을의 저녁이나 어떤 때를 막론하고 홀연히 심장의 동작이 활발해지고 정신이 상쾌해져서 그 두통과 번민의 괴로움을 까맣게 잊을 것이니, 이는 즉 충분한 공기가 호흡으로 인하여 능히 탄산가스의 불결물과 잘 교환되기 때문이다.

이 탄산가스라는 것은 이상에 말한 것과 같이 사람의 호흡으로 인해 생기는 것이다. 공기가 폐기포(肺氣胞) 내에 유입될 때에는 공기 중의 산소가 핏속에 흡입되어 그 탄산가스와 노폐물이 만들어낸 불결한 수기(水氣)를 제거하고 혈액을 재차 청결케 하기를 이처럼 끊임없이 연속하여, 이 혈액을 전신에 끊임없이 순환케 하는 큰 효과를 만든다. 지금 사람이 만일 이를 주의치 않아 호흡을 할 때에 능히 신선한 공기 속의 산소를 취하지 못하면 곧 불결한 노폐물이 혈액 속에 뒤섞여 흐르게 되어 근육은 활발한 상태를 잃고 혈행(血行)이 수시로 막혀 심장의 박동이 느려지고 음식물의 소화가 불량해져 뇌수에 중압감이 생길지니 실로 막대한 손해를 입을 것이다. 이러한 까닭에 실내에는 항상 신선한 공기를 유통케 함이 좋다. 그중 불결한 점과 관련하여 거듭 주의할 것은 바로 화로와 양등(洋燈)이 얼마나 불결한 상태인지 살피는 것이다. 등불은 사람의 호흡에 한층 더 탄산가스를 보태기 쉬운 것이며 화로는 또한 몇 배 더하니, 이는 모두 공기 속의 산소를 없애는 것이다. 그러나 이 양등과 등불은 불 밝혀 날이 새도록 공부해야 하는 밤의 창가와 추위가 맹렬한 겨울의 탁자에서 공히 치울 수 없는 물건인즉, 화로의 경우 특히 철병(鐵瓶)이나 토병(土瓶)에 물을 끓여 그 증기를 실내에 머물게 하면 이것이 능히 탄산가스를 어느 정도 제거하여 공기의 건조함을 다소 막아주므로 기도(氣道)의 점막을 자극하는 해가 적고 따라서 호흡기 전체에도 아주 유익하다. 공기의 청결은 우리가 다급한 순간에도 항상 주의하여 선택할 것이니, 침실에 대해 말하더라도 우리나라 사람은 밤에 잠잘 때에 문을 굳게 걸고 다시 장자(障子)로 가리며 심한 경우는 병풍으로 거듭 가로막고 더하여 화로와 등불을 그 안에 늘어놓는 까닭에 야간에 축적된 더러운 가스를 반복하여 흡입하다가 아침에 일어나 창을 열면 실로 맡기 어려운 냄새가 타인의 코에 닿는다. 이처럼 완고한 사람은 이를 도리어 양생(養生)의 방법으로 생각하여 왕왕 불량한 병인(病因)이 이에서 기인하는 경우가 많다. 대개 침실은 하여튼 공기가 자연적으로 어느 정도 유통케 하고 수면 시에는 이불을 단단히 여며 덮되 아침에 일어난 후에는 곧 문을 열어 잠시 그 오염된 공기를 방출해야 한다.

또한 아침의 환기가 더욱 좋은 것은, 청정무구의 대공간에 서서 사방 들판을 조망하면 저 노을 길게 이어진 봄날 경치와 나팔꽃의 아름다운 자태가 있는 여름날 경치와 노란 국화 찬 서리의 가을날 경치와 옥(玉) 누각 은(銀) 누대의 겨울날 경치를 사람마다 즐겨 누리므로 기꺼이 백 년의 수명을 더더욱 연장케 하려는 생각이 홀연 일어나기 때문이다. 즉 그 신선한 공기가 비강에 흡입되어 일체의 티끌을 깨끗이 씻어내고 필연적으로 폐의 혈액을 원활히 유통케 하여 활발하고 늠름한 기상을 솟아나게 하는 것이다.

○ 음식의 필요

사람의 신체는 복잡한 원소질이 집합하여 조성된 것이니, 이들 조직은 즉 일거일동(一擧一動)에 시시각각으로 소모되는 것이다. 비유컨대 양등(洋燈)의 석유가 1분 1초마다 점점 소모되는 것과 같으니, 이 양등에도 석유를 매일 더해야 등불이 영구히 지속된다는 것은 누구든지 의심할 바 없다. 지금 음식물의 분량을 논하자면, 건장한 사람은 평균 1인당 매일 분량 225몸메(匁)의 식료와 9홉(合) 5작(勺)의 음료를 필요로 한다.
또한 음식물의 종류는 무엇이 인체 조직의 원소질에 적합한지에 따라
3종으로 나뉘니, 즉 질소 함유물, 탄소 함유물, 광물질 함유물이 그것이
다. 여기에는 지방, 단백질, 탄수화물 등이 있다. 질소 함유물은 인체에
있어 그 성장을 돕고 소모분을 보충하는 것이니, 가장 요긴한 것은 유제
품〔乾酪質〕이고, 육류 등으로는 계란과 쇠고기가 양호한 자양품이다.

탄소 함유물은 탄소를 많이 함유한 것으로, 당분 및 지방의 종류는
수소 및 탄소를 포함하고 있다. 지방은 당분보다 산소의 양이 적고 그러
면서 연소의 성질이 풍부한 까닭에 다량의 산소를 취하여 능히 온기를
발생시키니 이를 많이 먹으면 체온이 올라감을 느끼게 된다. 광물질 함
유물에는 물, 철, 유황, 식염(食鹽), 마그네슘, 칼륨 등이 있다.

물의 1일 필요량은 이상에 서술함과 같이 9홉 5작이다. 이만큼의 양
을 써야 능히 음식물을 용해하며 물이 전신에 순환하여 노폐물을 걸러
내고 혹은 신체를 청량케 하는 효용을 얻을 수 있다.

철은 혈구(血球) 안에서 산화 작용을 돕는다.

유황은 신경을 민활케 하며 혹은 피부 조직을 강장(强壯)하게 한다.

식염은 소화액의 분비를 촉진하며 또한 노폐물을 몸에서 배출시키는
일 등을 돕는다.

마그네슘은 신체 중의 여러 조직을 만드는 데 필요한 것이다.

칼륨은 심장의 능력을 강화시킨다. 그 외 석회(石灰)가 뼛속에 혹은
치질(齒質)에 존재하여 이것을 단단하게 하고, 인(燐)이 뇌질(腦質)에 있
어 우리들의 활동을 돕는 영묘한 효과를 만든다.

○ 의복의 필요

의복의 종류는 겨울 여름의 때에 따라 각각 다르니, 즉 겨울의 옷은
외부 한기를 막아 신체의 온도를 보존시켜야 할 것이요 여름 의복은

태양의 광선을 차단하여 신체의 열기를 발산해야 한다. 무릇 흑색 옷은 흡열력(吸熱力)이 크므로 겨울철에 적당하고 백색 옷은 태양광선의 반사력이 강하므로 여름날에 적당하다. 모직 옷은 습기를 더디게 빨아들이고 공기를 많이 머금으므로 품질에 따라 추위 더위에 모두 좋고 비단은 소아와 노인에게 적당하다. 목면(木綿)은 습기를 쉽게 빨아들이며 온열(溫熱)의 전도성이 약하여 추위 더위에 변하지 않으므로 어떤 때를 막론하고 해가 없되, 삼베는 열을 전도하며 습기를 매우 빠르게 흡수하므로 의복에 필요한 것으로 인정할 만한 것이 없다.

의복의 다소(多少)에 대해 말하자면, 어떤 때를 막론하고 항상 적당하게 입는 것이 필요하다. 가령 너무 많이 껴입어 땀을 심하게 흘리거나 지나치게 얇게 입어 감기를 유발하는 것은 전부 우매한 일에 속한다. 그러나 대략 일반의 노동자는 얇게 입어야 하고, 앉아서 일하는 자와 노인 및 소아는 겹쳐 입는 것이 마땅하며, 운동 후에는 즉시 약간 겹쳐 입어야 할 것이다. 또한 수면 시에는 체온이 평상시보다 떨어지므로 즉 3배 이상 껴입어야 하며, 또 잠옷은 때로 일광에 쬐고 물에 세탁하여 더럽혀진 독소가 없게 하고 기타 각종 속옷도 역시 빈번히 세탁하여 신체를 청결하게 함이 좋다.

○ 거처의 필요

주거 가옥은 높고 건조하며 청정한 지대를 골라 지을 것이니, 저 수많은 가옥이 있는 언덕 아래에 부락을 이루어 사는 사람이 그 비위생의 결과로 질병에 많이 걸림은 명확한 사실이다. 지금 그 원인을 살펴 논할진대, 대개 신선한 공기는 가볍고 깨끗하여 위쪽으로 뜨고 혼잡하게 더럽혀진 공기는 무겁고 탁하여 아래 땅으로 흐르기 때문이다. 이에 따라 관측하면 높고 건조한 곳에 주거함이 위생에 필요하다는 것은 많은 말을 하지 않아도 되겠거니와, 낮고 축축한 땅은 그 공기가 이처럼 불량한 까닭에 또한 음료수 중에 암모니아가 많이 함유되어 왕왕 세균을 육안으로도 보아 알 수 있는 경우가 있다.

가옥의 건축은 먼저 지붕을 높게 하여 2단이나 3단으로 짓되 창문은 높고 넓게 하여 공기의 유통을 좋게 하며 정원을 넓게 틔워서 마음껏 유쾌히 운동할 수 있게 한다. 또한 침실, 작업실 및 주방을 각각 배치한 후에 실내의 먼지는 아침저녁으로 청소하는 것이 좋으며, 마당에 초목을 재배하는 것 또한 위생에 일조한다. 저 푸르게 우거진 송백(松柏)의 그늘과 물방울 맺힌 파란 파초(芭蕉) 아래에서 불어오는 청풍(淸風) 속에 소요하고 산보할 때에 심신이 홀연 상쾌해지는 것은, 저 우주 간에 빽빽이 늘어선 다종의 식물이 함께 탄산가스를 흡수하고 산소를 배출하여 공기를 청결케 하기 때문이다. 또한 이 식물들은 태양열을 조절하여 능히 겨울을 따뜻하게 하고 여름은 서늘케 하는 기능이 있으며 사람의 안목을 흐뭇하게 하는 경치를 제공한다. 그러나 과도하게 재배하여 이로써 일광을 가려 실내를 어둡게 해서는 안 된다.

잡조

개인 자치[12]

제1장 사람과 기회

기회라 하는 것은 무엇이든 때가 있음을 말하는 것이니, 천만 가지 일에서 기회가 없으면 어떤 일이든지 이룰 수가 없다. 그러므로 기회는

---

12 이 기사는 원문 본문에서는 '위생부'의 하위 항목으로 배치되어 있으나 원문 목차에는 '잡조(雜俎)'의 하위 항목으로 배치되어 있다. 내용 및 7호의 후속 기사 배치를 고려할 때 원문 목차를 따르는 것이 적절하다고 판단하여 '잡조' 항목에 배치하였다.

매우 중요하고 귀한 것이다. 그러나 기회를 찾을 줄은 알고 제작할 줄은
모르면 이는 역시 병든 마음이요, 기회를 얻고도 명철하고 충분히 이용
하지 못하면 이 역시 용기 없는 사람이니, 어찌 진선(盡善)하고 진미(盡
美)한 기회를 이 세상에서 볼 수 있겠는가. 영국 수군 제독 넬슨 씨가
나일 강-이집트 동편- 전쟁 전에 예상한 방책을 수하 함장 베리(Edward
berry) 씨에게 설명하니 베리 씨가 듣고서 "만약 영국 군사가 이기면 세
상에서 뭐라 할까요?"라고 묻자 넬슨 제독은 "이 일을 맞아 '만약'이라는
두 글자를 제외하면 성사될 것이 확실하고 훗날에 이 사실을 타인이
누군가에게 설명하는 것은 다른 문제다."라고 답했다. 그 함장이 회의를
마치고 일어나 가면서 "귀중한 말씀이 이와 같으니 내일 이 시간에는
나 역시 웨스트민스터 사원-이 땅은 영국 런던에 소재하고 있으니 영웅과 열사, 명현들
의 장지(葬地)이다- 열명록(列名錄)에 들어가겠구나." 하였다. 이 함장은 총
명한 의견과 용감한 의지로 다른 사람들이 패배를 염두에 두는 상황에서
영화롭게 승전할 기회를 이미 보았다. 또 나폴레옹이 알프스 산을 넘을
때에 위험한 생 베르나르 고개(Saint Bernard Pass)을 맞아 기사 몇 사람
을 먼저 보내어 앞길을 탐지하고 돌아오라 했다. 그 기사들이 되돌아오
자 나폴레옹이 "그 고개를 넘어갈 수 있을 길이 있는가."라고 물었다.
"가능할 것 같다."고 답하자 나폴레옹은 즉시 군령을 행할 뿐이요 그 위
험한 형편은 계산하지 않고 곤란한 사실을 묻지 않았으니, 자고로 수레
가 통하지 않고 인적이 드문 이 알프스 산에서 6만 명 군사와 수만 톤의
탄환과 거대한 제반 군용물품을 움직인다는 것을 영국과 오스트리아에
서는 눈살을 찌푸리며 비웃었다. 제노바에서는 마세나(Andre Massena)
장군이 위협을 당해 거의 죽을 상황을 맞았고 니스 성문에서는 오스트리
아 군이 천지를 진동하게 하였으나, 나폴레옹은 이런 위급한 때를 맞아
물러날 사람이 아니었다. (미완)

▲ 사람은 결코 속임을 당하는 것이 아니요 오직 자기를 속일 뿐이다.

중화군(中和郡) 배영학교(培英學校)에서 보내온 서신에 답하다 漢

회원 박은식(朴殷植)

보내온 서신을 받들어 읽어보니 서신 가득 빼곡히 적힌 사연이 저를 흠뻑 기쁘게 합니다. 삼가 생각건대, 여러분이 시대의 흐름을 살피고 교육에 주의하여 탁견이 이미 이와 같고 열성이 또한 이와 같은데 도리어 이 변변치 못한 사람을 향하여 도움을 바라니, 이른바 소경에게 길을 묻고 귀머거리에게 뭐라 하더냐고 묻는 격이 아니겠습니까? 고마운 마음 지극하나, 문득 부끄러움을 깨달으니 땀이 등을 적십니다. 그러나 생각해보면 저와 같이 용렬하고 비루한 사람이 욕되이 근명(勤命)을 하는 것은 한편으로는 서로를 아끼는 특수함에서 비롯된 것이고, 한편으로는 성의와 고상함을 펼치기 위함이니, 오히려 세속과 함께 취할 바가 있지 않겠습니까? 메마르고 적막한 자라도 자신의 구차함이 상대방의 뜻에 부응하는 것이 만에 하나라도 있지 않겠습니까?

아! 오늘날 우리들이 이러한 변화의 시국을 맞이하여 여기서 십분 머리를 맞대고 도모하여 생존의 방편으로 삼은 것은 오직 학문 한 길이 있을 따름인데, 우리 동포를 움직이고 단잠을 깨워 정신을 수습하는 것이 어찌 그리 더딘지요? 요사이에 어떤 군(郡)에서는 학교를 세우고, 어떤 마을에서는 글방을 설치하여 하루라도 신문에 나지 않은 날이 없습니다. 그러나 실제적으로 실효를 확실히 거둔 것 또한 거의 없습니다. 오직 우리 서주(西州)의 선비들만은 새로운 기운을 흡수하고 발분(發憤)하여 묻고 배워 여러 지역의 선두가 되었으니, 이는 하늘이 그 충심을 말없이 인도하여, 장차 중대한 책임을 진 자를 사이에 둔 것이 아니겠습니까?

대저 우리 서주(西州)는 산천의 기운이 뛰어나고 풍토가 아름다워 과거 수백 년간 배출된 영웅호걸이 수없이 많았습니다. 그러나 바위굴에서 말라 죽고 인멸되어 소문조차 없었으니 시세가 곧 그러했습니다. 오늘날에는 사람마다 국가의 의무를 담당하고, 개인마다 세도의 직권을 만회하니, 하고자 하는 사람은 이와 같습니다. 우리 쪽 선비만 어찌 몇백 년 동안의 불우한 지경에서 벗어나 세계에 그 아름다운 빛을 발현하고 최후의 승리를 널리 얻을 수 없겠습니까?

귀교의 설립은 참으로 여러분들이 열심히 잘 맡아 일해준 결과입니다. 다행히 날로 발전함에 한번 시작한 일을 끝까지 마무리할 수 있다면, 국가와 사회의 이익에 공헌하는 것도 또한 마땅히 어떠하겠습니까? 저 은식(殷植)은 동포 중 가장 부패가 심한 사람입니다. 젊었을 때 정력은 이미 무용한 곳에 소모해버렸고, 지금은 쇠퇴기라 이미 힘써 일할수 없는 지경에 왔습니다. 단지 제가 바라는 것은 청년 제군들에게 전념하는 것입니다. 귀교에 대해서도 또한 어찌 저를 바치고자 하는 사심이 없겠습니까? 대개 천하의 일은 뭉치면 성공하고, 홀로 하면 성공하지못합니다. 오늘날 우리가 어떤 사업을 대하더라도 주의와 힘을 가장 기울여야 할 것은 오직 이 '단합(團合)' 두 글자이니, 힘쓰고 또 힘써야 할것입니다.

현재 우리 한국의 교육은 여전히 맹아 단계로 제반 설비가 모두 처음이 아닌 것이 없지만, 한 가지 중요한 것은 교사 가운데 훌륭한 이를뽑는 것이요, 또 한 가지 중요한 것은 교과서 가운데 좋은 교본을 구하는 것입니다. 우리 서주(西州)의 각 학교를 위해 그 규제를 한가지로 정함은 바로 서우학회의 책임입니다. 삼가 마땅히 여러 회원들과 도모하여 받들어 모실 따름입니다. 이런 사정을 밝게 헤아려주시기를 모두에게 바랍니다.

하나 됨과 각각 됨의 성패론(成敗論)

회원 문석환(文錫瓛)

천하의 사물과 고금의 일들은 하나(一)가 되는 데에서 이루어지고 각각(各)이 되면 실패하지 않는 경우가 없다. 추위와 더위가 한결같지 않으면 만물이 이뤄지지 않고, 가느다란 갈래의 미미한 시냇물이 일만 번을 꺾여 굽이쳐 흐르더라도 반드시 동쪽으로 흘러가서 큰 바다를 이루며, 들판에 타오르는 맹렬한 불길과 큰 용광로의 깜부기불이 점점이 흩어지지 않으면 한 치의 밝힘과 작은 불씨의 힘도 없을 것이다. 콸콸 쏟아지는 비가 섬돌을 적시지는 못하나 쌓이면 산릉(山陵)을 삼키고 잠기게 할 수 있으며, 점점이 흩어져 있는 구름이 햇빛을 가리지 못하나 그것들이 합해지면 세상을 덮어 어둡게 할 수 있다. 모기 한 마리의 소리와 거위 한 마리의 날갯짓 소리를 주위 사람들은 듣기 어려우나, 그 소리가 모이면 우레를 이룰 수 있으며 떼 지어 모이면 진(陣)을 혼란하게 할 수 있다. 벌과 개미는 곤충류 중에 작은 것이나 첩첩이 둘러싸인 산에서 온갖 향기를 채취하여 1말 1섬의 꿀을 빚으며 몇 치의 흙을 끌어모아 밤낮으로 보금자리를 만드니, 천 번 주둥이를 쓰고 만 번 날갯짓을 하는 협동심이 아니었다면 어찌 이와 같은 공을 이룰 수 있으리오.

위대하도다, 하나 됨의 힘이여. 위태롭도다, 각각 됨의 힘이여. 천지의 신덕(神德)과 수화운우(水火雲雨)의 무지(無知)와 모기, 거위, 벌, 개미의 미천함으로도 하나가 되면 이룰 것이고, 각각이 되면 실패할 것이니, 인간인들 어찌 홀로 그러지 않을 것인가? 이런 까닭으로 요순(堯舜)의 백성은 요순의 마음으로 자신의 마음을 삼았으니, 이것은 억조(億兆)의 마음이 합해져 하나가 된 것이라 주위 사방의 오랑캐들이 손님으로 찾아왔고, 걸주(桀紂)의 백성들은 걸주의 마음으로 자신의 마음을 삼았으니, 이것은 억조의 마음이 흩어져 각각이 된 것이라 백성들조차 배신

했던 것이다. 진(秦)나라를 공격하는 마음은 하나가 되지 못하고 섬기는 마음은 각각이 되어 큰 세력에 딸린 부하가 되는 치욕을 당한 것이 6국이다. 결사의 각오로 싸워서 큰 승리를 세울 수 있었던 것은 목숨을 건 마음이 하나가 된 때문이다. 현재 영국, 미국, 러시아, 프랑스, 독일이 문명의 도정에 선 까닭은 하나 된 마음에 있으며, 이집트, 인도, 폴란드, 류큐(琉球)가 쇠망한 근원도 각각이 된 마음에 있다. 위대하도다, 하나됨의 힘이여. 위태롭도다, 각각 됨의 힘이여.

　오호라, 대한은 하나를 따르는가? 각각을 따르는가? 노소·남북의 사람들이 국권을 대대로 전해온 재산으로 인식하고 당을 나누어 서로 대립하며, 그 사람들을 사랑함에 그 탄식도 사랑하며 그 사람을 미워함에 그의 나태함도 미워한다. 정부는 인민의 기관이거늘 하나 됨을 없애고 각각을 수호하며, 이학가(理學家)와 시부가(詩賦家)는 나랏일을 마이동풍으로 대하고 자기 무리들만 편벽되게 좋아하여, 경기곡권(擊跽曲拳)[13]을 괴이한 짓이라 부르고 경전(經傳)을 함부로 도적질하는 광대라 배격한다. 사(士)라는 것은 국가의 원기(元氣)이거늘 하나 됨을 버리고 각각을 좇아 동쪽에서 세우면 서쪽에서 무너뜨리고 앞에서 넘어졌는데 뒤에서는 잰걸음으로 나아가니 이는 어제오늘의 일이 아니다. 마침내 효과가 나타나 5백 년 종사(宗社)에 외국인의 숨결을 수용하고 2천만 동포들을 다른 종족의 노예로 넘겨주니, 마땅히 앞선 사람들의 실패를 고치고 새로운 길로 나아가야 하거늘 아직도 죄를 뉘우치지 못하는가. 권력이니 돈이니 말하는 습속이 뇌리에 박혀 백번 벼락이 내리쳐도 깨뜨릴 수 없고, 수구(守舊)니 개화(開化)니 말하는 명분이 심장에 달라붙어 있어 만 마리 소로도 뽑을 수 없으니, 만일 혈기가 있는 사람이라면

---

13 경기곡권(擊跽曲拳) : 홀(笏)을 받들어 굽신대는 모양으로 임금 앞에서 해야 하는 몸가짐이다. 곧 관직을 지내는 것을 이른다.

기세가 솟고 내장이 공이질하지 아니하리오. 그대들의 귀를 뚫고 그대들의 눈을 부릅떠서 지금의 국내 사정을 살펴보라. 큰 물결과 세찬 불은 좌우에서 일어나고 범과 이리, 곰과 살쾡이는 앞뒤에서 이를 갈며 교활한 여우와 추악한 삵이 나의 책상 아래 들어와서 심장과 배를 씹어 먹고 팔다리를 끊어놓아 사람의 목숨이 위태로우니 아침에 저녁의 일을 생각할 수도 없다.

주인 된 자는 그 마음을 합심하고 그 힘을 다하여 내부의 근심을 물리치고 외부의 불행을 막아도 양 잃고 외양간 고친다는 생각이 없지 않거늘, 하물며 잠자는 자는 잠을 자고 웃는 자는 웃으며 노래하는 자는 노래하고 술 취한 자는 취하며 울타리를 철거하여 도적에게 아첨하는 자도 있고, 혹 목숨을 버리고 불행을 구하는 자를 원수로 매도하는 자도 있으니, 오늘날의 광경이 그 마음을 하나로 해야 할지 그 마음을 각각으로 해야 할지 무릇 우리 동포는 심사숙고하길 청하노라.

『주역』에 이르기를 "두 사람이 마음을 같이하면 그 예리함이 쇠도 끊는다."라 하였고, 속담에 이르기를 "아버지와 아들이 함께 가면 호랑이도 범하지 못한다."라 하였으니, 두 사람이 마음을 같이하면 쇠도 끊을 수 있고 호랑이라도 범하지 못하는 것이다. 우리 2천만 동포가 마음을 같이하고 함께 걸어간다면 어떤 일이라도 이루지 못할 것이며, 어떤 근심인들 대비하지 못하겠는가? 관복을 입고 높은 벼슬에 오른 이가 임금의 총애를 잃을까 걱정하는 마음과 권문세가의 비위를 맞춰 구차하게 영달을 구하는 마음과 높은 관과 넓은 띠를 맨 선비들의 존화양이(尊華攘夷)하는 마음과 2천만 국민의 각각의 마음을 애국 하나로 합치면, 큰 홍수와 맹렬히 타오르는 불과 호랑이와 여우의 위협이 안개 사라지듯 하여 독립도 보존하고 노예도 면하여 바야흐로 힘차게 발전하고 날마다 새로워져 청구(靑邱)의 한 떨기 잎사귀가 전 지구에 울울창창하여 외떨어진 황량함이 마치 개미구멍처럼 작아질 것이니, 아아 동포들은 각각의 마음을 제거하고 하나 된 마음으로 들어올지라.

유학생이 보낸 편지의 개략

　도쿄 소재 유학생들이 본국의 동포들이 국채 보상의 방침으로 금연동맹을 결성하고 대황제 폐하께서 금연하신다는 소식을 듣자, 유학생 총회를 개최하여 금연할 뜻으로 안건을 제출하기를 "무릇 경제는 국가의 가장 중요하고 긴급한 문제다. 단지 법률만 가지고는 국가를 이루지 못하니 법률이 고명한 로마도 경제를 간과한 탓에 결국 망하였다. 지금 우리나라가 이처럼 비참한 지경에 빠져서 경제적 이익을 도모하지 못하고 있다. 국권의 회복을 희망하는 자라면 이는 영원히 앞으로 나아가지 못하고 도리어 뒷걸음치는 격이니 어찌 일깨우지 않을 수 있겠는가. 우리 유학생만 가지고 말해도 거의 8백 명이다. 매일 아침 한 갑도 1명이 1일당 6전이고 1명이 1개월당 1원 80전이니, 1백 명이 1개월당 1,440원이고 1년을 합산하면 17,280원이다. 8백 명으로 계산해도 1년의 담뱃값이 이와 같이 적지 않은데, 하물며 전 국민이야 말해 무엇하겠는가. 음식물을 끊으면 죽으니 할 수 없지만, 유해무익한 연초를 끊는 게 무슨 어려움이 있겠는가. 우리가 일제히 금연하여 국채 보상에 만분의 일이나마 보탬이 되자." 하고 동맹을 결심하였다고 한다.

연초(煙草)의 해악을 논하여 국채의 빠른 보상을 기원함
회원 이규영(李奎濚)

　연초는 우리의 절대적 유해물이다. 의학 실험상으로 관찰한 자의 말

에 의하면 그저 끽연하는 사람은 그 일생의 수명이 평균적으로 10년이
나 20년 감소하는 폐해가 있다 하니 어찌 두려워 경계할 것이 아니리오.
이런 까닭에 외국에서는 의사 중의 자선가가 이를 애석히 여겨 수시로
돌아다니며 인민의 금연을 권유하는 경우도 있고, 또 20세 미만인 자의
끽연은 경리(警吏)가 법으로 금하기도 한다. 그런데 우리나라에서는 남
녀노소와 상하빈부의 사람을 막론하고 담뱃대나 파이프-궐련통-를 쥐지
아니한 자가 거의 드물다. 연장자는 고사하고 5·6세 유아가 궐련을
으레 흡입하는데도 금지하는 자가 거의 없어 생명에 위험한 해를 초래
하고 수입으로 막대한 액을 손해 보아 그 폐가 극도에 달하였더니, 다행
히 금연으로 국채를 보상하는 문제가 나라 안에 일어나 전국 동포가
일제히 결심하여 맹렬히 끊으니 이 기쁨을 금할 수 없도다. 이에 닥터
리처드슨 씨가 명확히 한 바 끽연이 해가 되는 이유에 대한 설명 8개조
를 아래에 기재한다.

1. 핏속을 다니며 유동하는 혈액의 성질을 변하게 하는 까닭에 그 순환
   을 지둔(遲鈍)하게 한다.
2. 위 부위에 들어가 소화력을 방해하여 구역질 혹은 트림을 촉발한다.
3. 구내(口內)의 편도선에 종기가 나게 하거나 쑤시게 하고, 점막을 붉
   게 만들어 표피가 건조하여 벗겨지게 하는 경우도 있으며 혹은 입술
   표피에 불치의 암종(癌腫)을 유발한다.
4. 심장에 영향을 미쳐 기질을 약하게 하며 또한 심장의 박동을 어지럽
   게 하는 경우도 있다.
5. 폐에 들어가 기도(氣道)를 자극하여 기침을 유발한다.
6. 눈의 동공을 확장시켜 시력을 상하게 하며 망막 위에 사물 형태의
   허상을 남게 한다.
7. 귀의 경우 정음(正音)을 들을 때에 겸하여 변음(變音)의 부수적 소리
   가 들리게 한다.

8. 뇌는 그 작용이 둔해져 신경이 마비됨에 이르는 경우도 있다.

이상에 논한 바는 전부 병리상 실험에 따른 설명이다. 또한 말해보건 대 사람이 끽연을 처음 배울 때는 홀연히 어지럼증이 일어나 구역질을 촉발하므로 능히 칠전팔도(七顚八倒)의 고생을 겪지 않는 자가 없으니, 이는 다름 아니라 바로 연초의 성분 중에 니코틴이라 하는 대단한 독물 (毒物)이 함유되어 있기 때문이며 이로 인하여 중독의 증후가 유발된다. 이러한 원인을 자세히 살핀다면 어찌 이 유해의 독물을 함부로 즐겨 부모가 건전하게 자신을 낳아주신 은혜를 망각하고 위험의 병인(病因) 을 거꾸로 재촉하여 자손의 신체에까지 유전시킬 것인가. 참으로 심히 안타깝도다. 이로써 살피자면 금연이란 한 사안은 비록 평상시의 안정 된 시기라도 마땅히 행해야 할 바이거늘 하물며 우리 한국 동포가 이때 를 당하여 어찌 단호히 끊지 않으리오. 지금 우리의 국채 보상은 바로 우리의 전진을 위한 제일의 급선무이다. 이렇게 유해한 폐습을 버리고 저렇게 시급한 국채를 갚아 벗어나는 것이 어찌 결행해야 할 훌륭한 일이 아니리오. 부디 우리 동포는 미국인이 영국 홍차를 끊었던 전례를 귀감으로 삼아서 각기 용맹정진하는 정신을 분발하고 또한 예전의 관습 으로 퇴보치 말기 바란다. 현재 노예의 굴레를 탈출할 앞날과 가장 관계 가 깊은 1천 3백만 원의 국채를 속히 갚을 날이 곧 이르기를 천만 번 기원하노라.

금주하라 보상하자

태극혼(太極魂) 안헌(安憲)

대략 들으니 마음이 급한 지사와 선비들이 이집트와 폴란드와 베트남 이 소멸한 증거를 헤아려 깨닫고 맹렬하게 분기해 담배를 끊고 양식을 줄이며 혈심으로 알선해 국채를 보상하여 우환을 깨끗하게 씻기로 결의하고 회(會)를 조직하였다. 남녀노소와 아동 중에 자신의 채무인 것처럼 액수를 보태오는 자의 발길이 계속 이어지니, 기쁘구나, 이 말이여! 아름답구나, 이 거사여! 바로 이렇게 진보하면 거의 몇 마디 말로 흥기하게 될 것을 확신할 수 있으니, 전날에 뼈에 사무친 우수를 얼음이 녹고 눈이 사라지는 것처럼 할 수 있지 않겠는가.

무릇 한 마리의 물고기로 인해 흐려진 물과 작은 흠결로 깨진 옥은 사람이면 누구나 싫어하는 것이다. 우리 동포 중 음주로 인해 실성하고 재산을 탕진하며 집안을 망친 사람이 앞뒤로 어느 만큼인가. 이리하여 양심이 변해서 어리석고 완고해지고 아름다운 자질이 위태롭게 바뀌니, 슬프다! 어찌 착실하지 않겠는가. 아아, 우리 동포여! 술을 삼갈 것이다. 옛날에 세종대왕은 "술의 재앙 됨이 매우 크다. 어찌 특별히 곡식을 없애고 재물을 허비할 뿐이겠는가. 안으로 심지(心志)를 어지럽히고 밖으로 위의(威儀)를 상하게 하고, 혹 부모의 봉양을 못하게 하며 혹 남녀의 구별을 어지럽게 해서 크게는 나라를 잃고 집을 망치며, 작게는 성품을 해치고 생명을 잃어버리게 한다."라 하셨다. 또 "너희 안팎 대소 신민들아. 나의 지극한 생각을 체득하고 전 시대 사람들의 득실을 보아서 오늘날의 권계(勸戒)로 삼아라. 즐겨 술 마시느라 일을 그만두지 말고, 지나치게 마셔 병이 되지 않게 하며, 각각 너희의 행동을 조심하여 무이(無彝)의 훈계[14]를 따르고 굳세게 술을 억제하면 거의 오변(於變)[15]의 풍속에 이르게 되리라." 하셨다.

하늘과 땅이 아직 갈리지 않은 때의 순박하고 후한 풍속을 바꾸어 신선하고 개명한 상태에 이르고자 할진대, 금주를 급선무로 하면 단지

---

14 무이(無彝)의 훈계 : 『서경(書經)』에 나오는 무이주(無彝酒)의 준말로 노상 술을 마시지 말라는 훈계이다.

15 오변(於變) : 오변시옹(於變時雍)의 줄임말로, 요임금 시대에 백성들이 화목하고 천하가 잘 다스려진 상태를 말한다. 『서경』「요전(堯典)」에 나온다.

악을 제거하는 것만이 아니다. 불이 난 듯 오늘날 국력이 마르고 있으니 단지 사람들의 한 잔의 술값도 국채 보상에 도움이 된다. 그러므로 악을 제거하는 것뿐만 아니라 국가의 근본에 충성하는 것이 되지 않겠는가.

영국 의학박사 리차드슨 씨가 "술 파는 사람은 가난을 파는 사람이요, 병을 파는 사람이요, 범죄를 파는 사람이요, 트집을 파는 사람이다."라고 했으니 이는 정말로 격언이다. 나는 "누룩은 술의 어머니요, 술은 악의 중매자다."라고 말하겠다. 중매로 결혼하면 반드시 아이를 낳으니 아이는 백 대 천 대의 귀한 자손이고 만세토록 금하는 것이 없을 것이니, 슬프다! 한탄스럽다! 그렇다면 모든 악이 세상에 가득찰 텐데 어떻게 선으로 나아가기를 감히 바라겠는가.

대개 매미는 더러움 속에서 껍질을 벗고 변화해 성체가 되는데 조금이라도 미진하면 어떻게 바람을 호흡하고 이슬을 마시며 버드나무와 느티나무 위에서 울겠는가. 생각을 말하다가 이에 이르니, 사람이 악을 제거하고 쇄신할 수 없으면 이는 더러운 벌레가 매미가 되는 것만 같지 못하다 할 것이다. 그런 까닭으로 오늘날 경제상 비용을 근검절약하여 국채 보상에 전심해야 할진대, 누룩을 금지한 연후에야 탈피에 지장을 주지 않게 되어 마침내 뜻을 이루게 될 것이다. 우리 2천만 동포여! 이때에 깊게 생각하여 국가의 안녕과 행복을 항구적으로 함을 한마음으로 동의해야 할 것이다.

▲ 태극기를 짊어지고 충의혼(忠義魂)에 헌신하자.

외채(外債)는 나라의 병 가운데 가장 큰 것이다 漢

변영주(卞永周)

옛날에는 다른 나라를 멸망시킬 때 군사를 활용하였는데 지금은 다른 나라를 멸망시킬 때 국채를 활용한다. 옛날에는 나라가 망하면 그 국호를 없애고 그 종묘사직과 정부를 폐지하여도 그 인민에 대해서는 사실상 옛것을 통해 새것으로 나아가 우리의 교화에 복종시킬 뿐이었는데, 지금은 나라가 망하면 그 종교도 멸하고 그 종족도 끊어버린다. 옛날에는 망국의 백성에게 나라가 없을 뿐이었는데, 지금은 망국의 백성에게 그 집안마저 없다. 이러한 까닭에 옛날의 우국(憂國)은 그 소임이 군주와 재상에게 있었고 그 책임이 사군자(士君子)에게 있었는데, 지금의 우국은 그 소임과 책임을 지지 않은 자가 없고 관련 없는 일이 없다. 그러니 설령 초목과 토석이라도 실로 국내의 물건이면 전부 시야를 밝히고 담력을 넓혀서 그 의무를 다하고 그 적개심을 드러내야 하는데, 하물며 네모난 발과 둥근 얼굴을 지닌 인류야 말해 무엇하겠는가. 설령 가난하여 구걸하고 미천하여 도축해도 누군들 자손을 낳고 기르지 않는가. 이제 종족이 멸하려 할 때에 어찌 우국에 귀천과 빈부의 간극이 있을 수 있겠는가. 이윤(伊尹)이 말하기를 "누구를 섬긴들 주군이 아니며 누구를 부린들 백성이 아닌가." 하였고, 공자가 말하기를 "그 지위에 있지 않으면 그 정사를 논하지 않는다." 하였는데, 이는 모두 태고의 미개한 시대에 같은 언어 같은 문자 같은 종족의 국가나 다스리던 작은 정치가나 제후의 전제에 억눌려 개인적 보전을 위해 조심하던 노성(老成)한 유학자가 우연히 꺼낸 잠꼬대 소리이지, 지금 20세기 우리 대한국인이 마땅히 근거하여 주장할 바가 못 된다. 그렇다면 국채란 나라를 멸망시키는 근원으로 그 결과가 망국에 이르러 그 화를 입지 않는 이가 없는 것이니, 이제는 참으로 국민이 분골쇄신하여 천지신명께 맹세해야 하는 날인 것이다. 지금 온 세계 열국 가운데 공채(公債)로 인하여 거의 멸망 직전에 이르거나 위기에 빠지거나 한 나라를 열거하면 다음과 같다. 이는 다 이론상 앞으로 반드시 그렇게 되리라는 가설이 아니라 사실상 이미 그렇게 된 확증에 따른 것이다.

모로코는 프랑스에 부채를 졌는데 그 액수가 너무 커서 오래도록 변제하지 못하니 '채권(債權)'이란 명목으로 결국 프랑스의 보호를 받게 되었다. 비록 그 사이에 종종 영국과 얽힌 사정이 있었지만 그 시초는 공채였다. 그 후로 독일인이 또한 1천만 마르크 대금으로 권세를 나누려 하였는데 프랑스와의 약속을 자주 지키지 않아서 범 두 마리가 서로 다투는 격이 되니, 그 나라가 거의 몸에 살이 남아 있지 않는 지경에 이르렀다.

이집트는 가난하면서도 절제가 없는 탓에 영국의 구실 하에 거포(巨逋)가 누적되면서 끝내 그 재정을 보호 관리받게 되었다.

지나(支那) 청나라는 일본에 대한 배상금을 상환해야 하였는데, 러시아인이 그 차관(借款)을 사실상 이어받고 동삼성(東三省) 일대를 담보로 삼았다. 그런데 러시아도 거금을 빌려줄 자가 없으면서 단지 프랑스 금전으로 보증을 서서 엄연히 채주(債主)로서 자처하고 만주를 도륙하여 한없는 욕심을 방자하게 부려서 러일전쟁을 일으키고 천하를 뒤흔드니 약자가 그 지위를 잃었다.

일본은 전쟁 비용이 너무 커서 내외의 부채를 널리 모으면 그 액수가 무려 24억 원에 달하니-6억 원은 내채(內債)- 설령 전쟁에서 승리한 여세로 인하여 갑자기 열강의 반열에 우뚝 섰어도 경제계의 식자들이 대부분 비관적으로 본다. 세계 국부력(國富力) 통계표에 의하면 일본의 국부력이 130억 원인데 그 공채가 24억 원이라 거의 그 국부력의 10분의 2에 달한다-각국의 공채는 전부 국부력의 10분의 1을 한도로 삼는다-.

이탈리아는 근래에 나라의 형세가 날이 갈수록 강성해지고 있고, 제조업 또한 새로 발명한 것이 많아서 대략 여섯 강국의 하나로 불린다. 하지만 공채가 누적되어 5억 5백 파운드에 달한다. 국부력 통계표에 의하면 이탈리아의 국부력이 31억 6천 파운드인데 그 공채도 거의 그 국부력의 10분의 2에 달한다. 그러므로 각국이 다 그 재정의 뒷수습

대책을 위태롭게 여기고 있고, 심지어 이탈리아가 나중에 나라를 잃게 될 것이라 여기기도 하며, 게다가 백성이 가난하고 도적이 늘어나는데도 더러운 바를 고치지 않아서 서구에서 수모를 당하고 있으며, 매년 외채를 상환하지 않을 수 없다. 그러므로 금은(金銀)의 정화(正貨)가 사방의 먼 나라로 유출되고 자국에서 통용되는 것이 단지 지폐뿐이어서 물가가 폭등하고 상업계가 소란해진 것이다.

대저 일본의 무강(武強)과 이탈리아의 문명(文明)이 있음에도 이들이 완실(完實)한 낙국(樂國)으로 인정받지 못하는 것은 공채가 너무 많기 때문이다. 하물며 그에 못 미치는 나라들이야 말해 무엇하겠는가. 나라 안에 성행하는 공채가 흡사 맹수나 독약 같으니 간장이 찢어지지 않고 머리가 부서지지 않는 이가 없다. 우리나라는 오늘날 갈수록 쇠퇴하는 처지에 놓여서 종종 비탄에 빠져 그저 앉아서 기다리는 신세가 됨을 면치 못하고 있고 관민의 조세 생활 또한 외채에서 자유롭지 못하니, 이것이 사실상 장본(張本)의 구실(口實)이 되었다. 서상돈(徐相敦) 씨는 본래 실업계의 위인인데, 오늘의 이와 같은 거사는 근래 우리나라에 없던 일이었다. 공익을 빙자해 사욕을 꾀하는 추악하고 야만스런 풍습은 나라를 멸망에 이르게 할 우려가 있으니, 원컨대 그저 동포들이 그 뒤를 계속 지원하여 대업을 완수할 수 있기를 바란다. 동포들이여! 이는 실로 대한의 흥망성쇠의 기회다. 가령 국민의 기력이 이를 분별할 수 없는 지경에 이르렀다면 차후 절대적인 모험과 절대적인 인고 역시 무수히 많을 것인데 어떻게 감당하겠는가. 더구나 저 프랑스를 보지 못하였는가. 나폴레옹 3세가 프로이센의 포로가 되었을 때 전쟁의 재해가 눈에 가득하고 국민들도 모두 직업을 잃었다. 그런데 강화조약을 맺은 지 불과 3년 만에 프로이센에 배상금 60억 마르크를 전부 상환하고 이제 다시 20세기 일등 부강국의 지위를 잃지 않아서 세계를 놀라게 하였다. 이것이 라틴 민족의 분발하는 특성이다. 하물며 우리가 태평성대에 넉넉함을 누려서 본래 조금의 낭비도 없었으니 생산성이 없는 연초를 3개월 동안 금절(禁節)하는 일이 마음에 고초를 느끼게 할 것도 없음에랴. 애국심이 넘치는 동포라면 이 과계(過計)한 조언이 필요 없음을 나는 안다.

동포여, 동포여! 3개월 연초 값은 바로 우리 대한 2천만 인이 생전과 사후로 대대손손 천만세 내내 편안한 생활을 누리며 자유로이 극락을 누리게 할 행복의 자본이다.

▲ 만유(漫遊)는 어리석은 사람의 극락이다.

산학을 논하다

산학(算學)을 논하다 (속)

회원 이유정(李裕楨)

〔로마의 산반은 판에 구멍을 뚫고〕 그것을 나무로 막아서 만들었고, 동방국의 산반은 철선 위에 구슬을 꿰어 만들어서 그 움직임이 대단히 뛰어났다. 동방 사람 중 주산을 잘하는 사람은 신속하고 정확한 것이 서구 사람이 숫자를 적으면서 계산하는 것보다 훨씬 낫다.[16]

주산법을 살펴보면, 서구 사람들도 또한 그것을 사용하는 자가 있었으니, 그 시작은 중국에서 전래되어 러시아로 유입되었는데, 러시아 상인들이 그 편리함을 취해서 보조도구로 자주 사용하였다. 프랑스 황제 나폴레옹이 러시아를 정벌할 때 프랑스인들이 그것을 보고 기이하게

---

16 〔로마의……훨씬 낫다 : 이 단락은 5호 '산학을 논하다'의 마지막 부분과 중복된다. 〔 〕의 부분은 6호 원문에는 없으나, 함께 읽어야만 문맥이 통하기에 5호의 해당 부분을 첨부하였다.

여겨 이런 종류의 계산법을 만약 어린아이들에게 가르친다면 실제로 더없이 편리한 도구가 될 것이라 생각하였다. 이것이 프랑스인들이 주산법을 알게 된 시초였다. 이후에 또 프랑스에서 전래되어 영국으로 유입되었기에 영국 몽학당(蒙學堂)에서도 또한 간혹 그것을 사용하였다.

산반(算盤) 제도에 대해 논하자면, 비록 그 방식은 각각 다르나 그 법칙은 하나이다. 모두 산반 가운데의 목판 위에 수의 격(格)을 나누어, 일·십·백·천의 자리를 정하되 그 자릿수의 많고 적음은 평균적으로 사람들의 뜻에 따른다. 매 한 격이 한 자리가 되니 구슬 약간을 사용하여 모두 단수로 삼는다. 그 구슬로는 간혹 돌을 사용하기도 하고 코르크를 사용하기도 하고 콩을 사용하기도 하고 혹은 각종 원형 구슬을 사용하기도 하는 등 한 가지 재료만이 아니다. 총괄하여 논하건대, 일의 자리의 구슬은 모두 일의 수가 되고 십의 자리의 구슬은 모두 십의 수가 되니, 미뤄 백·천·만·억의 자리에 이르면 또한 모두 1백, 1천, 1만, 1억 등의 수가 된다.

옛사람들은 반드시 산판(算板)·산반(算盤)을 이용하여 자릿수를 정했는데, 지금 사람들은 능히 그 체판(滯板)하는 옛 방법을 변통할 줄 알아서 판자를 나란히 놓고 그것을 제거하고, 다만 종이에 격자를 그려서 일·십·백·천 등의 자릿수를 정하되 또한 순서를 정연하게 할 수 있다. 이러한 방법으로부터 발전하여 다시 한 단계 나아간 경지가 된 것이다. 옛사람들이 정해둔 관례를 비춰보건대, 제1격이 제1자리가 되면, 제2격은 반드시 열 배가 되니, 지금 비록 일·십·백·천의 자릿수가 거듭된다 하더라도 그 중 수용되는 배수는 반드시 열 배일 필요는 없다. 비록 12배가 되거나 혹 20배가 되거나 혹 더 많은 배수가 되는 경우가 있다고 하더라도 모두 가히 이러한 방법으로서 그것을 기록할 수 있다. 오늘날 상점에서 통용되는 장부에 기록되는바 영국 돈 몇 파운드, 몇 실링, 몇 펜스, 혹 대여물을 기록할 때의 몇 파운드, 몇 온스 등이 모두 각 1격씩 점하여 서로 섞이지 않도록 되어 있으니, 역시 옛사람들이 남긴 방법인 격을 사용하지 않고는 그것을 표기할 수 없었던 것이다.

수학의 진보를 논하는 자들은 모두 숫자 9를 가장 편리하다고 생각하였다. 그렇다 해도 여전히 가장 좋은 방법에 도달한 것은 아니었다. 1에서부터 9까지 모두 로마 숫자를 대용하면 그 방법이 가장 간단하고 그 방법이 무궁하나, 다만 로마 숫자의 배수를 매번 그 자릿수에 따라 정하다가 만일 우연히라도 그중에 혹 0의 자리가 있다면 필시 전체 수가 모두 어지럽게 될 것인데, 이러한 경우는 또한 항상 있는 일이다. 이 0의 자리는 0에서 시작된다. 무릇 0의 자리를 만나면 일·십·백·천 자리에 대해서는 말하지 않고 모두 1의 범위에서 그것을 기록하니 0의 범위를 만든 이후부터 비단 상고시대의 주판을 제거할 수 있었다. 그 이후에 격을 긋는 방법도 또한 폐기될 수 있었다. 이러한 0의 범위가 만들어진 신법을 우리들은 혹 평이하고 기이한 것이 없는 것으로 보았지만, 실제로는 격물치지의 학문 중 절대적인 관건이 되었으니 고금의 산학의 난이도와 우열은 오직 이 0이 표명하고 있다. (완)

아동고사

영오(迎烏)와 세오(細烏)[17]

신라(新羅) 아달라왕(阿達羅王) 시절에 어떤 두 사람이 동해(東海) 가에 살고 있었는데, 남편은 영오(迎烏)라 하고 부인은 세오(細烏)라 하였

---

17 영오(迎烏)와 세오(細烏) : 이 기사의 원문에는 제목이 없다. 다른 호의 〈아동고사〉 기사들 및 본문의 내용을 고려하여 제목을 붙였다.

다. 영오가 바닷가에서 해초를 따다가 표류해 일본의 작은 섬에 당도하여 왕이 되니, 세오도 영오를 찾다가 그 나라에 당도하여 왕비가 되었다. 그때 해와 달이 빛을 잃었다. 일관(日官)이 아뢰기를 "영오와 세오는 해와 달의 정령입니다. 지금 일본으로 떠났기 때문에 이러한 괴변이 일어난 것입니다." 하였다. 왕이 사신을 보내 두 사람을 찾으니 세오가 짠 비단 두 필을 부쳐 주며 연못가에서 하늘에 제를 지내게 하였다. 이에 해와 달이 다시 밝아졌다. 그로 인하여 그 연못을 일월지(日月池)라 이름하고 연일현(延日縣)을 두었다.

▲ 인내는 희망의 수단이다.

인물고

김유신전(金庾信傳) (속)

2년 가을 8월에 백제 장군 은상(殷相)이 쳐들어와서 석토성(石土城) 등 일곱 성을 공격하였다. 왕이 유신(庾信), 죽지(竹旨), 진춘(陳春), 천존(天尊) 등 여러 장군들에게 명하여 방어하게 하였는데, 삼군(三軍)을 오도(五道)로 나누어 공격하였으나 열흘이 지나도 상호 승부가 나지 않으니 누운 시체가 들판에 가득하고 흐르는 피에 절굿공이가 떠다니는 지경에 이르렀다. 이에 도살성(道薩城) 아래에 주둔하여 말을 쉬게 하고 군사를 먹여서 다음 공격을 도모하려는데, 그때 동쪽으로 날아가다가 유신의 군막을 지나치는 물새가 있었다. 장사들이 이를 보고 불길하게 여기는지라, 유신이 말하기를 "이는 괴이할 것이 못 된다. 오늘 반드시 백제의 첩자가 있을 것이니 너희들은 모르는 체하며 누구인지 묻지 마라." 하고, 다시 군중(軍中)에 호령하기를 "성벽을 굳게 지키고 움직이지 마라. 내일 원군이 도착하기를 기다려 결전하겠다." 하였다. 첩자가 이 말을 듣고는 돌아가 은상에게 보고하니 은상 등은 추가병력이 있는 줄 오인해 두려워하지 않을 수 없었다. 이에 유신 등이 일시에 용감히 공격하여 대승을 거두었다. 은상 등 장군 열 명과 정중(正仲) 등 백 명을 죽이고 병졸 8천 9백 명의 목을 베고 말 1만 필과 갑옷 1천 8백 령(領)을 노획하였으며 그밖에 노획한 여러 기구도 그에 버금갔다. 백제 장군 정복(正福)이 그 병졸 천 명을 이끌고 와서 투항하였는데, 전부 풀어주어 마음대로 가게 하였다. 진덕왕(眞德王)이 승하하였는데 후사가 없었다. 유신이 재상 알천(閼川) 이찬(伊飡)과 모의하여 춘추 이찬을 맞아 즉위토록 하니 그가 태종대왕(太宗大王)이다. 을묘년(乙卯年) 9월에 유신이 백제에 진입하여 도비천성(刀比川城)을 공략해 승리하였다. 당시 백제의 군신들이 사치하고 음란하여 국사를 돌보지 않으니 백성들이 원망하고 신령들이 분노하여 재앙과 괴변이 자주 일어났다. 유신이 왕에게 고하기를 "백제가 무도하여 그 죄가 걸주(桀紂)보다 심하다고 하니 이는 하늘의 뜻에 따라 백성을 불쌍히 여겨 그 죄를 다스릴 때입니다." 하였다.

　태종대왕 경신년(庚申年) 여름 6월에 대왕이 태자 법민(法敏)과 함께 장차 백제를 정벌하려고 군사를 크게 동원하여 남천(南川)에 숙영하였다. 당시 당(唐)나라에 들어가 군사를 청한 파진찬(波珍飡) 김인문(金仁問)이 당나라 대장군 소정방(蘇定方), 유백영(劉伯英)과 함께 군사 13만을 이끌고 바다를 건너 덕물도(德物島)에 당도하니, 왕이 태자, 유신, 진주(眞珠), 천존 등에게 명하여 큰 배 1백 척에 군사를 싣고 가서 회합하게 하였다. 태자가 소정방을 만나니 소정방이 말하기를 "저는 해로를 통해 가고 태자는 육로를 통해 가서 7월 10일에 백제의 왕도 사비성(泗泌城)-지금의 부여-에서 만납시다." 하였다. 태자가 돌아와서 대왕에게 고하고는 장수와 군사를 이끌고 행군하여 사라(沙羅)에 당도하였다. 장군 소정방과 김인문 등은 해안을 따라 의벌포(依伐浦)에 들어갔는데 해안이 갯벌인 탓에 갈 수 없어서 버드나무 자리를 깔아서 군사들을 내리게 하였다. 이에 신라와 당나라가 연합해 백제를 공격하여 멸망시키니, 이 전투에서 유신의 공로가 컸다. 당 황제가 이 소식을 듣고 사신을 보내 그를 기렸다. 소정방이 유신, 인문, 양도(良圖) 3인에게 말하기를 "나는 황명을 받아 편의대로 종사하니 이제 얻은 백제 영토를 공들에게 나누어주어 식읍(食邑)을 삼게 하여 공로에 보답하려는데 어떠하오." 하였다. 유신이 대답하기를 "장군이 멀리서 군사를 이끌고 와서 우리 임금의 소망에 부응하여 우리 소국의 원수를 갚았으니 우리 임금과 온 나라 신민들이 기뻐서 어쩔 줄 모릅니다. 그런데 우리만 봉토를 받아 제 이득만 채운다면 무슨 의리가 있겠습니까." 하고는 끝내 받지 않았다.

당나라 사람이 이미 백제를 멸망시키고 나서 사비 지역에 주둔하여 신라의 침공을 몰래 도모하였다. 대왕이 이 사실을 알고 신하들을 소집하여 대책을 물었다. 다미공(多美公)이 나서서 말하기를 "우리 백성을 백제인으로 위장하여 그들의 의복을 입혀 역적 행위를 하게 하면 당나라 사람이 반드시 공격할 것입니다. 이로 인하여 그들을 공격하면 뜻을 얻을 수 있을 것입니다." 하니, 유신이 말하기를 "이 의견을 취할 만하니 청컨대 따르소서." 하였다. 왕이 말하기를 "당나라 군사가 우리를 위해 적을 격멸하였다. 그런데 도리어 그들과 싸운다면 하늘이 우리를 돕겠는가." 하니, 유신이 말하기를 "개가 아무리 주인을 두려워해도 주인이 다리를 밟으면 무는 법입니다. 어찌 곤란함을 두려워하여 자구책을 쓰지 않겠습니까. 대왕은 허락하소서." 하였다. 당나라 사람이 우리가 대비하고 있음을 정탐해 알고는 백제왕과 신료(臣僚) 93인과 병졸 2만 인을 사로잡아 9월 3일에 사비에서 배를 타고 돌아가고, 낭장(郎將) 유인원(劉仁願) 등을 남겨 지키게 하였다. 소정방이 이미 포로를 바치고 나니 당 황제가 위로하며 말하기를 "어째서 백제를 이어 신라를 정벌하지 않았소?" 하니, 소정방이 답하기를 "신라는 그 군주가 인자한 마음으로 백성을 사랑하고, 그 신하가 충성스런 마음으로 나라를 섬기며, 아랫사람이 윗사람을 부모처럼 섬기니, 나라가 비록 작지만 도모할 수 없습니다." 하였다.

유신이 일찍이 음력 8월 밤에 자제들을 거느리고 대문 밖에 서 있었는데 갑자기 어떤 사람이 서쪽에서 왔다. 유신이 고구려 첩자인 줄 알고 불러 앞에 두며 묻기를 "너희 나라에 무슨 일이 있느냐." 하니, 그자가 엎드리며 감히 대답하지 못하였다. 유신이 말하기를 "두려워하지 말고 이실직고하라." 하나 또 말하지 않았다. 유신이 말하기를 "우리 국왕은 위로는 하늘의 뜻을 어기지 않으시고 아래로는 백성의 마음을 잃지 않으시니 백성들도 기꺼이 그 대업을 즐거워한다. 지금 그대가 봤으니 가서 너희 나라 사람에게 고하라." 하고는 마침내 위로하여 보내주었다. 고구려인이 이 소식을 듣고 말하기를 "신라가 비록 소국이나 유신이 재상이 되니 가벼이 여길 수 없다." 하였다. 당나라 고종(高宗)이 장군 소정방 등을 파견해 고구려를 정벌할 때 당나라에 들어가 숙위(宿衛)하던 김인문이 명을 받고 출병의 기일을 보고함과 아울러 "신라도 출병하여 함께 정벌하라."는 고종의 뜻을 전하였다. 이에 문무대왕(文武大王)이 유신, 인문, 문훈(文訓) 등을 거느리고 대군을 동원하여 고구려로 향해 가다 남천주(南川州)에 주둔하였다. 진수(鎭守) 유인원(劉仁願)도 군사를 거느리고 사비(泗沘)로부터 배를 타고 와서 혜포(鞋浦)에서 내려 또한 남천주에 숙영하였다.

당시 유사(有司)가 보고하기를 "앞길에 백제의 잔적이 있습니다. 공와산성(公瓦山城)에 주둔해 길을 막고 있는 탓에 앞으로 갈 수 없습니다." 하였다. 유신이 군사를 전진시켜 성을 포위하고 사람을 보내 성 아래에 접근시켜 적장에게 전하기를 "너희 나라가 공손하지 않은 탓에 대국의 토벌을 받게 된 것이다. 명을 따르는 자는 상을 내리고 명을 따르지 않는 자는 죽일 것이다. 이제 너희들 홀로 고립된 성을 지켜 무엇을 하려는가. 결국 비참하게 전멸할 것이니 나와서 항복하는 편이 낫다. 그리하면 목숨을 보존할 뿐 아니라 부귀도 기약할 수 있을 것이다." 하였다. 이에 적장이 큰소리로 외치기를 "비록 작은 성이지만 군사와 식량 모두 풍족하고 군사도 의롭고 용감하니 차라리 목숨을 걸고 싸울지언정 맹세코 살아서 항복하지 않겠다." 하였다. 유신이 비웃으며 말하기를 "궁지에 몰린 새나 곤경에 처한 짐승도 자신을 구할 줄 안다는 것이 이를 두고 한 말이구나." 하고 이에 군기를 휘두르고 북을 치며 공격하였다. 그때 대왕이 높은 곳에 올라 전사들을 바라보고 눈물 어린 말로 격려하니 군사들 모두 용감히 돌진하며 창칼을 두려워하지 않았다. 성이 함락되자 적장의 목을 베고 그 백성을 풀어주었다. 공적을 논의하여 장수와 군사에게 상을 내렸다. (미완)

사조

사조 漢

청나라 헌정당(憲政黨)의 영수인 해남(海南) 캉유웨이(康有爲) 씨의 둘째 따님인 캉퉁피(康同璧) 씨는 사적(史籍)을 연구하고 영문(英文)에 능통하였다. 그러한 까닭에 왕년에 혈혈단신으로 인도를 찾아서 부친을 문안한 것이다. 단 19세의 묘령과 약골로 수천 리 망망대해를 넘나드니, 그야말로 범 같은 아비에게 개 같은 자식은 없는 격이라 하겠다. 근래에 그의 시 2수를 얻어 보았다. 그 발문에 이르기를 "대인을 모시고 중인도(中印度)의 사위성(舍衛城) 기림(祇林)을 유람하니, 무너진 궁궐과 담장에 불법(佛法)이 아득한 옛일이 되어버렸다. 다만 지나의 역사로서 유람하러 온 이로는 나 캉퉁피가 첫 사람일 것이다." 하였다.

사위성 산수 겁진(劫塵)을 겪고　　　　　　　舍衛山河歷劫塵

포금(布金)[18]의 무너진 보전(寶殿) 여러 번 둘러보네	布金壞殿數三巡
서쪽으로 유람 온 여사로 말하자면	若論女士西遊者
내가 지나의 첫 사람이라네	我是支那第一人

영취산 높은 봉우리 저녁놀 비치고	靈鷲高峯照暮霞
처량한 탑과 나무는 만인의 집이라	凄迷塔樹萬人家
갠지스강에 석양은 도도히 다하고	恒河落日滔滔盡
기수림(祇樹林) 천둥소리는 떨어지는 꽃에 붙는구려	祇樹雷音付落花

문원

'공자의 제례를 대사(大祀)[19]로 승격시키자'는 의안(議案) 漢

지나 학부(學部) 서방교(徐坊橋)

　제가 삼가 살피건대 『예기(禮記)』 「문왕세자(文王世子)」에 "무릇 처음 학교를 세울 때에는 반드시 선성(先聖)과 선사(先師)에게 석전제(釋奠祭)를 지낸다." 하였고, 또 "모든 학교의 춘관·하관은 그 선사에게 석전제를 지낸다. 추관·동관 또한 이와 같다." 하였습니다. 이는 근본에 보답하여 시초로 돌아가고 덕행을 숭상하고 학문을 권면하며 예법이 지극히 융성하였던 까닭입니다.

　공자의 제사는 처음에 궐리(闕里)에서 거행되었습니다. 그런데 한(漢) 고조(高祖)가 노나라에 들러서 태뢰(太牢)의 예법으로 제사하고, 후한

18　포금(布金) : 황금을 땅에 깐다는 뜻으로, 사원 건립 기금을 시주하는 불교 신도를 가리킨다.

19　대사(大祀) : 나라에서 지내는 제사 중에서 가장 규모가 큰 것으로, 종묘(宗廟), 영녕전(永寧殿), 사직(社稷)의 제사를 말한다.

(後漢) 명제(明帝) 연간에 이르러 여러 군(郡)・국(國)까지 두루 미쳤습니다. 노상(魯相) 을영(乙瑛)이 백석졸사(百石卒史)의 배치를 청하여 전담 관리가 처음 생겼으며, 진(晉)에 이르러 성제(成帝), 목제(穆帝), 효무제(孝武帝) 모두 몸소 석전제를 거행하기까지 하였습니다. 원위(元魏)[20]에 이르러 효문제(孝文帝)가 말하기를 "요망한 남녀 무당들이 무례한 짓을 함부로 일삼는 탓에 살생이 만연하고 광대들이 버릇없이 활개치니 성림(聖林)[21]을 존경하는 바가 못 된다. 공자묘의 제도는 술과 포를 올릴 뿐이니 부녀자들이 뒤섞여 바랄 수 없는 복을 비는 말을 들을 수 없다." 하였으니, 그 말이 훌륭합니다. 이는 대체로 『예기』에 근거한 것으로 본래 법도가 있기에 불교의 사찰과 도가의 도관에서 예법을 모독하며 기도하는 것과는 전혀 다른 것입니다. 이러한 까닭에 건륭(乾隆) 32년에 우리 고종(高宗) 순황제(純皇帝)께서 조칙을 내리기를 "공자는 유자(儒者)의 종주이니, 공자를 존숭하는 자는 마땅히 유자가 들은 공자의 도로 존숭해야 한다." 한 것입니다.

『당회전(唐會典)』에 "정관(貞觀) 2년 방현령(房玄齡) 등이 상소를 올려 건의하기를 '진(晉), 송(宋), 양(梁), 진(陳), 수(隋)의 대업의 고사 모두 공자를 선성(先聖)으로 삼고 안자(顔子)를 선사(先師)로 삼았습니다. 이는 역대로 거행한 바로 예나 지금이나 통하는 것이니, 공자를 선성으로 승격시키고 안회를 배향하십시오.' 하였다."고 하는데, 『정관정요(貞觀政要)』와 『신당서(新唐書)』 「예악지(禮樂志)」의 기록 또한 이와 같습니다. 「예악지」에는 또한 "당나라 정관 4년에 조서를 내려 주(州)・현(縣)마다 공자의 사당을 세우도록 하였다." 하였으니, 이는 대략 방현령 등

---

20 원위(元魏) : 중국 북조(北朝)에 선비족(鮮卑族)인 탁발규(拓跋珪)가 강북에 세운 나라(386-534)이다. 후에 동위(東魏)와 서위(西魏)로 분열되었다.
21 성림(聖林) : 중국 산동성(山東省) 취푸(曲阜)에 있는 공자와 그 후예의 묘역을 가리킨다. 공림(孔林)이라고도 한다.

이 상소를 올린 2년에서 12개월 만의 일로 1년이 지나 사당이 처음 완공되고 다시 1년이 지나 주·현의 사당이 모두 완공되어 천하 내외가 일존(一尊)으로 정해졌다는 것입니다. 『구당서(舊唐書)』「예의지(禮儀志)」에 기록된 허경종(許敬宗) 등의 상소에 이미 '중사(中祀)'라는 문구가 있습니다. 그런데, 『송사(宋史)』「예문지」에 "당(唐) 개원(開元) 말에 중사(中祀)로 승격시켰다." 하였으니, 이는 아마도 아직 고증을 확실하게 하지 않아서입니다.

조송(趙宋)에 이르러 예법을 더욱 높였습니다. 어가(御駕)로 전알(奠謁)한 몇 가지 학행(學行)을 말하자면 『송사』「고종기(高宗紀)」에 "곤흥(坤興) 10년 7월에 문선왕(文宣王) 석전제를 대사로 승격시켰다." 하였습니다. 『송사』「예문지」에는 그러한 문구가 수록되어 있지 않지만, 『옥해(玉海)』112권에 "소흥(紹興) 10년 7월 갑자에 거듭하여 문선왕 석전제를 대사로 승격시키고 왕이 보청(普請)함에 제기 12개를 더하는 예를 사용하니 그 예법이 사직(社稷)과 같았다." 하고, "서울의 경우 대사로 승격시키고, 주·현의 경우 중사로 승격시켰다." 하였습니다. 여기서 '거듭'이라 한 것은 거듭 거론하였다는 말이고, 대사로 처음 승격시킨 시기는 기록에서 상세히 밝히지 않았지만 아마도 숭녕(崇寧) 초기에 조서(詔書)를 내려 문선왕을 추증해 면(冕) 12류(旒)를 더한 때인 듯합니다. 그 후로는 전란으로 인해 역사서에 누락된 구절이 있습니다만, 이리하여 고종 초기에 임시 수도가 정해지자 마침내 옛 제도를 회복하고 진선(盡善)을 짐작하여 예법의 높낮이를 적절하게 할 수 있었고 송나라 말기까지 서로 계승하여 변하지 않게 할 수 있었습니다. 그러므로 이학(理學)이 창명하면서 휘국공(徽國公) 주희(朱熹)가 다시 해가 중천에 뜬 것처럼 성인의 도를 발휘할 수 있었던 것입니다.

그런데 원(元)이 북방의 사막 지역에서 일어나 숭봉(崇奉)을 누차 더하면서 확정된 제도가 되었고 혼일(混一)한 이후에 다시는 송(宋)의 예법을 인습하지 않으면서 남북의 의례 절차가 이따금 차이가 생기니 대사의 예법이 이 시기에 이르러 마침내 사라져버렸습니다. 상고컨대『송사』「예문지」에 "함순(咸淳) 원년에 주자(周子), 장자(張子), 두 정자(程子), 주자(朱子)를 종사(從祀)하고, 경정(景定) 2년에 장식(張栻), 여조겸(呂祖謙)을 종사하고, 함순(咸淳) 3년에 소자(邵子), 사마광(司馬光)을 종사하였다." 하고,『원사(元史)』「제사지(祭祀志)」에 "황경(皇慶) 2년 6월에 선유(先儒)인 주자(周子), 두 정자(程子), 장자(張子), 소자(邵子), 사마광(司馬光), 주자(朱子), 장식(張栻), 여조겸(呂祖謙)을 종사하였다." 하고,『송사』「도종기(度宗紀)」에 "함순 3년 1월에 안자(顔子), 증자(曾子), 자사자(子思子), 맹자(孟子)를 배향하였다." 하였으니, 송(宋)과 원(元)의 제례가 서로 연관되지 않는 것은 이것이 그 명확한 증거입니다. 세연(世延)은 문학으로 저명한 신하로서 남북의 제례에 차이가 있어서는 안 됨을 알고는 상소를 올려 네 선생의 배향을 회복시킬 것을 건의하였으나 대사에 관한 논의는 미처 언급하지 않았는데, 이는 그 문제를 소원하게 여겼기 때문이었습니다. 관신(館臣)이 말하기를 "사당이 임안(臨安)에 있는 탓에 아직도 북쪽과 통하지 않는다." 한 까닭에 인종(仁宗)이 거듭 조서를 내려 시행하게 하였으니, 이는 대개 지언(知言)이라 하겠습니다.

명(明)은 원(元)의 제도를 계승하여 예법을 더욱 존숭하였습니다. 그래서 가정(嘉靖) 연간에 장총(張璁)[22]의 의견을 채택하여 공자를 왕계(王係)나 신작(臣爵)[23]이라 부르던 칭호를 지성선사(至聖先師)[24]라 바꿔 불렀습니다. 국조(國朝) 숭덕(崇德) 원년에 이르러 조칙을 내려 치제(致祭)하

---

22 장총(張璁) : 1475-1539. 명나라 때의 대신(大臣)이다. 가정(嘉靖) 원년(1522)에 진사(進士) 출신으로 벼슬은 내각수보(內閣首輔), 문연각대학사(文淵閣大學士)를 지냈다. 시호는 문충(文忠)이다.
23 왕계(王係)나 신작(臣爵) : 왕계는 왕족, 신작은 귀족을 뜻한다.
24 지성선사(至聖先師) : 최고의 성인으로서 인류의 교사라는 뜻으로 공자에게 부여된 칭호이다.

게 하고 몸소 축문을 지었는데, 그 후로 후대의 황제들이 대대로 유학을 숭상하고 학문을 공경하여 공자묘를 몸소 방문한 기록이 사서에 끊이지 않았습니다. 무릇 석전(釋奠), 석채(釋菜), 상향(上香), 석알(釋謁)의 예법은 나라에 큰 경사나 무공이 있을 때 성사를 고하는 것입니다. 매일 경연에서 강론하고 어진 유자들이 승부(升祔)할 적에 일체 종묘에 고하는 의례에 대해 전례를 널리 살피고 의문(儀文)을 확정하지 않음이 없었는데, 노(魯) 지역에 행차함에 구고(九叩)의 정성을 준수하고 몸소 제사하여 삼헌(三獻)의 예법을 답습함에 이르러서는, 성인의 휘자(諱字)를 삼가 피하여 존경을 보이고 무릎 꿇고 비단과 술을 바쳐 공경을 다하며 사당의 기와를 황색 기와로 교체하고 오대(五代)의 왕봉(王封)을 올렸으니, 이처럼 높고 큰 예법은 실로 천고토록 없던 일이었습니다.

　삼가 읽어보니 옹정(雍正) 5년에 내각에서 조칙을 내리기를 "3월 18일은 황고(皇考)인 성조(聖祖) 인황제(仁皇帝) 강희제(姜熙齊)의 만수성절(萬壽聖節)의 옛 전례대로 매일 정성을 다해 목욕재계하고 도살을 금지하는 것을 지금뿐 아니라 영원히 준행해야 할 것이다. 지성선사 공자는 만세의 사표이고 8월 27일은 성인의 탄생일이니, 역시 엄숙히 공경을 다하여야 할 것이다. 짐이 생각건대 공자는 군사(君師)로서의 공덕(功德)으로 그 은혜가 억조창생에게 미쳤으니 천하에 사인(士人)을 이끌고 양친을 높이는 해에 영원히 잊지 않고 탄생일에 더욱 예를 더하여 공손하고 사모하는 정성을 다해야 한다." 하였습니다. 우리 세종(世宗) 헌황제(憲皇帝)께서 군친(君親)에 사도(師道)를 견주어서 더욱 지극히 존숭하였고, 예전 원(元)의 신하였던 장덕휘(張德輝)가 세조(世祖)에게 말하기를 "시사(時祀)를 지내며 공자를 존숭하든 안 하든 성인에게는 아무런 손익이 없습니다. 다만 이것으로써 당대의 군주가 유학을 존중했는지 아닌지의 여부를 알 수 있을 따름입니다."라고 하였습니다.

　우리 조정은 예법이 분명하고 음악이 구비되어 제사에 정성을 다하고 참배에 공경을 다함에 더할 나위가 없으니, 우러러봄에 멀리서 심전(心傳)을 계승한 바를 전후로 한번 다스리자면 진실로 큰 법도를 특별히 시행하여 공자의 심(心)을 높여야 한다고 사료됩니다. 청컨대 조송(趙宋)의 고사를 채용해 사직의 예법으로 대하여 서울의 경우 대사로 승격시켜 조정에서 성인의 가르침을 널리 드날린다는 심중을 표명하고, 주·현의 경우 중사로 승격시켜 니구산(尼丘山)을 우러르는 마음으로 인민을 위로하기 바랍니다. 더구나 관제(關帝)와 문창(文昌)도 함풍(咸豊) 초년 전후로 다 중사로 승격시켰으니, 백성이 생긴 이래로 여태 없었던 성인으로 만세 제왕의 사표가 되어 존봉과 추숭을 금할 수 없는 공자에 대해서야 말해 무엇하겠습니까. 과연 어가가 친히 왕림하고 제례를 더욱 높여서 바람이 불면 풀이 눕는 것처럼 이목을 쏠리게 하여 장차 성인의 도를 보이시어 이를 통해 학술을 더욱 밝히고 대의와 미언(微言)을 더욱 바르게 하여 어그러지는 지경에 날마다 이르지 않게 하신다면, 참으로 다행이겠습니다.

시보

시보

3월 16일

○ 없는 데가 없다 : 국채 보상할 뜻으로 경향(京鄕) 각처에서 남녀 노소 빈부를 막론하고 발기하여 각각 진력한다고 한다.

○ 창가(娼家) 구역 지정 : 무안항(務安港) 내에서 매음 영업하는 창녀가 여염집 사이에 함께 뒤섞여 살기에 외국인이 창가(娼家)를 방문하고자 하다가 여염집에 잘못 들어가는 폐단이 종종 있는지라 한 구역에 모여서 거주하도록 해당 부(府) 참서관(參書官) 박성환(朴星煥) 씨가

현재 조직하는 중이라 한다.

동 18일

○ 영친왕(英親王) 부인의 재간택(再揀擇) 일자를 음력 2월 10일로 정해 올렸더니 "날짜를 뒤로 미루어 들이라." 하셨다.

동 19일

○ 송씨의 면학(勉學) : 참봉(參奉) 송완섭(宋完燮) 씨는 현재 나이 20여 세인데 신학문을 본받고자 하여 맡은 바 직무를 사임하고 일본에 배우러 갔다 한다.

동 20일

○ 정씨의 의로운 행위 : 덕산군(德山郡) 위원 정인영(鄭寅英) 씨는 평소 청빈하여 가업으로 살아가는데 개명(開明) 상 뜻있는 사람이라 가세를 돌아보지 않고 많은 금액을 기부하여 동포를 장려하였다.

동 21일

○ 공함(公函)이 무슨 소용 : 검사(檢事) 이준(李儁) 씨 사건은 각 신문상에 이미 기재되었거니와, 법부대신의 불법과 평리원(平理院) 관리의 불공평함에 대해 일반 백성이 울분을 느끼므로 각 사회 전국 인민의 대표가 연합하여 모임을 열고 법부와 정부에 수차례 공함을 보냈으나 어떠한 회답도 없을 뿐 아니라 도리어 질시(疾視)한다고 한다.

동 22일

○ 평양의 소요(騷擾) : 평양협동회(平壤協同會)와 경무관 박승훈(朴承薰) 씨 사이에 다툼이 있는 사실은 각 신문에 게재되었거니와, 상민(商民)은 일주일간 철시(撤市)하고 경무관 박씨는 축출되어 상경하였다 한다.

동 26일

○ 늙어서도 배워야 한다 : 일전에 한북의숙(漢北義塾)에서 결의한 사항을 대강 들은즉 "북도(北道) 출신으로 서울에 머무는 자는 노소 막론

하고 죄다 해당 의숙 야학과에 입학하되 그렇지 못하겠거든 일제히
고향으로 내려가라." 하니, 오륙십 세 된 이들이 일제히 호응하여 외
치기를 "지당하다, 지당하다." 하였는데, 그 가운데 한 노인이 말하길
"나는 나이 칠십이라 배워도 무익하니 곧 길을 떠나 귀향하여 아들과
손자를 나란히 같이 올려보내리니 잘 가르치고 이끌어주길 간절히
바란다."라 하였다 한다.

동 29일
○ 래드 박사의 연설 : 미국에서 도착한 래드(G. T. Ladd) 박사는 미국에
서 제일 유명한 대학교 교수로 덕망과 학식을 구비한 박사이다. 이번
동양 시찰 중 우리나라 문물・제도를 관찰하고 2개월 후 귀국할 터인
데, 종로의 만국기독청년회(萬國基督靑年會)에서 '학문과 사회 진보의
관계'란 문제로 연설하였다.

동일
○ 평안도 각 학교 연합 운동회 : 관찰사 이시영(李始榮), 강서 군수(江西
郡守) 이우영(李宇榮) 2인이 발기한 각 군 학교 춘기(春期) 연합 대운
동회의 성황은 이루 다 기록하기 어렵겠으나 가히 모범으로 삼을 만
한 일 5건이 있다. 하나는 집합한 학도와 구경 온 인사 2만이 운동장
에 가득한데 흡연하는 자가 하나도 없는 것이고, 또 하나는 운동장에
온갖 음식 장사가 허다하되 술장사는 하나도 없는 것이고, 또 하나는
운동장에 명색이 기생인 이가 하나도 없는 것이고, 또 하나는 각 학
교 학도의 씩씩한 기상이 크게 전진한 것이고, 또 하나는 운동회 다
음날에 명륜당(明倫堂) 앞에서 연설회를 열고 신사 유원표(劉元杓),
이동휘(李東輝), 안창호(安昌浩), 김명제(金明濟) 4인을 청하여 연설
하는데 일반 참석인이 산해(山海)를 이루었으나 한 번 외쳐 정돈시킨
후로는 일동 정숙하여 호흡 소리조차 없었던 것이니, 이 여러 건은
서로 모범으로 삼을 만하겠다.

4월 1일
○ 공원 계획설 : 남대문 좌우의 성가퀴〔城堞〕를 철거해 도로를 만들고 인근 가옥을 매입하여 공원을 새로 건축한다고 한다.

동 2일
○ 혁구취신(革舊就新) : 성균관 유생의 교수 방법을 개량한다는데, 전래하던 구습은 일체 혁파하고 신학문을 계발케 한다고 한다.

동 3일
○ 학감(學監) 여비 : 학부(學部)에서 탁지부(度支部)에 조회하되, 유학생감독 신해영(申海永) 씨가 임명된 지 오래 지난바 일본국에 유학하는 여러 생도들의 학업 상 감독 및 그 제반 사무를 정리하기 위하여 불가불 즉시 부임케 해야겠기에 아뢰니 해당인의 여비 537환을 예산 외에서 지출하여 여정에 오르는 편의를 제공해달라고 하였다.

동 4일
○ 탁지부 화재 : 어제 오후 6시에 탁지부 양지국(量地局) 창고에서 불이 나 한성재판소까지 번졌는데 각부 관리 및 내외국 사람이 일제히 합세하여 겨우 진화하였다고 한다.

동 5일
○ 3인의 자수 : 전(前) 주서(注書) 나인영(羅寅永), 전 주사(主事) 김인식(金寅植), 오기호(吳基鎬) 3인이 평리원에 나타나 자수하였는데, 그 사유인즉 군부대신 권중현(權重顯) 씨가 매국적(賣國賊)이라 자신들이 모살(謀殺)을 시도했노라 하였다.

동 6일
○ 창가(唱歌) 일치 : 경향 간 각 관·사립학교에서 경절(慶節) 운동회 시의 애국가와 운동가가 일치하지 못하므로 학부에서 일치하는 노래를 새로 제작하여 반포한다고 한다.

동 7일

○ 무재(武宰)의 금연 : 전 참판 이정규(李廷奎) 씨가 대황제 폐하의 금연 일부터 흡연기구와 장죽(長竹)을 싹 없애고 연초 대금 10원을 우선 기성회(期成會)로 송부하였다.

동 8일

○ 유학생의 피가 끓다 : 일본 와세다대학교의 무지한 일본 학생들의 망령되고 삿된 논의는 각 신문에 이미 기재되었거니와, 우리나라 유학생들이 관비·사비생을 막론하고 일심으로 울분을 토로하여 일제히 해당 학교에 나아가 질문한 후 그 거만함과 무엄함을 논책하고 분격함을 이기지 못하여 한편으로는 퇴학하겠다고 언명하고 한편으로는 해당 학교감을 모살하겠다는 설이 있었다. 유학생감독 한치유(韓致愈) 씨가 해당 학교에 전화하여 이를 통지하였더니 순식간에 일본 헌병과 순사가 다수 파견된지라, 유학생들이 더욱 극도로 분격하여 감독을 처치한다고 학생 천여 명이 감독부에 나아가 전화기를 즉석에서 부수어 한치유 씨는 지금 곤경에 처했다고 한다.

동 9일

○ 여자의 의연금이 남자를 능가하다 : 근일 각 신문에 게재된 바를 따르면, 국채 보상 의연금을 경향 각처 일반 인민이 날마다 보내는 가운데 가세(家勢)가 빈한한 부인들이 머리를 깎아 돈을 벌어 보태는 등 여러 가지 일이 있으니 천고에 초유의 일이라 하겠다.

동 10일

○ 궁내부대신 신임 : 궁내부대신 심상훈(沈相薰) 씨는 특진관(特進官)으로 전임되고 이재극(李載克) 씨가 임명되었다.

동 11일

○ 지방세 잠시 정지 : 탁지부에서 각 세무감(稅務監)에게 전보하여 지방세는 내부(內部)와 협의하여 처리할 터이니 잠시 정지하라 하였다.

동 12일

○ 휘문의숙(徽文義塾)의 훌륭한 일 : 휘문의숙에서 일반 학생의 학업
증진을 위하여 세 달 연속 시험을 치러 최고 우등생 한 사람에게 휘장
을 제작해주었다.

동 13일

○ 지방국장의 인물됨 : 신임 내부(內部) 지방국장 현은(玄檃) 씨는 사회
상에 명예가 뚜렷한 사람으로 지방국장에 선임되었다.

동 14일

○ 차관 잔액 : 일본에서 차관한 1천 3백만 환의 그간 비용 조와 아직
받아오지 못한 잔액은 다음과 같다. 3백만 환은 각 은행과 사회에
나누어 지급하고, 170만 환은 수도국과 위생 등에 사용하고, 1백만
환은 일본 유학생비로 지급하기 위해 제해두고, 1백만 환은 중개비
로 융통하고, 630만 환은 일본에서 아직 받아오지 못하였다.

동 15일

○ 전문학교 졸업 : 보성(普成)전문학교에서 제1회 경제·법률 전문학
도의 졸업식을 거행하였다.

회보

본회 소관 학교 총교장 이도재(李道宰) 씨의 공함(公函) 漢

삼가 아룁니다. 귀 학회에서 서도(西道)의 학무(學務)를 확장하자는
취지로 인하여 최근 회원들이 본인을 욕되이 추대하여 총교장의 소임을
맡겼습니다. 스스로 생각건대 용렬하여 감히 당해낼 수 없다고 여겼습
니다. 다만 본인이 예전에 평안북도를 다스리던 날 국경을 방어하여 우

리 생령을 보호하기 위하여 도내의 신사들과 협의해 충의사(忠義社)를 창설하고 각 군에 향포(鄕砲)를 배치하여 음우지비(陰雨之備)로 삼은 적이 있습니다. 그 비용은 본인의 봉급과 도내 사민(士民)들의 출연금(出捐金)을 밑천 삼아 불린 것으로 현재 금액이 도합 132,722냥 6전 8푼입니다. 그런데 제가 관직을 그만두고 낙향한 뒤 충의사가 군부의 훈령으로 인해 폐지되었는데 각 군에서 모은 자금이 아직 남아 있습니다. 삼가 생각건대 오늘의 급선무로는 교육보다 중요한 것이 없습니다. 그런데 충의사가 지금 이미 폐지되었으니 그 남은 자금을 도내 인사들의 교육 자금으로 활용한다면 사의(事宜)에 부합할 것이며 또한 여망(輿望)에 직결될 것입니다. 귀 학회가 서도 교육의 책무를 담당하고 있으니 이 자금을 부쳐 보냅니다. 바라건대 회원들께서 방편을 강구해 속히 조사하여 진흥책 도모에 힘쓰고 각 군 학교의 업무에서 실효를 명쾌히 거두기를 매우 간절히 바랍니다.

제6회 통상회 회록

광무 11년 4월 6일 오후 7시에 본 회관에서 개회하였다. 회장 정운복(鄭雲復) 씨가 사정이 생겨 임시회장 김윤오(金允五) 씨가 자리에 올랐다. 서기가 이름을 점검하니 출석자는 49인이었다. 전회의 회록을 낭독함에 착오처가 없으므로 바로 받아들였다. 국채 보상 연합 총대(總代) 김달하(金達河), 김유탁(金有鐸) 두 사람의 보고를 받았다. 평양 각 학교 연합 대운동회 전체 총대 김명준(金明濬), 김희선(金義善) 두 사람이 참관 다녀온 성황을 보고하였다. 총무원 김명준 씨가 평양 사무의 정황을 설명하였다. 김의경(金義庚) 씨가 제의하기를 "평남 권유위원(勸諭委員)이 내려간 지 수 개월인데 오히려 평양에 머물러 있으니 권유를 위해 파송한 본뜻을 위반하였기에 연기할 필요가 없다. 두 회원을 즉시 소환하자." 함에 이달원(李達元) 씨의 재청으로 가결되었다. 김달하 씨가 제의하기를 "평양사무소에 내려보낸 교과서 책은 본회에서 이미 담보하고 있으니 신용을 잃어서는 안 된다고 했다. 정해진 기간 내에 가격을 개수에 맞추어 청산하게 할 뜻을 평양사무소로 편지를 전하자." 함에 오규은(吳奎殷) 씨의 재청으로 가결되었다. 서우학교 총교장 이도재(李道宰) 씨의 한위사(捍衛社) 본부에서 132,722냥 6전 8푼을 본회에 기부한 공함(公函)을 공포했다. 류동작(柳東作) 씨가 제의하기를 "본회 규칙 제10조 제2항 월연금 20전은 가난하고 어려운 회원을 생각해 다시 10전으로 개정하자." 함에 김봉관(金鳳觀) 씨의 재청으로 가결했다. 자산(慈山), 숙천(肅川), 성천(成川), 영변(寧邊), 영원(寧遠) 군 제씨의 입회청원서를 받았다. 장재식(張在植) 씨가 제의하기를 "본 회원은 국채 보상금을 본회로[25] 취합해 장차 정당한 수금소에 납부하자." 함에 이달원 씨의 재청으로 가결되었다. 김희경(金羲庚) 씨가 제의하기를 "다음 회의부터 각 회원의 이름표를 전례에 따라 교부하고 쓰게 하여 이름 점검을 편리하게 하자." 함에 방원중(邦元重) 씨의 재청으로 가결되었다. 시간이 다함에 김봉관 씨의 특청으로 폐회하였다.

회계원 보고 제6호

19원 21전	회계원 임치 조(條)
110원	한성은행 저축금 중 인출 조
39원 48전	월보 대금 수입 조, 우편 비용 포함

합계 168원 69전

---

25 본회로 : 원문은 '本會員으로'이나 맥락상 학회 본부를 뜻하므로 맥락에 맞게 번역하였다.

○ 제6회 신입회원 입회금 수납 보고

김두환(金斗桓)　최찬효(崔鑽孝)　황석용(黃錫龍)　이보현(李輔鉉)

김건종(金建鍾)　박선하(朴善河)　김원철(金元喆)　최관수(崔觀洙)

김관선(金寬善)　황　익(黃　益)　지사영(池思榮)　홍순칠(洪淳七)

김창호(金昌鎬)　최봉강(崔鳳岡)　이동준(李錬俊)　최태형(崔泰衡)

길영태(吉憲泰)　장진석(張鎭奭)　김낙경(金洛卿)　양봉을(梁鳳乙)

이윤관(李允實)　백시항(白始降)　깅용병(金用炳)　노옥근(盧邃根)

이국심(李國心)　오익영(吳翊永)　김태순(全泰舜)　이창모(李昌模)

한상원(韓相冤)　박문징(朴文徵)　박상목(朴相穆)　김경섭(金慶燮)

김병하(金炳河)　이병건(李炳乾)　송남붕(宋南鵬)　차병희(車炳禧)

신형균(申瀅均)　김희린(金希麟)　신언구(申彦球)　이기복(李基馘)

신현덕(申鉉德)　최　열(崔　烈)　임찬주(林燦周)　한영관(韓永觀)

양영근(楊泳根)　이병렬(李炳㤠)　김태현(金泰鉉)　나찬영(羅燦英)

이창섭(李昌燮)　표치정(表致楨)　최호범(崔豪範)　이종백(李鍾伯)

황영중(黃溁中)　황의중(黃義中)　김영건(金永健)　이태학(李泰學)

홍종서(洪鐘緒)　조원하(趙元夏)　문홍섭(文弘燮)　박영선(朴泳善)

전봉훈(全鳳薰)　안　익(安　瀷)　이치검(李致儉)　김덕환(金德煥)

김승태(金承泰)　서병호(徐丙浩)　이윤서(李允瑞)　이준언(李駿彦)

정예빈(鄭禮斌)　신남식(申南湜)　김윤선(金胤善)　이경섭(金京燮)

변기봉(卞歧鳳)　차재경(車載景)　차재중(車載中)　양석홍(楊錫洪)

신의섭(申義燮)　신두용(申斗容)　신영희(申榮禧)　김기린(金基麟)

차정호(車定鎬)　차명호(車明鎬)　박유성(朴裕聖)　정인식(鄭仁植)

최낙선(崔洛善)　방원중(邦元重)　유종영(柳淙英)　박용국(朴用國)

고명수(高明洙)　김려관(金麗觀)　최태원(崔泰元)　유신장(劉祇壯)

박언승(朴彦昇)　허종욱(許宗彧)　신경환(申景煥)　신태훈(申泰薰)

이규선(李圭善) 노태근(盧泰根) 김정현(金貞鉉) 독고숙(獨孤橚)
박준삼(朴俊三) 김병준(金秉濬) 전재풍(田在豊) 최광옥(崔光玉)
각 1원씩
합계 104원

○ 제6회 월연금 수납 보고

민치갑(閔致甲) 1원	1월부터 5월까지 5개월 조

민치갑(閔致甲) 1원　　　　1월부터 5월까지 5개월 조

김병일(金秉一) 1원　　　　10년 10월부터 11년 2월까지 5개월 조

박상목(朴相穆) 1원 20전　3월부터 8월까지 6개월 조

이봉희(李鳳熙) 1원　　　　10년 11월부터 11년 3월까지 5개월 조

나연기(羅寅紀) 40전　　　10년 12월부터 11년 1월까지 2개월 조

서병호(徐丙浩) 1원　　　　10년 11월부터 11년 3월까지 5개월 조

류해운(柳海運) 40전　　　1월부터 2월까지 2개월 조

양봉제(梁鳳濟) 1원　　　　1월까지 5월까지 5개월 조

나찬영(羅燦英) 20전　　　3월 조

강낙수(康樂洙) 1원　　　　1월부터 5월까지 5개월 조

김도준(金道濬) 1원　　　　1월부터 5월까지 5개월 조

이주식(李柱植) 1원　　　　1월부터 5월까지 5개월 조

박영선(朴泳善) 2원　　　　3월부터 12년 2월까지 1개년 조

김병제(金秉濟) 1원　　　　1월부터 5월까지 5개월 조

장천려(張千麗) 60전　　　1월부터 3월까지 3개월 조

어용헌(魚用瀗) 1원　　　　1월부터 5월까지 5개월 조

김유탁(金有鐸) 2원　　　　10년 10월부터 11년 9월까지 1개년 조

이민승(李敏厚) 1원　　　　1월부터 5월까지 5개월 조

표치정(表致楨) 1원　　　　3월부터 7월까지 5개월 조

이두하(李斗河) 1원　　　　1월부터 5월까지 5개월 조

최호범(崔豪範) 1원   3월부터 7월까지 5개월 조
이영근(李永根) 1원   1월부터 5월까지 5개월 조
홍정서(洪鍾緖) 1원   3월부터 7월까지 5개월 조
김형섭(金亨燮) 20전   3월 조
신석하(申錫廈) 20전   2월 조
이은규(李誾珪) 80전   4월부터 11월까지 8개월 조
이은규(李誾珪) 20전   3월 조
이택원(李宅源) 1원 80전   11년 4월부터 12년 9월까지 18개월 조
이택원(李宅源) 20전   3월 조
최광옥(崔光玉) 80전   4월부터 11월까지 8개월 조
최광옥(崔光玉) 1원 20전   10년 10월부터 11년 3월까지 6개월 조
고명수(高明洙) 20전   4월부터 5월까지 2개월 조
전재풍(田在豊) 1원 20전   10년 10월부터 11년 3월까지 6개월 조
박용국(朴用國) 20전   4월부터 5월까지 2개월 조
박성흠(朴聖欽) 60전   1월부터 3월까지 3개월 조
박종영(柳淙英) 20전   4월부터 5월까지 2개월 조
합계 30원 60전

○ 제6회 기부금 수납 보고

민병석(閔丙奭) 200원
김기주(金基柱) 5원   10원 중 선납
이국심(李國心) 5원
차명호(車明鎬) 30원
오익영(吳翊永) 5원
신형균(申瀅均) 5원
이창모(李昌模) 5원

이 갑(李 甲) 300원   2월 조

한상면(韓相冕) 5원

김희경(金義庚) 120원

박문징(朴文徵) 10원

최낙선(崔洛善) 20원

합계 710원

이상 4건 총합 1,013원 29전 이내

　　○ **제6회 사용비 보고** : 3월 15일부터 4월 15일까지

1원 23전	3전 우표 41장 값
1원 87전 5리	석유 1통 값
1원 4전	양지봉투(洋紙封套), 백지, 장지(壯紙), 등피용 풀 값 등 포함
2원 40전	장작 두 짐 값
110원	5호 월보 값 지급 완료 조
1원 20전	땔나무 한 짐 값
20전	일본책 1권 값, 국채 보상 수입록 소용(所用)
1원 50전	국채 보상 영수증 500장 값
33원 48전	평양 연합 대운동 위원 파송 시 왕래 차비 및 상품 값 포함
1원 20전	궤 1좌 값
3원 80전	5리 우표 760장 값
30전	5호 월보 3,000부 짐삯
140원	각 사무원 3월 월급 조
30전	5호 월보 각처 배송 시 소포비
8원	하인 월급 3월 조

15원　　　　　6호 월보 인쇄비 중 선납
30전　　　　　『만세보』 대금 3월 조
합계 361원 82전 5리 제외하고
잔액 651원 4전 5리 이내.
10원 평양사무소 임치
625원 한성은행 저축
합계 635원 제외하고
잔액 16원 46전 5리 회계원 임치.
한성은행 저축금 도합 1,325원.

○ 특별광고

『**증수무원록대전**(增修無寃錄大全)』 : 1질(帙) 172면, 정가 금 신화(新貨) 75전
이 『증수무원록대전』은 법률가의 가장 요긴한 서적입니다. 그런데 지난 수년 동안 현행본이 거의 단종에 이르렀기에 법부(法部)에 인가를 얻고 새로 간행하였습니다. 국한문으로 해석하여 애매모호한 구절이 없습니다. 법률학에 뜻이 있는 분과 지방관으로 재임하시는 분은 반드시 읽어야 할 서적이니, 유의하여 구매하기 바랍니다.
중서(中署) 포병(布屛) 밑 광학서포(廣學書舖)
김상만(金相萬) 발매소

○ 본회 특별광고

본회에서 국채 배상금 모집에 대한 우리 회원의 의연금은 오직 본회관으로 취합하여 장차 정당한 수금소로 납부할 것임은 이미 신보(申

報)에 광고가 있었거니와 대개 이 배상금 문제는 우리 전국 동포의 충군 애국 사상이 일제히 분발한 데서 연유한 것입니다. 각 신문에 게재된 사실을 살펴보면 남녀 귀천 빈부를 막론하고 그 선두를 다투면서 뒤쳐질까 염려하는 진지한 성의가 과연 어떠한지요. 본회의 경우 국민의 책임을 마땅히 다해야 할 의무가 더욱 절실하고 귀중하며 일반 국민의 칭찬과 기대에 부응하는 것도 가벼운 일이 아니니, 이 국채의 문제에 대해 어찌 감히 정성과 노력을 다하지 않겠습니까. 우리 회원들께서 더욱 분발해주시어 의연금을 기한 내에 납부하여 주시기 바랍니다.

　단, 액수에는 구애받지 마십시오.

　○ 제1회 국채 보상 의연금 수입 광고

이갑(李甲) 부인 5환　　　　장익후(張益厚) 20환
장준학(張俊學) 1환　　　　류동설(柳東說) 부인 5환
장익유(張益裕) 5환　　　　장정식(張正植) 2환
김석관(金錫權) 부인 1환　　김덕환(金德煥) 1환
장준용(張俊用) 1환　　　　동씨 영애 1환
장준연(張俊廷) 3환　　　　최낙선(崔洛善) 10환
장기학(張起學) 5환　　　　장준영(張俊英) 1환

　○ 광고

본회에서 회원들의 금전적 어려움을 고려하여 4월 1일부터 월연금 20전을 다시 10전으로 개정하였으니 회원들께서 헤아려주기 바랍니다.

광무 10년 12월 1일 창간		
회원 주의		
회비 송부	회계원	한성 남서(南署) 하교(河橋) 48통 10호 서우학회관 내 김달하(金達河) 김윤오(金允五)
	수취인	서우학회
원고 송부	편집인	한성 남서 하교 48통 10호 서우학회관 내 김명준(金明濬)
	조건	용지 : 편의에 따라 기한 : 매월 10일 내
주필		박은식(朴殷植)
편집 겸 발행인		김명준(金明濬)
인쇄소		한성 남서 회동(會洞) 보문관(普文舘)
발행소		한성 남서 하교 48통 10호 서우학회관
발매소		한성 북서(北署) 안동(安洞) 4가 동화서관(東華書舘) 평안남도 평양성 내 종로(鐘路) 대동서관(大同書觀) 평안북도 의주(義州) 남문 밖 한서대약방(韓西大藥房) 황해도 재령읍 제중원(濟衆院)
정가		1책 : 금 10전(우편비용 1전) 6책 : 금 55전(우편비용 6전) 12책 : 금 1환(우편비용 12전)
광고료		반 페이지 : 금 5환 한 페이지 : 금 10환

첨원(僉員) 주의

1. 본회의 월보를 구독하거나 본보에 광고를 게재하고자 하시는 분들은 서우학회 서무실로 신청하십시오.
1. 본보 대금과 광고료는 서우학회 회계실로 송부하십시오.
1. 선금이 다할 때에는 봉투 겉면 위에 날인으로 증명함.
1. 본보를 구독하고자 하시는 여러분은 주소와 통호(統戶)를 소상히 기재하여 서우학회 서무실로 보내주십시오.
1. 논설, 사조 등을 본보에 기재하고자 하시는 여러분은 서우학회 회관 내 월보 편집실로 보내주십시오.

○ 영업 개요

-만 가지 서적의 구비는 본관의 특색-

△ 종교와 역사 서적	○ 내외 도서 출판	△ 법률과 정치 서적
△ 수학과 이과 서적	○ 교과서류 발매	△ 수신과 위생 서적
△ 실업과 경제 서적	○ 신문 잡지 취급	△ 어학과 문법 서적
△ 지리와 지도 서적	○ 학교용품 판매	△ 생리와 화학 서적
△ 소설과 문예 서적		△ 의학과 양잠 서적

-배달 우편료의 불필요는 독자의 경제-

(본점) 황성 중서(中署) 포병(布屛) 밑   중앙서관(中央書舘)

(지점) 평북 선천읍(宣川邑) 천변   신민서회(新民書會)

광무 10년 12월 1일 | 메이지 39년 12월 1일 | 제3종 우편물 인가

광무 11년 6월 1일 발행
(매월 1일 1회 발행)

제7호

서우학회

서우학회월보 제7호

의무교육 실시를 축하하며

회원 박은식(朴殷植)

　최근 우리 정부가 대한자강회에서 올린 의무교육에 관한 안건을 받아들여 실시하기로 했다 하니, 이것은 우리들이 아침저녁마다 우러러 바라고 축하하던 일대의 중요한 일이다. 지금 이와 같은 결과를 얻어보면 누군들 아주 축하하지 않겠는가마는, 본 기자(記者)는 이 사건에 대하여 더욱 감회가 있어서 여기서 간략하게나마 우리 사우(社友)들에게 고한다. 지난 광무 5년 여름에 본인이 일찍이 『흥학설(興學說)』 1편을 저술하여 학부(學部)에 권고하되 각국의 강제교육을 모방하여 시행할 것을 입언했는데, 그 당시 학부대신이 이 설을 열람하고 한 해가 되지 않았을 때 이미 잠에서 깨지 못한 것처럼 이를 너무 태만히 여겼었다. 광무 8년 겨울에 또 학무(學務) 13조를 논술하고 모아서 1책으로 만들어[1] 나라 안에 널리 퍼뜨렸는데, 그중 1조는 강제교육에 대한 사항을 거듭 말한 것이었다. 그 뒤에는 신문사에서 일하면서 매번 각국의 신문을 접해서 읽었는데, 강제교육을 실시하는 건에 관한 기사가 있으면 번번이 그것을 베껴 적어서 거듭 거듭 계속하였던 것은 어리석은 나의 진심을 진실로 우리 정부도 혹 이것을 보고 느껴서 모방하여 시행하는 날이 있을까 희망해서였다.

　10년 겨울에, 대한자강회에서 의무교육을 실시할 의견을 정부에 안

1　학무(學務)……만들어 : 박은식이 1904년 교육에 대한 현안 문제를 13항목으로 나누어 논술하고 엮은 책의 제목은 『학규신편(學規新編)』이다.

건으로 올리기도 했으며, 파견된 회원들에게 권고한 것도 한두 번이 아니었다. 올해 1월 중순에 보국(輔國) 민영휘(閔泳徽) 씨가 시정(時政) 급무로 널리 교육을 흥성시키는 좋은 방법을 들어서 상소를 올린 것이 매우 적절했고, 황상 폐하께서도 깊이 감탄하시고 정부에 칙유(勅諭)를 내리셔서 빠른 시일 내에 시행하게 하셨는데, 정부는 무슨 의도가 있어서인지 규정은 만들었으나 시행하지는 않았다. 그러니 대저 이 문제는 사회의 헌의(獻議)와 원로의 소청(疏請)과 황상 폐하의 칙유가 상하 일치한 것인데도 다만 정부가 진퇴(進退)에 대해 의심쩍은 생각을 가지고 실행하지 않았으니 우리들의 미혹됨이 과연 어떠하였겠는가.

지난달에 평양민회소에서 각 방리(坊里)에 의무교육 실시를 강행(講行)한다는 말을 듣고 본인은 이에 부지불식간에 펄쩍펄쩍 뛰며 축하했다. 우리 정부가 교육 사업에 대하여 저와 같이 태만하고 느슨함에도 우리 민간사회가 이와 같이 분투하여 교육 의무를 자유롭게 책임지니, 이것은 "문왕(文王)을 기다리지 않고 흥기한 것이다."라 할 만하다. 이 기점(起點)이 전국에 모범이 되어 점차 발달하기를 바랐는데, 지금에 정부에서 이러한 안건을 제출하여 실제로 실시한다고 하니, 이것은 우리 한국의 문화 개진의 시기가 이미 익은 것이다. 그러니 우리 한국의 권리는 끝내 무너지지 않고 반드시 장차 다시 진작될 것이요, 우리 한민족은 영원히 사라지지 않고 반드시 장차 다시 부활할 것이다. 그러므로 모든 우리나라 동포가 어찌 더욱더 분투하여 정부와 사회가 일심동체로 문명 부강의 목적에 도달하기 위해 힘써 노력하지 않겠는가. 이에 보국 민영휘 씨의 상소 원본과 황상 폐하의 비지(批旨)를 아래와 같이 삼가 기록하여 우리 한국 학계에 역사를 준비하고자 하노라.

○ 민씨 소본(閔氏疏本) 漢

삼가 아룁니다. 나라의 복록(福祿)이 더욱 많이 이르러 동궁(東宮)의

대례(大禮) 의절(儀節)이 차례로 순조롭게 거행되어 납징(納徵)이 이미 행해졌으니, 성상의 기뻐하시는 마음과 신민(臣民)들의 경축하고 기뻐하는 심정이 어찌 끝이 있겠습니까. 이어 삼가 생각건대, 신은 현직에서 사퇴한 지 얼마 안 되어 곧바로 또 현직으로 은혜로운 명을 삼가 받들게 되었으니 진실로 당황스럽고 그 까닭을 모르겠습니다. 연자방아를 돌리는 말처럼 같은 자리를 다시 차지한 행적(行跡)이 염치에 부끄러울 뿐만 아니라, 관방(官方)에 있어서도 이처럼 구차하게 해서는 안 될 듯합니다. 삼가 바라건대 체차(遞差)하여 주소서.

시정의 급무에 대하여 어리석은 견해를 외람되이 진술하여 말미에 덧붙입니다. 우리 조정의 문명한 정치는 옛날을 훨씬 능가하여 학교와 서당의 제도는 갖추어지지 않은 것이 없고 학문과 교양을 연마하는 선비들의 기풍은 성하지 않은 바가 없습니다. 그러나 근래 체제가 무너지고 추향(趨向)도 부박(浮薄)해져 나라의 형세가 점차 쇠약해지더니 오늘날에 와서는 극도에 달했습니다. 현재 각국은 학술이 나날이 새로워져 다투어 실용적인 것을 스스로 연구하고 있습니다. 서양인들이 천하에서 부강해져 세상에 강성함을 자랑하게 된 것은 그 방도가 다른 데에 있는 것이 아니고 백성을 교육하여 남녀 누구나 학문을 닦도록 한 데에 있을 뿐입니다. 그러므로 그 지려(智慮)가 날로 나아지고 공예(工藝)가 날로 부흥하며 정치가 잘되고 법질서가 바로잡히며 재정이 잘 운영되고 군사력이 충분히 강성함을 유지하여 쇄신되어 발달하지 않는 것이 없기 때문에, 약한 것을 변화시켜 강하게 만들고 망하는 것을 돌이켜 보전하고 있습니다. 동양에서는 일본이 이것을 먼저 깨닫고 부지런히 교육에 힘썼습니다. 그러므로 삼사십 년 사이에 마침내 저처럼 강하게 되었으니, 이것은 실로 뚜렷이 볼 수 있는 근래의 일입니다.

무릇 지구상의 나라들이 각기 지역이 나뉘어 있고 종족이 서로 다르고 풍토도 같지 않지만, 인물, 민요, 풍속, 문자, 성기(聲氣)는 서로 같고 영토가 서로 접해 있으며 이웃나라와의 외교 관계도 친밀합니다. 그 관계가 여느 나라와 전혀 다른 나라는 오직 우리나라와 일본, 청나라뿐입니다. 무릇 이 세 나라는 실로 서로 돕고 의지해야 하는 형세에 처해 있으니 연합하면 강해지고 분열하면 고립될 것입니다. 이것은 지혜로운 자의 말이 아니더라도 짐작할 수 있는 바입니다. 그렇기 때문에 깊이 염려하고 먼 앞일을 잘 헤아리는 사람들은 모두 세 나라가 정립하여 연맹을 맺는 것을 동양을 보전하는 대계(大計)로 여기는바, 힘을 합쳐 분발하여 우리 평화의 토대를 공고히 하는 길은 교육뿐이라고 하겠습니다.

우리 폐하께서 세계의 대세를 통찰하고 지금의 급선무를 깊이 생각하시고서 지난번에 열 줄의 칙교(勅敎)를 내리시어 인재를 보호하고 육성하는 방도에 각별한 관심을 기울이셨으므로, 안으로는 서울에서부터 밖으로는 도(道)와 군(郡)에 이르기까지 공립학교와 사립학교의 설립이 점차 연이어 이루어졌으니, 여기서 인심의 감동을 볼 수 있습니다. 만약 이것을 시작으로 하여 더욱더 장려하고 고무하여 떨쳐 일어나도록 한다면 장차 힘들이지 않고도 자연히 따르도록 만드는 효과가 빠르게 나타나는 것을 볼 수 있을 것입니다. 어리석은 신은 전국에서 학교가 성하게 일어나도록 하려면 각국의 의무교육 제도를 모방하여 강제로 실시한 뒤에야 전국에 보급할 수 있을 것이라고 생각합니다. 만약 이렇게 하지 않고 온 나라의 학교를 모두 국비로 설립하여 운영하려고 한다면 틀림없이 이루지 못할 것입니다. 각각의 도, 군, 방(坊), 면(面), 시장(市場)에서 학구(學區)를 획정하여 각기 하나의 학교를 세우게 하되 지역의 대소에 따라 편의대로 합하거나 나누게 하고 그 경비는 해당 구역 내에서 스스로 계책을 세워 마련하여 지출하게 하고, 또 각 구역에서 뜻이 있고 성망(聲望)이 있는 사람을 공적으로 천거하여 재정과 서무의 관리를 맡기도록 하며 별도로 하나의 교육사(敎育社)를 설치하여 약간 명의 사원을 선정하여 모여서 사무를 처리하게 하고, 관리는 감독만 행하도록 해야 할 것입니다. 즉 이것은 공적인 자금을 쓰지 않고도 능히 교육을 널리 일으키는 좋은 방법이 될 것입니다.

그리고 선비를 양성하는 것은 장차 등용하기 위해서인데, 한번 과거가 폐지된 뒤로는 선비를 선발하는 법마저 없어져버려 졸업을 하여 학문을 이룬 사람이 있어도 임용될 길이 없습니다. 그렇기 때문에 선비들이 모두 맥이 풀려 중도에 그만두는 경우가 많아 나라에서 임용할 만한 뛰어난 인재가 전혀 없으니 어찌 탄식을 금할 수 있겠습니까. 지금부터는 졸업을 기다려 해마다 도와 군에서 시험하여 우등생을 뽑아 서울로 보내면, 전고(銓考)하고 시취(試取)한 다음 모든 주임관(奏任官)과 판임관(判任官)을 재주에 따라 임용하는 것을 정장(定章)으로 만들도록 하소서. 학교를 졸업하지 않고 다른 길을 통해 나아온 자는 직임을 맡기지 않도록 하고, 그 밖에 외국에 유학한 사람은 관비(官費)로 유학한 사람이거나 사비로 유학한 사람이거나를 막론하고 졸업증을 상고하여 또한 특별히 거두어 등용함으로써 장려하는 뜻을 보인다면 총명하고 준수한 청년들은 연마하고 수련하여 학업에 매진할 것이니, 몇 해 되지 않아 교육의 성과가 틀림없이 현저히 나타날 것입니다. 이것이 바로 오늘날 교육을 진흥하기 위한 첫 번째 급선무입니다. 만일 지금 분발하여 힘쓰지 못한다면 일본, 청나라와 함께 세 나라가 정립하려고 하더라도 장차 자립할 수 없을 것입니다.

무릇 우리나라 백성들이 총민(聰敏)하고 영준(英俊)한 것이 어찌 다른 나라 백성만 못하겠습니까. 다만 교육이 진흥되지 않아 지식이 계발되지 못하였으므로 그로 인하여 우매하게 된 것일 뿐입니다. 발달시키는 일은 오직 어떻게 권면하고 인도하느냐에 달려 있을 뿐이니, 경계하고 반성하여 주저 없이 따르게 한다면 10년 사이에 많은 인재를 양성하여 얻게 될 것입니다. 나라를 혁신하는 기초가 실로 여기에 있기에 감히 외람되이 좁은 의견을 진술합니다. 삼가 바라건대, 황상께서는 특별히 채납(採納)하시어 학부로 하여금 아뢰어 재가받아 시행하게 하심으로써, 배우지 않는 사람이 없고 배워서 학문을 성취하지 못하는 사람이 없게 하여 교육이 흥성하도록 하고 이것을 중흥의 기초로 삼으소서. 그러면 나라에 매우 다행일 것입니다.

○ 비지(批旨) 漢

상소를 보고 잘 알았다. 경이 담당한 업무들이 다 중요한 일이니 굳이 사직할 필요는 없겠다. 최근 공립학교와 사립학교의 설립이 점차 성행하고 있으니 인재의 성대한 배출을 기대할 수 있겠다. 하지만 온종일 골몰하면서 민간의 부녀자와 아이들까지 배우지 않은 이가 없도록 하여 이 백성을 한번 새롭게 거듭나게 하여 우리의 반석 같은 기초를 공고히 하자면, 마땅히 또 특단의 대책이 있어야 신속한 계도로 소기의 성과를 달성할 수 있을 것이다. 짐이 온종일 정사를 위해 근심하고 정신을 집중하여 관심을 두고 있는 것이 이 문제이다. 그런데 지금 경이 상소문 말미에 진언한 것을 보니 조목조목 시의적절하여 그 연합의 형세와 교육의 발전은 반드시 경이 논한 대로 되고 나야 나라와 백성 모두 보전될 수 있을 것이다. 제아무리 어리석어 글을 모르는 자라 하더라도 이 말을 듣는다면 역시 스스로 깊이 반성하여 두려워하고 노력해서 각자가 나라와 자신을 위한 계책에 분발하게 될 것이다. 그리고 지금부터 내직과 외직의 주임관과 판임관은 학교를 졸업한 사람이 아니면 천거할 수 없는 법을 규정으로 삼게 하고, 학부로 하여금 원 상소문의 건의 사항과 아울러 부(部) 이하 및 해당 부(府)·군(郡)·방(坊)·곡(曲)에 널리 전하도록 하여 백성들로 하여금 방향을 알게 하여 지향하는 바가 있게 하라.

한국 공업

일문(日文) 『경성보(京城報)』 역등(譯謄)

　한국 산업 중에서 조금이라도 취할 수 있는 것은 단지 농업 하나뿐이다. 즉 상업은 함께 이야기할 거리가 되지 못하고 공업으로 말하면 거의 끊어져 없다고 말할 수 있다. 옛날에는 이 나라의 사람도 할 수 있는 기술이 있어 일본 공예의 스승이 된 적도 있었으나 국세가 점차 쇠약해짐과 함께 기술도 역시 쇠퇴와 마멸에 이르렀다. 어째서 이렇게 쇠퇴하게 되었는가 하는 원인은 필시 다양하여 일일이 말할 필요가 없으나, 어떻든 기술의 쇠퇴와 공업의 폐멸은 다툴 수 없는 사실인즉 한국민은 그 생활 정도를 인하해서 적응하게 되었고 부득이한 경우에 이르러서는 외국 제품에 의존해 그 필요를 점차 충족하게 되는 현상에 빠지게 되었다.

　현재 한국인의 일상의 수요를 보면 의복의 원료인 마포(麻布)는 국내에서 산출되지만 비단과 면은 모두 외국의 공급을 따르고 기타 도기, 자기, 유리 및 일용 잡화는 일본과 구미에서 수입하다. 옛날부터 쇠그릇, 나무그릇, 흙그릇 등을 다소 제조하지 않는 것은 아니고 공장(工匠)과 목수 등도 역시 없지는 않지만 기술의 유치함과 제조의 조악함은 사람들이 모두 아는 바이다. 한국의 현재 상황은 농업을 근본으로 삼고 있고 장래의 발달도 역시 농사에 있음은 물론이나, 오늘날과 같은 공업의 쇠미함은 한국민을 위해서는 참혹한 상황이라고 말할 수 있다. 또한 농업 · 공업 · 상업 세 가지는 상호 보완하고 의존해 발달하는 것인즉, 비록 농업국으로 유명하다 해도 전연 공업을 도외시하는 경우가 어디에 있겠는가. 가령 외국의 공급을 믿을 방법이 있더라도 모든 공업 제품을 외국에서 수입하는 것 같은 일은 어떤 나라에서도 행하지 않는 것이다.

생활 정도의 전진과 물질문명의 복지는 완전히 공업 개발에 의거하여 기대할 수 있을 것이다. 농사 발달도 역시 공업에 의존해 촉진되는 점이 적지 않다. 고로 한국의 공업을 개발하는 것은 즉 국가의 부력(富力)을 증진하고 국민의 지술(智術)을 계발하는 일로, 이것이 생활상 전진을 계획하는 데에 큰 효력이 있을 것임은 우리가 말할 필요가 없다. 단 자본과 기술이 결핍된 한국에서 졸지에 큰 공장의 조직이 공업을 일으키는 것은 달성되기 매우 어려울 것이다. 그러나 소위 공업은 반드시 큰 공장이 필요한 것은 아니다. 실내 공장과 수공업에서 제작하는 물건의 종류도 다르고 각각의 조직도 같지 않음은 선진국도 역시 실제 그렇다. 일반 한국인이 필요로 하는 토기, 쇠그릇, 목기, 기타 건축 기계 등과 관련해 그 기술을 발달·진보하게 하고 제작을 고상하고 튼튼하게만 하더라도 한국의 공업은 진보라 말하지 않을 수 없을 것이다. 반드시 수입품을 막지 않고 외국 기계를 사용하지 않으며 큰 공장을 건설할 필요 없이 먼저 기술을 진보하게 하여 종래 한국인이 가내(家內)용으로 거의 자급·자영한 공업을 개량만 해도 국부(國富)의 증진과 생활의 진보에 공헌할 바가 적지 않음이 명확하다. 즉 큰 요지는 국민 기술의 진보가 첫 번째라 말할 수 있다. 기술의 응용은 제한이 없으니 한국민 된 사람은 기술을 먼저 길러 공업 발달의 초석을 쌓아야 할 것이다.

교육부

가정학 (속)

회원 김명준(金明濬) 역술

5. 소아의 동정(動靜)과 유희

강건한 소아는 반드시 능히 편히 자며 능히 잘 먹고 마시며 운동을 좋아한다. 건강과 허약은 비록 천성에 바탕을 둔 것이나 그 일부분은 태내 교육과 또 유아기 보양(保養)의 방도가 어떤가에 달려 있으니, 옛 성현과 호걸 중에 가정교육에서 힘을 얻은 자가 얼마나 많았던가. 그러니 슬하의 훈도를 참으로 소홀히 해서는 안 될 것이다.

아이는 태어나서 6·7주간은 젖 먹고 용변을 볼 때를 제외하고는 대개 잠을 자니, 다름 아니라 뇌력(腦力)이 십분 충족되지 못한 까닭에 많이 자는 것으로 이는 발육상에 최대의 관계가 있다. 허약한 아이는 결코 잠들기를 좋아하지 않으니, 일본 속담에 이른바 "잘 자는 아이가 장부다."라 하는데 이 말이 참으로 틀림없다. 그러므로 수면 시에 소아를 놀라게 하여 깨워서는 안 되고 반드시 숙면하게 하는 것이 마땅하다.

영아의 외출 시기는 봄가을 온난한 때인 경우 탄생 후 2주가 되었을 때 날씨가 맑고 바람이 없는 날을 택하여 아이를 품어 안고 천천히 문밖에서 운동하기를 약 반 시간가량 할 것이요, 엄한(嚴寒)과 혹서(酷暑)에는 필히 7·8주가 되어야 비로소 외출을 시킬 수 있다. 소아가 걸음마를 배울 때는 모름지기 자유롭게 하도록 두고 방해해서는 안 되며 더욱이 여러 요람(搖籃)을 두고 흔들어주어서는 안 된다. 소아가 이미 보행할 수 있게 되면 강건한 아이는 가히 활발한 운동과 유희를 마음대로 한다. 다만 유치원에 들어가는 시기가 아직 되지 않았을 경우는 두부(頭部)와 사지(四肢)가 아직 극히 유약하여 약간 부러지거나 다쳐도 반드시 매우 위험하니 마음대로 활동하게 하는 것은 역시 적절하지 않다. 그러므로 소아를 보육하는 이가 주의를 하면서 방임해야 할 것이다. 한편 목 놓아 울거나 노래하며 웃는 것은 소아에게 일상적 일이요 또한 호흡을 잘 통하게 하고 폐장(肺臟)을 넓혀 전신의 운동을 돕는 점에서 크게 이익이 되니 억제할 필요는 없다.

소아를 매일 마땅히 극히 순하고 좋은 온수로 목욕시키되 손으로 그 온도와 분량을 헤아려 가감해야 한다. 목욕은 아이가 처음 일어났을 때와 취침 시에 시키고 날이 추우면 대낮에 시켜야 한다. 목욕수건은 연한 해포면(海布綿)을 써서 두부(頭部)에서부터 서서히 전신에 이르되 눈과 입을 닦아내서는 안 된다. 욕탕(浴湯)에 있는 것은 5분에서 10분의 시간으로 하고 목욕이 끝나면 서양 방식을 취하여 전신에서 물기를 닦아내고 따뜻한 자리에 눕혀 찬 공기를 쐬지 않게 한다.

갓난아이의 배냇머리를 세속에서는 매양 깎는데 이는 큰 폐해다. 갓난아이는 머리가 극히 연약하여 머리칼을 깎을 때 뇌를 상할 수 있으니 어찌 그래서야 되겠는가.

소아의 유희는 또한 가장 주의해야 할 일이다. 왜냐면 아이가 처음 세상에 나옴에 보이는 것 들리는 것이 신기하고 재밌지 않은 것이 없어 그 작은 뇌가 점차 조화로워지고 점차 각성되기 때문이니, 즉 그 자연적 과정을 따라 아이를 가르치고 인도함으로써 지식을 더해주어야 한다. 유희의 처소는 지덕체(智德體) 삼육(三育)의 가르침에 모두 부합할 수 있어야 한다. 인성은 대개 선입(先入)된 것을 주로 삼아 어릴 때 완구류를 접하고 보고 들으면서 뇌에 깊이 각인되니, 어머니 된 자가 은근히 잘 인도하여 바른길로 회유하면 어디서든 유익함을 얻을 것이다.

완구의 경우 각이 없는 원형의 구슬류로서 유리 혹은 철엽(鐵葉)으로 제조되어 염료를 더한 것은 소아에게 주어서는 안 된다. 소아는 신기한 물건을 봤을 때 아직 얻지 못했으면 얻고 싶어 하고 이미 얻고 나면 필시 그 원하던 것에 싫증을 내기 마련이라 상자든 공이든 막론하고 반드시 그것을 깨뜨려 그 내부를 보려고 하는 것이 또한 일반적이므로, 설령 부귀한 집이라 하더라도 결코 고가의 완구를 유아에게 주어서는 안 되며 조잡한 물건을 주는 것이 좋다. 그 어머니가 거듭 쉬운 말과 이치로 인도하여 그 애정을 움직이게 하여 물건을 아끼게 하면 근검·자혜의 마음을 분명 양성할 수 있을 것이다. 소아가 물건을 취할 수 있게 될 때에 어머니 된 자는 일체 완구를 가히 그 지덕(智德)을 증진시키며 체육에 보조가 될 만한 것으로 택할 것이요, 반대로 무익한 물품은 한층 더 물리쳐야 한다. 더불어 유익한 완구라도 또한 반드시 상자에 수납하여 제자리에 가지런히 두게 하고 더러워진 것은 닦게 하고 파괴된 것은 고치게 하여 게으르고 악착스러운 행동이 습관이 들지 않게 해야 한다.

어머니를 대신하는 자-보모-는 어머니의 조수가 되어 수시로 소아를 보살피는 자이니 선택을 신중히 해야 한다. 서양 여러 나라에서 무릇 보모는 반드시 학교를 졸업한 자이거나 그렇지 않으면 반드시 학식이 상당한 자라야 한다. 그래야 비로소 보육과 가정교육을 전담할 수 있다. 지금 이런 사람을 우리나라 안에서 갑자기 구하고자 하면 실로 얻을 수 없으니, 부득이 신체가 강건하며 성질이 온유하고 독서를 다소 터득하여 보통 교육을 대략적으로 아는 자를 취하여 채용해야 할 것이다. 그런 연후에야 어머니가 아이를 목적의 방향으로 차츰 인도하여 소아로 하여금 기꺼이 그 규칙을 따르도록 힘쓸 수 있을 것이다. (미완)

유학(幼學)을 논하다 (전호 속)

회원 박은식(朴殷植) 역술

옛사람이 말[言]은 즉 글[文]이고 글은 즉 말이라고 했다. 후세에 언어와 문자가 나누어지면서 비로소 말을 구분하여 글이라고 말하는 사람이 생겼다. 그러나 말에 능통하게 된 후에 글을 잘 지을 수 있게 되는 것은 실제로 당연한 일이다. 그러므로 문장 짓기를 배우는 사람은 반드시 먼저 구절을 만들고 구절을 만드는 사람은 옛말을 오늘날의 말로 바꾼다. 그런데 오늘날 가르치는 사람은 훈고(訓詁)도 전해주지 않으며 문법도 가르치지 않고서 성현을 대신해 입언(立言)하게 하되 아침에 강의를 하고 저녁에 붓을 들게 한다. 고야왕(顧野王)[2]이 건안(建安)[3]에 대한 기문을 지은 것과 이장길(李長吉)[4]이 높은 수레(高軒)에 대한 시를 지은 일이

본디 타고난 것이 아니었다면 어찌 등급을 뛰어넘는 일이 용납되었겠는
가. 또 격식을 한정하며 제목을 지적하여 범상(犯上)과 범하(犯下)에 연
루되었다고 이를 검속하며 조(釣)와 도(渡)와 만(挽)의 작법(作法)에 사
로잡혔다고 이를 천착하고,[5] 뜻이 이미 다했는데도 부연해서 3백 자 이
상이 아니면 못하게 하고, 뜻이 미진해도 글을 속박해서 7백 자 이상은
쓰지 못하게 한다. 여러 학파의 책을 읽지 않는 것은 수상한 서적〔僻書〕
으로 쓰일까 봐 두려워하는 것이요, 현세의 일을 강론하지 않는 것은
시사를 다루는 것일까 봐 두려워해서이다. 이것이 수년 동안 글을 배워
도 붓을 들어 한 글자도 쓸 수 없는 사람이 흔한 까닭이다.

　『논어』에 이르기를 "스승은 사람들을 차근차근 잘 인도하신다."라 하
였고, 『맹자』에 이르기를 "가르침에는 또한 방법이 많다."고 하셨으니,
스승은 도(道)로써 백성을 얻지 힘으로써 사람을 복속시키지 않는다.
그런데 오늘날 가르치는 사람은 회초리질 매질을 하여 혹 피와 살을
튀게 하며, 배고파도 먹지 못하게 하고 추워도 숨 쉬지 못하게 한다.
7년 동안 두려워 떨면 죄인 역시 감등(減等)되는데 어떻게 어린아이가
이런 가혹한 형벌을 받아야 하는가. 고로 중국 사람에게는 두 개의 큰
재앙이 있으니, 남녀가 어릴 때부터 이 독에 시달리고 있다. 여자는 전
족으로 자신의 신체를 훼손당하고 남자는 복두(扑頭)로 그 뇌의 기운이

2　고야왕(顧野王) : 519-581. 중국 남조 시대의 학자로 훈고학에 정통한 문헌학자였다.

3　건안(建安) : 중국 후한(後漢) 헌제의 연호로 서기 196-220년까지를 가리킨다.

4　이장길(李長吉) : 790-816. 이름은 하(賀)이며, 당나라의 시인이다. 이장길이 7세에
　시를 지을 수 있다고 하자, 한유와 황보식이 찾아와 시를 짓게 했다. 이때 이장길이
　즉석에서 '고헌과(高軒過)'라는 시를 지어 두 사람을 경탄케 했다.

5　또……천착하고 : 중국 명청대에 과거 시험에서 문장을 지을 때 금기했던 사항을 들어
　지나치게 형식에만 치우친 글짓기를 비판한 말이다. 과거 시험에서 경전을 인용할 때
　시험관이 제시한 경전의 문장이 있는데, 바로 앞부분까지 인용한 경우를 '범상(犯上)',
　그 뒷부분까지 인용한 경우를 '범하(犯下)'라고 하며, 조(釣), 도(渡), 만(挽)은 팔고문
　(八股文) 창작에서 제목을 절탑(截搭)할 때 사용된 세 가지 필법을 말한다.

손상되니. 도(道)로써 이끌지 않고 방책을 써서 어루만지지 않아 땅의 기운이 집을 다스리지 못하는 가운데 날마다 매질하는 소리가 들리고, 가르침은 풍기(風氣)를 으뜸으로 삼지 않고 단지 몽둥이와 꾸짖음에 의지하니 마침내 학당 보기를 돼지우리 보듯 고역스러워하며, 스승을 옥리(獄吏) 높이듯 높인다. 「학기(學記)」에 이르기를 "주는 것도 어그러져 있고, 구하는 것도 어긋나 있다. 고로 배운 것을 숨기려 하고 스승을 미워하며 공부가 어렵다고 괴로워만 하고 그것이 보탬이 되는 것을 모른다."고 하였다. 어찌 특별히 미워하고 괴로워할 뿐이겠는가. 옛날에 소송을 처리할 때 외려 태형을 금지한 것은 청렴한 품성을 길러 수치를 멀리하게 하여 스스로 포기하지 않게 하기 위해서였다. 그런데 오늘날 학생들이 처음 시작할 때에 날마다 갇혀 있는 포로와 같은 대우를 받으니, 세상에서 처첩의 용모를 하고 노예의 무릎을 하고서 과거 시험에 응시하고 부귀를 구하는 사람이 그치지 않고 매일 배출되는 것은 괴이한 일이 아니다.

『예기』에서 이르기를 "긴장시키기만 하고 이완시키지 않는 것은 문왕과 무왕도 할 수 없었다."라 하였고 또 "학문을 품고 학문을 닦으며 학문으로 쉬고 학문으로 논다."라 하였다. 이는 고금과 중외(中外)의 통례이다. 서양인은 독서와 업무에 모두 정해진 시간이 있어서 이 시간이 되면 비록 중요한 손님과 요긴한 일이 있더라도 이를 그만두지 않는다. 정해진 시간을 다 넘기고 나서는 서로 친하게 지내고 즐기며 음주와 공차기 하는 것을 금하지 않는다. 해마다 태어나고 죽는 서양인의 호구 수를 비교해보니 영국의 사망자가 항상 미국보다 1백 명당 2명 정도가 많았다. 의사가 그 이유를 추적해 이르길 "미국 노동자는 낮 3시까지, 영국 노동자는 낮 4시까지 일하는데, 그 비율의 차이는 실제로 여기에서 기인한 것이다."라 했으니 일하는 시간의 많고 적음이 사람의 신체와 가지는 관계가 이렇게 중대하다. 그런데 중국인은 이런 의미를 연구하지 않아 게으른 사람은 아침저녁으로 놀러 다니며 기꺼이 유민(遊民)이 되고 근면한 사람은 종일 부지런히 움직이니 절제를 모른다. 연회에 왕래하는 데에 일찍이 정해진 시간이 없고 남의 요구를 따르는 것에 정도가 없으며 자질구레한 것들에 대한 근심을 당연하게 여긴다. 대개 학동은 뇌질(腦質)이 충분하지 않고 간육(幹肉)이 굳지 않았으니 노동 시간은 당연히 더욱 적어야 한다.

　『논어』에 이르길 "배우고 때때로 익힌다."라 했고, 『예기』에 이르길 "개미 새끼도 수시로 흙을 물어 나르는 일을 배운다."라 하였다. 만일 가르치는 방법이 있다면 매일 한두 시간만 책상에 앉아 있어도 배우는 바가 이미 적지 않을 것이다. 여가시간에 혹 정원을 돌아다니며 생물을 관찰하거나 혹 체조를 익혀 근골을 강하게 하거나 혹 음악을 하여 정신과 혼을 조화롭게 하면 어떤 일이든 배움이 아니며 어떤 배움이든 쓸모가 없으리오. 그 효과가 크고 많을 것이다. 그런데 반드시 감관(監官)을 세우고 사관(史官)으로 보좌하게 하여 지키게 하고 엄숙하고 경건한 태도로써 막아서게 하며, 뜰 안은 낮고 좁아 기운을 기르기에 부족하고, 감금하고 구속하는 것이 큰 죄를 지은 죄수에게 하는 것과 같다. 그러자니 책을 대함에 아무 생각이 없이 멍해서 생기가 다시 없다. 이런 식으로 학문이 이루어지길 구하니, 스승이 들인 노력에 비해 공은 절반에 그치고 또 스승을 따르면서도 원망하게 된다.

　무릇 이러한 몇 가지 단서는 그 누적된 습관이 천 년 이전부터 존재해서 그 악영향이 온 세상에 편재해 있다. 혹 편안히 여겨서 잘못을 알지 못하고, 혹 알더라도 고치기를 꺼리며, 혹 고칠 것을 생각하나 그 방법을 알지 못하고, 혹 방법을 알지만 그런 사람을 만나기 어렵다. 이에 앉아서 잘못된 종자가 널리 전해지는 것이 날로 번창하여 유자(儒子)가 마침내 무용하다고 천하에 알려지게 되었다. 그런데 농부, 장인, 상인, 병사가 되고자 하는 사람은 그 뜻이 이미 과거 급제와 높은 벼슬을 위하지 않고, 그 기세가 또 종신토록 이런 명성에 전력을 다하지 않는다. 7·8세 사이에는 힘이 부족해 스승을 따른다. 어리석음을 계발시켜 지혜를 증진시키는 것은 이 몇 년에 의존하는데 이 시기를 보내버리면 더불어 배우는 것이 끊기니, 스승 된 사람은 당연히 어떻게 해서든 마음을 다해 잘 유인해 첩경으로 이끌고 저항을 제거해 이를 이루게 하도록 힘써야 한다. 그런데 천명위성(天命謂性)과 무성무취(無聲無臭)⁶를 제외하고는 소위 독본이 없고, 파제(破題)·승제(承題) 및 기강(起講)⁷과 대우(對偶)⁸ 및 성병(聲病)⁹을 제외하고는 소위 문법이 없다. 미천한 선비의 학문이 이러하여 비록 쓸모가 없다고 하지만, 이를 빌미삼아 과거 급제를 절취하고 백성을 억지로 내리눌러 일생동안 먹을 것과 입을 것이 모자라지 않으니 저들은 진실로 수용한 바가 막대하다고 할 수 있다. 그런데 무릇 농부, 장인, 상인, 병사가 되는 학문은 배운 것이 소용이 없고 소용되는 것은 배운 바가 아님을 한층 분명하고 쉽게 보게 된다.

수백 수천 년에 수억 인이 모두 실패를 잇달아 반복하며 변화와 개혁을 알지 못하다가 약관(弱冠) 이후에 이르러 비로소 학문이 없고 기술이

6 천명위성(天命謂性)과 무성무취(無聲無臭) : 『중용장구(中庸章句)』를 가리킨다. 첫 장에서 "하늘이 명한 것을 성이라 한다〔天命之謂性〕."라고 하였고, 마지막 장인 33장에서 『시경』「대아(大雅) 문왕(文王)」을 인용하여 "『시경』에 '덕은 가볍기가 터럭과 같다.' 하였는데 터럭도 오히려 비교할 만한 것이 있으니, '상천의 일은 소리도 없고 냄새도 없다.'라고 표현해야 지극할 것이다〔詩云德輶如毛, 毛猶有倫, 上天之載, 無聲無臭, 至矣〕."라고 하였다.

7 파제(破題)……기강(起講) : 팔고문을 구성하는 방법이다. 팔고문은 개괄적으로 글의 대의를 말하는 파제(破題), 파제의 뜻을 이어 논단(論斷)하는 승제, 일편(一篇)의 대강(大綱)의 강론(講論)을 개시하는 기강(起講), 윗글에 이어 네 쌍의 글귀로 그 양면적인 의미를 진술하는 사고(四股), 끝마무리하는 결속(結束)의 5문단으로 이루어진다.

8 대우(對偶) : 서로 반대되는 사실이나 서로 비슷한 어구를 연립시켜 문장을 만드는 방법을 의미한다.

9 성병(聲病) : 시를 지을 때 평(平), 상(上), 거(去), 입(入) 등 사성(四聲)을 조합하여 구성하는데, 그 구성이 일정한 규칙에 들어맞는 것을 성(聲)이라 하고 그렇지 못한 것을 병(病)이라 한다.

없음을 깨닫고 후회함에, 이 수년간의 노력이 있는 것도 같고 없는 것도 같으며 연기 같고 꿈 같기도 하여 추호도 소용이 없으니 대개 이전에 학문에 태만했음을 자책하지 않을 수 없다. 그런데 비루하고 너절하며 그릇되고 천박한 학구(學究)가 천하에 화가 됨을 알지 못하는 까닭에 식자층의 사람이 서양에 미치지 못하고 농부이자 선비, 장인이자 선비, 상인이자 선비, 병사이자 선비인 사람은 천 명 만 명 중에 한두 사람이 안 된다. (미완)

위생부

회원 김봉관(金鳳觀)

사람이 생존경쟁하는 위치에 있어 각각 행복을 온전하게 하려면 인지(人智)를 발달케 함이 가장 중요하니, 특히 건전한 아동에게 일반 지식을 주는 완전한 교육을 시행하는 것은 개명한 신세계의 위대한 사업이다. 예전에는 아동의 체육·지육(智育)을 각각 일일이 직접 맡아 하였으나 현재는 법률상 학제를 실행하니 즉 소학교를 두어 각각의 자제를 교육하여 생존경쟁에 필요한 지능을 획득하게 하는 것이다. 다시 고등교육이 요구되면 중학, 대학 혹은 기타 고등전문학과를 개설하여 장시간 교육함이 필요하다. 그러나 그저 지육에만 전념하면 신체 발육을 억제 방해함에 이르므로 그 폐해가 한 개인에게만 미칠 뿐 아니라, 체육을 소홀히 하면 국민이 다 그 해를 입어 체력이 감소하여 인종이 점차 쇠퇴하고 연약하게 된다. 만약 외적을 대하면 자위(自衛)하는 힘이 거의 없는 까닭에 늘어나는 인민이 보호 감독을 받으니 인민의 신체가 건강하지 못하면 그 해가 국가에 미침이 적지 않다.

사람의 부모 및 교사는 먼저 아동의 신체 교육에 일대 주의해야 한다. 아동이 처음 취학할 때는 그 생활 상태에 어떠한 변화를 보일 것이니, 하루에 얼마씩 일과를 규정하여 정신 및 신체에 힘쓸 일을 공급함이 좋다. 대개 강제 취학하게 하는 명령은 국가에 있으니 아동의 건강을 손상하는 것은 가급적 배척함이 좋다. 정부에서 특히 규정한 표준에 기인하여 교사(校舍) 설비와 교수 방법 등을 연구하여 마땅히 학생의 건강을 손상하는 것에 주의함은 학교장의 책임이요, 교사는 아동의 감독을 담임하여 능히 그 신체 기질과 성격·재능이 어떠한가를 관찰하여 제반 발육의 장애와 결점을 발견하며 수학(修學) 시간에 있어서는 유희와 음식에 주의하며 또한 수면할 때와 운동·산보할 때에 규범을 가려 정하여 아동의 기력을 증가케 하며 재능을 발달케 할 것이다.

학령(學齡) 아동의 생활법은 그 정도를 따라 개량함이 가장 중요하니, 쉴 때는 산보, 체조, 헤엄치기, 얼음지치기 등이 좋고 결코 한 실내에 칩거함은 좋지 않다. 아동의 성장기에 있어서는 단순한 음식물을 사용하고 주류를 마시고 연초류를 피우면 그 폐해가 크고 또한 건강에 장애가 되므로 적당히 금제하는 것이 좋다. 간혹 그밖에도 아동은 야간의 늦은 수면으로 인한 폐해가 두드러지기도 하는데, 성인이 혹 오락 모임을 늦게까지 하여 심야가 지난 뒤에야 숙면에 들게 되는 일도 있다. (미완)

애국정신담(愛國精神談)

프랑스인 에밀 라비스(Emile Lavisse) 저작
회원 노백린(盧伯麟) 역술

서기 1870년 가을에 프로이센군이 파죽지세로 산과 들을 뒤덮어 프랑스의 작은 도시 팔스부르(Phalsburg)로 진격해 포위하였다. 공성포(攻城砲) 백 문(門)을 나열하고 종일토록 공격하니 성안의 높고 큰 건물이 붕괴되거나 화염에 휩싸여 백성이 낙담했다. 그러나 1천 5백 명의 수비병은 오히려 창과 포탄이 비 오듯 쏟아지는 와중에 열심히 싸워 요해처를 고수하고 보루와 지뢰 등을 굳게 설치하면서 방어에 힘을 다했으나, 함락되지 않을 가능성은 조금도 헤아릴 수 없었다. 프로이센군은 탄환만 한 좁은 땅에서[10] 숫자도 적고 허약한 민중이 이런 맹렬한 포격을 당하니 반드시 항복의 깃발을 지척 간에 세울 것이라 생각하고 다음날 군사(軍使)를 팔스부르에 보내어 요새 사령관을 보고 항복을 재촉하며 "공이 만일 무기를 버리고 빗장을 열어 투항하지 않으면 수많은 대포를 일제히 발포하여 순식간에 성 전체를 가루로 만들 것이다."라고 했다. 사령관은 태연하게 "당신들의 군대는 맡은 임무대로 하고자 하는 바를 하시오. 나는 우리나라를 위하여 내 직무를 다하고 결코 항복하지 않겠소."라 하고 바로 그 군사를 쫓아 돌려보냈다. 이 시기에 성안의 식량이 떨어졌을 뿐만 아니라 또한 절식(絶食)의 참상이 생겼다. 총포와 탄약은 비록 어느 정도 충분하나 훈련을 잘 받은 뛰어난 포수가 부족해 오직 상관의 지휘만을 따랐다. 믿을 만한 것은 오직 상하가 일체로 보국하려는 정신이 불요불굴(不撓不屈)한 것이었기 때문에 적의 공격이 점점 더 사나워질수록 우리의 방어 또한 점점 더 견고해졌다. 다음날이 되어 프로이센군의 공격이 더 격렬해져서 폭렬탄(爆烈彈)이 성안에 떨어져 폭발한 곳이 5천여 곳이었다. 성의 네 귀퉁이에 불이 붙지 않은 곳이 없었고, 바람이 사나움을 더 가중시켜 경각간에 모든 곳이 불바다가 되었다. 검은 연기가 하늘을 뒤덮고 누런 재는 땅을 휘감아 지척을 분변할 수

---

10 탄환만 한 좁은 땅에서 : 원문은 '黑子彈丸之地'이다. 적에게 포위되어 공격의 대상이 되는 아주 좁은 땅을 뜻한다.

없었고 불타는 소리와 포성이 귀를 진동하게 했으니, 노인과 아이와 부
녀들은 머리를 감싸고 도망쳐 숨지 않을 수가 없었고 슬픈 소리가 땅을
흔들었다. 형은 아우를 돌아보지 못하고 아버지는 아들을 구하지 못했
다. 장정들은 머리를 그을리고 이마를 데며 동분서주하여 불을 끄려고
애썼으나, 불의 열기가 이미 치솟아 올라 바닷물을 부어도 또한 충분히
그 위세를 없애지 못할 정도였다. 밖으로는 대포에 막히고 안으로는 불
에 오그라들어 사상자가 거리에 가득 찼다.

그러나 수비병들은 용기를 고취하고 기운을 북돋아 방어에 진력하고
마침내 굴복하지 않았다. 이때에 밖으로부터 구원병이 없고 식량의 결
핍이 날로 심해져 10월 중순이 되자 한기가 살을 엘 듯하고 흰 눈이
날려 하구와 연못을 모두 메우니, 차가운 물에 잠긴 솜옷에 삭풍이 가시
처럼 찔러 방어할 방책이 더욱 어려워졌다. 여기에다 식량과 사료가 떨
어지는 계절을 맞아 요새 사령관 타이언(Taillant) 씨가 성직자들에게
명령해 양식과 사료를 진영으로 가져오게 했으나 성 전체의 모든 물건
이 고갈되어 이에 응할 수 없었다. 고로 병사는 간신히 콩차와 말 뼈다
귀 수프를 마시고 간간이 말고기와 밀가루빵을 먹을 뿐이었다. 의복 등
도 또한 너덜너덜해진 것을 견디지 못해 병졸이 몸소 양말이나 장막을
깁고 꿰매어 겨우 팔다리를 덮을 뿐이었다. 수개월 동안의 곤경과 피로
에 배고픔과 추위가 덮치자 바로 이질이 잇달아 발병해서 그 해가 포탄
과 화염보다 더 심했다.

11월 3일 프로이센 진영에서 재차 사자를 파견해 타이언 씨에게 항복
을 권고했는데 타이언 씨는 엄정한 태도로 "성 중에 아직 여력이 남아
있으니 어찌 항복할 수 있겠는가. 오직 고립된 성을 굳게 지켜 나라에
보답할 뿐이다."라 하니 프로이센의 사자가 무안해져 떠났다. 산을 뽑을
기세가 다하고 세상을 덮을 만한 기운이 쇠미해져 영웅이 저물어가는
날과 열사가 넋을 잃는 해에 나는 옛사람이 한 대로 하지 않을 수 없으

니, 슬프다! 타이언 씨가 팔스부르 성을 힘들게 지킨 지 4개월이 되자 들에는 푸른 풀 한 포기도 없고 가축도 역시 사라졌으니, 수비병과 부민(府民) 중 심신이 피로하지 않은 사람이 없어 어떻게 할 수 없었다. 게다가 여기저기 흩어진 사상자가 날이 갈수록 심해지니 사령관 타이언 씨는 할 수 있는 일이 없음을 알고 생각하기를 "성과 함께 쓰러지는 것이 잠시 항복해 사람들을 안전하게 하는 것만 같지 못하다." 하였다. 그리하여 어쩔 수 없이 성 머리에 깃발을 걸고 프로이센군에게 항복했다.

이때 타이언 씨가 프로이센군 공성 사령관에게 편지를 보내어 "슬프다! 우리 군이 항복하는 것은 실로 어찌할 수 없기 때문이오. 이 의지할 곳 없는 작은 성은 밖의 원조가 완전히 끊어지고 성안에 가득 찬 병사와 백성은 춥고 배고픈 나머지 다시 애를 써서 항전할 수 없게 되었소. 싸움에 패배해 항복을 구걸하는 것이 아니니, 부디 바라건대 꼼꼼히 감찰하여 백성을 해하지 않기를 간절히 희망하오."라고 했다. 프로이센의 장군 기제(Gissset) 씨가 편지를 받고 다음 날 입성해 타이언 씨를 보고 정중하게 악수하며 경의를 깊게 표하고 그 용감하고 늠름함에 탄복했다. 아마도 패전으로 인해 항복한 것이 아니요, 배고픔과 추위가 닥쳐 어찌할 수 없게 되어 항복했기 때문일 것이다.

타이언 씨가 이별에 임해 부하 병사들을 위로하며 "용맹하고 활발한 나의 부하 제군은 1천 5백의 숫자로 탄환만 한 좁은 땅을 굳건히 지켰다. 배고픔을 감내하고 추위를 참아 본국을 위해 군인의 책임을 극진히 다한 사람이 제군이 아니면 누구겠는가. 지금 부득이하게 항복의 깃발을 걸었고 제군이 프로이센으로 보내져 감금되는 화를 입게 되었으니 역시 비참하지 않은가! 그러나 이는 전투의 죄가 아니니 원컨대 제군은 신체를 잘 보전해 국가를 위해서라도 자신을 아껴야 한다."라고 말을 끝내고 눈물을 뚝뚝 흘리니 부하들 역시 숙연해져 마치 사람이 없는 같았다.

1870년 2월 13일에 프랑스 병사가 모두 잡혀 프로이센으로 수감된 채 이송되고자 할 때, 타이언 씨는 성문에 서서 그들을 보고 슬픔과 분노가 교차해 말하고자 해도 말할 수 없고 노기(怒氣)가 가슴을 가득 채워 수차례 졸도했다. 프랑스 병사들은 성 밖으로 나올 때 프로이센군의 탄압을 신경 쓰지 않고 앞다투어 타이언 씨와 악수하고 눈물을 흘리며 이별 인사를 하려는 사람이 계속 끊어지지 않았다. 타이언 씨는 프랑스 병사가 점점 멀어지는 것을 보자 천 갈래 피눈물이 갑옷을 적셨다. 그는 개탄하며 이르길 "하늘이 우리 프랑스를 축복하지 않아 저 잘 싸우고 잘 지킨 병사들을 비참한 지경에 빠지게 하였으니 슬프지 않은가!"라 하였다. 또 팔스부르 성을 돌아보며 이르길 "우리들이 프랑스를 위해 사력을 다해 그대를 보호했는데 운명이 다해 어쩔 수 없이 끝내 보호하지 못하였다. 오직 훗날을 기약함에 프로이센군이 그대를 대하는 것처럼 우리 군대도 프로이센의 도시를 대함으로써 그대의 분노를 설욕하고 그 수치를 씻을 것이니 굴욕을 견뎌 언제가 다시 만날 것을 기대하라." 하였다. (미완)

▲ 곤란은 안락의 어머니이다.

잡조

베이징보(北京報)를 베껴 적은 후의 소감

회원 박은식(朴殷植)

베이징보(北京報)에 의하면 "징지주정관제(京畿奏定官制)[11] 이후부터

---

11 징지주정관제(京畿奏定官制) : 징지(京畿)는 수도와 그 주변부를 가리키는 명칭으로 중국에서는 당나라 시기부터 창안(長安)과 그 주변을 지칭하는 용어로 사용되었다.

각 부처의 기본 방침이 모두 그 부처 안에 학당을 부설하여 본부 각 부서 사원들이 부처의 업무를 연구하는 데 전적으로 도움이 되도록 준비하니, 공직〔仕途〕을 위해 뜻이 아름답고 법도가 좋다. 이부(吏部)의 치학관(治學館)과 외부(外部)의 저재관(儲材館)과 농공상부(農工商部)에 예학관(藝學館)과 실업학당, 민정부(民政部)의 법정학당(法政學堂), 경무학(警務學)과 우전부(郵傳部)의 전문학당과 이번부(理藩部)의 번무학당(藩務學堂)과 도지부(度支部)의 계학관(計學館)과 육군부의 병학관(兵學館)이 사무의 갈래를 개선하기도 하고 추가하기도 하니 인재를 좇아 날마다 왕성하게 나아가게 해야 할 것이다."라 하였다.

본 기자는 일찍이 한 편의 논설을 써서 "현재 각 부처에 관직을 맡은 관인들이 반드시 모두가 그 분야에 대해 배웠던 것은 아니다. 그러니 마땅히 정부가 정법학교(政法學校)를 특설하여 그 맡은 바 직무를 따르게 하고 응용하는 과정에까지 나아가게 하며, 야학 시간을 정하고 속성 기한을 두어 권독(勸督)하여 각자로 하여금 졸업하게 하면, 학업을 밑천 삼게 한 그 효과가 시정(施政)을 행하는 자들에게 매우 빠를 것이요, 온화하게 늘어선 자들 중에 문학(文學)하는 선비가 찬찬히 많아질 것이다."라 한 적이 있다. 이제 베이징 보를 접해 읽어보니, 각 부처 내에 학당을 부설하여 부처의 업무를 연구하게 하는 것이 과연 뜻이 아름답고 법도가 좋게 되는 것이라 하기에 이 내용을 베껴 적는다. 당국자들이 받아들여주기를 바라노라.

'주정관제'는 1904년 청나라 말기 과거제를 폐지한 후 새로운 교육제도를 입안한 주정학당장정(奏定學堂章程) 반포를 말한다. 이 장정은 중국 근대 교육체제의 전환을 상징한다.

영사(領事)의 재판권(裁判權)

회원 한광호(韓光鎬)

　무릇 개인이 사회에서 생활하고자 할 때 타인의 권리를 침해하지 않는 범위 안에서 자유롭게 행동할 수 있는 것과 같이. 국가도 또한 세계에서 생활하고자 할 때 타국이 지닌 권리를 침해하지 않는 범위 안에서 내정(內政) 및 외교에 관한 것을 자유의사로 실행하며 타국이 이에 대하여 참견할 수 없게 하는 권리가 있다. 이리하여 국제공법상에 위반되지 않는 이상은 어떤 정도 및 종류의 교제를 체결할지라도 결코 구애받을 일이 없다.

　그러므로 입법, 행정 및 사법의 삼권을 자유로 행사하여 정체(政體)를 변경하고 정부 기관을 조직하는 등의 일까지도 그 나라에서 자유롭게 행사할 권리가 있다. 판도(版圖) 안에 있는 주권의 행동은 자국 신민에게만 한정되는 것이 아니고 타국의 인민 및 재산이라도 그 나라 판도 안에 있는 이상은 그 나라의 통치를 받아 마땅하다. 또한 그 복종의 관계에 이르러서는 내국의 인민은 국가에 대하여 절대적으로 복종할 의무가 있으므로 비록 판도 밖에 있더라도 본국 주권에 대하여 복종할 것을 요한다. 그러나 외국 인민의 경우 법령 조약으로 인하여 권리를 누리는 데 대한 제한을 특설(特設)하여 자국 인민과 동등하게 대우하지 않을 뿐 아니라. 특히 공권(公權)의 경우 외국인은 원래 누리지 못함이 통칙이다.

　이에 주의를 요할 것이 있으니, 주권을 내부에서 행사하는 것에 제한이 있는 경우가 그것이다. 국가의 법률·규칙 및 기타의 권리를 타국 판도 안에서 행함은 국제공법상 원칙으로 불허하는 것이다. 그러나 국제공법은 원래 문명국 사회에 존재하는 관례이므로, 그 법칙의 필요조건으로 열국(列國)에 문명사상에 기인한 국법이 존재하여 자타 인민 간에 공평히 민사 및 형사의 재판 제도가 실행되고 있을 것을 요구한다. 이리하여 일본이 자국의 주권을 완전히 자국 판도 안에서 실행하고자 하여 새로운 조약을 체결할 때에도 새로운 민법의 발포를 조건으로 정한 일이 있다.

그러나 대개 국가의 법률이 완비되지 못하였거나 혹 법률이 존재하여도 문명국의 법률과 큰 차이가 있는 때는 열국이 자국의 인민과 재산을 완전히 보호할 필요에 의해 조약을 체결하여 영사 재판의 제도를 설치하여 자국의 인민을 보호한다. 구미(歐美) 여러 나라가 반(半)개화국에 대하여는 조약으로 자국 영사에게 치외법권 이외에 특권이 있는 것으로 규정하여, 체류국의 법률에 의지하지 않고 영사로 하여금 본국의 법률 및 사법권을 행하여 자국의 인민을 보호하며 재판하는 권리를 지니게 하였다. 이렇게 예외를 설정한 이유는 앞에 설명한 바와 같이 반개화국의 관습 및 법률은 여러 문명국의 관습 및 법률과 서로 달라 그 법률과 재판을 신빙하기 어려우므로 이러한 규정을 설정한 것일 뿐이다.

이 제도가 미치는 국가는 자국 판도 안에서 당연히 행사할 주권의 일부분을 외국과의 계약 결과로 타국에게 양도한 것이라 말하지 않을 수 없다. 가령 서력 1856년에 터키는 파리조약에 의하여 국제공법 사회의 일원이 됨을 유럽 열강으로부터 인정받았으나, 그 나라의 관습 및 법률이 일반 문명국의 법률 및 관습과 큰 차이가 있어 영사 재판의 제도를 설치하게 되었고 해당국에 체재하는 외국의 인민 및 재산에 대하여서는 주권의 행사를 제한한 사실이 있다. 루마니아 및 세르비아 두 나라도 베를린조약에 의하여 독립국가를 이루고 법률도 또한 나폴레옹 법전에 기인하여 신법전을 발포한 일이 있으나 나쁜 관습이 여전히 사라지지 않아 해당국의 사법 제도를 확신할 수 없으므로 여러 문명국이 이 나라에 대하여 재판상 특권을 실행한 일이 있다. 또한 청·일 두 나라의 영사 재판의 제도를 관찰할진대, 청일전쟁 이전에는 상호 영사 재판권이 있어 청나라도 일본에 대하여 영사 재판권을 행하고 일본도 청나라에 대하여 영사 재판권을 지녔으나, 전쟁 후에는 일본만 청나라에 대하여 이 권리를 지니고 청나라는 일본에 대하여 이 권리를 지니지 않는다.

우리 한국의 경우도 문명 정도가 아직 미달하므로 국제공법상 확실히 일원이 되지 못하여 구미 여러 나라 및 일본국이 이 권리를 지니니, 우리나라 신민 된 자는 실로 개탄을 금할 수 없는 바로다.

잎과 일광의 관계

정태윤(鄭泰胤) 역술

대개 식물이 녹색을 띠는 이유를 알고자 할진대, 먼저 녹색 잎 한 장을 취하여 면도칼로 이를 한정해 작은 네모 형태로 절단한다. 그중 가장 얇은 한 조각을 선택하여 현미경으로 검사하면 상하 양쪽에는 한 층의 세포가 병렬하고 표피가 있다. 상하 표피의 중간에는 엽육(葉肉)이 있어 다수의 녹색을 띤 세포로 이루어져 있는데, 엽육 세포가 녹색을 함유한 이유는 그중에 엽록체라 일컫는 녹색의 소구체(小球體)가 세포 내에 다수 함유되어 있기 때문이며 또 엽록체는 엽록소라 일컫는 녹색의 물질을 함유하고 있다. 엽육은 오직 엽록소를 함유하면서 타원형으로 나열된 부분과 크기가 균일하지 않은 부정형(不定形)으로 된 세포가 듬성듬성 모인 부분으로 구별된다. 전자는 잎의 윗면에 있고 후자는 잎의 아랫부분에 있다. 또 육엽에는 왕왕 무색의 세포부가 보이기도 한다. 이는 잎맥의 단면이다. 표피에는 곳곳에 작은 구멍이 있으니 이를 기공(氣孔)이라 이르며 기공은 잎의 아랫면에 많고 윗면에는 희소하되, 순채와 남가새 등의 잎은 수면에 떠 있기 때문에 잎의 윗면에 기공이 많이 있다.

잎은 항상 녹색을 띠지만 만일 이를 어두운 곳에 옮겨두면 점차 황백색으로 변화함을 볼 수 있다. 만일 이를 다시 일광에 쐬면 전과 같이 녹색을 회복하니, 즉 햇빛을 충분히 받은 잎은 녹색을 보존하되 그렇지 않은 것은 녹색을 보존하지 못하며 황백색으로 변함을 알 수 있으니, 이를 잎의 황화(黃化)라 한다. 황화된 잎 속에 엽록체가 없는 것이 아니요 엽록소가 황색으로 변함으로 인하여 황백색으로 되는 것이니, 대개 잎은 일광을 얻지 못하면 녹색을 보전하지 못한다.

무릇 잎은 기공으로부터 대기 중에서 탄산가스를 흡수하고, 엽록체의 작용으로 일광의 힘에 의지하여 탄소와 산소를 분해하여 탄소를 취하고 산소는 기공으로 토하여 대기 중에 흩어지게 하며, 이미 흡수한 탄소는 잎맥을 통과하여 액즙과 합하여 전분(澱粉)을 제조한다.

탄산가스를 분해하여 그 중 탄소를 취하여 전분을 만들고 산소를 대기 중에 토해내는 작용을 동화작용(同化作用)이라 칭한다. 동화작용은 식물 생활상에 가장 중요한 것으로 잎은 일광을 받지 못하면 이 작용을 해내지 못하니, 잎이 녹색으로 된 것은 그 세포 내에 엽록소가 함유되어 있어 동화작용으로 그 개체의 실질을 보충하기 위함이다.

전분은 잎의 세포 안에서부터 비로소 제조되는 고형체(固形體)인 까닭에 세포에서 배출될 때는 용해되어 설탕이 되며 물과 함께 줄기, 잎, 뿌리 등 여러 부분으로 보내져 발육·생장의 원료가 된다. 다시 그 여분은 재차 전분이 되고 혹은 호분(糊粉), 지방 등으로 변화하여 뿌리, 땅속 줄기, 종자 등에 저축되어 훗날 필요할 때에 사용된다. 그러므로 잎은 식물 생육 상에 필요한 전분을 제조하는 것이라 하겠다.

묘하도다, 창조주의 능력이여. 동물이 토하는 탄소는 식물이 흡입하여 성장하고 식물이 토하는 산소는 동물이 흡수하니, 필시 곡절이 있으리로다. 우리는 만물 중 최고의 동물 지위에 자리하였으니 지위를 보전하지 못하면 천주께 책벌(責罰)을 면하지 못할 것이다. 아아, 대한의 신민 된 우리 동포여, 어찌하면 지위를 완전무결하게 하리오. 허다한 방법이 있으나 헌신적 정신이 제일이라 생각하노라.

▲ 시기·의심은 늘 죄인의 마음에 머문다.

나라의 일이 물욕에 의해 그르쳐지다

회원 최열(崔烈)

　대저 천하, 나라, 집안의 통치 여부가 일심(一心)에 달려 있고 일심의 선한 여부가 물욕의 제거 여부에 달려 있다. 그러니 반드시 우리의 타고 난 마음을 우뚝 세워 기대지 않도록 하여 이미 물욕에 얽매이지 않도록 하고 또 습관에 구애되지 않도록 한 뒤에야 천하, 나라, 집안의 일이 비로소 성사될 수 있을 것이다. 무엇 때문인가. 대개 사람의 본연의 마음으로 말하자면 애초에 선하지 않음이 없지만 매번 물욕에 의해 가려지고 습관에 의해 유실되어 마침내 그 본연의 마음을 잃게 되고 집안, 나라, 천하의 일을 끝내 요순(堯舜) 삼대(三代) 시절처럼 광명정대하지 못하게 하니 어찌 애석한 노릇이 아닌가. 대저 그 마음이 다스려지지 않은 자가 어떻게 그 몸을 다스릴 수 있겠으며, 그 몸이 다스려지지 않은 자가 어떻게 그 집안, 나라, 천하를 다스릴 수 있겠는가. 나는 자신을 다스리지 못함을 한창 근심하고 있으니, 우선 자신의 병통부터 논하고 나서 다른 사람에 대해 언급해야 하지 않겠는가.

　나는 경전 공부에 전념하고 독서에 골몰한 기간이 10여 년이었고 반상(泮庠)을 떠돌면서 과거에 망령되이 뜻을 둔 기간이 10여 년이었고 향곡(鄕曲)에 칩거하고 신수(薪水)에 사업한 기간이 또 10여 년이었다. 무려 30여 년의 유위(有爲)한 세월을 경쟁에 골몰하는 장에서 허송하였으니 그 외물에 의해 부려져 습관이 천성이 되어버린 것은 이미 논할 가치도 없거니와 그 마음에 든 병 역시 이미 고질이 되어버렸다. 그러니 이제 설령 화타(華佗)나 편작(扁鵲)의 신기한 처방이 있더라도 약을 조제하기 어렵다. 그런데 자기 한 몸을 버린 것이야 실로 자초한 일이라 애당초 애석할 것이 없지만, 우리 군부(君父)께서 애양(愛養)한 체(體)와 황천(皇天)이 부여한 성(性)을 개명케 하고 우뚝 서게 하여 그 덕업을 넓히지 못하고 자포자기를 감내한다면 황천에게 지은 죄가 얼마요 군부에게 지은 죄가 얼마겠는가. 아아, 내 부디 스스로 경계하고 힘써야 하겠다. 스스로 경계하고 힘써야 하겠다. 하지만 단지 말만 잘하고 실천하지 못한다면 꾀꼬리의 교음(巧音)과 앵무새의 능언(能言)이라 하겠으니 또 무슨 소용인가, 어찌 부끄럽지 않겠는가.

그러니 나는 단연코 이제부터 마음을 씻고 굳게 서서 구습을 다 씻어내고 이에 전념하여 정진에 한결같이 뜻을 두되 외기(外技)나 포박(蒲博) 등의 도구를 도환공(陶桓公)[12]의 고사에 한결같이 의거하여 강에 모조리 다 던지고, 봄에 밭 갈고 여름에 김매고 가을에 거두는 일에 더욱 힘을 더하여 일가로 하여금 굶주림과 추위를 면할 수 있도록 하고 나서, 다시 남은 힘으로 옛사람의 서적을 연구하고 새 시대의 법도를 배워서 내 신심(身心)을 세우고 내 식견을 열어서 집안과 나라에 베풀고 천하에 미치게 함이 불가할 것이 없는데도 괴로이 여기며 아직도 능히 하지 못하고 있다. 이것이 바로 공자(孔子)가 말한 "알면서 행하지 않는다면 모르는 것만 못하다."는 것이니, 어째서 이 지경에 이르렀는가. 실로 외물과 습관이 해친 것이다. 아아, 사람들로 하여금 나처럼 자포자기를 감내토록 할 뿐이라면 국가의 일에서 국권을 회복하여 자립할 날이 끝

---

12 도환공(陶桓公) : 진(晉)나라 도간(陶侃)을 가리키며, 환(桓)은 그의 시호이다. 동진(東晉) 여강(廬江) 심양(尋陽) 사람으로 어려서 아버지를 잃고 가난하게 살면서도 시간을 아껴 독서하였는데, 항상 사람들에게 "우임금은 성인이신데도 촌음을 아꼈으니, 보통사람들도 응당 분음을 아껴야 할 것이다[大禹聖者 乃惜寸陰 至於衆人 當惜分陰]."라고 한 말이 있다.

내 없게 될 것이니 어찌 애통한 노릇이 아닌가. 그러므로 나 자신의 소행을 생각지 않고 외람되이 전국의 군자들에게 한 마디 말로 아뢰겠노라. 바라건대 사회의 군자들과 당국의 사대부들이 외면만 꾸미지 말고 각자 와신상담(臥薪嘗膽)하고 자분자강(自憤自强)하여 우리 집안과 나라를 부지하고 우리 집안과 나라를 세워서 열강으로 하여금 동맹을 자청하게 하는 지경을 기약하는 것이 실로 신하 된 자의 직분이며 의무이니, 힘쓰기 바란다.

그런데 지금 우리나라가 개화한 이래로 교회(校會) 아님이 없고 지사(志士) 아님이 없는데도 단지 한결같이 나약하여 스스로 분발하지 못하는 것은 참으로 구습에 익숙해졌고 물욕에 가려졌기 때문이다. 아아, 공(公)·경(卿)·사(士)·서인(庶人)이 비록 귀천은 다르지만 그 이득을 취하는 마음은 같다. 사·서인으로 말하자면 그 착실히 골몰함에 일생을 바치는 자가 이득을 취하지 않는 일이 하나도 없으니 가히 하루도 못 되어 부강한 지경에 이른다고 하겠으나, 다시 도리를 위주로 하지 않는다면 이득을 구해도 얻지 못하고 도리어 해가 따르는 경우가 종종 있다. 경·대부(大夫)로 말하자면 자고로 임금을 속이고 윗사람을 농락하며 국권을 농간하여 그 부귀영화를 공고히 한 자를 일러 계책을 얻었다고 하겠으나, 대개 그 나라가 위태로운데 그 집안이 위태롭지 않은 적도 없었고, 그 나라가 망하는데 그 집안이 망하지 않은 적도 없었다. 그렇다면 이른바 국권을 농간한다는 것은 그 가권을 스스로 농간하는 것이고, 임금을 속이고 윗사람을 농락한다는 것은 그 몸을 스스로 망치는 것이니 한때의 부귀영화가 좋다면 좋겠지만 다소 깊은 도모가 있는 자라면 어찌 달갑게 위기와 멸망의 지경을 자초하면서 자각하지 않을 수 있겠는가. 이러한 정사는 앞서 말한 구습에 익숙해지고 물욕에 가려져서 밤새도록 술 마시고 노래 부르는 짓을 승산이라 여기는 것이니, 어찌 이루 다 애석하지 않겠는가.

아아, 이는 참으로 위급한 존망의 때이다. 가령 우리 전국의 군자들이 사욕을 잊고 공익을 따라 일심으로 단결한다면 속박에서 벗어나 국권을 회복할 수 있거니와, 만약 무지몽매한 구습을 면하지 못하고 사욕을 따라 공익을 없앨 뿐이라면 단지 오늘의 노예가 될 뿐 아니라 어육(魚肉)의 참상이 하루도 못 되어 이를 것이다. 삼가 바라건대 전국의 군자들이 나의 참람된 죄를 책망하지 말고, 부디 각자 그 마음을 정결히 하고 학문에 매진하여 일심으로 협력해서 왕실의 회복을 아침저녁으로 발돋움하며 기다렸으면 한다. 혹시라도 사람 됨됨이 때문에 그 말까지 폐하지 않기를 바란다.

5월 12일 서북학생(西北學生) 친목회 운동장 연설

한북학생(漢北學生) 김성열(金聖烈) 술(述)

이날 마침 날씨가 맑고 따뜻하여 삼선평(三仙坪)[13]에서 서북 학생이 각종 운동을 차례로 거행하였다. 그 연설장에 이르러 여자교육회장 김운곡(金雲谷)이 학생의 성업(成業)을 권면하여 여자사회에 대한 지원과 발달을 권고하였다. 그다음으로 안창호(安昌鎬) 씨의 격론(激論)이 다음과 같았다. 안창호 씨는 평안남도 강서군 사람으로 나이가 지금 29세인데 몇 년 전에 미국으로 유학을 갔다. 포부가 굉장하고 용모가 단아하며 안광이 투철하고 언사가 활발하니 격론의 통쾌함과 기개의 웅렬함과 지략의 심원함은 과연 당대의 인걸이고 청년의 전도자이다. 나 역시 당일 곁에서 듣고서 자극을 받아 격동을 이기지 못하였다. 그 전말을 노상에서 펼친 탓에 비록 그 만분의 일도 다하지 못하였지만 일언반구도

---

13 삼선평(三仙坪) : 조선 시대에 혜화문 밖의 동소문동. 동선동 일대의 평평한 들판을 삼선평이라고 했다.

동포의 각성에 참으로 유익하였기에 여기에 약술한다.

"무릇 우리 대한의 혈성 동포는 그저 말로만 옳다 하지 말고 서로 격발하고 서로 분진(奮進)하여 한 걸음 두 걸음 천신만고를 감내하여 죽은 뒤에 그만두기를 기약해야 한 줄기 활로를 얻을 수 있음을 명심해야 한다. 혹시 그 절망병을 지니고서 그저 어찌할 수 없다고만 할 거라면 청산의 소나무 그늘에서 사슴과 벗하기를 도모하고 생물계의 독충이 되지 말지어다."

연설

회원 안창호(安昌鎬)

오늘 이 삼선평(三仙坪)에서 서북 학생들이 친목의 취지로 단합회를 열었다. 활발한 기개와 유쾌한 기능으로 각종 운동을 상호 경쟁하여 잘한 사람은 이기고 못한 사람은 지는 것으로 온종일 즐기니, 꽃피는 봄 시절에 시흥(時興)을 유쾌하게 펼쳤다 할 수 있다. 다만 개개인의 가슴 속에 불평한 소회가 없을 수 없는 것은 왜인가? 곧 오늘날 시국의 참담함과 일의 기미의 위급함 때문이다. 다른 사람의 노예가 되어 이내 집안과 국가가 패망에 이르고 종족이 멸망하는 경우에 임박하였으니, 무릇 혈기왕성한 자라면 누군들 부끄러워하고 원통해하지 않겠는가? 그렇다면 제군들은 학업이 성취되는 날에 그 마음속에 품은 뜻을 지니고 벼슬길을 쫓아서 1등으로 나라를 망하게 한 도적인 대감이나 2등으로 나라를 망하게 한 도적인 영감이나 3등으로 나라를 망하게 한 도적인 나리가 되고자 하는가? 이런 짓을 차마 할 수 있는가? 우리 서북 삼도[14]는 백두산과 구월산의 성령이 낳은 종족으로 어찌 이런 부류의 평범한 무리에

---

14 서북 삼도 : 황해도, 평안도, 함경도를 이른다.

떨어지겠는가? 오직 마음과 정신을 통렬히 씻어내어 지금부터 우리나라를 침해하는 강국에게 격문을 돌려 싸움을 시작하여 국권을 회복해야한다.

제군들은 나의 개전(開戰)의 연설을 듣고는, 지금 병력이 매우 약하고 군함과 대포 등의 물건이 대부분 미비한데 무엇으로써 전쟁을 시작할까하여 반드시 모두 놀랄 만큼 의아해할 것이나, 일본과 러시아의 전쟁을 살펴보라. 그 선전포고는 비록 2·3년 전에 있었으나, 그 전쟁 준비는 이미 38년 전에 있었다. 그러니 어찌 전쟁 준비가 부족하다 말하겠는가? 8년 전에는 일본도 야만적이고 미개한 나라였다. 다행히 그 시기에 두세 학생이 미국으로 유학 가서 학업이 점차 이루어지고 지식이 점점 통달하여 멀리 동양의 형세를 내다보니 만약 러시아를 격퇴하지 못하면 자국의 유지가 어려웠다. 이러한 까닭으로 개전을 준비한 지 38년을 경과하여 마침내 저와 같은 좋은 결과를 얻었으니, 제군들은 이 일을 거울삼아 지금부터 개전의 일을 준비할 것을 맹세하기 바란다. 바로 지금 우리 한국의 인사들은 말할 때면 반드시 "어떤 일을 이루고자 하나 통할 수 있는 구멍이 없다."라고 하니, 이것은 절망의 병폐가 머릿속에 맺혀서 그러한 것이니 어찌 슬프지 않겠는가? 무릇 천하의 일은 비상한 원인이 있은 연후에 비상한 결과가 있는 것이니, 고금의 일을 두루 살펴보라. 세상사 살아가는 일들이 수고하지 않고 얻어지는 것이 없고, 온 힘을 다해 일을 했는데도 이뤄지지 않는 경우 또한 있지 않으니, 어찌할 수 없다는 한마디 말로 멸망을 앉아서 기다리겠는가? 또 우리 한국 사회의 정도가 비유하건대 어미 닭이 병아리를 거느리고 울타리 가에서 노니는 것과 같다. 그 어미 닭이 그 울타리를 날아서 넘어가면 병아리 무리가 삐악삐악하며 울타리 가에서 갈 방향을 알지 못하니, 이것은 능력이 발육하지 못하고 지혜가 주변 변화를 알지 못하기 때문이다. 만약 그 능력과 지혜가 완전하다면 어미 닭처럼 울타리를 날아서 넘는 것도 불가하진 않을 것이고, 또 그 울타리 옆에 하나의 구멍이 있으니 이것을 뚫고 지나가면 어미 닭이 있는 곳을 찾을 수 있을 것이나, 이곳을 뚫고 지나갈 줄을 알지 못하여 끝내는 울타리 가에서 방황하니 어찌 가련하지 않겠는가!

또 무릇 사람의 지극정성으로 구제되지 않는 일이 없다. 내가 고향에 있을 때에 이웃에 한 늙은 과부가 있었는데, 항상 다리 병을 근심하여 그 근처에 있는 하천 위의 교량을 지나는 것을 항상 두려워하여 감히 건널 엄두를 내지 못하였다. 그런데 하루는 그 자식이 하천에 빠졌다는 소식을 듣고 평상시에는 두려워 감히 건너지 못했던 교량을 자기도 모르는 사이에 용감하게 곧바로 건너가서 자식을 구출했으니, 이것은 자식을 사랑하는 정이 절실하고 지극하여 자신의 위태로움을 돌보지 않고 이룬 것이다. 그렇다면 우리 한국 인민이 나라 사랑하기를 마치 그 자식을 사랑하듯 한다면 어찌 머뭇머뭇 소극적으로 하여 감히 착수하지 못할 생각이 싹트겠는가? 오호라! 우리나라는 수천 년 이래로 나라와 백성 사이에 서로 간극이 있어 백성이 나라 보기를 다른 한 개인의 소유로 인식하여 전 왕조 시대에는 "왕씨의 나라다."라 하고 본조에 들어서는 "이씨의 나라다."라 하여 그 흥하고 망함이 자기와는 무관하다고 했다. 나라는 백성 대하기를 어육(魚肉)으로 간주하여 대어가 중어를 먹는 식으로 가죽을 벗기고 살을 베어내어 침탈하는 것을 하나의 능사로 삼았다. 비록 천지가 뒤집히는 변화의 기미가 닥쳐와도 어리석게도 돌아볼 생각도 하지 않다가 마침내는 노예 문권을 선급(繕給)하는 데 이르렀으되, 오히려 옛날의 상태로 자리만 차지하여 밥만 축내고 하나의 일도 제대로 하지 못하며 다만 남의 눈치만 우러러 살피다 이를 자기의 기쁨과 근심으로 삼으니, 천리(天理)의 인정이 어찌 이와 같음을 용납하겠는가?

그런즉 국가는 한 사람의 소유가 아니다. 우리 어깨 위에 '대한' 두 글자를 각각 짊어졌으니, 원컨대 전날의 생각을 계속 가지고 있지 말라.

아! 뒤집어진 둥지 아래에 원래 온전한 알이 없고, 한 손가락에 난 상처로 온몸이 모두 아프다. 국가는 곧 한 몸이니 한 몸의 오장육부와 팔다리 몸통 사이에 병든 곳이 있어 뛰는 맥이 끊어지면 몸 전체가 따라 죽게 되는 것이니, 한 나라 속에 뛰는 맥이 끊어진 곳이 있다면 국민된 자가 자신의 생명을 어찌 홀로 보존할 방도가 있으리오. 그런즉 나라를 사랑하는 것을 마땅히 내 몸을 사랑하듯 해야 하는 것이 아닌가? 최근 우리 한국 사회상에 일종의 언론이 있는데 "우리가 하늘을 믿으면 하늘도 반드시 돕는다."라고 하니, 오호라! 하늘이 우리나라를 돌보신 지 4천여 년에 우리가 보유할 수 없어서 멸망을 스스로 취하고 다시 어찌 하늘의 도움을 바랄 수 있겠는가? 유태인은 하늘을 믿다가 망하고 인도인은 부처를 믿다가 망하였다. 지금 우리 한국인은 무엇을 믿으려 하는가? 다수의 하등인은 말하되 "계룡산에 진인(眞人)이 나타나면 외국인이 스스로 마땅히 물러날 것이다."라 하며, 이들보다 조금 나은 자들은 말하기를 "일본과 잘 부합하면 우리나라가 행복을 누릴 수 있을 것이다."라 하고, 혹은 영국이나 미국이 우리 한국을 도와줄까 희망하니, 이것은 모두 절대 믿을 수 없는 것을 믿는 것이다. 계룡산에 진인도 결코 없는 것이요, 일본인은 자국의 사업을 위할 뿐이니, 어찌 다른 나라 사람을 사랑하고 가엾게 여길 생각이 있겠는가? 영국, 미국으로 말하자면 더욱 동떨어진 나라들이다. 우리 한국의 독립이 저들에게 이익이 있다면 혹 도와주려 할 것이려니와 만약 이익될 일이 없다면 도와주지 않을 뿐만 아니라 도리어 압도적인 폭력을 가할 것이니, 다만 믿을 수 없을 뿐만이 아니라 실로 두려워할 만한 자들이다. 이런 망령되고 부패한 말은 단칼에 통렬히 끊어내고 오직 우리는 마땅히 이룩해야 할 사업에 용맹정진하여 그 목적을 도달해야 할 것이다. 지나(支那)의 고대에 '힘은 산을 뽑고 기개는 세상을 덮는다' 던 초패왕(楚覇王)도 절망병 때문에 스스로 오강(烏江)에서 목을 베었다. 이는 스스로를 망하게 한 것이니 어찌 하늘이 실로 이를 망하게 했다고 말할 수 있겠는가? 우리나라에도 지난번 새로운 조약이 체결된 뒤에 절의(節義)의 선비 중 분통하여 자결한 자가 있으니, 이 또한 절망병으로 말미암은 것이다. 만약 죽기를 각오하고 일에 진력함을 최상으로 여긴다면 천하의 어떤 일이든 실행해 나갈 수 없겠는가? 오직 제군들에게 바라는 것은 이 같은 일 등을 염두에 두지 말고 우리 사업상 목적 달성을 위해 용맹정진하자는 것이다. 허다한 방법이 본디 그 내용을 지니고 있으나, 날은 저물고 때는 다함에 장황하게 설명할 수 없어 말하는 바를 여기서 그치니 내 마음이 다시 우울해진다. 다만 지금부터 굳은 약속을 함께 맹세하고 장래에 다른 나라와 개전할 일을 준비하여 어느 해 어느 날이든지 한번 선전포고를 하여 태극 국기를 세계에 현양하여 봅시다.

▲ 시일을 미루는 것은 시간의 도적질이다.

민법 강의의 개요

회원 박성흠(朴聖欽) 역초(譯抄)

법률은 근세 국가 통치의 큰 근본이니, 오늘날 문명사회에서 생활하는 자는 빈부귀천을 막론하고 법률을 알지 못하면 안온히 세상을 살아갈 수 없다. 그러므로 법률의 연구는 하루라도 소홀히 해서는 안 된다. 단 법률학의 학리(學理)가 심오하여 자세히 연구하고자 하면 도저히 하루 밤낮에 얻을 수 있는 것이 아니고 불가불 수년을 걸쳐 그 연구에 마음을 다해 종사하여야 한다. 본 강의의 목적은 이러한 심원한 지식을 추고 이러한 고상한 사상을 양성하고자 함에 있지 않고 단지 민법의 일반 법리 및 그 해석을 알게 하여 사람이 사회상에서 활동할 때 그 대체적인 방침을 오인하지 않게 함에 있다. 만약 독자가 여러 종류의 학설을 궁구하여 심원한 법리를 탐색하고자 하면 이 강의를 계제로 하여 각 법률학교에 들어가거나 정교하고 치밀한 여러 책을 섭렵하여 그 지식을 계발함이 마땅하다.

거친 데에서 세밀한 데로 들어감은 학문의 순서이다. 지금 민법을 설명함에 있어 거친 데서 세밀한 데로 들어가는 방법에 의지하지 않으면 독자가 망연하여 오리무중에 있는 상태를 면할 수 없을 것이다. 그러므로 지금 민법의 대강을 서술하고 또한 법률이라는 것, 권리라는 것의 대략을 설명하여 독자를 극히 편리하게 하고자 한다.

제1장 법률의 의의(意義)

같은 극의 전기가 서로 부딪히고 다른 극의 전기가 서로 끌어당김은 물리학상 하나의 규칙이요, 임금에게 충성하고 부모에게 효도함은 도덕상 하나의 규칙이요, 남을 죽이지 말고 남의 물건을 훔치지 말아야 함은 법률상 하나의 규칙이다. 그 규칙 됨은 하나이거늘 하나는 물리상 규칙이요 하나는 도덕상 또는 법률상 규칙이 됨은 어떤 까닭인지 이 점이 심히 괴이하다. 그러나 같은 극의 전기가 서로 부딪히고 다른 극의 전기가 서로 끌어당긴다는 규칙은 사람과 사람의 관계를 정한 규칙이 아니라 전기와 전기 간의 관계를 정한 규칙이며, 임금에게 충성하라거나 남을 죽이지 말라는 규칙은 사람과 사람 간의 관계를 정한 규칙임은 확실한 것이다. 그러므로 물리상 규칙과 도덕상 또는 법률상 규칙의 다른 바는, 하나는 사람 간의 규칙이 되지 않고 하나는 사람 간의 규칙이 되는 점에 있다 할 것이다. 물리상 규칙은 사물에 관한 규칙이고 도덕상 또는 법률상 규칙은 사람과 사람의 관계를 정한 규칙임이 분명하다.

그러나 사람과 사람의 관계를 정한 규칙에도 도덕 규칙과 법률 규칙의 구별이 있으니 이것이 두 번째 괴이한 점이다. 부모에게 효도하지 않으면 사회에서 배척을 당하는 불이익이 있을 것이요 남의 물건을 훔치면 법률상 벌을 받는 불이익이 있을지니, 그런즉 규칙을 깬 데 대한 제재-즉 불이익-는 도덕 규칙을 깨든지 법률 규칙을 깨든지 똑같이 당하는 바이다. 제재를 당하는가 아닌가는 도덕 규칙과 법률 규칙을 구별해주는 점이 되지 못한다.

그렇다면 도덕과 법률의 차이점은 어디에 있는가. 법률 규칙은 국가가 강행하는 것이요 도덕 규칙은 강행 없이 오직 사람들이 양심상으로만 자연히 받들고 따르는 것이다. 그러므로 규칙이 도덕 규칙인지 법률 규칙인지 알고자 할진대, 그 규칙이 과연 국가에서 강제로 지키게 하는 것인지 사람들이 자연히 지키는 것인지 불가불 살펴보아야 한다. 살인하지 말라는 규칙과 같은 것도 사람의 양심상 자연히 행하는 점에서 보면 도덕 규칙이라 이를 수 있고, 국가에서 강제로 지키게 하는 점에서 보자면 도덕 규칙이라 이를 수 있다.

이로써 보건대 법률이란 것은 인류 간의 관계를 정한 규칙으로 국가에서 강행하는 것을 이르니, 1) 사람과 사람의 관계를 정한 규칙일 것, 2) 국가에서 강행하는 규칙일 것, 이 두 요건을 포함한다.

그러나 때로 법률이란 단어를 좁게 사용하는 경우가 있으니, 헌법에서 이르는 법률 같은 것이 이것이다. 헌법에서 이르는 법률은 법률 공포식(公布式)으로 발포된 법률만을 지시한다. 법률 공포식으로 발포되지 않은 법률은 헌법상에서 명령이라 부르니, 즉 헌법은 법률을 좁은 의미의 법률과 명령으로 나눈다.

법률이란 말을 또한 때로는 성문법적 의미에서만 사용하는 경우도 있다. 성문법이란 것은 형법, 형사소송법, 민법, 민사소송법 및 상법과 같은 법률 규칙을 문자로 기재해둔 것을 말한다. 관습법과 같은 것은 문자로 기재하지 않고 오직 습관상으로 규칙이 된 데 불과하므로 이를 불문법이라 부르며 성문법에 대립한다. 즉 법률에는 성문법, 불문법 2종이 있다.

규칙	인류 관계 이외의 것을 정한 경우	물리상 규칙
		수리상 규칙
	인류의 관계를 정한 경우	도덕 : 자연히 행하는 규칙
		법률 : 국가가 강제로 행하는 규칙

법률	인류 관계를 정하여 국가가 강제로 행하는 일체 규칙을 지시함-광의(廣義)-.
	다만 법률 공포식으로 발포한 것만을 지시함-협의(狹義)-.
	다만 성문법만을 지시함-협의-.

(미완)

매화와 버들의 경쟁론

회원 은강생(恩岡生) 정병선(鄭秉善)

동황(東皇)이 춘대(春臺) 위에 거동하여 구망(句芒)으로 하여금 온갖 화초의 계보를 늘어놓고 그 반차(班次)의 서열을 정하게 하였다. 그때 동각(東閣) 위에 고야산(姑射山)의 신선처럼 눈 같은 살결에 얼음 같은 혼을 지닌 규수 하나가 있어 농주인(弄珠人)이라 자칭하였다. 그녀는 아침 해 아래에 의젓하게 굳게 서서는 서서히 소리 높여 말하기를 "마침내 저 현명(玄冥)이 위세를 부림에 얼음 가루가 땅에 깔리는구나. 온갖 벌레 깨기 전 만강(萬强)이 꺾일 때 나는 방심(芳心)을 부지하고 지조를 권면한바 중음(重陰)의 아래에서 눈양(嫩陽)[15]을 돌이키고 백화(百花)의 어귀에서 으뜸을 차지하니, 내가 다스리지 않는다면 그 누가 앞을 다툴 수 있으랴."

말이 끝나기 전에 장대(章臺) 아래에 장서(張緖)[16]의 풍류(風流)마냥

---

15 중음(重陰)의……눈양(嫩陽) : 중음(重陰)은 태음(太陰)으로 강성한 음기이다. 눈양(嫩陽)은 소양(少陽)과 같은 말로 미약한 양기이다.
16 장서(張緖) : 장서(張緖)는 남제(南齊) 오군(吳郡) 사람인데 어릴 적부터 문재(文才)가 있었고 풍자(風姿)가 청아하였다. 무제(武帝)는 촉류(蜀柳)를 영화전(靈和殿) 앞

맵시 있고 훤칠한 소년 하나가 있었는데 금루자(金縷子)라 자칭하였다. 그가 높직이 우뚝 서더니 크게 부르짖어 말하기를 "농주인아! 그대는 모름지기 분명히 눈여겨보아라. 이 선생이 어떤 사람인지 모르느냐! 당 나라 사람 두보(杜甫)의 시에서 우선 평하기를 '섣달 기다려 버들가지 피려 하고'라 하였고, 이어 평하기를 '추위 맞아 매화 피려 하네'[17]라 하였 으니, 시인(詩人)의 품평에 본래 구별이 있다. 기린각(麒麟閣)의 초상화 에 그 훈질(勳秩)의 서열을 정하자면[18] 나는 무명(無名)의 박륙후(博陸 侯)[19]이고 그대는 장안세(張安世)[20]의 지위이다."

농주인이 이 말을 듣고서 눈꺼풀을 들어 복사꽃을 보니 희미한 무리 같았고 눈동자를 내려 가을 물을 보니 다한 것 같았다. 처음에 들으니 숲속의 맑은 바람이 살랑이는 것 같더니 다시 보니 꽃 밖에 다니는 꾀꼬 리가 지저귀는 것 같았다. 이에 원망하고 성내면서 말하기를 "비천하도 다, 장부여! 기후의 선후야 본래 조화옹의 주장이 있음을 굳이 변론할 필요가 없거니와, 사람인가 물건인가, 품행이 무너지고 몸단장만 앞서

에 심어두고 일찍이 말하기를 "이 버들은 풍류가 가애(可愛)하여 장서의 당년(當年)과 같다." 하였다.

17 두보(杜甫)의……피려 하네 : 두보의 시 「소지(小至)」에 "벼랑엔 섣달 기다려 버들가 지 피려 하고, 산에는 추위 맞아 매화가 피려 하네[岸容待臘將舒柳 山意衝寒欲放梅]." 라고 하였다.

18 기린각(麒麟閣)……정하자면 : 기린각은 한(漢) 선제(宣帝)가 공신 11명의 초상화를 그려서 걸어 놓게 한 공신각의 이름이다.

19 박륙후(博陸侯) : 박륙후에 봉해진 한(漢) 무제(武帝)의 명신 곽광(霍光)을 가리킨다. 곽광은 일찍이 무제의 유조(遺詔)를 받들어 어린 소제를 잘 보필해서 천하가 태평하게 잘 다스려졌으나, 소제가 막 죽고 나자 선제(宣帝)가 친정을 하면서 곽씨 일족의 병권 을 거둬들이고 마침내 모반했다는 이유로 곽씨를 멸족시켰다. 선제가 기린각(麒麟閣) 에 공신들의 화상을 그릴 때 각 공신의 관작과 성명을 써넣으면서 오직 곽광에 대해서 만 이름을 쓰지 않고 '대사마대장군박륙후성곽씨(大司馬大將軍博陸侯姓霍氏)'라고 쓰게 하였다. 『한서(漢書)』 권54 「소건전(蘇建傳)」

20 장안세(張安世) : 장안세는 한 선제(漢宣帝) 때 곽광(霍光)과 함께 국정을 주도했으 며, 부평후(富平侯)에 봉해졌다. 『한서』 권29 「장탕전(張湯傳)」

는구나. 흩날리는 버들가지가 성난 바람에 의해 탕자(蕩子)의 회포를 일으키고, 흰 말이 큰길에서 달리는 병사의 채찍을 받으며, 새벽에 일어난 비릿한 바람이 저잣거리에 가득하니, 모르겠다만 생선 꿰미를 든 자가 왔는가. 강남(江南)으로 떠나는 왕업(王業)을 묶어 두지 못하니 망국의 한을 공허히 남기는구나. 『시경(詩經)』에 이르기를 '입에 올리면 말이 추잡해진다.' 하였는데 이는 그대를 두고 한 말이 아닌가. 어진 재상이 국을 끓일 때 나는 솥의 간을 맞추고[21], 정숙한 여인이 광주리를 기울일 때 나는 향기로운 열매를 따니, 이 얼마나 고결하고 후덕한가. 쇠 같은 마음과 돌 같은 창자는 광평(廣平) 송경(宋璟)[22]의 드러난 아름다움이고, 은은한 향과 성근 그림자는 고산(孤山) 임포(林逋)의 흐르는 향기이다. 가령 조조(曹操)과 유비(劉備)를 여기에 데리고 와서 청매화 술잔하나로 다시금 천하의 인물을 논하게 한다면 나는 백 척 누각 위에 앉고 그대를 땅바닥에 눕게 할 수 있을 것이다."[23]

금루자가 다 듣고 나서 크게 부르짖어 말하기를 "그대가 어떤 여인인가. 불상의 다리를 닦아내면 그 추함이 절로 드러나니, 그대가 말하지

---

21 어진 재상이⋯⋯맞추고 : 『서경(書經)』「열명 하(說命下)」에 "만약 양념을 넣은 국을 만들려거든 그대가 소금과 매실이 되어 주오〔若作和羹 爾惟鹽梅〕."라고 하였다.

22 광평(廣平) 송경(宋璟) : 당 현종(唐玄宗) 때의 명재상이다. 25세 때 지은 「매화부(梅花賦)」한 편이 유명하다. 이에 대해서 당(唐)나라 피일휴(皮日休)가 "그는 워낙 철장(鐵腸) 석심(石心)의 소유자였기 때문에 섬세한 글을 짓지는 못할 것이라고 생각하였는데, 이 「매화부」를 보건대 청편(淸便)하고 부염(富艷)하여 남조(南朝)의 서유체(徐庾體)를 얻었으니, 정말 그 사람답지 않다고도 하겠다."라고 평한 글이 그의 「도화부서(桃花賦序)」에 나온다.

23 유비(劉備)⋯⋯것이다 : 진등(陳登)의 백척루(百尺樓) 고사를 인용한 것이다. 후한(後漢) 말엽에 허사(許汜)가 진등을 찾아와서 집안 일에 대해서만 이야기하자, 진등이 아무 말도 하지 않은 채 자기는 위에 있는 큰 침상에 눕고 허사는 아래의 침상에 눕게 하였는데, 허사가 푸대접을 받았다며 원룡(元龍)의 호기(豪氣)가 아직도 없어지지 않았다고 유비에게 하소연하자, 유비가 "나 같았으면 자신은 백척루 위에 눕고 당신은 땅바닥에 눕게 했을 것이다〔如小人 欲臥百尺樓上 臥君于地〕."라고 진등을 옹호했던 고사가 전한다. 『삼국지(三國志)』권7 「위서(魏書)·진등전(陳登傳)」

않으면 누가 그대의 더러움을 밝히겠는가. 서상(西廂)의 밝은 달에 담장을 스치며 음사(淫辭)를 부른 자가 누구며, 나부산(羅浮山)의 남은 눈에 노닐며 술 마시고 꿈 함께 한 자가 누구던가. 삼려대부(三閭大夫) 굴원(屈原)이 온갖 향초를 일일이 들어 그대 이름 부끄러이 말하고, 청헌공(淸獻公) 조변(趙抃)이 요사스런 중매인을 잠시 불러 무례를 갑자기 책망하였다. 불결함을 뒤집어쓰고도 스스로 고결한 체하고 부정함을 비호하면서 스스로 정숙한 체하는 것이 누군들 그대 같겠는가. 그대는 천고의 역사를 보라. 노(魯)나라의 전금(展禽)이 나와 거처를 함께 하니 성(聖)의 화(和)인 것이고, 당(唐)나라의 공작(公綽)이 나와 족보를 같이 하니 대대로 명망 있는 가문이라 일컬어진 것이다. 이로써 부귀와 번영을 말하자면 도성 대로의 동풍(東風)에 오후(五候)[24]와 칠귀(七貴)[25]도 나에게 그늘을 빌리고 객사(客舍)의 아침 비에 시인들도 나에게 흥을 부치니, 내 비록 졸렬하나 어찌 기꺼이 주구(走狗)의 발아래에 있겠는가."

이 둘이 서로 대항하여 우열을 가리지 못하니 향국(香國)의 동풍(東風)에 한바탕 좋은 전쟁이라 할 만하다. 이에 동황이 저명한 정원의 주인들을 초빙하여 타이르고 조정하였다. 아아, 이 세계는 경쟁의 세계라 하겠는데 그 경쟁은 지혜도 아니고 기예도 아니고 학술도 아니라 족보의 전쟁에 불과하다. 더구나 저 장안에서 명리(名利)나 좇는 다소의 사람들을 돌아보라. 부지런히 다니면서 온종일 경쟁하며 이록(利祿)의 풍족함을 독점하고 지위의 고하를 계산하며 노소(老少)라 하고 남북(南北)이라 하는 것이 거의 매화낭자나 버들소년에 가깝지 않은가. 지란(芝蘭)

---

24 오후(五候) : 한(漢) 성제(成帝) 때 후(侯)로 봉해진 다섯 왕씨. 평아후(平阿侯) 왕담(王譚), 성도후(成都侯) 왕상(王商), 홍양후(紅陽侯) 왕립(王立), 곡양후(曲陽侯) 왕근(王根), 고평후(高平侯) 왕봉시(王逢時)를 말한다. 『한서(漢書)』「입후전(立后傳)」

25 칠귀(七貴) : 한(漢)나라 때 외척(外戚) 및 귀족으로 권세를 누린 칠성(七姓). 곧 여씨(呂氏), 곽씨(霍氏), 상관씨(上官氏), 왕씨(王氏), 조씨(趙氏), 정씨(丁氏), 부씨(傅氏)들을 말한다. 『소학감주(小學紺珠)』「씨족(氏族)」에 나온다.

은 깊은 숲에서 나서 온갖 풀과 섞이며 그 향기가 멀리 퍼지고, 송백(松柏)은 골짜기에서 나서 만년의 절개를 지키며 그 꼿꼿함이 나중에 시든다. 바라노니 우리로 하여금 가만히 수양토록 하면서 한결같이 지란과 송백처럼 겸손하여 자만하지 않도록 하고, 부디 매화나 버들처럼 경박하게 과시하여 식자로서 비천함을 초래하지 않기 바란다.

개인 자치 (속)

김규식(金奎植) 역
회원 서광호(徐光浩) 필기

　그 군사와 제반 물품들을 한꺼번에 조사해서 찢어진 복장과 파손된 총창(銃鎗)을 정리한 후 곧바로 전진하니, 사졸들 중 그 장관의 기개를 본받지 않는 자가 없었다. 험하고 높은 석벽 사이와 몽롱한 안개 속에 검광(劍光)이 빛나 엄연히 하나의 귀신 부대와 같으니, 날고 달리는 금수가 급하게 사라지고 고각과 함성이 산을 진동하게 했다. 장수와 사졸들의 용력이 점점 더 솟아나니, 나폴레옹의 위엄과 웅략이 이와 같은 까닭에 60여 리에 길게 걸쳐 있던 대군 중에 한 사람의 사졸도 대오에서 낙오되지 않고 온갖 고생을 다 겪어서 4개월 사이에 이탈리아 평야에 도달했다. 그들의 인내와 용감함이 이러한 것을 본 사람 중 흠탄하지 않은 사람이 없었다.

　무릇 진군하는 자는 병졸과 기계, 제반 준비가 나폴레옹의 소속보다 못하지 않되 단지 담용(膽勇)과 결심의 능력이 부족해서 매번 불가능하다는 생각이 있어서 실패하게 되었다. 그러나 나폴레옹은 그렇지 않아서 어려움을 만나면 더욱 전진하되 다만 필요한 목적을 이루기 위해 그 기회를 사용했다.

　나폴레옹이 한 격언에 "알프스 산이라는 것은 없고 '불능' 두 글자는 바보들의 서책에나 있다."는 말이 있다.

미국 남북전쟁 때에 그랜트 대장이 뉴올리언스-남방-에서 중상을 입었는데, 채터누가(Chattanooga)로 전진해 거의 패망한 군사를 영솔하라는 군령을 받았다. 그때 채터누가는 적병에게 포위되어 군량이 이미 끊어져 함락됨을 면할 수 없는 위기가 임박해 있었다. 적병의 무덩불[26]이 산과 들에 가득 뒤덮여 칠흑 같은 밤이 하얀 낮과 같았다.

그랜트 장군은 즉시 채터누가로 전진할 것을 하령한 후 운수선(運輸船)을 타고 미시시피와 오하이오 두 강을 역류하며 올라갔다. 그리고 백여 리 되는 광야에서 운수 마차를 타고 채터누가 도성에 들어갈 때는 마차 위에 누워 있었다.

대체로 적군의 형세는 저렇게 성대하고 자기는 중상을 입어 기동할 자유가 없는데도 조금도 두려워하는 기색이 없이 전투하는 지역으로 용감하게 달려갔으니, 적병이 그 담용(膽勇)을 두려워해 형편이 일변했다. 얼마 지나지 않아 적군이 형세를 보고 퇴각하였으니 이를 미루어 생각해보면 그랜트 장군이 기회를 얻어 이러한 결과를 이룬 것이 아니요, 그 변함 없는 결심으로 이루게 된 것이라 하겠다. (미완)

아동고사

가배절(嘉俳節)

신라 유리왕(儒理王)이 공주로 하여금 부내(部內)의 여자들을 거느리고 베를 짜게 하였는데, 음력 7월 보름부터 8월 보름까지 그 공적을 점검하여 패자가 술과 음식을 가지고 승자에게 사례하게 하고 노래를

---

26 무덩불 : 횃불을 가리키는 것으로 보이나 정확한 뜻은 미상이다.

부르고 춤을 추게 하는 것을 연례(年例)로 삼으니, 8월 보름을 가배절(嘉
俳節) 또는 가오절(嘉午節)이라 명명하였다. 지금도 그 절일(節日)의 명
칭이 남아 있다.

김유신전(金庾信傳) (속)

이에 군사에게 잔치를 베풀고 말을 배불리 먹이고 가서 당(唐)나라
군사와 회합하려 하였다. 대왕이 이에 앞서 태감(太監) 문천(文泉)을 파
견하여 장군 소정방(蘇定方)에게 서신을 전하였으니, 이에 복명하여 마
침내 소정방의 말을 전하기를 "내가 황제의 명을 받들고 만릿길 창해를
건너 적을 토벌하러 와서 해안에 정박한 지 이미 한 달이 넘었습니다.
대왕의 군사가 당도하지 않고 군량의 수송이 계속되지 않아서 몹시 위
태로우니 부디 도모하소서." 하였다. 대왕이 신하들에게 묻기를 "어떻게
하면 되겠는가." 하니, 신하들이 모두 말하기를 "적진 깊이까지 들어가
군량을 운반하는 것은 형세상 불가능합니다." 하니 대왕이 근심하여 탄
식을 금하지 못하였다. 유신이 앞으로 나아가 대답하기를 "신이 과분한
은혜를 입어서 중책을 욕되게 하니 국가의 대업을 설령 죽어도 피할
수 없습니다. 오늘은 바로 노신이 절개를 다할 날이니 마땅히 적국으로
들어가서 소장군의 뜻에 부응하도록 하겠습니다." 하였다. 대왕이 유신
의 손을 잡고 눈물을 흘리며 말하기를 "공 같은 어진 신하를 얻으니 근심
할 것이 없소. 만약 이번의 일이 평소처럼 어긋남이 없다면 공의 공덕을
언제든 잊을 수 있겠는가." 하고는 직접 글을 지어 명하기를 "국경을 나
선 뒤에 상벌을 독단해도 된다." 하셨다.

12월에 부장 인문(仁問), 진복(眞服), 양도(良圖) 등 아홉 장군과 함께

군사를 거느려 군량을 싣고 고구려 경계에 들어갔다. 정월에 칠중하(七重河)-지금의 임진(臨津)-에 당도하니, 군사들 모두 두려워하여 감히 먼저 승선하려 하지 않았다. 유신이 말하기를 "그대들이 죽음을 두려워하면 어째서 여기에 왔는가." 하고는 마침내 직접 먼저 승선하여 건너니 장졸들이 그 뒤를 따라 강을 건넜다. 고구려 경계에 들어가 마침내 샛길을 따라 산양(蒜壤)에 당도하니 유신이 장졸들에게 말하기를 "고구려·백제 두 나라가 우리 영토를 침노하여 우리 백성을 해쳤다. 장정들을 사로 잡아 죽이기도 하고 아이들을 사로잡아 노비로 부리기도 한 지 오래되었으니, 어찌 애통하지 않겠는가. 내가 지금 죽음을 두려워하지 않고 어려운 소임에 나아가려는 것은 대국의 힘을 빌려 두 적국을 섬멸하여 나라의 원수를 갚기 위함이다. 그대들의 심정이 어떠한지 알 수 없기에 말하는 것이다. 만약 적을 가벼이 여긴다면 필시 공적을 이루고 돌아갈 것이나, 만약 적을 두려워한다면 어찌 포로 신세를 면할 수 있겠는가. 마땅히 한마음으로 협력하여 일당백이 아닐 수 없는 것이 바로 그대들에게 바라는 바이다." 하니, 장졸들이 모두 말하기를 "원컨대 장군의 명을 받들어 감히 구차히 살 마음을 갖지 않겠습니다." 하고는 곧 북을 치며 행군하여 평양(平壤)으로 향하였다. 도중에 적군을 만나 격파하니 노획한 갑옷과 병기가 몹시 많았다. 험준한 요새에 당도하니 마침 날씨가 몹시 추워 군사와 말이 지치고 얼어서 왕왕 쓰러지기도 하였다. 유신이 어깨를 걷어붙이고 말을 채찍질하며 앞장서니 군사들이 이를 보고는 힘껏 달리며 땀을 흘리면서 감히 춥다고 말하지 못하였다.

　마침내 험준한 요새를 지나 평양과 거리가 멀지 않은 곳에 당도하였다. 유신이 말하기를 "당나라 군사가 군량의 부족으로 인하여 곤궁하고 절박한 처지에 있으니 마땅히 먼저 통보해야겠다." 하고는, 보기감(步騎監) 열기(裂起)를 불러 말하기를 "내 젊은 시절부터 그대와 교유하여 그대의 지절(志節)을 잘 안다. 지금 소정방에게 뜻을 전하려 하나 그 적임자를 구하기 어려우니 그대가 갈 수 있겠는가." 하니, 열기가 대답하기를 "제가 비록 불초하나 중군직(中軍職)을 외람되이 맡고 있는데 하물며 장군의 명을 욕되게 하겠습니까. 설령 죽을 날이더라도 태어난 날 같이 여길 것입니다." 하고는 마침내 장사 구근(仇近) 등 15인과 함께 평양에 가서 소정방을 만나 말하기를 "유신 등이 병사를 거느리고 군량을 운반해 이미 인근에 당도하였소." 하니 소정방이 기뻐하여 서신으로 사례를 표했다. 유신이 행군하여 양오(楊隩)에 당도해 어떤 한 노인을 만나 적국의 소식을 물으니 전부 다 알려주기에 포백(布帛)을 주었는데 사양하여 받지 않고 떠났다. 유신이 양오에 숙영하자 중국어에 능통한 인문, 양도와 그 아들 군승(軍勝) 등을 당나라 군영에 파견해 대왕의 뜻으로 군량을 보내도록 하였다. 소정방은 군량이 소진되고 병사가 피곤하여 힘껏 싸우지 못하다가 군량을 얻게 되자 곧 당나라로 돌아갔다. 양도(良圖)가 군사 8백을 거느리고 바다를 건너 본국으로 돌아올 때 고구려인이 군사를 매복시켜 요격하려고 하였다. 유신이 북과 채를 여러 소의 허리와 꼬리에 달아서 후려치면 소리가 나게 하고 또 땔나무에 불을 질러서 연기와 불이 끊이지 않게 하고 야반에 몰래 행군하여 표하(瓢河)에 당도해 급히 연안을 건너 병사들을 쉬게 하였다. 고구려인이 와서 추격하자 유신이 장병들을 독려하여 격파하고 장군 1인을 생포하고 1만 명의 수급을 베었다. 왕이 사신을 보내 위로하셨고, 복명하자 봉읍(封邑)을 상으로 내리셨다.

계해년(癸亥年)에 백제의 여러 성이 부흥을 몰래 도모하여 그 거수(渠帥)가 두솔성(豆率城)을 점거하고 일본국에 군사를 청하여 원조를 삼으니, 대왕이 친히 유신, 인문, 천존(天存), 죽지(竹旨) 등의 장군을 거느려 정벌에 나섰다. 진수(鎭守) 유인원(劉仁願)과 군사를 합쳐서 두솔성(豆率城)에 당도하니 백제인이 일본인과 함께 출진하거늘, 신라군이 힘써 싸워 크게 물리치니 적군이 모두 항복하였다. 대왕이 그들에게 말하기를

"우리는 너희 나라와 바다를 사이에 두고 강역이 나뉘어 있어 일찍이 교전한 적이 없고 단지 우호 관계를 맺어 사신을 서로 통하였다. 그런데 무슨 까닭으로 오늘 백제와 죄악을 함께하여 우리나라를 도모하는가. 지금 너희 군졸들이 나의 손아귀에 들어 있지만 차마 죽이지는 못하겠다. 너희는 돌아가 너희 나라에 전하라!" 하고는 그들이 가고 싶은 대로 두었다. 그러고 나서 병사를 나누어 여러 성을 공격하였는데 오직 임존성(任存城)만 지형이 험준하고 군량이 풍족하여 30일이나 공격해도 함락시키지 못했다. 군사들이 피곤해하니 대왕이 말하기를 "지금 비록 성 하나를 함락시키지 못하였으나 그 밖의 다른 성들 모두 항복하였으니 전공이 없다고 할 수 없다." 하고는 군사를 정비하여 돌아갔다. (미완)

사조 漢

회원 김유탁(金有鐸)

광무 11년 5월 12일에 서북학생 연합 운동회를 동소문(東小門) 밖 삼선평(三仙坪)에서 거행하였다. 상품(賞品), 오찬(午饌), 여러 설비 등의 비용은 한북학회(漢北學會) 회장 오상규(吳相奎) 씨가 전담하였고, 각 사회 대표자와 서우회·한북회 양회의 회원이 기일에 맞춰 와서는 참여하였으며 기부품(寄附品)도 넉넉히 송투(送投)하였다. 서북학생 3백여 명이 경성에서 연합 운동하여 간친(懇親)의 우의를 표한 일은 참으로 4천 년 이래 초유의 승사(勝事)였다. 이에 감격을 이기지 못하여 감히 졸렬한 시 10수를 지어 당시 사실의 만분의 일이나마 기록한다.

서북학생 운동회는　　　　　　　　　　西北學生運動會
충군애국 대한의 혼이라　　　　　　　　忠君愛國大韓魂

이제 학력을 증진하지 않는다면   若不當今振學力
2천만 백성 어찌 감히 생존하리   二千萬衆敢生存

태극기 높이 휘날리는 곳   高飄太極旗章地
우리 청년의 활동장인 줄 알겠네   知我靑年活動場
보법(步法) 나는 듯 경주 급하니   步法如飛競走急
이로서 문명을 동양에 떨치네   文明從此振東洋

삼선평 탁 트인 5가 앞에   三仙坪闊五街頭
초여름 하루 휴가 넉넉히 얻네   剩得夏初一日休
멀리 달리고 높이 뛰며 다릿심 놀리니   遠走高跳戲脚力
만인의 박수 풍류에 족하지   萬人拍手足風流

상상(上賞) 서로 다투니 의지 거듭되고   相爭上賞意層層
공포(空砲) 한번 터지니 기운 날뛰네   一坏空砲氣若騰
남 앞에 서야지 어찌 남의 뒤에 서겠는가   寧可人前豈人後
급히 손에 침 뱉어 각자 능력 과시하네   幡然唾掌各誇能

대오를 정제하고 늦게 산 오르니   整齊隊伍晚登山
소나무 사이로 향초가 빽빽해라   芳草芊芊松樹間
합동 촬영으로 기념하니   合同撮影爲記念
주객의 의관(衣冠) 잠시 섞이네   主客衣冠暫作間

날씨 청명하고 여름날 긴데   天氣淸明夏日長
도성의 남녀들 관광하는 곳이라   城中士女觀光場
땅 울리는 환성에 앞다투어 축하하니   動地歡聲爭獻賀
1등 영예 얻은 이 어느 집 자제인가   得譽一等誰家郞

교육의 확장은 우리 황제 덕이라 　　　　教育擴張吾帝力
만세 함성 산천을 흔드네 　　　　　　　大呼萬歲動山川
이곳에 함께 온 3백 명 　　　　　　　　此地同來三百子
머리로 다 대한의 하늘을 이고 있네 　　腦頭咸戴大韓天

흥천사(興天寺)는 동중천(洞中天)에 있으니 　興天寺在洞中天
우리 학생 먹이려 밥 짓는 연기 난다 　　饋我學生炊飯烟
산야의 채소 앞다투어 나오니 　　　　　山茱野蔬前雜進
주인의 성의 감개무량하다 　　　　　　主人盛意感無邊

서북 사람 기미(氣味) 통하니 　　　　　西北之人氣味通
왕래하던 일 한결같음이 생각나네 　　　憶來往事一般同
5백여 년 동안 수모를 겪은 나그네 　　　五百餘年受屈客
낙성에서 개회할 줄 누가 알았으랴 　　　誰知開會洛城中

우리 고장 예로부터 충의지사 많고 　　　吾鄕自古多忠義
학문의 권면으로 가장 유명하지 　　　　勸學興文最有名
우리 공께서 비용 전담 크니 　　　　　　吾公專擔費用大
이구동성으로 그 명성 칭송하네 　　　　萬口作碑稱道聲

생공(生公)에게 부치다 漢

영공(嬰公)

변방 노인의 운수에 말을 잃었고 　　　　塞老任運喪厥馬
뇌인(牢人)의 거짓말에 양을 잃었지 　　　牢人譌言亡其羊
제국의 정책이 철혈(鐵血)에 있는데 　　　帝國政策在鐵血

그대들 무슨 생각으로 희희낙락거리나　　　　　諸君酣嬉何心腸

온갖 괴변 겹쳐 적지(赤地) 갈라지고　　　　　萬怪錯沓赤地裂
외딴 구름 돌아오니 누런 깃발 펄럭이네　　　　孤雲歸來黃旗揚
초나라인 양 굴원과 송옥의 글 이으려니　　　　楚只願續屈宋賦
쑥은 내 속옷이요 연잎은 내 하의로다　　　　　蘿吾裏衣荷吾裳

영공(嬰公)에게 부치다 漢
생공(生公)

고개 숙이고 귀 늘어뜨려 수탈을 당하니　　　　俯首帖耳受剝割
백성은 무슨 죄로 소와 양의 신세 되었나　　　　生民何辜向牛羊
패자(霸者)의 법률이 수족을 옭아매고　　　　　霸者法綱梏手足
어진 이의 애은(哀恩)이 심장 누르네　　　　　仁人哀恩摧心腸

내 불법(佛法) 설파하며 주역을 거스르고　　　　我說佛法異象旨
그대 음부(陰符) 지니고 응양(鷹揚)을 노래하지　　君持陰符歌鷹揚
호탕하게 말술 나누며 계책 나누니　　　　　　共歷斗酒壯膽計
무기부터 버리고 의상(衣裳) 맹세하네　　　　　先銷干戈盟衣裳

서우 회원에게 작별을 고하다 漢
숭하귀객(嵩下歸客)

한가로이 유람하며 다시는 문무를 좇지 않고　　　漫遊非復因書劍
나그네 되어 열흘 동안 서울에 머물렀지　　　　旅食淹旬寄帝京
풍광에 눈 돌리니 봄 다 저물고　　　　　　　轉眼風光春已暮

제철 산물에 마음 끌리니 꿈에도 자주 놀래라   關心節物夢頻驚

아 도성 들른 감회 누가 알리   正噫誰識過都感
사흘 밤 머물고서 도성 떠날 생각 늦춰졌지   三宿原遲去國情
이번 여행에서 가장 슬픈 일은   最是此行悐悵事
삼선평 날 못 기다리고 귀가 행장 꾸린 것이라 歸裝不待赴仙坪

문원

좋은 경마대회를 관람하시기를 청하다 漢
— 원동보(遠東報)[27] 논설

오늘이 무슨 날인가? 예배일이 아니라면 곧 러시아 경마회의 개회일 아닌가? 러시아 경마회가 개회하는 날이 아닌가?

히잉히잉 우는 말 소리, 붉디붉은 그 말이여!   蕭蕭厥聲 騂騂厥駒
격렬한 천둥 번개같이 말 달리고 수레 몰아가네 奔雷逐電 載馳載驅
튼튼한 놈은 어떤 놈인가, 전통(箭筒)에 수놓고   誰歟健者 繡箙雕弧
  활에 수놓아야지
남녀 모든 백성 어디 가서 그것을 볼까?   邦人士女 曷往觀諸

비록 그러하나 이곳에 러시아 경마회가 생긴 것은 경마 때문이 아니라 장차 굶주린 백성을 구휼하기 위해서이다. 굶주린 백성을 구휼하려

---

27 원동보(遠東報) : 1906년부터 1921년까지 러시아인들이 하얼빈을 중심으로 발행한 중국어 신문이다.

면 반드시 돈을 구해야 하고, 돈을 구하려면 반드시 덜어줌도 헤아려야 한다. 돌아보면 한갓 재잘재잘거리고 장황하게 떠들면서 도를 집행하는 사람들은 말하기를 "남방에 흉년 든 지가 오래되어 마치 슬피 우는 기러기나 말라버린 물 위의 위태로운 붕어와 같은 처지가 되었다. 그대들이 모두 먹이고 도우며 윤택하게 하여도 덜어낸 수가 이미 풍족하지 않다면, 덜어준 사람에게도 또한 달갑지 않을 것이니, 인지상정이 비슷한 것은 족히 의심할 바가 없다."라 한다. 내가 이에 뛸 듯한 마음으로 살펴보며 바로 크게 찬탄하고 크게 기뻐하면서 이곳 러시아 경마회를 고무하지 않을 수 없으니, 이것은 그 까닭이 무엇인가?

경마회란 검정말과 황색말의 우열을 견주고 고삐를 당기고 풀면서 승부를 겨루는 것인데, 가리키는 채색 깃발은 형상이 기이하고 색채가 다양하다. 수레에 기댄 채 그것을 보는 것이 실로 우리들의 눈을 가장 기쁘게 하고 마음을 가장 즐겁게 하는 일이다. 이것의 목적은 또 관료들이 휴식하고 시민들이 바른 여가생활을 가지게 하는 것이지 다른 것이 아니다. 건축일을 하는 자, 장사하는 자, 숙박업을 하는 자들에게 골고루 그 호기로운 흥취를 부추겨서 잇달아 모두가 금전을 가지고 오게 하면 마침내는 우리 자신도 모르는 사이에 큰돈이 모일 수 있을 것이다. 큰돈이 모이면 남방 지역의 굶주린 백성이 이로써 그 은혜를 입을 수 있을 것이다. 그렇다면 러시아 경마회가 열린 것이 비록 유희를 위한 것이라 하더라도, 어찌 자선사업이 아니겠는가?

지금 무릇 러시아는 우리 이웃나라로 우방이다. 하얼빈은 우리나라 남방과 거리가 떨어져 있으니 큰 바다가 가로막고 높은 산 사이에 서로 거리가 또 거의 수천 리이다. 남방이 흉년이란 소식을 듣고서는 지극 정성을 다하고 열성을 고취함을 아끼지 않고 이 알릴 곳 없는 구슬픔을 긍휼히 여기니, 곡식 떨어진 울부짖음이 다하여 노인들은 도랑을 구르고 젊은이들은 사방으로 흩어져 유랑하는데 그 끝을 알 수 없었다. 이를

동정하고 이에 탄식하여 경마회를 발기하여 부족함을 보충하고 이 기회
에 사민(士民)의 재난을 구휼하는 마음을 환기하려 한다. 우리 동포 또
한 어찌 스스로 힘쓰지 않는 자가 되지 않을 수 있겠는가. 공자도 '박시
(博施)'라 하고 예수도 '겸애(兼愛)'라 하며 부처도 '대공덕(大功德)'이라
하니, 홀바트(Holvat)²⁸ 저 사람이 고심하여 조직한 것도 그 뜻이 여기에
있을 것이다. 여기에 있을 것이다!

　상하이의 상업계는 연극으로써 기부금을 마련하는 경우도 있었고, 베
이징의 학계와 여성계는 서화를 팔거나 담배와 술을 팔아서 기부금을
마련하는 경우도 있었다. 기부금을 마련하는 방법은 한 가지 방법만 있
는 것이 아니니, 이곳 러시아 경마회도 이와 같이 정성을 다하고, 이와
같이 힘을 다한다. 무릇 빈곤한 백성들에게 은혜를 베푸는 것이 미세한
것까지 이르지 않는 곳이 없고, 작은 것이라도 준비되지 않은 것이 없
다. 훌륭하구나! 경마회여! 아름답구나! 경마회여! 나는 남방의 굶주린
백성을 위해 고개를 숙이며 치사를 하는 바이다. 다만 내가 다시금 한마
디 하고자 하는 말이 있으니, 적이 오늘 경마를 구경하는 사람들을 위해
옷깃을 여미고 단정히 앉아 그들에게 고하고자 한다. "제군이여! 제군이
여! 오늘의 경마회는 과연 어떻게 스스로 일어난 것인가? 의를 베풀어
구휼하고자 일어난 자는 우리 굶주린 백성을 불쌍히 여겨야 하니, 굶주
려도 먹지 못하고 추워도 입지 못한다면 장차 먹이고 도와주며 윤택하
게 해주어야 한다. 머리뼈 둥글고 발은 네모난 남방의 인민들은 이에
유독 위태롭고 곤궁한 지위에 처했으니, 노인들은 도랑을 구르고 젊은
이들은 사방으로 흩어져 이리저리 떠돌아다닌다. 사람들이 모두 그 자

28　홀바트(Holvat) : 1859-1937. 러시아인으로 1903년 7월 중동철도가 공식적으로 통
　　행을 시작한 후, 중동철도 관리국장과 중동철도 도로정비군사령관으로 임명되었다.
　　1908년 하얼빈에 자치협회와 이사회가 설립되었으며 하얼빈 및 중동철도 계열 사이트
　　는 러시아 식민지로 전환되었다.

식을 바꾸어 잡아먹고 뼈를 쪼개어 땔감으로 삼았다는 송나라 대부 화원(華元)의 말[29]보다 심하다 하겠다. 종종 고난을 겪고 종종 죄과를 받아 참혹함에 이른 것이 차마 들을 수 없는 지경이라도 우리들은 오히려 쉬는 날에 눈을 즐겁게 하러 마음을 좇아 이 경마장에 와서 관람하는 것을 낙으로 삼으니, 행복과 불행의 그 서로의 거리가 어찌 보통의 척도로 계산할 수 있겠는가? 제군이여! 제군이여! 진실로 유념해야 할 것이다. 우리들의 오늘이 즐겁더라도 마땅히 남방의 굶주린 백성들을 잊지 말아야 하고, 오늘이 괴롭더라도 주머니와 자루를 털어서라도 강개한 마음으로 앞다투어 나눠줘야 한다. 그리하여 그 측은한 마음을 움직여 삼가 경마회원으로 하여금 자신의 인색함으로 비웃음을 받거나, 자신의 망설임으로 책망받거나, 자신이 정이 없다고 지적받지 않게 한다면 또한 거의 괜찮을 것이다. 제군은 힘쓸지어다!

▲ 절제와 활동은 인간에게 좋은 의원이다.

시보

4월 17일

○ 영림창(營林廠) 관제(官制) 반포 : 칙령으로 서북영림창 관제 10조를 발포하였다.

---

29 사람들이……화원(華元)의 말 : 장왕 즉위 20년에 송(宋)나라 도성을 포위하였는데, 포위한 지 5개월이 지나자 성안에 양식이 떨어져 아이들을 서로 바꾸어 잡아먹고 사람의 뼈를 쪼개어 땔감으로 삼았다. 송나라 대부 화원(華元)이 성 밖으로 나와 이 사정을 알려주었다.

동 20일

○ 경성일보 폐간 : 경성일보 한문보(韓文報)가 폐간되었다.

동 21일

○ 박씨 피해 : 본일 오후 10시 30분경에 제실(帝室) 회계심사국장 박용화(朴鏞和) 씨가 사택에서 흉악범에게 살해당하여 그 자리에서 서거하였다.

동 26일

○ 학부 협판(學部協辦) 체포 : 형사상 심사할 일이 있다 하여 학부 협판 민충식(閔衝植) 씨가 체포되었다.

동 27일

○ 사립학교 연합 운동회 : 본일 오전 9시에 각 사립학교 19개소의 청년 학도 1,429인이 훈련원 연무장(鍊武場)에 모여 춘계 연합 대운동회를 열었다.

5월 2일

○ 각 학교 연합 운동회 : 본일 오전 8시에 관·사립학교가 연합 대운동회를 훈련원에서 열어 생도 3,336명이 모였고 학부대신, 군부대신, 내부대신, 탁지부대신, 농상공부대신 외 각 부부원청(府部院廳) 칙·주·판임 일반 관리와 운동회 직원 등이 일체 회동하였다.

동 3일

○ 세무관 감축 : 각 지방 세무관을 24곳만 두고 그 외 10여 곳은 감축한다는 설이 있다.

동 4일

○ 기숙사 건축 : 정희찬(鄭熙燦), 김진태(金鎭泰) 2인이 일반 유학생에게 편리를 제공하기 위하여 기숙사로 표훈원(表勳院) 후동(後洞) 공유지에 90칸 가옥을 2층으로 새로 지어 올린다고 한다.

동 5일

○ 시장세 폐지 : 탁지부에서 각 지방 시장 백분의 일 세금과 각 포구 여각(旅閣) 천분의 오 세금에 대해 어떤 관계가 있든지 잠시 정지하라고 훈령을 내린다 한다.

동 6일

○ 장학 기부금 : 서울에 들어와 체재 중인 도쿠가와(德川) 공작과 마츠다이라(松平) 백작 등이 고아원, 부인양잠회(婦人養蠶會), 명신여학교(明新女學校), 양규의숙(養閨義塾)에 각 이삼백 환씩 기부하였다 한다.

동 7일

○ 일본 제일은행권 10환·5환·1환의 3종 화폐를 개판(改版)하여 다시 만든다 한다.

동 8일

○ 각 학교에 보낸 공문 : 학무국장 유성준(兪星濬) 씨가 각 관·공립 보통학교에 공문을 보내 일제히 삭발케 하였다 한다.

동 9일

○ 감액된 병정에게 하사(下賜) : 경향(京鄕) 각 부대의 병정을 감액하는데 평양대(平壤隊)에서 감액된 병정 220명에게는 상부에서 1인당 노자 4원과 무명 1필씩을 하사하셨다 한다.

동 10일

○ 학무국장 유성준, 시학관(視學官) 이만규(李晩奎), 주사(主事) 이완응(李完應), 시부야 이시하라(澁谷石原) 4인이 학사(學事) 시찰 차로 차례대로 길을 떠난다 한다.

동 11일

○ 한성광학회(漢城廣學會)에서 5일간 한 차례씩 개회하고 사서삼경과 신학문 정치, 법률, 물리, 화학 등의 책을 강론한다 한다.

동 12일

○ 경관(警官) 조사 : 각 지방의 경관 수효를 내부 경무국(警務局)에서 조사하였는데 경무관은 13인이요 총순(總巡)은 50인이요 권임(權任)은 108인이요 순검(巡檢)은 2,129인이라 한다.

동 13일

○ 미국 워싱턴 청년회장 우드워드 선생 및 아프리카 주 흑인청년회 총서기 헌튼 씨를 위하여 청년회에서 간친회(懇親會)를 연다 한다.

동 14일

○ 새 양잠학교(養蠶學校) : 동대문 밖 무동도(舞童島)에 뜻있는 인사가 학교 하나를 창립하니 이름하여 부인양잠학교다. 외국의 양잠법을 습득하여 전국 부녀로 하여금 양잠을 강습케 하여 정묘한 기술에 달하도록 하기 위함이라 한다.

동 15일

○ 일본 유학생의 학자금 1만 환을 내려주셨고 독일어학교 건축비 1만 환을 내려주셨다 한다.

회보

제7회 특별총회 회록

광무 11년 5월 11일 오후 5시에 본 회관에서 개회하고 회장 정운복(鄭雲復) 씨가 자리에 올랐다. 서기가 이름을 점검하니 출석자가 31인이었다. 전회 회록을 낭독함에 착오처가 없으므로 바로 받아들였다. 회계원 김달하(金達河) 씨가 회비 출납을 보고하였다. 김명준(金明濬) 씨가 제의하기를 "서무원 정재화(鄭在和) 씨의 4월분 월봉은 기한인 8일까지 날짜를 계산해서 지출하자." 함에 김달하 씨의 재청으로 가결되었다.

평산(平山) 단구(丹邱) 대흥학교(大興學校)의 공함(公函)과 해당 공함의 처리에 대한 평의회 의결안을 공포하였다. 이달원(李達元) 씨가 제의하기를 "해당 공함과 의안을 수락하자." 함에 김석권(金錫權) 씨의 재청으로 가결되었다. 은산(殷山) 문창학교(文昌學校)의 공함을 공포하였다. 영유군(永柔郡) 김찬수(金燦洙) 씨 등 36인의 입회청원서를 받았다. 강서군(江西郡) 문천사범교(聞天師範校) 교장의 공함을 공포하였다. 김명준 씨가 제의하기를 "공함을 따라 해당 학교를 본회에서 담당하자." 함에 선우예(鮮于叡) 씨의 재청으로 가결되었다. 지방 사무규칙 사업을 공포하였다. 김명준 씨가 제의하기를 "해당 초안 중의 사무원을 현재는 명예직으로 선정하고 해당 지방 회원이 백 명 이상에 달할 때에는 일정한 월봉을 지급하자." 함에 선우예 씨의 재청으로 가결되었다. 김명준 씨가 제의하기를 "평의원 안병찬(安秉瓚) 씨가 사면한 자리를 공천해 표로 정하자." 함에 이달원 씨의 재청으로 가결되었다. 평의원 김윤영(金潤瀁) 씨가 선출되었다. 김필순(金弼淳) 씨가 제의하기를 "개성 인사는 임진강 서쪽에 있으므로 서우라 칭할 수 있으니 본회에 참석하게 하자." 함에 김병도(金秉燾) 씨의 재청으로 가결되었다. 부회장 겸 총무원 김명준 씨의 사면청원서를 부결하였다. 시간이 다함에 장재식(張在植) 씨의 특청으로 폐회하였다.

회원 소식

본회 총무 김명준 씨는 강동 군수(江東郡守)로, 평의원 여병현(呂炳鉉) 씨는 천안 군수(天安郡守)로, 협찬원 선우예 씨는 삼화부(三和府) 통역관보(通譯官補) 겸 본항(本港) 재판소 통역관보로, 본 회원 이정수(李政秀) 씨는 평양 경무관으로, 전봉훈(全鳳薰) 씨는 해주 총순(海州總巡)으로, 본회 회계원 김달하 씨는 중추원 부찬의로, 협찬원 김봉관(金鳳觀) 씨는 평양대 군의(軍醫)로 임명되었다.

노승용(盧承龍)은 '승'자를 '의(義)'로 바꾸었다 한다.

회계원 보고 제7호

16원 46전 5리   회계원 임치 조(條)

125원   한성은행 저축금 중 인출 조

58원 78전   월보 대금 수입 조, 우편비용 포함

3원 50전   정재화(鄭在和) 4월 반 개월치 월급 지출 및 휴식일
즉 7일 조 반환

합계 203원 74전 5리

○ 제7회 신입회원 입회금 수납 보고

윤응빈(尹應彬) 장용구(張容龜) 김균석(金均錫) 김계헌(金啓憲)

함호일(咸處一) 김행일(金行一) 김정제(金鼎濟) 김경제(金景濟)

김봉제(金鳳濟) 김동준(金東準) 박래숭(朴來崇) 함영택(咸泳澤)

김병훈(金秉勳) 전성근(全聖根) 이재영(李載榮) 황대순(黃大淳)

김필순(金弼淳) 이병돈(李秉敦) 류광열(柳光烈) 김두섭(金斗燮)

박영희(朴永熙) 김찬기(金瓚起) 이봉모(李鳳模) 송석태(宋錫泰)

김용선(金龍先) 이태희(李台熹) 김달연(金達淵) 이운섭(李雲燮)

김인기(金麟起) 김덕곤(金德坤) 차남수(車南守) 정윤열(鄭允烈)

김처요(金處堯) 손시남(孫時楠) 송구년(宋龜年) 박영갑(朴永甲)

이제진(李濟鎭) 김진선(金鎭善) 김지순(金智淳) 정제헌(鄭濟憲)

백재춘(白在春) 최봉진(崔鳳晉) 김윤기(金潤起) 송석목(宋錫穆)

이상옥(李相玉) 강용연(康用年) 송대헌(宋大憲) 이상현(李霜鉉)

최명규(崔明奎) 김연규(金鍊奎) 김영주(金永柱) 안처곤(安處坤)
이기찬(李其燦) 김석윤(金錫胤) 강지상(康止祥) 차제중(車濟重)
김찬수(金櫕洙) 김달호(金達浩) 지의용(池義用) 전석원(田錫元)
이관섭(李觀燮) 백인원(白仁源) 김봉훈(金鳳壎) 양지황(梁之璜)
김정현(金鼎賢) 송준섭(宋晙燮) 김병순(金炳珣) 박만화(朴萬化)
이경하(李景夏) 류충형(柳忠馨) 안승식(安昇植)
각 1환씩
합계 71원

○ 제7회 월연금 수납 보고

강석화(姜華錫)	60전	1월부터 3월 조
김병도(金秉燾)	20전	3월 조
김병도(金秉燾)	80전	11월부터 8개월 조
정 남(鄭 楠)	80전	10년 12월부터 11년 3월까지 4개월 조
정 남(鄭 楠)	20전	4월부터 5월까지 2개월 조
김균석(金均錫)	20전	3월 조
김균석(金均錫)	80전	4월부터 11월까지 8개월 조
선우예(鮮于叡)	50전	4월부터 8월까지 5개월 조
변용각(邊龍珏)	20전	3월 조
변용각(邊龍珏)	2원	4월부터 12년 12월까지 1년 8개월 조
변상농(邊尙聾)	20전	3월 조
변상농(邊尙聾)	2원	4월부터 12년 12월까지 1년 8개월 조
이달원(李達元)	80전	10년 12월부터 3월까지 4개월 조
박경선(朴景善)	60전	1월부터 3월까지 조
박창진(朴昌鎭)	60전	1월부터 3월까지 조
박창진(朴昌鎭)	40전	4월부터 7월까지 조

정운복(鄭雲復) 80전　　10년 12월부터 3월까지 4개월 조
안창호(安昌鎬) 20전　　3월 조
안창호(安昌鎬) 90전　　4월부터 12월까지 9개월 조
윤규선(尹珪善) 40전　　2월부터 3월까지 2개월 조
박영희(朴永熙) 1원 10전　5월부터 12년 4월까지 1년 조
김형섭(金亨燮) 20전　　3월 조
김형섭(金亨燮) 20전　　4월부터 5월까지 2개월 조
신석하(申錫廈) 20전　　3월 조
신석하(申錫廈) 10전　　4월 조
지의용(池義龍) 60전　　5월부터 10월까지 6개월 조
노승용(盧承龍) 20전　　3월 조
노승용(盧承龍) 20전　　4월부터 5월까지 2개월 조
전석원(田錫元) 1원　　5월부터 12년 2월까지 10개월 조
송준섭(宋晙燮) 20전　　5월부터 6월까지 2개월 조
김병순(金柄珣) 1원 10전　5월부터 12년 4월까지 1년 조
박만화(朴萬化) 1원 10전　5월부터 12년 4월까지 1년 조
이경하(李景夏) 1원 10전　5월부터 12년 4월까지 1년 조
계명섭(桂命燮) 60전　　1월부터 3월까지 3개월 조
계명섭(桂命燮) 40전　　4월부터 7월까지 4개월 조
합계 21원 50전

○ 제7회 기부금 수납 보고

류동작(柳東作) 15원　　　신석하(申錫廈) 20원
김병도(金秉燾) 1원　　　박영희(朴永熙) 20원
찬성원 이우영(李宇榮) 30원　동(仝) 박용관(朴容觀) 5원
차의환(車義煥) 30원

합계 121원

이상 4건 총합 417원 24전 5리 이내

○ 제7회 사용비 보고 : 4월 15일부터 5월 15일까지

2원 36전	양지봉투(洋紙封套), 소필(小筆), 성냥, 등피 값 포함
24전	미국 각 사회 5월호 배송 소포비
69전	3전 우표 23장 값
6원 6전	5리 우표 1,212장 값
32전 5리	평북 권유위원 일기 책자 값
10원 45전	개성 운동회 시 상품 물건 값
3원 90전	경성소학교 운동회 시 상품 물건 값
63원 50전	6호 월보 전체 인쇄비 조
125원	각 사무원 4월 월급
7원 50전	사무원 정재화(鄭在和) 4월 반 개월 치 월급 조
8원	하인 4월 월급
2원 20전	장작 두 짐 값
60전	서북학생 운동회 시 물품 및 왕래 짐삯 조
35전	최열(崔烈) 씨 영유회(永柔會)에 41원 송부 시 우편비 조
2원 60전	서북학회 운동회 시 『황성신문』 3일 광고비
2원	신문사 간친회 시
5원	월보 원고지 5,000매 값
50전	『제국신문』 3월 4월 두 달 값
40전	6호 월보 미국 각 사회 배송 시 소포비
2원 70전	'서우' 두 글자 동판화 판각 공임 조
2원	일본 단지(斷指) 학생 의연(義捐) 시 최종호(崔宗虎)

처소 미수금 조

2원 50전   소나무 한 짐 값

75원   7호 월보 인쇄비 중 선급

합계 319원 87전 5리 제외하고

잔액 97원 37전 이내.

80원 한성은행 저축 제외하고

잔액 17원 37전 회계원 임치.

한성은행 도합 저축금 1,280원.

광무 10년 12월 1일 창간		
회원 주의		
회비 송부	회계원	한성 남서(南署) 하교(河橋) 48통 10호 서우학회관 내 김달하(金達河) 김윤오(金允五)
	수취인	서우학회
원고 송부	편집인	한성 남서 하교 48통 10호 서우학회관 내 김명준(金明濬)
	조건	용지 : 편의에 따라 기한 : 매월 10일 내
주필		박은식(朴殷植)
편집 겸 발행인		김명준(金明濬)
인쇄소		보문관(普文舘)
발행소		한성 남서 하교 48통 10호 서우학회관
발매소		황성 중서(中署) 포병(布屛) 밑 광학서포(廣學書舖) 김상만(金相萬) 평안남도 평양성 내 종로(鐘路) 대동서관(大同書觀) 평안북도 의주(義州) 남문 밖 한서대약방(韓西大藥房) 황해도 재령읍 제중원(濟衆院)
정가		1책 : 금 10전(우편비용 1전) 6책 : 금 55전(우편비용 6전) 12책 : 금 1환(우편비용 12전)
광고료		반 페이지 : 금 5환 한 페이지 : 금 10환

첨원(僉員) 주의

1. 본회의 월보를 구독하거나 본보에 광고를 게재하고자 하시는 분들은 서우학회 서무실로 신청하십시오.
1. 본보 대금과 광고료는 서우학회 회계실로 송부하십시오.
1. 선금이 다할 때에는 봉투 겉면 위에 날인으로 증명함.
1. 본보를 구독하고자 하시는 여러분은 주소와 통호(統戶)를 소상히 기재하여 서우학회 서무실로 보내주십시오.
1. 논설, 사조 등을 본보에 기재하고자 하시는 여러분은 서우학회 회관 내 월보 편집실로 보내주십시오.

○ 본회 특별광고

본회에서 국채 배상금 모집에 대한 우리 회원의 의연금은 오직 본회관으로 취합하여 장차 정당한 수금소로 납부할 것임은 이미 신보(申報)에 광고가 있었거니와 대개 이 배상금 문제는 우리 전국 동포의 충군애국 사상이 일제히 분발한 데서 연유한 것입니다. 각 신문에 게재된 사실을 살펴보면 남녀 귀천 빈부를 막론하고 그 선두를 다투면서 뒤쳐질까 염려하는 진지한 성의가 과연 어떠한지요. 본회의 경우 국민의 책임을 마땅히 다해야 할 의무가 더욱 절실하고 귀중하며 일반 국민의 칭찬과 기대에 부응하는 것도 가벼운 일이 아니니, 이 국채의 문제에 대해 어찌 감히 정성과 노력을 다하지 않겠습니까. 우리 회원들께서 더욱 분발해주시어 의연금을 기한 내에 납부하여 주시기 바랍니다.

단, 액수에는 구애받지 마십시오.

○ 국채 보상 의연금 수입 광고

조병균(趙炳均)　　16전

이종하(李鍾夏)　　50전

조권필(趙權弼)　　15환

강화석(姜華錫)　　2환

합계 18환 10전

※ 국채 보상 제1회 광고 중 장준용(張俊用) 씨 이름 뒤의 동씨 영애는 김석환(金錫權) 씨의 영애인데 오식(誤植)되었기에 정정함.

○ 광고

본회에서 회원들의 금전적 어려움을 고려하여 4월 1일부터 월연금

20전을 다시 10전으로 개정하였으니 회원들께서 헤아려주기 바랍니다.

○ **특별광고**

『**증수무원록대전**(增修無寃錄大全)』: 1질(帙) 172면, 정가 금 신화(新貨) 75전

이 『증수무원록대전』은 법률가의 가장 요긴한 서적입니다. 그런데 지난 수년 동안 현행본이 거의 단종에 이르렀기에 법부(法部)에 인가를 얻고 새로 간행하였습니다. 국한문으로 해석하여 애매모호한 구절이 없습니다. 법률학에 뜻이 있는 분과 지방관으로 재임하시는 분은 반드시 읽어야 할 서적이니, 유의하여 구매하기 바랍니다.

중서(中署) 포병(布屛) 밑 광학서포(廣學書舖)

김상만(金相萬) 발매소

○ **영업 개요**

-만 가지 서적의 구비는 본관의 특색-

△ 종교와 역사 서적	○ 내외 도서 출판	△ 법률과 정치 서적
△ 수학과 이과 서적	○ 교과서류 발매	△ 수신과 위생 서적
△ 실업과 경제 서적	○ 신문 잡지 취급	△ 어학과 문법 서적
△ 지리와 지도 서적	○ 학교용품 판매	△ 생리와 화학 서적
△ 소설과 문예 서적		△ 의학과 양잠 서적

-배달 우편료의 불필요는 독자의 경제-

(본점) 황성 중서(中署) 포병(布屛) 밑 　　중앙서관(中央書舘)

(지점) 평북 선천읍(宣川邑) 천변 　　　신민서회(新民書會)

광무 10년 12월 1일 | 메이지 39년 12월 1일 | 제3종 우편물 인가

광무 11년 7월 1일 발행
(매월 1일 1회 발행)

서우

제8호

서우학회

서우학회월보 제8호

인민의 생활상 자립으로 국가가 자립을 이룩함

회원 박은식(朴殷植)

　무릇 국가라는 것은 인민의 집적이니, 그 인민의 문명은 그 나라의 문명이요, 그 인민의 부강은 그 나라의 부강이다. 하늘 아래 대륙 위에 무성한 생명을 가진 무리가 모두 인족(人族)이다. 저 서양의 영국, 미국, 독일, 프랑스의 인민이나 동방의 일본 인민이나 우리 대한의 인민이나 그 머리가 둥글고 발이 모난 것이 동일하고, 눈과 귀로 보고 들으며 손과 발을 움직이는 것이 한가지이거늘, 저들은 어찌하여 문명하고 부강하며, 우리는 어찌하여 야매(野昧)하고 빈약한가. 이는 하늘을 원망할 문제도 아니고 사람을 탓할 일도 아니다. 오직 자기 스스로 돌이켜 생각하여 구해야 한다. 아, 우리 2천만 동포여! 우리가 오늘 이 지경에 이르렀으니 각자 생각하여 볼 일이다.

　지금 한 집안의 형편을 가지고 말해보자면, 불행히 선업(先業)을 탕진하고 떠돌아다니며 구걸하여 타인의 노복(奴僕)이 된 이상, 남편이 아내를 책망하고 아내가 남편을 원망한들 무슨 이익이 있으며 형이 아우를 책망하고 아우가 형을 원망한들 무슨 이익이 있겠는가. 현재 우리 한국의 형세가 여기에 이른 데 대해 일반 인민 모두가 정부 당국에 허물을 돌려 지적하고 탓하는데, 정부가 그 책임을 피할 수는 없으나 우리 인민 사회인들 어찌 책임이 없다 하겠는가. 이는 어째서인가. 나라는 정부 몇 사람만의 나라가 아니라 우리 2천만 동포가 공유한 나라이다. 지금 그 공유한 나라를 능히 보존하지 못하고서, 정부 몇 사람에게 전적으로 허물을 돌려서는 결코 안 될 일이다. 우리 인민 사회에서 각기 의무와 직분을 극진히 하였더라면 국세가 어찌 이 지경까지 기울어 무너졌겠으며, 인권이 어찌 이 정도까지 실추되었겠는가. 정부와 인민 사이에 누가 잘못을 하였는지 이제 와서 말해봐야 이익이 없다. 늦었지만 이제라도 잘 수습하여 뒷마무리를 잘할 방법에 주의를 기울이고 힘을 쏟아야 할 것이다.

그러므로 우리가 전날의 과오를 회개하고 바른길을 찾아 정당한 인격을 이루고자 한다면, 먼저 자활(自活) 방법을 구하여서 필요한 의식주를 타인의 자혜(慈惠)에 의지하지 말고 자신이 성실하게 근로하여 스스로 생명을 보전하고 재산을 증식시켜야 국민의 의무를 해나갈 수 있다. 서양인들이 우리 한국인의 성질을 폄하하여 말하기를 "한국인은 항상 안일함을 숭상하며 몽매하고 유약하여 용맹하게 나아가는 기풍이 없다. 이 때문에 속수무책으로 타인의 노예가 되었으니, 이들은 세계에서 제일가는 최하등의 추접스러운 천한 족속이다."라고 하니, 아아, 슬프다. 진실로 우리가 자초한 일이니 누구를 원망하고 탓하겠는가.

그러므로 우리 한국 인류의 온갖 죄악은 모두 안일하고 태만한 데서 생겨난 것이다. 일찍이 살펴보건대, 권문세가에서 아침저녁으로 명령을 기다리며 관직을 요구하고 청탁하며 분쟁하는 데 정신없이 분주하여, 종기의 고름을 빨고 치질 걸린 밑을 핥는 짓을 하면서도 전혀 부끄러운 기색이 없는 것은 여기서 비롯된 것이다. 벼슬을 받고 직무를 행할 때 공의를 배반하고 사리를 꾀하여, 방정한 품행과 굳건한 절조를 모두 잃고 인민의 고혈을 빨아먹는 것도 여기서 비롯된 것이다. 혹 여색을 생각하며 혹 한가롭게 놀 것을 생각하며 혹 좋은 술과 산해진미를 생각하며 금전을 낭비하고 가산을 탕진하게 하는 것도 여기서 비롯된 것이다. 밤낮 화투나 골패로 무리 지어 모여서 노력하지 않고 시간을 쏟지 않으면서 일확천금을 얻으려는 헛된 욕망을 품고 악한 짓을 하는 것도 여기서 비롯된 것이며, 그 밖의 사기, 절도, 강도 등 각종 죄악도 안일과 태만의 결과가 아닌 것이 없다.

이로 인해 우리 국민 생활상의 빈곤이 극심한 지경에 이르렀다. 아침에 저녁 일을 헤아리지 못하여 배고픔과 추위가 뼈에 스미게 되었으니, 어느 겨를에 국가의 사상이 발달하고 공익과 의무를 영위하겠는가. 그러므로 우리가 무엇보다 먼저 통렬히 다스리고 고쳐서 없애야 할 것은 안일과 태만이라는 병근(病根)이니, 부지런한 생활이야말로 인민이 자유로울 수 있는 조건이며 나라가 자립할 수 있는 기초이다. 어째서 이렇게 말하는 것인가. 대개 성실히 근로하는 자에게는 그에 상응하는 성공이 반드시 주어진다. 저 노동자만 보더라도 근무의 근태에 따라서 임금의 액수가 정해진다. 이렇게 선에 힘쓴 자가 선한 보수를 받고 악에 힘쓴 자가 악한 보수를 받는 것은 천리자연(天理自然)의 약속이다.

옛날에 한 부자 늙은이가 있었는데, 본인 소유의 밭을 둘째 아들에게 나누어주었다. 그 형은 농사에 게을러 생계가 넉넉하지 못하고 세금도 제때 내지 못하는 반면, 그 아우는 힘껏 밭을 갈고 파종하여 부지런히 솎아내고 북돋워 생계가 넉넉하고 세금을 미루지 않았을 뿐만 아니라 부모를 충분히 봉양하면서도 재물을 저축하였기 때문이다. 하루는 그 형이 와서 아우에게 말하기를 "부모님이 자식을 편애하셔서 좋은 밭은 너를 주고 척박한 땅은 나를 주어 입에 풀칠은 고사하고 세금도 내지 못하고 있으니, 어디 의지해서 살아가겠느냐. 지금 네가 가진 밭과 내가 가진 것을 바꾸는 것이 어떠하냐."라고 하니, 아우가 어려운 기색 없이 흔쾌히 승낙하였다. 아우는 농사를 전보다 더 부지런히 하여 수확이 예전처럼 풍족하였는데, 그 형은 한결같이 게을러 밭을 갈고 파종하고 솎아내고 북돋우는 일을 제때 하지 않으니 수확이 역시 예전처럼 군색했다.

우리 대한의 들판에서 경작하는 것과 강과 바다에서 무역하는 것과 산천에서 산출되는 것이 진실로 천연의 부원(富源)이다. 이는 하늘께서 우리 동포 형제에게 주신 것인데, 어째서 오늘날 정부와 민간의 가난과 병듦이 극심한 지경에 이르러 이처럼 심하게 허둥지둥 다급하단 말인가. 이는 우리 동포 형제가 안일과 태만에 익숙해져 부지런히 일하지 않았기 때문이다. 만약 우리도 저 문명한 나라 사람들처럼 직업에 근면하였다면, 이 토지와 이 물산으로 이익을 많이 창출하여 반드시 이미 오래전에 부유하고 풍성한 나라를 이루었을 것이다.

저 서양인들은 남녀노소 누구나 각기 직업이 있어서, 병든 불구자가 아니면 모두 제힘으로 일하고 생활하며 남에게 의지하여 놀고먹는 사람이 없다. 그러나 우리 한국인의 성질은 이와는 반대여서 서로 의지함으로써 생계를 유지하니, 아버지와 자식이 서로 의지하고 형과 아우가 서로 의지하는 것은 물론이고 친구나 친족끼리도 거저 주기를 기대한다. 전국 인구가 2천만이라 하나 실제 생업에 종사하는 자는 4백만 내지 5백만에 불과하고 그 나머지는 무위도식하면서 타인에게 그 생명을 맡긴 자들이니, 어찌 정부와 민간이 풍족하고 윗사람과 아랫사람이 즐거운 행복을 바랄 수 있으리오. 즉 생활상의 자립은 반드시 근로에 종사하여 얻어지는 것이니, 한 사람이 근로하여 자활 독립하면 한 집안이 자활 독립할 것이고, 한 집안이 근로하여 자활 독립하면 온 나라가 자활 독립할 것이니, 개인의 생활이 국가와 관계됨이 과연 어떠한가. 그러므로 인민의 생활상 자립으로 국가의 자립을 이루는 것이라 하겠다.

교육부

가정학 (속)

회원 김명준(金明濬) 역술

1. 가정교육의 필요

태내 교육과 강보(襁褓) 중의 교육이 매우 중요하다는 것은 앞에서

이미 언급하였다. 자녀가 학교에 갈 나이가 되면 또 마땅히 그 기초를
잘 마련해주어야 하니, 유아가 3·4세에 유치원에 들어갈 때 그 어머니
는 가정교육을 조금도 소홀히 해서는 안 된다. 서양 세속에 아이의 언행
이 단정한 것을 보면 늘상 그 아이를 가리켜 말하기를 "저 아이의 어머니
는 필시 현숙하고 가정교육은 필시 매우 엄숙할 것이다. 그렇지 않고서
어찌 이렇게 단정한가."라 하고, 또 학문과 기예가 뛰어난 것을 보면
늘상 그 아이에 대해 논하기를 "저 아이의 스승은 필시 훌륭한 교육자일
것이다. 그렇지 않고서 어찌 이렇게 뛰어나겠는가."라 한다. 저 나라들
이 가정과 학교의 교육을 이처럼 중시하기 때문에 그 자녀들이 결국
매우 좋은 효과를 거두게 되는 것이다.

대인(大人)이란 어린아이의 마음을 잃지 않는 사람이다. 서양 종교에
도 "사람이 어린아이와 같지 않으면 천국에 들어갈 수 없다."라는 말이
있어 동서양 성현의 말씀이 하나의 수레바퀴 자국처럼 동일하니, 어린
아이의 가치가 진실로 중대하도다! 대개 어린아이의 참됨은 타인과 나
를 구분하는 사사로움이 없어 백옥처럼 순수하고 명주실처럼 깨끗하다.
그 심신이 완전하지 못하다고 하여 멋대로 목우(木偶)로 간주하지 말
것이니, 저들의 눈은 보지 못하는 것이 아니고 저들의 귀는 듣지 못하는
것이 아니다. 다만 오관(五官)에 접촉되는 것이 투박하여 뇌리에 인식되
는 사물이 지극히 간단한 것으로 선악과 사정(邪正)이 이 시기에 분별된
다. 이는 교육을 어떻게 하는가에 달려 있는 것이다. 영아는 이 세상에
태어난 순간부터 본국의 한 국민이 되니, 훗날에 혹 능히 조정에 몸담아
선정(善政)을 조직하여 한 사람의 힘을 다하여 모든 국민을 행복하게
만들지도 모를 일이다. 저 특출한 공을 세우고 위대한 업적을 달성하여
명성을 전 세계에 떨친 동서양의 호걸이 누군들 아이 때부터 그렇지
않았겠는가. 소아의 가치가 진실로 보배롭도다!

붉은색을 가까이하면 붉어지고 검은색을 가까이하면 검어지는 법이

니, 습관은 제2의 성격이다. 군자가 되고 소인이 되는 것이 모두 이 시기에 배태되는 것이니, 습관의 힘이 가장 크고 또한 가장 깊이 스며든다. 익힌 바가 악하면 종신토록 그 해악을 받게 되니 어찌 두렵지 않겠는가. 교육이라는 것은 그 악함을 제거하며 선함을 북돋아주며 덕을 길러주며 지혜를 계발해주어 지극히 선량한 습관으로 인도하는 것이다. 그렇게 하지 않으면 어릴 때 이미 배움의 길을 잃은 것인데 장성한 뒤에 그것을 애써 독책(督責)하더라도 무슨 이익이 있겠는가. 어머니 된 이가 소아의 천성이 아직 몸에 배지 않은 시기에 그 익히는 바를 삼가서 하늘이 부여한 아름다운 자질을 북돋아주며 자녀의 지덕(智德)을 완전하게 하는 데 힘써야 할 것이다. 그러므로 어린아이의 어짊과 못남이 다 가정교육이 어떠한가를 보아 변화되는 것이다. 만약 안에 어진 어머니가 있고서 밖으로 또 훌륭한 스승과 벗이 날마다 함께 거처한다면, 소아의 오관에 접촉하는 바가 조금도 선하지 않은 것이 없게 되어 습관이 천성과 함께 이루어져서 덕을 더욱 쉽게 진전시킬 수 있다. 가정교육의 필요는 이에 더욱 알 만하니, 어머니 된 이는 유념해야 할 것이다. (미완)

유학(幼學)을 논하다 (전호 속)

회원 박은식(朴殷植) 역술

그렇다면 어떻게 해야 하는가. 천하의 학구(學究)를 모두 찾아서 다시 가르치지 않으면 안 되고, 천하의 몽학(蒙學)을 모두 찾아서 재편성하지 않으면 안 된다. 대략 5세부터 10세까지 같은 교육 방법을 시행하고 11세부터 15세까지 같은 교육 방법을 시행해야 하니, 진실로 그 지혜로움이 항탁(項橐)[1]이 아니고 그 어리석음이 주자(周子)[2]가 아니라면, 모두

---

1 항탁(項橐) : 7세에 공자(孔子)의 스승이 되었다고 전해지는 인물로, 나이는 적지만

이 방법으로 인도하여야 서로 성취함이 있게 될 것이다.

첫 번째 말할 것은 식자서(識字書)이다. 지금 『설문(說文)』의 9353문(文)에 서씨(徐氏)가 새로 더한 글자[3]와 근대 사람이 모은 『설문일자(說文逸字)』와 『설문외편(說文外編)』[4] 등의 수를 합하면 모두 1만여 자이니, 서양 문자에 비하면 복잡하지 않다. 그러나 여러 경전에 사용된 글자는 겨우 2천여 자이다. 한(漢)나라 초기 유학자가 『창힐편(蒼頡篇)』을 지을 때, 진(秦)나라의 『창힐편』과 『원력편(爰歷篇)』과 『박학편(博學篇)』 세 책을 합하여 60자로 끊어 한 장을 만든 것이 모두 55장이니, 총 3천 3백 자이다.[5] 사마상여(司馬相如)가 『범장편(凡將篇)』을 짓고, 사유(史游)가 『급취편(急就篇)』을 짓고, 이장(李長)이 『원상편(元尚篇)』을 지으면서 모두 이 책에서 재료를 취하였으니, 서한(西漢) 이전의 문자는 실제로 3천여 자였다. 『설문』은 양웅(揚雄)과 반고(班固)가 읽은 것에 근거하여 증익한 것이니, 그 글자가 참으로 옛 책에서 나왔는지의 여부는

지혜로운 어린아이를 가리킨다.

2 주자(周子) : 춘추시대 진(晉)나라 도공(悼公)으로, 실제로는 주자가 아닌 그의 형의 어리석음을 말한다. 주자의 형이 콩과 보리도 구분하지 못할 만큼 어리석었기 때문에 차자(次子)인 주자가 왕위를 잇게 되었다. 여기서 나온 성어가 '숙맥불변(菽麥不辨)' 이다.

3 서씨(徐氏)가 새로 더한 글자 : 북송(北宋)의 문자학자 서현(徐鉉, 917-992)이 『설문해자』에서 19자를 정문(正文)에 보충하고, 402자를 정문의 뒤에 부기하여 개정·증보한 『설문해자대서본(說文解字大徐本)』을 가리킨다. 참고로 그의 아우 서개(徐鍇, 920-974)도 문자의 훈고에 능통하여 함께 '이서(二徐)'로 불렸는데, 서개가 『설문해자』의 글자를 고증하고 설명한 『설문해자계전(說文解字系傳)』을 소서본(小徐本)이라고 한다.

4 근대……설문외편(說文外編) : 두 책 모두 청나라 때 기존 『설문해자』에서 빠진 글자를 보충하기 위해 만들어진 것으로, 『설문일자』는 정진(鄭珍, 1806-1864)이 저술하였고, 『설문외자』는 뇌준(雷浚, 1814-1893)이 저술하였다.

5 한(漢)나라……자이다 : 진(秦)나라 승상 이사(李斯)가 7장의 『창힐편』을 짓고, 중거부영(中車府令) 조고(趙高)가 6장의 『원력편』을 짓고, 태사령(太史令) 호모경(胡母敬)이 7장의 『박학편』을 지었다. 한나라 때 그것을 아울러 55장으로 만들어 『창힐편』이라고 이름하였다.

깊이 따질 필요가 없다. 요컨대 오늘날 통용되는 문자는 실제로 2천여 자에 불과하니, 이 2천여 자만 알고 있으면 하늘과 사람의 이치를 깨닫고 인류와 물리를 다스리는 데 두루두루 부족함이 없을 것이다. 서양인의 글은 소리를 위주로 하기 때문에 자수(字數)가 많지만 글자를 알기 쉽고, 중국의 글은 형상을 위주로 하기 때문에 자수가 적지만 글자를 알기는 어렵다. 비록 그러하나 또한 방법이 있으니, 소리를 위주로 하는 것은 반드시 자음과 모음을 먼저 배운 다음에 한 음절을 만들지만, 형상을 위주로 하는 것은 반드시 먼저 독체(獨體)를 익힌 다음 합체(合體)를 배운다-독체는 문(文)이 되고, 합체는 자(字)가 된다-.[6] 독체는 상형(象形)·지사(指事)가 대부분이고, 합체는 형성(形聲)·회의(會意)가 대부분이다. 왕녹우(王菉友)가 저술한 『문자몽구(文字蒙求)』[7]는 조리(條理)가 제법 훌륭한데, 스스로 말하기를 "아이를 1개월만 가르치면 유용한 글자는 다 배울 수 있다."라고 하였다. 다만 이 책의 상형과 지사 두 항목은 좋지만, 고금의 문자가 독체를 제외하면 형성인 경우가 열에 여덟아홉을 차지하므로, 반드시 간단한 요령을 익힌 다음에 취해야지만 편리하게 이용할 수 있다. 내가 마카오에 있을 때 포르투갈 사람 중에 와서 배우는 이들이 있었는데, 어떤 이는 글자를 모르고 어떤 이는 글자는 알지만 쓰지 못했다. 내가 먼저 『문자몽구』와 상형·지사 두 부문의 독체 글자를 가르치

---

6 형상을……된다 : 문(文)과 자(字)의 구분에 대하여 허신(許愼)의 「설문해자서(說文解字序)」에는 '유(類)에 따라 형상〔形〕을 본뜬 것을 문이라고 하고, 그 뒤에 형상과 소리〔聲〕가 합해진 것을 자라고 한다.'라고 하였다. 본문에서는 형상을 본떠서 만든 글자를 '독체(獨體)', 소리가 조합되어 만들어진 글자를 '합체(合體)'로 구분한 것으로 보인다.

7 왕녹우(王菉友)가 저술한 문자몽구(文字蒙求) : 왕녹우는 청나라의 문자학자인 왕균(王筠, 1784-1854)으로, 녹우는 그의 호이다. 『문자몽구』는 『설문해자』에서 2천여 자를 뽑아 상형(象形), 지사(指事), 회의(會意), 형성(形聲) 4권으로 나누어 해당 글자의 전문(篆文)과 해서(楷書)를 나열한 뒤, 허신(許愼)의 해석에 설명을 덧붙인 식자(識字)를 지도하기 위해 만든 교본(敎本)이다.

고, 이어서 형성 글자를 표로 만들어 편방(偏旁)을 가로줄에 쓰고 음을 세로줄에 썼는데, 유용한 글자로만 뽑았더니 2천여 자에 불과했다. 표를 종이 한 장으로 만들어 학당 중간에 걸어놓고 가르쳤더니 열흘 남짓에 다 익히는 것을 보았다. 그러나 이는 글자의 본뜻을 가지고 가르친 것이니, 만약 가차자(假借字)까지 적용하자면 파생되는 것이 자못 많아 충분히 다 가르칠 수 없을 것이다. 서양인은 학동을 가르칠 때 먼저 실자(實字), 다음에 허자(虛字), 그다음에 활자(活字)의 순서로 하니, 지금 또한 그 뜻을 취해야 할 것이다. 위묵심(魏默深)[8]의 『몽아(蒙雅)』라는 책이 있는데, 〈천편(天篇)〉〈지편(地篇)〉〈인편(人篇)〉〈물편(物篇)〉〈사편(事篇)〉〈고천(詁天)〉〈고지(詁地)〉〈고인(詁人)〉〈고물(詁物)〉〈고사(詁事)〉 총 10문(門)으로 나누어져 있다. 4자의 운어(韻語)가 각자 유(類)를 이루어 사유(史游)의 『급취편(急就篇)』과 대략 비슷하여 입으로 읊조리기에는 제법 편리하다. 그러나 실려 있는 글자가 대부분 쓸모없는 것인데다 허자는 또한 운어처럼 통용할 수 있는 것이 아니니,[9] 지금은 마땅히 실자와 활자 등의 편만 활용하고 허자는 먼저 그 글자를 익히게 한 뒤 문법을 가르칠 때가 되어서 그 용법을 상세히 알려준다면 아주 순조롭게 가르칠 수 있을 것이다. 배우는 자들이 경서의 구두를 떼고 뜻을 분변하게 되면 또한 모든 책을 읽을 수 있고 모든 문장을 지을 수 있게 되며, 유년기의 일은 다시 기억하지 못하는 법이다. 그러나 지금 두려운 마음으로 글자를 아는가에 대해 말하자면, 숨어서 웃지 않는 자가 없을 것이다. 중국에 글자를 아는 사람이 적은 것은 진실로 이러한 폐단과

---

8 위묵심(魏默深) : 청나라의 사상가이자 문학가인 위원(魏源, 1794-1857)으로, 묵심은 그의 자(字)이다.

9 허자는……아니니 : 「논유학(論幼學)」 원문에는 이 부분에 량치차오(梁啓超)의 주석이 달려 있다. 번역하면 다음과 같다. "운어(韻語)는 단독으로 같은 유(類)로 실릴 수 있다는 뜻이다. 약(若), 불(不), 야(也), 언(焉), 재(哉) 등의 허자는 모두 가차(假借)의 뜻이며, 또한 그 뜻이 각각 달라서 운어로 차례를 삼기 어렵다."라고 하였다.

관련이 있다. 게다가 자서(字書)가 없고 또 속사(俗師)의 손을 빌리니, 처음 글을 배울 때에는 겨우 그 글자만 익히고 그 의미는 알지 못하게 하다가 학업이 약간 진전되어서야 다시 그 의미에 대하여 가르치기 때문에, 처음에는 기억하기 어렵고 나중에는 더욱 번거롭게 되는 것이다. 저 서양인의 『화사복(花士卜)』과 『사비림복(士比林卜)』[10] 등의 책은 눈앞 사물의 지극히 조잡하고 하찮은 부분을 취하여 설(說)을 엮고 다시 그림을 추가한 것이니 그 복잡하고 거칠며 불성실한 점은 가소롭지만, 그러나 저들이 모두 글자를 아는 것은 진실로 이 덕분이라 하겠다. 또한 들으니 서양인은 3세 아동에게 글자를 가르치고자 하면 26개의 공을 만들어 자음과 모음을 나누어 새긴 뒤 장난감으로 갖고 놀게 한다는데, 오늘 공 두 개를 주었다가 내일 둘 중 하나를 찾게 하고 또 다음날 둘 중 하나를 찾도록 하여 26일이면 자음과 모음을 모두 외울 수 있게 된다고 한다.

두 번째로 말할 것은 문법서(文法書)이다. 중국이 문채(文彩)로 천하에 명성이 났지만 문법을 가르치는 서적은 전하지 않는다. 생각건대 옛사람은 언어가 문자와 합치되었으니, 『의례(儀禮)』와 『좌전(左傳)』에 실려 있는 문사(文辭)가 모두 입에서 나와 글이 된 것들일 것이다. 그러므로 "시(詩)를 배우지 않으면 제대로 말할 수 없다."라고 하였고, 전기(傳記)에도 여러 차례 장명(將命)과 응대(應待)의 일에 대해 말하였으니, 말을 배우는 것이 곧 글을 배우는 것이었다. 그러나 후세에는 두 가지 일이 분리되어 그 뜻이 명확하지 않게 되었다. 위(魏)나라 문제(文帝) 유언화(劉彦和) 때부터 논문(論文)이 지어지기 시작하였으나, 이는 문학에 종사하는 자를 위하여 작문법을 설명한 것이지 학문하는 자를 위하여

---

10 『화사복(花士卜)』과 『사비림복(士比林卜)』 : 어떤 책인지는 미상이나 '-book'으로 끝나는 아동용 도서 시리즈의 이름으로 추정된다. 사비림복은 원문은 '比林卜'으로 되어 있으나 량치차오의 원문에 근거하여 '士'를 보충하였다.

방법을 가르쳐준 것이 아니다. 그러므로 후세에 항상 만권의 책을 읽었어도 작문은 잡되고 속되어 볼 것이 없는 경우가 있고, 심지어 중도에 학문을 폐하고 상업학 등을 배운 경우는 몇 년을 배워놓고 한 글자에도 통달하지 못하는 자가 몇이나 되는지 더욱 알 수가 없다. 서양인은 글자를 익힌 다음 곧장 문법 전문 서적을 배우는데, 어떻게 몇 글자를 이어 구절을 만들거나 어떻게 몇 구절을 엮어 글을 완성하든지 심천(深淺)과 선후가 질서정연하고 조리가 있다. 내가 예전에 학동을 가르칠 때, 시험 삼아 입으로는 일상어〔俚語〕로 가르치고 문언(文言)으로 뜻이 통하게 만들도록 하여 뜻이 통하지 않는 경우는 첨삭을 해주었다. 처음에는 대략적이고 절실한 사물을 가르치고 점차 다소 얕은 의론을 가르치되, 처음에는 1구를 가르치고 점차 3·4구를 가르쳐서 10구에 이르렀다. 2달이 지나자 30구 이상을 만들게 되었는데, 30구 이상이면 글이 거의 이루어지게 된다. 이렇게 하니 배우는 사람도 몹시 쉽고 가르치는 사람도 수고롭지 않았다.

세 번째로 말할 것은 가결서(歌訣書)이다. 한나라 사람의 소학(小學) 책인 『창힐편』과 『급취편』 등은 모두 운어(韻語)로 되어 있는데, 미루어 올라가보면 『주역』과 『시경』과 『노자』와 주(周)·진(秦)의 제자(諸子)의 책들이 모두 그러했으니, 풍송(諷誦)을 취하는 데 이보다 좋은 것은 없다. 근세에 통용되는 『삼자경(三字經)』과 『천자문(千字文)』 같은 서적은 사물이 두루 갖추어지지 못했고 의리(義理) 또한 적다. 지금 각종 학문에 대하여 그 가운데 긴요한 것을 취하여 운어로 편찬하되, 혹은 세 자, 혹은 네 자, 혹은 다섯 자, 혹은 일곱 자, 혹은 세 자 일곱 자를 번갈아 글을 만들어야 한다. 이미 완성된 서적 중에는 『보천가(步天歌)』, 『십칠사탄사(十七史彈詞)』, 천칭성(陳慶笙)의 『주현운어(州縣韻語)』, 마카오 사람 모 군(某君)의 『역대기원가(歷代紀元歌)』, 예하오우(葉浩吾)의 『천문가략(天文歌略)』과 『지리가략(地理歌略)』이 다 유용하고 읽을 만한

것들이다. 지금 마땅히 보충하여 저술해야 할 것의 첫 번째는 경학으로
4편이 있으니 1) 공자입교가(孔子立敎歌), 2) 군경전기명목편수가(群經
傳記名目篇數歌), 3) 삼공문제자급칠십자후학성명가(三孔門弟子及七十子
後學姓名歌), 4) 역대전경가(歷代傳經歌)이다.[11] 두 번째는 사사(史事)로
7편이 있으니 1) 제사명목종별급찬인가(諸史名目種別及撰人歌), 2) 역대
국호급제왕종성가(歷代國號及帝王種姓歌), 3) 고금대사가(古今大事歌),
4) 역외대사가(域外大事歌), 5) 역대관제가(歷代官制歌), 6) 역대병제가
(歷代兵制歌), 7) 중외고금명인가(中外古今名人歌)이다. 세 번째는 자학
(子學)으로 3편이 있으니 1) 주진제자유파가(周秦諸子流派歌), 2) 역대학
술유파가(歷代學術流派歌), 3) 외교유파가(外敎流派歌)이다. 네 번째는
천문(天文)으로 4편이 있으니 1) 제성종별명호가(諸星種別名號歌), 2) 팔
성요일급제월가(八星繞日及諸月歌), 3) 측후천리가(測候淺理歌), 4) 고금
중외역법이동가(古今中外歷法異同歌)이다. 다섯 번째는 지리(地理)로 7
편이 있으니 1) 오주만국명목가(五洲萬國名目歌), 2) 중국내지속지명목
가(中國內地屬地名目歌), 3) 중국험요각지가(中國險要各地歌), 4) 지구고
산대하명목가(地球高山大河名目歌), 5) 역대도읍(歷代都邑)과 만국경성
명목가(萬國京城名目歌), 6) 중국대도회(中國大都會)와 외국대상부(外國
大商埠)의 명목가(名目歌), 7) 지질천리가(地質淺理歌)이다. 여섯 번째는
물리(物理)로 4편이 있으니 1) 원질명목가(原質名目歌), 2) 동물정상가
(動物情狀歌), 3) 식물정상가(植物情狀歌), 4) 미생물정상가(微生物情狀
歌)이다. 또 별도로 권학가(勸學歌), 찬양공교가(贊揚孔敎歌), 애국가(愛
國歌), 변법자전가(變法自全歌), 계아편가(戒鴉片歌), 계전족가(戒纏足歌)
등이 있다. 아이를 가르칠 때 이를 어려서부터 외우게 하여 그 소이연을

---

11 첫……이다 : 『서우』 원문에는 3)과 4)의 서명이 누락되어 있다. 량치차오의 「논유학
(論幼學)」에 근거하여 『삼공문제자급칠십자후학성명가(三孔門弟子及七十子後學姓
名歌)』와 『역대전경가(歷代傳經歌)』를 보충하여 번역하였다.

밝히게 한다면 인심이 절로 새로워지고 인재가 절로 흥기되어 나라에 강하지 않은 자가 없게 될 것이다.

네 번째로 말할 것은 문답서(問答書)이다. 옛사람은 배움에 대해 말할 때 배움[學]과 물음[問]을 아울러 배움이라 하였고, 『맹자』에 이르길 "물음에 답하는 경우가 있다."[12]라 하였다. 배움은 밖으로부터 들어오는 것이고 물음은 안에서 나가는 것이니, 그 형세에 차이가 있다. 그러나 「학기(學記)」에 이르길 "잘 묻는 자는 단단한 나무를 다루는 것과 같아서 쉬운 곳을 먼저 하고 상세한 부분[節目]을 나중에 질문하는데, 잘 묻지 못하는 자는 이와 반대로 한다."라 하였으니, 물음 또한 쉽게 말할 수 있는 것이 아니다. 옛날의 가르치는 자는 배우는 자가 잘 묻지 못할까 염려했기 때문에 전기(傳記)의 체제로 그 질문을 대신하고 스스로 답하였으니, 『춘추』의 「공양전(公羊傳)」과 「곡량전(穀梁傳)」, 『주역』의 「문언전(文言傳)」, 『대대례(大戴禮)』의 「하소정전(夏小正傳)」이 모두 그러한 것이다. 서양인의 계몽 서적은 문답을 전적으로 활용하였고, 그 나머지 모든 서적은 매 편의 끝에 또한 습문(習問)을 많이 부기하였으니, 사람이 독서를 할 때 형세상 다 읽고서 모두 기억할 수 없기 때문에 반드시 그 요점을 제시하는 것이다. 그러나 서적의 중요한 뜻도 반드시 사람마다 훑는 즉시 제시할 수 있는 것이 아니므로, 저자는 스스로 요점을 짚고 독자는 스스로 기억해야 하니, 이것이 서적을 저술하는 좋은 방법이다. 서양의 문답 전문 서적을 중국어로 번역한 것으로 『계몽요진(啓蒙要津)』이 있는데, 천문과 지리의 천리(淺理)에 대해 말한 것이 질서 정연하여 한번 살펴보면 깨우칠 수 있다. 애석한 것은 책으로 만들어진 것이 너무 적어 다른 학문에 비해 여전히 결여된 듯하다는 점이다. 이제

---

12 물음에……있다 : 『맹자』「진심(盡心) 상」에 나오는 구절로 군자의 교육 방법 다섯 가지 중 하나이다.

대략적으로 가결(歌訣)에 따라서 서적의 문목(問目)을 상세하고 분명하게 조목으로 나누어, 얕은 데서 깊은 데로 들어가고 번잡한 데서 간략한 데로 되돌아가 하나하나 문답을 만들어 밝혀주어야 한다. 가결로 날줄을 삼고 문답으로 씨줄을 삼아 노래로 외워 기억을 돕고 문답을 통해 깨닫도록 인도하여 기억과 깨달음이 함께 진보한다면 배우는 자가 할 수 있는 일은 다한 것이다.

좋은 저서는 뜻을 취함이 광대하고 온축되어 있어서 먼저 체례(體禮)를 강론하고 또 문법을 강론하기 때문에 조리가 은근히 숨어 있어 독자가 쉽게 끌린다. 내가 생각건대 비록『고문상서소증(古文尙書疏證)』과『명당대도록(明堂大道錄)』등과 같이 복잡하고 상세한 서적이라도, 문답을 만들어 풀이하면 매 책이 1천 자에 불과하여 그 뜻이 아주 분명해질 것이다. 그러므로 천하의 유용한 학문을 모두 모아 문답을 편찬하면 30본(本) 안에서 대략이 다 갖추어질 것이니, 배우는 자가 하등의 자질만 지녔더라도 응당 다 읽을 수 있을 것이다. 또 사범학교가 아직 설립되지 않아 교사를 구하기 어렵지만, 이 서적만 있으면 궁벽한 시골의 고루한 학구(學究)라도 그림을 보고서 천리마를 찾을 수 있게 되어 묻는 바에 따라 학도를 시험할 수 있게 될 것이니, 내가 이른바 천하의 학구를 다 찾아서 가르쳐야 한다고 한 것이 또한 이 일을 가리킨 것이다.

다섯 번째로 말할 것은 설부서(說部書)이다. 옛사람은 문자와 언어가 같았고 지금 사람은 문자와 언어가 다르니, 그 이로움과 병통에 대해서는 이미 여러 차례 말하였다. 지금 사람이 말을 할 때는 모두 지금의 언어를 쓰지만 글을 쓸 때는 반드시 옛 언어를 본받기 때문에 어린아이나 부녀자, 농사짓는 백성들도 독서를 어렵게 여기지 않는 사람이 없다.『수호지』『삼국지』『홍루몽』과 같은 류가 도리어 육경(六經)보다 많은데, 소설가는『한서(漢書)』「예문지(藝文志)」에 구류(九流)로 열거되어 있으니 옛날 사대부가 이를 경시한 것이 아니며, 송나라 현사들이 종이 가득히 쓴 '이렇게〔恁地〕', '이것〔這箇〕' 등의 표현은 수식을 하지 않은 것이 아니라 또한 은미한 뜻이 존재하는 것이다. 일본은 이로하(伊呂波) 등 46개 자모(字母)를 만들어 히라가나와 가타카나로 구별하고, 그 토어(土語)를 유지하면서 한문을 보충했기 때문에 글자를 알아서 책을 읽고 신문을 보는 사람이 나날이 많아지게 되었다. 지금 이렇게는 하지 못하더라도 음이 있고 글자가 있는 속어를 전용하여 책 한 권을 저술하면 해독하는 자가 필시 많고 독자 역시 더욱 늘어날 것이다. 그런데 후세 학자가 문채(文采)에 힘쓰고 실학을 버린 뒤로 아무도 기꺼이 몸을 욕되게 하며 뜻을 내려놓지 않고 문자를 희롱하여 작은 재주가 있는 사람이 이로써 유희하며 방자하게 출판하니, 도둑질을 가르치거나 간음을 가르치는 두 경우를 벗어나지 않는다. 이런 까닭에 천하의 기풍이 여기서 부패하는데도 아무도 모르니 이는 작은 일이 아니다. 이제 마땅히 속어만 써서 여러 서적을 널리 저술한다면, 위로는 성인의 가르침을 빌려서 드러낼 수 있고 아래로는 역사서를 두루 저술할 수 있으며, 가깝게는 나라의 치욕에 대해 격발시킬 수 있고 멀게는 인간 본성까지 두루 미칠 수 있으며, 심지어 환로(宦路)의 추태와 과거장의 악습과 아편 중독과 전족이라는 잔인한 형벌까지 모두 다 드러낼 수 있어서 말세의 풍속을 진작시키게 될 것이니, 그 보익(補益) 됨을 어찌 다 헤아릴 수 있겠는가.

여섯 번째로 말할 것은 문경서(門徑書)이다. 배우는 자가 이상 다섯 가지 종류의 책에 이미 힘을 기울였다면, 육경에 잠심하고 여러 책에 두루 통할 수 있을 것이다. 사고(四庫)에 있는 책만 해도 이미 안개 자욱한 큰 바다 같은데, 거기다 옛날의 일서(逸書)와 근대의 저서와 서양의 서적을 더하여 실으면 만 마리 소도 땀을 흘리고 쌓으면 억만 개 방에 가득 찰 만큼 많으니, 수십 년 동안 몇 권이나 읽을 수 있겠는가. 그러므로 인도해주지 않으면 안 된다. 『사고제요(四庫提要)』는 여러 학문의 실마리가 대략 갖추어져 있지만, 책이 꽤 복잡하고 두꺼워서 동몽(童蒙)이 꺼린다. 본향 사람 아무개는 학문에 전혀 무지하였는데, 11세에 골목에서 놀다가 장남피사(張南皮師)의 『유헌어(輶軒語)』와 『서목답문(書目答問)』[13]을 얻어서 돌아와 읽고 비로소 천지간에 학문이라는 것이 있음을 알게 되었고, 조금 장성하여서는 남해(南海) 캉유웨이(康有爲) 선생의 문하에서 수학하여 『장흥학기(長興學記)』를 얻어 부지런히 힘쓰며 종사하였다.

　갑오년에 내가 마카오에서 학생을 가르칠 때 독서분월과정(讀書分月課程)을 만들어 문인들을 가르쳤는데, 근래에 다시 독서학서법(讀西學書法)을 만들어 그것으로 질문에 답해보았다. 모두 사우(師友)의 말설(未說)을 연출한 것이라 깨닫는 바가 크지는 않을 것이나, 다만 동몽의 요구를 외면하지 않으려 했을 뿐이다. 인화현(仁和縣) 출신인 예한(葉瀚)이 『독서요략(讀書要略)』을 저술하였는데, 조리가 질서정연하여 처음 배울 때 편리하다. 학동이 처음 배울 때 이 몇 가지를 의지하면 응당 실마리를 얻게 될 것이다. 예전에는 항상 중외와 고금을 모두 모아 『군학원류(群學源流)』 한 책을 만들어 학구를 가르치고자 하였으나, 학재(學才)가 얕아서 겨우 몇 편 완성되었을 뿐이니, 나라 안의 군자들이 완성하여 은혜를 베풀어주기 바란다.

　일곱 번째로 말할 것은 명물서(名物書)이다. 서양인은 어떤 종류의 책이 있으면 이를 번역하는 자에게 명하여 자전(字典)을 만들도록 한다. 가장 많이 갖추어진 것은 거대한 수십 권에 이르니, 26개의 자모로 차례

13　장남피사(張南皮師)……서목답문 : 장남피사는 만청(晚淸) 중흥(中興) 사대명신(四大名臣) 중 하나인 장즈퉁(張之洞, 1837-1909)으로, 남피(南皮)는 그의 본관이고, 사(師)는 그가 총독(總督)을 지냈기 때문에 붙여진 것이다. 『유헌어(輶軒語)』는 그가 편찬한 교육서로 「어행(語行)」, 「어학(語學)」, 「어문(語文)」의 세 부분으로 구성되어 있으며, 『서목답문(書目答問)』은 학자가 읽어야 하는 중요한 서적을 수록해 놓은 것이다.

를 엮어 고금 만국의 명물을 모두 다 실어놓았다. 그러므로 이미 문법에 정통한 사람이 이 책에 근거하여 모든 책을 읽게 되면 막힘이 없다. 중국에는 양웅(揚雄)의 『방언(方言)』이 그 뜻에 가장 가깝다. 지금 마땅히 이 뜻을 차용하여 천하의 사물을 모두 취하여 전부 엮어 정리한다면 배우는 자들의 번역과 검색을 도울 수 있을 것이다. 예를 들면 이와 같은 경우이다. '천하를 다스리는 사람을 삼황(三皇)의 시대에는 황(皇)이라고 하였고, 오제(五帝)의 시대에는 제(帝)라고 하였고, 삼대(三代)의 시대에는 왕(王)이라고 하였고, 진(秦)나라 때부터 지금까지는 모두 황제(皇帝)가 군(君), 후(后), 벽(辟), 상(上)이라고 일컬어졌다. 몽골에서는 칸〔汗〕이라고 하거나 패륵(貝勒)이라고 하고, 회부(回部)[14]에서는 샤(沙)라고 하고 러시아도 차르(沙)라고 한다. 돌궐은 술탄이라고 하고, 일본은 천황(天皇)이라고 하고, 티베트는 찬보(贊普)라고 한다. 유럽 여러 나라들은 모나크(Monarch) 또는 엠퍼러(emperor) 또는 소버린(sovereign) 또는 룰러(ruler) 또는 킹(king) 또는 프레지던트(President)라고 한다.' 그 나머지도 모두 이 예와 같다. 대개 관제(官制)와 지리 두 가지가 가장 범위가 넓고 복잡하며, 그 나머지는 대부분 쉽다. 배우는 자가 이미 문법에 통달하고 대의에 밝아졌을 때 이 책을 얻는다면, 모든 책을 다 읽을 수 있고 해석하지 못할 것이 없게 될 것이다. 번역하여 정한 서양인의 명칭은 훗날 국어 해석의 용도로 쓰일 것이니, 몽습(蒙拾)을 돕는 데만 그치는 것이 아니다. 학동이 이를 얻는다면 그들의 배움이 절반의 노력으로 곱절의 효과를 얻게 될 것이다.

---

14 회부(回部) : 신장(新疆) 남부 지역을 가리키는 옛 명칭이다.

질병 예방의 주의

육군 3등 군의장(軍醫長) 유한성(劉漢性)

질병이라는 것이 어떻게 인체를 고통스럽게 하는지에 대해 설명해보 겠다. 세상에서 질병보다 더 사람의 마음을 비참하게 하는 것은 없기에, 어떤 원대한 희망이 있든지 어떤 지식과 재능이 있든지 하루아침에 이 질병이 침범하면 그 희망을 이루지 못하고 그 지식과 재능을 응용할 데가 없어지니, 진실로 세상에서 질병보다 더 큰 불행이 없는 것이다. 지금 만약 치료할 시기를 놓치고 치료를 게을리하여 구제할 방법이 없 는 데 이르면, 몹시 비참한 심경이 더해지며 근심스럽고 두렵게 된다.

인체라고 하는 것은 질병의 기구(器俱)이다. 세상에 태어나서 죽는 그 사이에 수많은 질병에 침범당하여 항상 건강하던 사람도 무시로 질 병의 습격을 받고 죽음에 이르게 되는 것이다. 지금 유럽 여러 나라에서 는 위생 개념이 충분히 발달하여 질병이 발생하기 전에 예방할 방법을 강구하여, 의사는 더욱 부지런히 연구하고 의사가 아닌 개인도 점차 위 생의 중요성에 대해 깨닫고 예방에 힘쓰고 있다. 그러나 우리 대한은 의학이 아직 발달되지 못한 까닭에 제반 위생이라는 것이 아예 없다고 해도 무방하다. 그러므로 우매하고 문외한인 내가 대략적인 병리(病理) 와 구료(救療)와 간호의 필요성에 대해 설명하고자 한다.

일단 이 세상에 태어난 이상 위생을 중요시해야 한다. 이는 하루라도 더 살아서 우리의 건강한 신체를 유지하여 희망과 지식과 재능을 응용 하여 각각의 목적을 달성하기 위함이다. 만약 위생을 소홀히 알아서 위 생을 준수하지 않으면, 비록 영웅이라 하더라도 그 목적을 달성하기 어 려운 법이다. 그러므로 내가 대략적으로 긴요한 조목 몇 가지를 설명하고자 하니, 이를 참작하여 위생을 스스로 잘 지키기 바란다.

질병의 원인은 매우 많은데, 이를 크게 구분하면 내적 원인과 외적 원인 2종으로 구별한다. 내적 원인이라는 것은 즉 신체와 관련하여 체질 및 연령 등이 질병의 원인이 된 경우이고, 외적 요인은 신체 외에 혹 물질을 매개로 질병을 끌어들여 중대한 질병을 야기하게 된 경우이다. 연령과 질병이라는 것은 큰 관련이 있다. 소아는 보통 소화기병에 걸리기 쉽고, 소년은 발육병에 걸리기 쉽고, 장년에 이르러서는 과로가 원인이 된 제반 질병에 걸리기 쉽다. 즉 디프테리아라는 것이 소아를 엄습하고, 청년에게는 결핵증이 엄습하고, 노년에게는 암종(癌腫)이 엄습하는 것과 같이 연령과 밀접하게 관련이 있음을 알 수 있다.

또 성질에 따라서도 다르다. 여자는 임신과 분만 등의 기능이 있으므로 이와 관련된 질병이 발생하고, 남자는 일반적으로 위험한 업무에 종사하기 때문에 외상 등을 입는 일이 많다. 체질로 말하자면, 사람은 인체가 각각 건강한 경우도 있고 허약한 경우도 있어서 신경질(神經質)도 있고 졸중질(卒中質)도 있고 폐로질(肺勞質)도 있다. 건강한 사람은 질병의 요인에 대하여 저항력이 강하기 때문에 질병이 침범하는 경우가 적고, 허약한 사람은 쉽게 질병의 습격을 받게 된다. 그러나 건강한 사람 중에도 비만한 사람과 여윈 사람이 있어 비만한 사람과 여윈 사람이 제각기 특수한 병질(病質)을 갖게 되며, 신경질 이하 여러 체질은 병적 변화가 생기기 쉬우므로 사소한 질환도 극히 큰 병을 야기할 수 있으니 매우 주의해야 한다.

또 유전의 경우 부모의 신체의 어떤 특수한 소질(素質)이 자손에게 전달되어 자손의 신체를 박약하게 만드는 경우가 적지 않으니, 이와 같은 박약한 사람은 원래 신체가 건강한 사람에게 비할 수 없다. 또 직업과 빈부와의 관계도 적지 않다. 개인의 직업이라는 것은 사람마다 달라서 항상 불결한 공기를 호흡하는 사람도 있고, 앉아서 업무를 보는 사람도 있고, 육체노동에 종사하는 사람도 있어, 신체 건강상에 많은 영향을 미친다. 빈부의 경우를 살펴보면, 가난한 사람은 음식물이 부족하여 자양분이 결핍되고, 거처나 의복에 있어서도 기타 일반적인 위생 관념이 옅어 여러 면에서 균형을 이루지 못한다. 부유한 사람은 의복도 넉넉하고 위생도 가난한 사람보다 정돈되어 있지만, 비위생과 운동 부족 등의 원인이 질병을 야기하여 건강을 손상시키기도 한다. (미완)

위생요감(衛生要感)

회원 이달원(李達元)

음식물의 제조와 판매에 있어 우리 국민들은 위생 개념과 관련 지식이 결핍되어 있다. 그 결과 인간의 생활과 가장 크게 관련된 음식물에 위생상 유해한 물질이 있어도 신경을 쓰지 않으니, 이는 진실로 개탄할 만한 것이다. 특히 일반 공중(公衆)과 관계된 음식물 제조자 및 판매자가 위생을 신경 쓰지 않고 사람의 건강을 해치는 물품을 제조하고 판매하는 것은 세상에 아주 많은 해악을 끼친다.

시험 삼아 우리나라의 여러 음식점에 가서 거기서 판매하는 물품을 조사해보면 꽤 많은 불량품을 발견하게 된다. 그러나 파는 사람도 이를 이상하게 여기지 않고 사는 사람도 이를 개의치 않고 금전을 지불해가며 신체를 상하게 하니 어찌 답답하지 않으리오. 이와 같은 불량품을 먹고 마신 사람이 병에 걸리면, 그 병독이 널리 유행하여 많은 사람에게 해를 끼치는 데 이른다. 그러므로 불량 음식물의 판매는 이를 먹고 마신 사람이 피해를 볼 뿐만 아니라 그 피해가 광범위하게 세간에 미치게 되기 때문에 가장 엄중하게 단속해야 한다.

지금 시장에서 음식물을 판매하는 상황을 살펴보면, 음식물을 불결한 용기에 담고서 뚜껑을 덮지 않기 때문에 공기 중 세균이 흙먼지와 함께 바람에 실려 음식물에 섞여 들어가기도 한다. 이렇게 하면 청결한 음식물이라고 하더라도 결국은 불결하고 유해한 음식물로 바뀌게 되는 것이다. 그러므로 음식물의 제조와 판매는 제조소를 감독하여 불량품의 발매를 금해야 할 뿐만 아니라, 판매점을 검사하여 그 용기에 불결한 것이 혼입되는 것을 방지해야 하며, 기한이 경과하여 부패해가는 음식물을 판매하는 것을 엄금해야 한다. 이를 감독하고 검사하는 것은 경찰 관리의 임무이다.

○ 목욕탕과 이발소

목욕탕은 여러 사람이 신체의 더러움을 씻어내는 곳이다. 그러므로 목욕하는 한 사람에게 피부병과 기타 전염병이 있는 경우, 그 뒤에 가는 사람이 그 병독을 받게 된다. 이발소도 역시 여러 사람이 같은 기구로 이발을 받기 때문에 독두병(禿頭病)과 같은 전염병에 걸린 한 사람이 그 병독을 옮기는 경우가 있다. 이 두 장소는 전염병의 매개가 되기에 아주 용이한 곳이니, 이러한 장소에서 특별히 임독(淋毒)이나 독두병독을 얻어 신체를 상하는 예가 세간에 적지 않다. 이러한 장소는 전염병 예방 설비와 병독 소멸의 방법을 강구해야 할 필요가 있다 하겠다.

애국정신담(愛國精神談) (속)
회원 노백린(盧伯麟) 역술

제2장 프로이센인의 프랑스 포로 학대

프랑스인 보드리(Baudry) 씨가 학교 교사가 되고자 부지런히 학술을

연구하여 그 뜻을 곧 이루게 되었는데, 마침 프랑스와 프로이센의 전쟁
이 일어났다. 분연히 궐기하여 생각하기를 '장부가 난세에 태어나 종이
더미에 별 볼 일 없이 파묻혀 지내는 것은 수치가 아니겠는가.' 하며
펜을 던지고 종군하여 팔스부르 성에 들어가 방어하고 있었다. 하루는
방어전 도중에 적의 탄환이 머리 위에서 폭발하는 것을 보았다. 노하여
말하기를 "프로이센인의 포탄이 우리 포루(砲壘)를 부수고 있는데 내 총
탄이 이를 막을 수가 없으니 이보다 한스러운 일이 있겠는가."라 하면서
이를 갈고 눈을 부릅뜨고 적군을 쏘아보며 앞장서 성 위에 서니, 그 용
기가 늠름하여 날카로운 서리도 해칠 수 없을 듯하였다. 이때부터 보드
리 씨의 명성이 점차 군중에 퍼지게 되었다.

　　당시 보드리 씨 곁에 일개 청년 병사가 있었다. 나이 겨우 18세에
용맹함이 보드리 씨 못지않았으니, 그는 알자스(Alsace) 지방의 아파류
(Apparut)이다. 적의 탄환이 비처럼 쏟아질 때 아파류 씨가 적의 상황을
엿보기 위해 보루를 타고 올라가다가 불행히 날아온 탄환 하나가 머리
를 명중하여 사망하니, 보드리 씨가 크게 노하여 말하기를 "내가 맹세코
아파류 씨의 원수를 갚아서 그의 영혼을 위로하겠다."라 하였다. 이튿날
오후에 프로이센인 두 명이 들판에서 배회하는 것을 보고 총을 빼어
그들을 쏘아 한 명을 죽였으니, 아파류 씨의 원수를 갚은 것이었다.

　　팔스부르 성이 함락된 뒤에 보드리 씨도 잡혀 프로이센의 마그데부
르크(Magdebourg) 시에 이르게 되었으니, 함께 갇힌 포로 백여 명이
지하 감옥에 유폐되었다. 지대가 낮고 습한데 건초 한 다발도 주지 않고
고, 사방이 다 흙벽이라 햇빛을 보지 못하니 공기가 나빠 숨이 끊어질
듯하였다. 맑은 공기를 호흡하며 볕을 쬘 수 있는 시간은 오직 감옥에서
나와 노역을 할 때뿐이었다. 그러나 매일 7·8시간 고역에 시달리고
감시병이 아주 혹독하게 공사를 감독했기 때문에 일거일동이 곧 생사의
갈림길이었다. 하루는 프로이센 병사가 프랑스 포로를 모아 공역(工役)

을 평가하고 있는데, 그때 프랑스 보병 군조(軍曹) 공보(Gombaud) 씨가 막사 옆에서 어슬렁거리며 배회하고 고개를 들어 먼 곳을 바라보고 있었다. 마침 프로이센 하사가 프로이센 말로 막사에 들어오라고 명하였는데, 공보 씨는 그 말을 알아듣지 못하여 태연자약하게 서성였다. 하사가 노하여 그를 체포하니 공보 씨가 언성을 높여 말하기를 "우리나라 하사는 무고한 사람을 함부로 때리지 않는데, 당신은 어째서 이렇게 마음대로 하는 것이오."라 하였다. 항명한 데 대하여 프로이센 하사가 상관에게 보고하고 군법회의에 끌고 가서 그는 결국 총살 선고를 받게 되었다. 드디어 공보 씨를 근교 형장으로 호송할 때 프랑스 포로 6천 명이 그 장소에 임하여 이를 보았는데, 형장에 나아갈 때 그의 눈을 수건으로 가려주려고 하자 공보 씨가 거절하며 말하기를 "남아가 어찌 죽는 것을 두려워하랴. 결단코 눈을 가리고 형을 받지는 않을 것이다."라 하였다. 그때 군장을 갖춘 프로이센 병사 몇 명이 총을 잡고 공보 씨 앞으로 다가오니, 공보 씨가 말하기를 "내가 신호하기 전까지는 총을 쏘지 말라."고 하고 또 동포 포로들에게 부르짖기를 "아아, 나의 동포들이여. 내 최후의 한마디를 들어라. 우리가 불행하여 지금 이렇게 되었으니 나는 오늘 죽게 될 것이다. 바라건대 그대들이 나를 위해 '용맹하고 활발한 프랑스인이다!'라는 한마디를 외쳐준다면 내가 죽어도 산 것과 같으리라."라고 하였으니, 6천여 군중이 한목소리로 외친 그 소리가 산을 뒤흔들었다. 이에 공보가 프로이센 병사에게 총을 쏘게 하자 천지를 울리는 총성 한 발에 연기가 자욱하게 피어올라 마침내 구천의 객이 되었으니, 그때 그의 나이 22세였다.

형장에 있던 프랑스 포로들이 차마 그 참상을 보지 못하여 고개를 숙이고 얼굴빛이 질리니 형장이 숙연해졌다. 아, 사람이 목석이 아니고서야 어찌 상심하지 않을 수 있겠는가. 수고와 고통을 견디던 나머지 원수를 갚아 설욕해야겠다는 마음이 부지불식간에 가슴속에 가득해져 혈기왕성한 무리가 문득 복수를 거행하고자 하여 어느 날 저녁 한 방에 몰래 모여 서로 계책을 내는데, 울분을 막을 길이 없어 마침내 프로이센 하사를 죽여 공보의 혼령을 위로하자고 크게 절규하는 자가 있었다. 보드리 씨는 대중이 존경하는 사람이라 나와서 말하기를 "오늘 제군이 하루아침의 분노를 참지 못하고 공보를 위하여 복수하고자 하는데, 복수는 의로운 행동이니 어찌 불가하다 하겠는가. 그러나 제군은 우리가 처한 환경을 생각해보라. 갑자기 이런 행동을 하면 프로이센인이 더욱 학대하여 제군이 위태롭게 될 것이 뻔하다. 프로이센 하사를 죽이면 우리의 묵은 원한이 다소 풀리기는 하겠지만, 경거망동하여 일을 그르치면 프랑스의 명예가 실추될 것이며 나아가 죽는 것 자체가 국가에 무익한 일이다. 모든 일은 나라의 큰 판을 위해 계획해야 하는데, 한 개인을 위해 일개 하사를 쏘아 죽이는 것을 구천에서 공보가 과연 원할까 싶다. 오늘날 우리의 급무는 한 개인의 원수에게 복수하는 데 있지 않다. 한을 머금고 분노를 참아 용기를 고무하며 공역(工役)에 종사하여 지금의 고난을 이겨내야 할 따름이다. 지금 우리는 포로로 사로잡힌 몸이라, 우리의 이름도 우리의 소유가 아니며 생사고락의 권한도 모두 저들의 손에 달려 있다. 제군이 오늘의 분노와 한을 가슴속에 새겨두었다가, 만에 하나 고국으로 돌아가게 되었을 때 오늘의 심정과 상황을 제군의 자제에게 다 알려준다면, 그들이 고무되고 발분하여 제군을 위해 복수할 날이 올 것이다. 우리는 와신상담하여 오늘의 불행한 조국이 훗날 영광을 떨치도록 할 따름이니, 제군은 심사숙고해보라."라고 하니, 군중이 다 듣고서 모두 멀리 내다보는 깊은 계책을 품어 마침내 반란을 중도에 그치게 되었다.

조혼의 폐단

회원 김규진(金圭鎭)

무릇 혼인이라는 것은 인류의 근원이요, 생리(生理)의 근본이다. 두 성(姓)이 결합하여 한 몸을 이루고, 한 몸을 이루어 천백의 자손을 낳고, 천백의 자손을 낳아 억만의 인중(人衆)을 이루는 일이니, 어찌 중대하지 않겠으며 살피고 삼가지 않을 수 있겠는가. 우리 인류의 태초 시조 아담과 하와 씨와 중조(中祖) 방아(邦亞) 씨[15]와 복희(伏羲) 씨의 시대에 정혼 (定婚)하고 혼인한 것은 모두 옛날 일에 속하므로 논하지 않겠다. 그러나 세계 만국에 지금 우리나라의 조혼처럼 큰 폐단은 없었다.

상고시대 사람은 수명이 8·9백 세로 간혹 천여 세를 산 사람도 있었다 하고, 중고시대 사람은 다 수명이 백 세로 간혹 2·3백 세를 산 사람도 있었다 하는데, 지금 사람은 70세를 살면 상수(上壽)라 한다. 또 수명과 인종의 관계를 살펴보면, 장수하는 인종은 서양 인종이 가장 많고 그 밖에 중국 인종이 다음을, 한·일 양국 인종이 그다음을 차지하니, 이는 어째서인가. 혹자는 "천도의 순환과 세운의 승강(升降)에 의해 나누어졌다."라고 할 듯하지만 그렇지 않다. 사람의 다병(多病)과 단명(短命)은 모두 조혼의 폐단에서 비롯되며, 또 위생법에 무지한 데도 원인이 있다.

그러므로 상고시대 사람이 8·9백 세를 살았으니 조혼을 하지 않았으리라 짐작할 수 있고, 중고시대 사람이 평균 백 세를 산 것은 남자는 30세에 아내를 맞이하고 여자는 20세에 출가했기 때문이다. 지금 사람

---

15 중조(中祖) 방아(邦亞) 씨 : 미상이다.

의 장수가 70세에 불과한 것은 아직 입에서 젖내가 나는 아이를 시집
장가 보내기 때문이다. 막 돋아난 새싹이나 아직 터지지 않은 꽃봉오리
같은 어린 음과 양이 질병과 생사에 무지한 채로 완전하지 못한 정액을
낭비하니 무자식인 경우가 절반이다. 정기와 혈기가 완전하지 못한 아
이들이 합하여 아이를 낳으니, 낳으면 기력이 자연히 약해지고 기력이
약하니 질병이 많고 질병이 많으니 활력이 없고 활력이 없으니 장수할
수 없는 것이다. 또한 소아의 정기와 혈기로는 좋은 종자의 후손을 낳는
것이 불가능하다.

　이러한 까닭으로 유럽은 남녀가 보통 30세에서 40세에 혼인하는 경
우가 많고, 지나인은 남자는 20세 이상에 장가를 가고 여자는 18세 이
상에 시집을 가니, 인종이 거대한 것은 자연의 이치이다. 일본인도 유신
(維新) 전에는 조혼의 폐습이 성행하였으며 혈족 간에 통혼하는 악습이
유행하여 인종이 점점 쇠미해졌다. 그리하여 일단 개명하게 된 뒤로는
조혼의 폐습을 엄금하여 남녀 모두 18세에서 20세 전에는 감히 시집
장가를 가지 못하게 하였으며, 동식물 번식의 생리를 연구하여 혈족 간
의 통혼을 끊었으며, 양질의 위생법을 충분히 실시하여 조금이라도 생
명에 위해를 가함이 없도록 함으로써 인종의 기력이 강건해지고 질병이
발생하지 않게 되었다. 그리하여 정밀한 지혜가 충만하여 지식의 발달
과 국민의 단합이라는 결과로 용맹하게 나아가는 힘을 보유할 수 있게
되어 세계열강과 동등한 나라를 이루게 되었다. 이로써 미루어보면 결
코 인종의 강약·요수(夭壽)와 국가의 흥망성쇠가 혼인의 조만(早晩)에
있지 않다고 할 수 없을 것이다.

　이른바 부부가 결혼할 때 양가 부모나 8촌 이내 친척이 마음대로 이
를 진행하다 보니, 남편과 아내가 서로 내외적으로 약간의 교분도 없는
사이인지라 피차간에 마음이 선한지 악한지 전혀 모른다. 이런 채로 어
슴푸레한 밤에 첫날밤을 보내게 되는데, 생면부지의 사람과 백년해로하

면서 부모에게 효도하고 형제간에 화목해야 하는 지극히 중대한 역할을
맡게 되는 것이다.

이처럼 경솔하고 몰염치한 일이 어디 있으며, 외모와 속마음이 어찌
쉽게 두 사람의 안목에 흡족하게 차겠는가. 이러한 까닭에 첫날 아내를
소박(疎薄)하는 경우가 많은데, 혹 서로 헤어지거나 혹 명칭을 큰 부인
이라고 하면서 규방에 가두어놓고 평생 돌아보지 않아서 자손의 생산을
영원히 막아 스스로 후사를 끊기도 하며, 아내로 하여금 죽을 때까지
원망을 품게 하고 기생이나 갈보 등을 첩으로 삼아 즐긴다. 이는 그 부
인에게만 죄를 짓는 일이 아니니, 생명의 손실이라는 큰 문제에 있어서
는 어떠한가. 미성숙한 아이를 시집 장가 보내는 까닭에 20세도 안 된
청상과부가 허다하고, 과부가 되면 으레 수절하여 출산과 양육을 영원
히 끊어버리니 과부가 된 사람의 심정만 가여운 것이 아니다.

전국 평균으로 계산하면 생명의 손실이 또한 어떠하겠는가. 이와 같
은데 인간이 번성할 리가 만무하니 어찌 통탄스럽지 않겠으며, 인종이
번성하지 못하는데 어찌 국가와 강토와 생명을 보존할 실력이 생기리
오. 부패한 구습을 모두 씻어내고, 자유롭게 개가하여 꽃다운 청춘 광음
을 무정하게 허송하지 말고, 창창한 앞날을 뚜렷하게 펼쳐나가서 자손
이 대를 이어 남과 같이 무궁한 복록을 향유하도록 한다면, 개인의 쾌락
이요 국가의 행복이 될 것이니, 나라와 백성을 사랑하는 그 누가 사양하
리오. 동서양 문명국의 풍속에는 혼인을 맺고자 할 때, 신랑과 신부가
사회나 공원에서 수시로 만나 안면을 익히며 마음가짐을 헤아려보아서
맞지 않으면 자의로 파기하고, 뜻이 맞으면 혼인을 약속하고 예식을 행
하여 백년해로한다. 서로 어긋나는 마음이 조금도 없으니, 어찌 반목할
리가 있겠으며, 과부가 되면 으레 개가를 하니 생명이 손실될 리가 있겠
는가.

경성은 우리나라 최대의 도회처이다. 종로 대로와 도성문 밖 정거장

에 왕래하는 사람이 얼마나 되는지 한번 살펴보라. 길거리에 정면으로 서서 직선으로 볼 때는 오고 가는 사람들이 겹겹으로 통행하여 적지 않다고 할지 모르겠으나, 도로변에 비스듬히 서서 횡선으로 볼 때는 두세 명이나 서너 명씩 드문드문 왕래하고, 정거장에 나가 보면 외국인을 제외한 우리나라 사람은 몇십 명에 불과하니, 우리 인종의 희소함은 말하지 않아도 알 것이다. 간혹 다른 나라를 유람할 때 정거장과 길거리의 광경을 보면, 인산인해를 이루어 마치 개미떼가 어지럽게 흩어지는 것 같아 그 수를 다 셀 수 없으니, 생명의 번성과 희소가 어찌 혼인에서 비롯되지 않는다 하리오.

이로써 살펴보건대 혼인의 고질적인 폐단이 국가의 원기를 훼손시킴이 확실하다. 또 혼수의 낭비에 대해서 대략 말해보자면, 하루를 근근이 이어가는 사람이 집을 팔고 옷을 전당 잡혀 값비싼 비단과 금은보화를 아낌없이 사들여서 한때 눈을 즐겁게 하는 밑천으로 삼고, 몸치장하는 도구를 장만하여 쓸데없는 부동산을 만들어 도리어 도적을 불러들이는 매개가 되니, 경제적으로 막대한 손실이라는 것은 말하지 않아도 명백하다. 아, 우리 동포여. 나라를 사랑하는 정성이 마음속 깊이 새겨져 있는 사람이라면, 혼인의 예절과 혼수에 대해 먼저 편리한 신식을 따르고, 조혼의 폐단을 각자가 금하라. 이로써 강대한 인종과 훌륭한 자제를 무한히 출산하고 양육하여, 국가를 영원히 독립시킬 정신을 일신하고 배양할 수 있도록 각 방면으로 경계하고 알리는 바이다.

민법 강의의 개요 (속)

제2장 법률의 종류

같은 사람이지만 미인도 있고 추부(醜婦)도 있으며 선인도 있고 악인

도 있어서 제각기 구별이 있으니, 법률도 이와 같이 수많은 종류가 있
다. 그러나 크게 유익하지 않은 것은 차치해두고, 요긴한 종류만 다음에
서 설명하겠다.

(1) 공법(公法)과 사법(私法)

법률 중에 국가 또는 국가의 기관과 인민과의 관계를 정한 것도 있고
인민과 인민의 관계만 정한 것도 있는데, 공법이라는 것은 전자를 가리
키고 사법이라는 것은 후자를 가리킨다. 예컨대 형법(刑法)은 국가와
범죄인-인민-의 관계를 정한 것이기 때문에 공법이고, 기타 소송법은 재
판소-국가의 기관-과 소송인-인민- 간, 시(市)・정(町)・촌(村)의 제도는 국
가와 시・정・촌 인민 간의 관계를 정한 것이기 때문에 또한 공법이며,
민법(民法)과 상법(商法) 같은 것은 인민과 인민 간의 관계를 정한 것이
기 때문에 사법이라고 한다. 여기서 한마디 설명을 하지 않으면 크게
독자의 의심을 초래할 수 있는 것이 있다. 앞서 법률이라는 것은 사람과
사람 간의 관계를 정한 규칙이라고 하였다. 지금의 사법은 인민과 인민
간의 관계를 정한 것이므로 명백히 법률이 될 수 있다. 그러나 공법은
국가와 인민 간의 관계를 정한 것인데 국가는 사람이 아니기 때문에
이를 법률이라고 한다면 법률의 정의에 상반되는 듯하니, 이것이 의심
할 만한 점이다. 그러나 법률상 사람은 사람을 가리키는 데 그치지 않고
사람 이외의 것일 때도 있어서 이를 사람이라 하니, 국가와 같은 것이
비록 사람이 아니지만 또한 사람으로 간주할 수 있는 경우 중 하나이다.
그러므로 국가와 인민 간의 관계를 정한 공법을 법률이라고 해도 전혀
무방하다 하겠다.

(2) 강행법(强行法)과 임의법(任意法)-청임법(聽任法)이라고도 함-

법률에는 나의 의사로 좌우할 수 있는 것과 좌우하지 못하는 것의

구별이 있다. 예컨대 남의 물건을 훔치는 것은 법률에서 금지하는 것이다. 이 법령은 훔친 자와 훔침을 당한 자 사이의 약속으로 좌우되는 것을 허락하지 않고, 정말 훔친 이상에 법률로 반드시 처벌을 받게 된다. 또 소송법에 첫 소송은 제1심 재판소에서 하지 않을 수 없으니, 결코 소송인 임의대로 제2심 재판소에 기소하는 것을 허락지 않는다. 이처럼 인민이 임의로 좌우하는 것을 허락지 않는 법률의 규정을 강행법이라고 한다. 물건을 매매하면 그 물건의 소유권이 곧장 산 사람에게 넘어가서 산 사람이 곧장 소유자가 되는 것이 맞다. 그러나 판 사람이 산 사람에게 약속하여 매매한 다음에도 판 사람이 소유자가 되는 경우도 있고, 또 매매 계약에 관한 비용은 당사자가 쌍방으로 공평하게 분담하는 것이 규칙이지만 당사자끼리의 약속에 따라 공평하게 분담하지 않는 경우도 있다. 이처럼 인민이 임의로 좌우하는 것을 허락하는 법률의 규정을 임의법 또는 청임법이라고 한다. 형법, 헌법, 소송법, 행정법 등의 공법은 강행법이고, 민법·상법 가운데 공공질서에 관계된 규정 역시 강행법이며, 민법·상법 가운데 공공질서에 관계되지 않은 규정은 임의법이다. 여기서 한마디 설명이 또 필요하다. 법률은 전에 서술한 것과 같이 국가가 강행하는 것이어서, 인민이 임의로 좌우할 수 있는 규칙 같은 것은 강행이라 할 수 없으니, 법률이라고 하기에 부당한 듯하다. 그러나 임의법이라는 것은 인민이 임의로 한다는 것이 아니다. 오직 인민이 그 규정을 따르지 않겠다는 의사를 명백하게 표시한 때에는 강행하지 않지만, 의사를 명백하게 표시하기 전에는 반드시 그 규정을 따르게 한다는 것을 말하니 이 또한 국가의 강행이다. 즉 법률이라고 해도 무방하다.

법률	공법	국가와 개인의 관계를 정한 것 : 헌법, 행정법, 형법, 소송법
	사법	개인과 개인의 관계를 정한 것 : 민법, 상법

법률	강행법	인민의 의사 여하에 구애받지 않고 반드시 따르도록 하는 것 : 헌법, 행정법, 형법, 소송법 및 민법·상법 가운데 공공질서에 관계된 규정
	임의법	따를지 말지를 인민의 의사에 맡기는 것 : 민법·상법 가운데 공공질서에 관계되지 않은 규정

제3장 권리와 의무의 의의

법률이 사람과 사람의 관계를 정한 것이라는 것은 이미 서술한 것과 같거니와, 사람과 사람의 관계를 정함에 있어서 법률은 사람에게 권리를 부여하며 혹 의무를 지게 하는 방법으로 그 관계를 분명히 한다. 법률에서 규정한 바는 결국 다 '그에게 권리가 있다', '그가 의무를 진다'라는 것에 귀착되기 때문에, 법률의 상세한 것을 알기 전에 먼저 권리와 의무의 의의에 대해 잘 이해하는 것이 중요하다.

권리니 의무니 하는 말은 예전부터 사람들이 일상적으로 쓰던 것이다. 그러나 권리라는 것이 일체 어떤 의미이며 의무라는 것이 일체 어떤 의미인지 물어보면, 박학다식한 학자라도 예나 지금이나 적당한 해설을 할 수 있는 사람이 없다. 그러니 지금 해설하는 것이 십분 만족스럽다고는 할 수 없겠지만, 오늘날 학자들 사이에 일반적으로 통용되는 설에 의거하여 설명해보겠다.

규칙에 법률상의 규칙과 도덕상의 규칙이 있는 것과 마찬가지로, 권리와 의무에도 법률상의 권리·의무와 도덕상의 권리·의무의 구별이 있다.

예컨대 물권(物權)이니 채권(債權)이니 하는 것은 법률상의 권리가 되겠지만, 여자 권리니 친구 권리니 하는 것과 같은 것은 법률상의 권리에 속하지 않는다. 권리라는 말은 어떻게 사용되는가에 상관없이 의사(意思)의 주장, 이익 및 타자의 보호라 하는 세 가지 원소를 가지고 있다. 곧 어떤 힘의 보호에 의하여 의사로써 그 이익을 주장한다는 의미이다.

예컨대 채권이라는 것은 채권을 소유한 자가 법률의 보호 아래에서 의사로써 어떤 이익을 얻는 것을 주장한다는 의미가 되는 것과 같다. 오직 법률상의 권리와 도덕상의 권리가 다른 점은 법률상의 권리는 법률의 보호 아래에서 이익을 주장하고, 도덕상 및 기타 권리는 도덕 및 기타의 보호에 의해 이익을 주장한다는 데 있다. 법률은 국가가 강행하는 규칙이기 때문에 법률의 보호를 받는다는 것은 국가의 힘으로 보호한다는 것이다. 도덕 규칙과 같은 것은 자연히 사회에서 사람들이 따르게 된 규칙이기 때문에 도덕의 보호에 따른다는 것은 국가의 힘이라고 하는 것처럼 확실한 힘의 보호 아래 있는 것이 아니라, 사회 구성원의 도덕심에서 생겨난 자연스러운 힘에 의해 보호되는 것이다. 법률상의 권리는 법률의 힘에 따라 보호되고, 도덕상의 권리는 사회의 도덕심에 따라 보호되는데, 권리자의 이익을 주장한다는 점은 법률상의 권리와 기타 권리에 조금의 차이도 없다.

　권리자의 주장에 대하여 어떤 일을 하지 않을 수 없거나 또는 어떤 일을 하지 않아야 할 때는 의무를 진다고 하니, 의무라는 것은 결국 어떤 일을 하거나-행위- 또는 어떤 일을 하지 않는-불행위- 책임에서 벗어나지 않는다. 예컨대 채무자는 돈을 갚을-행위- 책임이 곧 의무이고, 자식은 어버이에게 효도할-행위- 책임이 곧 의무이며, 관리는 상업을 하지 않을-불행위- 책임이 곧 의무이고, 처(妻)는 간부(姦夫)와 사통하지 않을-불행위- 책임이 곧 의무라 하는 것과 같은 것이다. 그런데 그 책임을 법률로 지게 할 때는 법률상의 의무가 되고 도덕상으로 지게 할 때는 도덕상의 의무가 된다. 도덕상의 의무를 어겼을 때는 사회의 배척과 조소 등 도덕상의 제재(制裁)-곧 악보(惡報)-를 받고, 법률상의 의무를 어겼을 때는 형벌이나 손해 배상 등 법률상의 제재를 받게 된다. 의무는 결국 권리자가 주장하는 이익을 만족시킬 책임이며 의무이다. 채권자가 금전적 이익을 얻을 수 있는 일을 채무자에게 요구하며 주장한다면, 채무자는 그 주장하는 바의 금전을 상환하여 채권자의 이익을 만족시켜야 할 책임이 있다. 어버이가 자식에게 효도하기를-이익- 주장하며 요구하면, 자식은 그 주장에 대하여 효도를 하여 부모의 이익을 만족시켜야 할 책임이 있다. 그러므로 권리와 의무는 필연적으로 서로 대립하는 것이다. 여기에 권리가 있으면 반드시 의무도 따르게 되고, 여기에 의무가 있으면 반드시 권리도 따르는 것이다. 이익을 주장하는 입장에서 보면 권리가 되지만 이익을 주장당하는 입장에서 보면 의무가 되는 것이다.

권리	어떤 힘의 보호에 의하여 의사로써 주장하여 얻는 이익-어떤 힘의 보호, 의사의 주장, 이익의 3원소를 포함한다-	
	도덕상의 권리 : 도덕의 힘, 곧 자연의 힘에 의해 보호받는 권리	
	법률상의 권리 : 국가의 힘, 곧 법률의 힘에 의해 보호받는 권리	
권리와 의무는 서로 대립함		
의무	권리자에 대하여 어떤 일을 하거나 하지 않아야 하는 책임, 즉 권리자의 이익을 만족시킬 책임	
	도덕상의 의무 : 도덕상, 즉 자연적으로 지게 되는 의무	
	법률상의 의무 : 국가의 힘, 곧 법률의 힘으로 지게 되는 의무	

(미완)

실업의 필요

회원 옥동규(玉東奎)

실업이라는 것은 농업·공업·상업을 말한다. 농업이라는 것은 사람의 생활에 가장 중요한 의식(衣食)을 공급하며, 또 세계 만물을 이루어 주는 효용이 있어서 그 범위가 매우 넓고도 크기 때문에 '농업은 천하의 대본(大本)'이라 칭한다. 공업이라는 것은 물품을 자체적으로 생산해내는 능력은 없지만, 농업에서 생산된 원료에다 제조하는 기술을 더하여 온갖 물품을 쓸모 있는 물건으로 만들어 사회의 필요에 맞게 공급하는 것이다. 상업이라는 것은 물품을 생산해내지도 못하고 제조하지도 못하지만, 농업과 공업이 이미 생산하고 제조한 물건의 남은 것들을 맡아 분배하고 교역하는 기능과 작용을 한다. 그래서 상업이 아니면 농업이 생산해낸 물건과 공업이 제조한 물품을 이용하기 어려우며, 게다가 농업과 공업에 필요한 물품의 결핍을 보충하기에도 어렵기 때문에, 이 세 업종은 밀접한 관계가 있어 하나라도 빠져서는 안 된다.

그러므로 고금 역사의 연혁과 동서양의 현상을 연구하고 고찰해보자면, 경제 진보의 정도와 시대 변천의 상황에 따라 다른 부분이 있지만 실업이 발달하지 않고서 그 나라가 부강해지고 그 백성의 생활이 보전되며 기업이 확장하게 된 경우는 한 번도 없었다. 인류가 세상에 난 이상 잠시라도 먹을 음식, 입을 옷, 거주처와 기구 없이는 생활을 영위하지 못한다. 그러므로 현대 문명국의 유명한 농업가와 임업가는 정밀하고 예리한 기계로 농기구를 만들어 토지를 개척하며, 들판에서 밭을 갈고 우물을 파서 임업을 조성하며 농업을 크게 진보시켜 의나무, 오동나무, 가래나무, 옻나무와 쌀, 잡곡, 명주실, 삼실을 세상에 수출하여 사회의 필요에 맞게 공급하니, 이는 한 개인의 이익일 뿐만 아니라 국가의 부강을 증진시키는 하나의 큰 기초이다. 공업가와 기업가는 직업적·미술적으로 풍력과 수력을 통하여 전기와 증기를 만들어 각종 역학 기계와 노동 기계를 무수히 발명하여 기구의 사용과 운전의 편리가 더욱 진전되고 발달하여 인민이 건강하고 이익을 누리도록 한다. 상업가는 국민의 기호와 요구에 따라 일상생활에 필요한 물품을 신속하게 공급하며, 외국에서 화물을 교환하여 내국에 금융을 유통하기 때문에 재원이 항상 마르지 않는 것이다.

그런즉 근세 문명국에 이른 나라는 이 세 업종을 우선 진흥시키고 그다음에 법률과 정치를 함께 나아가게 독려하여 그 나라의 문화 정도와 경제 상황이 더욱 증진하게 되면 세계열강과 계속해서 기량을 겨루는 것이니, 이 세 업종의 필요가 이처럼 큰 것이다. 우리 한국의 경우는 실업에 힘쓰지 않고 단지 유술(儒術)의 허황된 글을 숭상하며, 벼슬자리에 이욕을 다투다 붕당의 폐단이 일어나서 나랏일과 경제 계책은 막연히 방치한 채 다만 탐학(貪虐)을 자행하는 풍조가 성행하여 날마다 백성의 재산을 침탈하기만 일삼았다. 그리하여 실업을 강구할 여지가 없어 농업에 종사하는 자는 일단 가뭄과 홍수를 만나면 굶주리는 비참함을 면치 못하고, 개척의 이익을 구하지 않아서 황무지와 묵은 땅이 도처에 버려져 있기 때문에 풍년이 들어도 허기와 추위가 더욱 심해지며, 공업과 상업의 경우는 유치한 수준이라 없는 것과 마찬가지라고 해도 과언이 아니다.

이 때문에 백성의 생업이 진작되지 못하고 재정이 점차 고갈되어 국가의 안녕을 유지하기 어려우며 인민의 생활을 보전하는 것 또한 어렵다. 이와 같으니 어느 겨를에 예의를 다스릴 수 있으리오. 소위 지지(地誌)니 역사니 산술이니 법률학이니 정치학이니 연구하고 강론하여도 써먹을 곳이 없을 것이니 어찌 한심하지 않은가. 바로잡을 방책이라면 경제가들이 골몰하여 연구해야 할 것이니 나의 고루하고 얕은 식견으로 감히 췌언할 문제가 아니지만, 어리석은 사람도 천 번을 생각하다 보면 한 가지는 얻는 것이 없지는 않으므로 부족함을 잊고 대략 논해보려 한다.

대개 국가 회복은 실력을 양성함에 있고 실력 양성은 이 세 업종을 발달시키는 데 있으니, 오늘날 우리가 정치 법률의 고등학문은 다소 늦더라도 실업을 확장하고 진작시키는 것이 급선무임은 식자를 기다리지 않고도 판별할 수 있을 것이다.

그런즉 이 시기에 실업을 진흥시키고자 한다면, 부득불 시급히 농업·공업·상업학교를 널리 세워야 도모할 수 있을 것이다. 학교를 널리 세우고 고명한 교사를 초빙하며 총명한 자제를 많이 선발하여, 농학자로 하여금 농업의 진리와 비료를 쓰는 방법과 식목(植木), 조림(造林), 배과(培果), 목축(牧畜), 양잠(養蠶), 양어(養魚) 등 각종 학문을 투철하

게 연구하여 이 천연의 물자를 낳고 기르며 번식시키는 기술을 일반
인민에게 지도하게 하여 식산흥업(殖産興業)을 장려하며, 공학자로 하
여금 물품을 제조하고 기계를 사용하는 방법과 염직(染織), 조사(繰絲),
사기(砂器), 유리(琉璃), 연초(煙草), 주장(酒醬) 등과 양초, 성냥, 세탁,
재봉, 건축, 벽돌, 제혁(製革), 직모(織毛) 등과 용미(春米), 식염(食鹽),
과자, 사탕 등을 제조·수용하는 방법과 제지(製紙), 주철(鑄鐵), 조선
(造船), 조거(造車), 목공(木工), 철공(鐵工)의 기술을 일일이 연구하여
그 기묘한 기예와 미술을 일반 인민에게 깨우치고 가르쳐주어 그 공업
이 진흥하도록 하며, 상학자로 하여금 상업계의 정황과 원리 원칙을 빨
리 익히고 졸업하게 하여 이상의 농업·공업에서 생산해낸 천연의 물자
와 인공으로 제조한 물건을 사회의 욕망을 충족시키기 위하여 외국에
수출하고 내국에 수입도 하여서 금융을 유통시키도록 해야 한다. 그렇
게 하면 국가 경제가 점차 크게 발달하여 나라가 부강해지고 백성이
풍요로워지는 것이 어렵지 않을 것이요, 나라가 부강해지고 백성이 풍
요로워지면 그 나라가 문명의 영역에 도달하는 것은 손바닥을 뒤집는
것과 같이 쉬울 것이다.

이렇게 된다면 국가의 기초가 공고해지고 실력이 스스로 강해져서
국권이 회복되고 인권이 신장될 뿐만 아니라 세계열강과 계속해서 기량
을 겨루게 되리라는 것은 의심할 여지 없이 명료하다.

아동고사

선덕성왕(善德聖王)

신라 선덕왕은 진평왕(眞平王)의 장녀이니, 날 때부터 성스럽고 덕스
러웠으며 너그럽고 명민하셨다. 당나라 황제가 모란꽃 그림과 꽃씨를

보내자 진평왕이 선덕왕에게 보여주었는데, 선덕왕이 말하기를 "이 꽃에는 필시 향기가 없을 것입니다."라고 하였다. 왕이 웃으면서 말하기를 "네가 어떻게 그것을 아느냐."라 하니, 대답하기를 "꽃이 아름답지만 그림에 벌과 나비가 없으니 이는 필시 향기가 없는 것입니다."라 하였다. 그 씨앗을 심었더니 과연 그러하였다.

궁궐 서쪽 옥문지(玉門池)에 수많은 두꺼비가 모여드니, 선덕왕이 말하기를 "두꺼비의 성난 눈은 병사의 상(象)이다. 내 들으니 주변 골짜기에 유명한 옥문(玉門)이 있다고 하는데 아마도 이웃나라 병사가 거기에 이르렀을 것이다."라 하고, 가서 찾아보게 하였다. 과연 백제의 갑병(甲兵)과 기병(騎兵)이 거기 있으므로 엄습하여 섬멸하였다.

인물고

김유신전(金庾信傳) (속)

당(唐)나라 고종(高宗)이 이세적(李世勣)을 보내어 고구려를 정벌할 때 신라에서 군사를 징발하였다. 문무대왕이 출병에 응하면서 흠순(欽純)과 인문(仁問)에게 명하여 장군을 삼으니, 흠순이 왕에게 아뢰기를 "유신과 동행하지 않으면 아마도 후회하게 될 것입니다."라 하니, 왕이 이르기를 "공을 비롯한 세 명의 신하는 나라의 보배이다. 함께 적장(敵場)에 나아갔다가 뜻하지 않은 일이 발생하여 전부 돌아오지 못하게 된다면 나라에 어떤 영향을 끼치겠는가. 유신을 남겨두어 나라를 지키게 하면, 은연히 장성(長城)과 같아 마지막까지 근심이 없게 될 것이다."라 하였다. 흠순은 유신의 아우이고, 인문은 유신의 사위인데, 이에 이르러 유신에게 고하기를 "우리가 부족한 재주로 지금 대왕을 따라 예측할 수 없는 땅에 나아가니 어찌하면 좋겠습니까? 가르침을 주시기 원합니다."

라 하였다. 유신이 말하기를 "장군 된 자는 반드시 위로는 천도(天道)를 얻으며 아래로는 지리(地理)를 얻으며 중간으로는 인심을 얻은 다음에야 성공할 수 있다. 지금 우리나라는 충신(忠信)으로 생존하게 되었고 백제는 오만함으로 망하게 되었으며 고구려는 교만함으로 위태롭게 되었다. 지금 우리의 올바름으로 저들의 그릇됨을 공격한다면 뜻을 이룰 수 있을 것이니, 나아가 힘을 다하여 너희의 일을 그르치지 말라."라 하니, 두 공이 말하기를 "삼가 명을 받들어 주선하여 감히 실망시키지 않겠습니다."라 하였다.

문무대왕이 당나라 군대와 함께 평양(平壤)을 격파하고 남한주(南漢州)에 돌아와 여러 신하들에게 이르기를 "예전에 백제 명농왕(明穠王)이 고리산(古利山)에 있을 때 우리나라를 정벌할 계획을 세웠는데, 유신의 조부 각간(角干) 무력(武力)이 그들을 격파하고 승기를 타서 그 왕과 재상 4인과 사졸들을 사로잡아 그들의 기세를 꺾었다. 또 그 부친 서현(舒玄)이 양주 총관(良州總管)이 되어 여러 번 백제와 싸워 그 예봉을 꺾어 국경을 범하지 못하게 하였으므로, 변경 백성들이 편안하게 농사짓고 누에 치며 군신이 아침저녁으로 정사를 근심하지 않게 되었다. 지금 유신이 조상의 업적을 이어받아 나가서는 장군이 되고 들어와서는 재상이 되어 세운 공적이 성대하니, 만약 공의 가문에 의지하지 않았더라면 나라의 흥망을 알 수 없었을 것이다. 그러니 공의 벼슬과 상이 마땅히 어떠해야겠는가."라 하니, 여러 신하들이 모두 말하기를 "저희의 뜻이 참으로 왕의 뜻과 같습니다."라 하였다. 이에 태대서발한(太大舒發翰)의 직분과 식읍 5백 호를 주고, 이어서 수레와 지팡이를 하사하여 왕의 앞에서 종종걸음으로 걷지 않게 하였다.

문무대왕 13년 봄에 요성(妖星)이 나타나니 대왕이 근심하였다. 유신이 나아가 말하기를 "지금의 변이는 그 액운이 노신(老臣)에게 있는 것이지 나라의 재앙이 아니니 대왕께서는 근심하지 마소서." 하니, 왕이 이르기를 "과연 그러하다면 과인이 몹시 근심스럽도다."라 하였다. 6월에 어떤 사람이 융복(戎服)을 입고 가는 것이 보였고 병기를 든 사람 수십 인이 유신의 집에서부터 울면서 떠나가다가 갑자기 보이지 않게 되었다 하니, 유신이 말하기를 "이는 필시 나를 보호하던 음병(陰兵)이 내 복이 다한 것을 보고 떠나간 것이니, 나는 죽을 것이다."라 하고 십여 일이 지나 몸져눕게 되었다. 대왕이 친히 와서 위문하였는데, 유신이 말하기를, "고굉지신(股肱之臣)이 힘을 다 바쳐서 대왕을 섬기다가 질병이 이 지경에 이르렀으니, 오늘 이후로는 다시 용안을 뵙지 못할 것입니다."라 하니, 대왕이 눈물을 흘리며 이르기를 "과인에게 경이 있는 것은 물고기에게 물이 있는 것과 같은데, 만약 피치 못할 일이 생긴다면 백성들은 어떻게 하며 사직은 어떻게 되겠는가."라 하였다. 유신이 말하기를, "어리석고 불초한 신이 어찌 나라에 보탬이 될 수 있었겠습니까. 다행스럽게도 성상께서 의심 없이 등용하고 임무를 맡겨주셨기 때문에 성상의 밝은 덕에 의지하여 약간의 공을 세울 수 있었습니다. 삼한(三韓)이 한 집안이 되고 백성에게 두 마음이 없으니, 태평성대는 아니지만 조금은 안정되었다고 말할 수 있습니다. 신이 보건대 예로부터 왕위를 계승한 임금이 처음에는 잘하지만 끝까지 잘 마친 경우는 드물어 여러 대에 걸친 공적이 하루아침에 무너지곤 하였으니 매우 통탄할 만합니다. 삼가 바라건대 전하께서는 성공이 쉽지 않다는 것을 아시고 수성(守成) 또한 어렵다는 것을 유념하시고 소인을 멀리하고 군자를 가까이하시어, 위로는 조정이 화평하고 아래로는 만물이 평안하여 화란이 일어나지 않고 기업(基業)이 무궁하게 된다면 신은 죽어도 여한이 없을 것입니다."라 하니, 대왕이 눈물을 흘리며 그 말을 받아들였다. 가을 7월 1일에 사저의 정침(正寢)에서 세상을 떠나니, 향년이 79세였다. 대왕이 부음을 듣고 놀라고 애통하게 여겨 채색 비단 1천 필과 벼 2천 섬을 부의하여 상사(喪事)에 사용하게 하고, 군악과 고취(鼓吹) 1백 인을 주어 금산

(金山) 언덕에 장사하고 유사(有司)에게 명하여 비석을 세워 공적을 기록하게 하였다. 뒤에 홍덕대왕(興德大王)이 추존하여 홍무대왕(興武大王)에 봉하였다.

공의 부인은 태종대왕의 셋째 딸이다. 아들 다섯을 낳았으니, 첫째는 삼광(三光)이고, 둘째는 원술(元述)이고, 셋째는 원정(元貞)이고, 넷째는 장이(長耳)이고, 다섯째는 원망(元望)이다. 딸은 넷이고, 서자로 군승(軍勝)이 있다. 처음에 법민왕(法敏王)이 고구려 반군의 무리를 받아들이고 또 백제의 옛 땅을 점유하니, 당 황제가 대노하여 군사를 보내어 토벌하려 하였다. 당나라 군사와 말갈(靺鞨)이 석문(石門) 들판에 진을 쳤는데, 왕이 장군 의복(義福), 춘장(春長) 등을 보내어 방어하였으나 여러 군사가 합쳐지지 못하고 각처로 흩어져 당나라 군사에게 격파되어 장군 효천(曉川), 의문(義文) 등이 죽었다. 유신의 아들 원술이 비장(裨將)이 되어 또한 싸우다 죽기를 원하였는데, 그의 보좌 담릉(淡凌)이 저지하며 말하기를 "대장부는 죽는 것이 어려운 것이 아니라 죽음을 대비하는 것이 어려운 법이니, 죽어서 일을 성공시키지 못하는 것은 살아서 후일을 도모하는 것만 못합니다."라고 하였다. 원술이 답하기를 "남아는 구차하게 살지 않는 법이니 장차 무슨 면목으로 아버지를 뵙겠는가." 하고 곧장 말을 채찍질하여 달려가려 하였는데, 담릉이 말고삐를 잡고 놓아주지 않아 마침내 죽지 못하였다. 대장군 등이 몰래 숨어 입경하자 대왕이 유신에게 묻기를 "군대가 이렇게 패배하였으니 어찌하겠는가."라 하니, 유신이 대답하기 "당나라 사람의 계획을 예측할 수 없으니 장군과 사졸들에게 각각 요해처를 지키도록 해야 합니다. 다만 원술은 왕명을 욕되게 하였을 뿐만 아니라 가훈까지 저버렸으니 목을 베어야 합니다."라 하였다. 대왕이 이르기를, "원술은 비장이니 특별히 무거운 형벌에 처하는 것은 옳지 않다."라 하고 곧 사면해주었다. 원술이 부끄럽고 두려워 감히 부친을 뵙지 못하고 전원에 은둔하다가 부친이 세상을 떠난 뒤에 모친을 뵙고자 하였다. 모친이 말하기를 "부인에게는 삼종지도(三從之道)가 있으니 내가 이제 과부가 되어 아들을 따르는 것이 마땅하나, 너는 이미 선군에게 아들이 되지 못하였으니 내가 어찌 너의 어미가 되겠느냐."라 하고 끝내 만나보지 않았다. 원술이 가슴을 치고 통곡하며 떠나지 못하였으나 부인이 끝내 만나주지 않으니, 원술이 탄식하며 말하기를 "담릉 때문에 잘못하여 이 지경까지 이르게 되었다."라 하고 마침내 태백산으로 들어갔다. 나중에 당나라 군사가 침략해 들어오자 원술이 그 소식을 듣고 죽음으로 이전의 치욕을 갚고자 용맹하게 싸워 공을 세우니, 조정에서 관작으로 포상하고자 하였다. 그러나 원술은 그 부친에게 용서받지 못한 것을 한스럽게 여기며 죽을 때까지 벼슬을 하지 않았다. (완)

사조

환가(還家) 2수 漢

회원 한교학(韓敎學)

짧은 모자 홑적삼에 온통 서울 먼지니	短帽輕衫洛下塵
떠나온 고향을 한 해 만에 다시 찾았네	家山辜負一年春
바람 타고 드날리자니 진흙에 붙은 버들개지 신세요	因風得起粘泥絮
물을 얻어 적시자니 얕은 물 속 고기 신세로다	乞水思沾涸轍鱗
도온은 조금 나아진 내 재주 어여삐 보고	道韞愛看才稍進
맹광은 병과 이웃되었다 나를 걱정하는구나[16]	孟光愁殺病爲隣

---

16 도온은……걱정하는구나 : 동진(東晉)의 사안(謝安)이 조카들을 가르칠 때, 형의 아들 호아(胡兒)보다 훌륭하게 답변하여 사안이 영리함을 칭찬했다는 형의 딸 도온(道韞)의 고사를 인용하여 자신의 누이에 빗대고. 남편인 후한(後漢)의 처사 양홍(梁鴻)

아침에 밥상 대하고 도리어 놀라니 朝來對食還詑異
쌀밥에 생선국이 가난한 집 아닌 듯해라 稻飯魚羹不像貧

만년 계책 엉성해 날마다 더 어긋나니 晚計疎迂日漸非
들어앉아 사립문 닫을 처지도 못되는구나¹⁷ 不容棲息掩荊扉
누구에게 이내 마음을 털어놓을까 向誰可與傾心曲
붙어 지내는 곳마다 살 길 찾지 못했지 着處無由見活機
늘그막에 한갓 유학을 한다고 인생 그르쳐 老大徒爲儒術誤
왕래하며 공연히 벗들에게 핀잔만 들었네 往來空被友生譏
이번 행차에 겪은 일 모두 과장스러우니 此行惟有誇張事
교분 맺고 돌아온 호걸 몇이나 되려나 幾箇時豪結識歸

체발(剃髮) 漢

성기고 희끗한 짧은 머리를 빗도 감당치 못하니 蕭蕭短髮不勝篦
날 선 칼을 잡고서 한 번에 베어버렸네 自引霜刀一剃之
높이 땋은 머리는 선각자들의 미움을 면했고 高髻免他先覺惡
민머리는 옛사람들의 비웃음을 받았어라 光頭任遭古流嗤
지금껏 한 터럭 머리칼 아낀 양주와 같았는데¹⁸ 向來何異楊朱吝

을 따라 은거하여 공경히 섬겼다는 맹광(孟光)의 고사를 인용하여 자신의 아내에 빗댄
듯하다.『진서(晉書)』권96「왕응지처사씨(王凝之妻謝氏)」,『후한서(後漢書)』권83
「양홍(梁鴻)」에 나온다.

17 들어……못되는구나 : 도연명(陶淵明)이「귀전원거(歸田園居)」에 "대낮에도 가시나
무 사립짝을 닫아놓고, 빈방 속에 앉아 속념을 단절하노라[白日掩荊扉, 虛室絶塵想]."
라 한 것을 참조한 구절이다.

18 지금껏……같았는데 :『맹자』「진심(盡心)」에 "양자는 자신을 위하는 입장을 취하였
으니, 하나의 털을 뽑아서 천하를 이롭게 하더라도 하지 않았다[楊子取爲我, 拔一毛而

이제 도리어 석가와 같아지고 보니 서글프도다　　　此日還同釋氏悲

한가히 놀며 괜히 해외를 떠돈 것이 후회되니　　　却悔漫遊空踏海

그때가 오히려 큰일을 이룰 수 있는 때였지　　　當年猶是有爲時

　　　을미년 겨울에 내가 청나라 즈푸다오(芝罘島)에 있었는데, 본국
　　　에서 삭발령을 내렸다는 소식을 듣고 상하이로 갔다가 그 다음
　　　해에 귀국하였다.

문원

한단(邯鄲) 왕친탕(王琴堂)의 「지방자치에 대해 조목별로 진술한 글」을 절록(節錄)하다[19] 漢

지나(支那) 『대공보(大公報)』 조등(照謄)

　지방자치를 시행하려면 반드시 주(州)·현(縣)의 권세부터 박탈해야
한다. 현재 지방자치를 시행할 후보로 개통된 주·현 가운데 완고한 곳
이 여전히 다수를 차지하고, 심지어 개통을 가장해 학당을 세우고 경찰
을 배치한다고 빙자하여 갖가지 방법으로 재물을 긁어모아 사사로이
벼슬 주머니를 불릴 궁리만 하는 자가 즐비하다. 지방자치를 시행하려
면 그 독단적으로 시행하고 결정하는 권세를 박탈해야 할 뿐만 아니라,
주(州)의 모든 수입을 반드시 먼저 털끝만큼도 숨김이 없도록 철저하게

　　利天下, 不爲也]."라고 한 것을 인용하여 단발(斷髮) 이전의 상황에 빗댄 것이다.

19　한단(邯鄲)……절록(節錄)하다 : 원문은 '斯單'인데, '邯鄲'의 오자로 판단하여 이에
　　따라 번역하였다. 왕친탕(王琴堂)의 자는 운천(韻泉), 호는 소산(嘯山)이며 『한단현
　　지(邯鄲縣志)』를 총괄 편찬하였다.

조사한 다음에 착수할 수 있을 것이다. 그러나 이렇게 한다면 주·현의 관리에게 사적인 이익이 전혀 없으니, 필시 온갖 방법으로 훼방을 놓으며 다 털어놓으려 하지 않을 것이다. 이것이 지방자치가 시행되기 몹시 어려운 첫 번째 이유이다.

국민의 지식이 그다지 개명되지 못하여 공민(公民)의 자질이 아직 없는 까닭에 새로운 법령이 내려질 때마다 지적하며 훼방을 놓은 경우가 많다. 그러니 지방자치를 시행하려면 각국의 구(區), 시(市), 정(町), 촌(村)의 제도를 채택하지 않을 수 없다. 예컨대 구장(區長), 시장(市長), 정장(町長), 촌장(村長)과 각 하급 관원들이 반드시 법률의 대의(大意)와 자치의 조규(條規)에 대략적으로나마 밝아야 하는데, 지금 당장은 모두 이러한 자격이 없어 설령 선임하더라도 적임자를 얻기 어렵다. 적임자가 없으니 법을 어떻게 시행하겠는가. 이것이 지방자치가 시행되기 몹시 어려운 두 번째 이유이다.

즈리성(直隷省)[20] 학당의 진보는 다른 성(省)에 비해 훌륭한 편이다. 그러나 남방의 삼부(三府)[21]는 기풍이 아직 그다지 개명되지 않아 몽학(蒙學)에 대해 허위로 보고하는 곳이 여전히 많은데, 이는 모두 경비에 곤란을 겪고 있기 때문이다. 지방자치를 시행하려면 반드시 우선적으로 조사총국(調査總局)을 세우고 각 부에 분국(分局)을 세워야 하는데, 사람을 쓰려면 특히 숙소와 파견 등 곳곳에 경비가 많이 든다. 그러나 이렇게 재정 상태가 좋지 않을 때 세금을 더 걷을 수도 없고 의연금을 독려할 수도 없다. 각 주·현에서 학당을 운영한다며 요역(徭役)을 변통하고 묘지(廟地)를 징수하느라 모아둔 것도 이미 바닥나서 진실로 징발할 자금이 없다. 이것이 지방자치가 시행되기 몹시 어려운 세 번째 이유이다.

---

20 즈리성(直隷省) : 현재 중국 허베이성(河北省)의 옛 명칭이다.
21 남방의 삼부(三府) : 허베이성의 다밍푸(大名府), 순더푸(順德府), 광핑푸(廣平府)를 말한다.

이 세 가지 어려움 때문에 지방자치를 시작하는 데 극심한 애를 먹고 있다. 그러나 이처럼 시국이 위급하니, 곤란하다는 이유로 다소 완만한 계책을 내어 궁보대인(宮保大人)이 열심히 치세를 구하는 대의를 저버릴 수는 없다. 이에 우선 몹시 어려운 와중에 채택 가능한 시범 운영의 방법을 망령되이 논의해보고자 한다. 삼가 조목을 열거하니 다음과 같다.

일단 징수국(徵收局)을 설치하고, 현재 마련된 자금에 대해서 주·현과 상의해야 한다. 지방자치가 시행되면, 주·현의 관리가 결코 그 권세와 이익을 오래 점거할 수 없다는 것은 지혜로운 사람이 아니라도 분명하게 알 수 있다. 청컨대 각 주·현에 먼저 징수위원 1인을 파견하되, 봉급을 넉넉하게 주고 청렴하고 분명하며 고생을 잘 견디는 자를 가려서 임용하고, 주·현마다 별도로 징수국을 설치하여 책임을 전담시키고, 아울러 현의 신사(紳士) 한두 사람을 선발하여 보수와 자금을 적당히 지급하고 회판(會辦)으로 삼아서 해당 지방의 출입 정황을 수시로 자문하기 편리하게 해야 한다. 모든 주·현의 지정은(地丁銀) 잡세(雜稅)의 여러 수입원인 평여(平餘)나 누규(陋規)[22]가 한 방울도 새어나가지 않도록 관리하고, 그 실수(實數)를 확보하여 징수 통계표에 열거한 다음 상헌(上憲)에 정청(呈請)하여, 몇몇 성과를 참작하고 결(缺)의 번잡하고 간략한 정도에 따라 그 수를 정하고 주·현의 관리에게 지급하여 의복, 수레, 가족부양의 자금으로 삼게 한다. 지금 관제(官制)를 논의할 때 봉급을 늘릴 것 같으면, 반드시 의견을 제시하여 규정대로 처리할 번고(藩庫)를 제외하고 그 나머지 항목은 우선 각 주·현의 상청존안(詳請存案)

---

22 평여(平餘)나 누규(陋規) : 평여는 여평(餘平) 또는 수평(隨平)이라고도 하며, 청나라 때 지방에서 정부에 정규 항목의 전량(錢糧)을 상납할 때, 별도의 명목을 세워 부가 징수하여 호부(戶部)에 주었던 부분을 일컫는 말이다. 누규는 관리가 사적으로 거두는 관례상 수입의 총칭이다. 세금의 용주(鎔鑄)나 운송비 등의 여러 손실에 대비해서 걷는 화모(火耗), 작서모(雀鼠耗) 등이 여기 해당된다.

에 남겨두어 장래 지방자치의 경비로 삼게 해야 한다. 다만 이것이 주·현의 관리에게 가장 난감한 부분이다. 오늘날 환로(宦路)가 부패한 것은 다 애국사상 없이 각자 재산을 불릴 목적만 품고 있기 때문이니, 이래서야 나라가 설 수 없는 줄을 어찌 알겠는가. 자기 집안마저 무슨 상관인가 하면서 수백만 돈 냄새에 찌들어 재앙을 자초할 뿐이다. 그러나 만약 각 주(州)의 관원이 이 이치를 잘 이해한다면, 또 어찌 차마 제 주머니만 챙기면서 사실대로 보고하지 않을 수 있겠는가.

그러므로 생각건대 현재 모아놓은 자금에 대해서는 이것이 최상의 계책이다. 시험 삼아 한단(邯鄲)의 예를 들어보겠다. 한단의 지정은(地丁銀)이 3만 7천여 냥인데, 매 냥의 정가는 경전(京錢) 4천 문(文)이다. 현재 한단의 시가(市價)는 매 경전 2천 4·5백 문인데, 화모(火耗)와 해비(解費)를 제외하고 매 냥의 평여(平餘)가 경전 1천 2백 문에 해당하니, 지정 1항(項)을 합쳐서 계산하면 평여 4만 4백여 냥을 얻을 수 있다. 그 나머지 지계(地契)의 잡세(雜稅)는 이 수에 포함되어 있지 않다. 한단은 즈리성(直省) 중등(中等)의 결(缺)이라 그 나머지 수입이 이와 같다. 그 밖의 션저우(深州), 지저우(冀州), 카이저우(開州), 하오저우(濠州), 츠저우(磁州) 등의 주 및 싱타이시엔(邢台縣), 융니엔시엔(永年縣), 후어루시엔(獲鹿縣), 리시엔(蠡縣) 등의 현처럼 한단보다 몇 배나 넉넉한 지역은 전부 나열하기 더 어렵다. 비록 즈리성에 척박한 결(缺)이 많지만, 상·중·하 3등급으로 나누어 상등과 중등의 결을 먼저 가리고 그 하등의 척박한 결을 처리하되, 자세한 조사가 끝나기를 기다려 거듭 참작해 시행해도 된다. 진실로 이 항목을 지방자치의 방도로 삼는다면 무슨 일이든 이루지 못하겠는가. 이것이 이른바 '백성을 상하게 하지 않으면서 정사를 쉽게 행한다.'라는 것이다. 게다가 현재 주·현의 권세가 매우 커서 음험한 관리들은 심지어 법조문을 왜곡하여 부정을 저지르며 사람을 살리거나 죽이면서 위세를 부리고 상관에게 아첨한다. 그러므로 고을 백성들이 모두 범을 두려워하듯 잔혹한 관리를 두려워하니, 속담에 이른바 '억울하게 죽더라도 고소하지 않는다.'라는 것의 유래는 점차로 쌓여온 것이다.

생각건대 지방자치를 시행하려면, 반드시 주·현의 권세부터 분산시키고 그 이익을 고르게 해야 한다. 주·현 관리들의 부패는 거리낌 없이 염치를 내다 버리고 권세에 아첨하기만 일삼는 자들이 모두 자기가 원하고 녹봉이 많은 관직에 종사할 수 있기 때문이다. 진실로 의지할 권세도 없고 꾀할 만한 이익도 없다면, 날 때부터 어리석은 사람이 아닌 이상 아무도 기꺼이 염치없고 부끄러워할 줄 모르는 길에 스스로 달려가지 않을 것이니, 이를 시행한다면 환로의 퇴폐한 풍속을 바로잡을 수 있을 것이다. 게다가 주·현의 관리들 또한 국민이니, 적절하게 이 문제를 처리한다면 그 직분을 소홀히 하지 않고 녹봉을 먹는 데 부끄럽지 않게끔 능히 국민의 의무를 다할 수 있을 것이다. 한번 물어보자, 무슨 공덕이 있기에 한 해를 마치며 수많은 보수를 누리는가. 그러므로 주·현과 자금을 상의한다면, 인정상 순조롭고 이치상 공정할 것이다.

쑨송링(孫松齡)이 지학회(志學會)를 위하여 지방자치를 사설(社說)하다 漢

오늘 귀회 회장의 영광스러운 초청을 받고 왔는데, 제군들이 두터운 정으로 내게 지방자치를 강론해달라고 하니, 유치한 학문에 대하여 스스로 부끄럽다. 지식과 경험이 천박하여 새로운 것을 만들어내기에 부족하니, 삼가 얻어들은 학설과 내 마음에 느꼈던 단서를 대강 진술하여 올바른 방법을 강구해보려 한다. 대체로 천하의 사물은 그것을 인도하고 정돈하는 사람이 있다. 만약 그것이 우리가 예정한 조리(條理) 및 우리를 위하여 우리의 목적을 달성하는 공용(功用)에 부합한다면 그것을 대개 '치(治)'라고 한다. 본인의 일에 관계되어 본인이 외부적 힘을 빌리지 않고 처리하는 것을 '자치(自治)'라고 한다. 지방의 공익에 관계되는 일을 국가의 간섭을 받지 않는 범위에 있어서 그 지방의 공공단체가 처리하는 것을 '지방자치'라고 한다.

각국에서 통용되는 제도에는 중앙행정이 있고 지방행정이 있다. 중앙행정이라는 것은 곧 사무로써 권한을 구별하여 같은 나라 안의 같은 사무라면 발생한 곳이 어딘지를 막론하고 대개 같은 기관에 귀결시켜 관리하도록 하는 것이고, 지방행정이라는 것은 곧 지역으로써 권한을 구별하여 같은 지역이라면 발생한 것이 어떤 사무인지를 막론하고 대개 그 지역 기관에 귀결시켜 관리하도록 하는 것이다.

정무를 받들어 행하는 기관에는 또 관서(官署)와 자치단체의 차이가 있다. 관서는 국가가 파견한 자연인이 행사하고, 자치단체는 국가가 위임한 법인(法人)이 행사한다. 지방자치는 곧 국가에서 인증한 지방단체가 법인이 되어 방임하거나 위임한 사무를 보통 사회 조직과 법규 규범에 따라 자체적으로 판단하고 행사하는 것이다. 그래서 지방단체는 때로 해당 단체의 이익과 관계된 사의(事宜)를 처리하기도 하고-이것이 국가가 방임한 사무이다-, 때로 사체(事體)가 번거롭고 중대하거나 지출할 비용이 부족하거나 교통이 불편한 것과 같이 국가의 역량이 미치지 못하는 문제에 대해 국가를 대신하여 사의를 처리하기도 한다-이것이 국가가 위임한 사무이다-. 그 기관에는 의회(議會)가 있고 의회에서 의정을 주관하는 향장(鄕長)이 있으며, 인민이 의원을 공거(公擧)하고 또 의원이 의장을 공추(公推)한다. 향장이 주로 하는 일은 의회에 의결하는 일을 집행하는 것이다. 그리고 그 밑에 별도의 조역(助役) 몇 명을 두어 함께 도와 처리하게 하고, 의회와 향장을 막론하고 다스림의 권한은 법률을 따라야 하며, 의사가 조율되지 않을 때 어떻게 다시 상의할 것인지 어떻게 상급자에게 간청하여 재결(裁決)을 받을지 하는 문제도 법률을 따라야 한다.
대저 각국의 지방행정은 대략 3등급으로 나누어지는데, 주·현 이상은
관원을 쓰고 주·현 이하는 자치를 한다. 실제로 자치 제도를 통하여
몇 가지 이익을 볼 수 있다.

1. 지방 인민들이 단결에 익숙해져서 사랑하는 힘이 강해지고 이기적인
   마음이 절로 변화되어 외부의 침략을 막을 수 있다.
2. 인민이 생활을 스스로 보전할 수 있어서 조정의 우연한 변경 때문에
   동요되지 않고, 군주와 대관 한두 사람의 어리석음 때문에 압박을
   받지 않고, 국내 한구석의 상란(喪亂) 및 요긴하고 중요한 곳의 위태
   로운 형세 때문에 공황 상태가 발생하지 않게 된다.
3. 각각 지세, 풍속, 생계의 편의에 따라 다스리기 때문에 지방 규정에
   얽매이지 않는다.
4. 인민이 정치를 이해하고 익혀서 국가의 사상을 감독하게 되므로 국
   가의 기반이 공고해진다.
── 이상 4가지는 지방에 이로운 것이다.
5. 국가가 층을 이루어 다스리게 되어 간단히 대중을 거느릴 수 있고,
   멀리 떨어져 있는 지역에 명령이 도달하지 않을까 우려하지 않아도
   된다.
6. 국가가 상위 계급의 행동만 관장하므로 입법이 단순해져서, 조잡하
   여 시행하기 어려운 폐단이 없어진다.
7. 인민이 국가의 목적이 어디 있는지 알게 되므로 그 방향으로 오로지
   나아가고 부지런히 스스로 독책하면서, 국가를 위해 부담해야 하는
   재용과 노력에 대해 원망하지도 않고 회피하지도 않게 될 것이다.
── 이상 3가지는 국가의 행정상 이로운 것이다.
8. 하급관리는 항상 국가의 관리가 소홀한 틈을 타 법률 조문을 날조하
   여 부패를 키우는데, 지방자치를 시행하면 관리의 업무가 간소해져

이런 폐단이 자연스럽게 사라질 것이다.

9. 후에 국정을 맡게 될 인원은 곧 지방단체의 인원과 관계되어 있으므로 서로 소원한 병폐가 없고, 또 정치를 평소 익혀왔기 때문에 정치에 오활(迂闊)한 병폐가 없을 것이다.

― 이상 2가지는 국가에서 사람을 쓸 때 이로운 것이다.

이제 국가에서 입헌을 준비한다고 선포하였으니 이 제도는 곧 헌정(憲政)의 한 가지 기초가 되고, 이 제도를 창설하는 것 역시 입헌을 준비하는 단계의 한 가지 일이 된다. 국가가 공화정을 표방하든 입헌군주제를 표방하든 개명전제주의(開明專制主義)를 표방하든 관계없이 지방자치가 국가를 이롭게 할 것임은 의심할 여지가 없다. 지금 나라를 구하는데 뜻을 두고 스스로 책임을 자처한 이들은 자용(自用)을 주장하든 조화를 주장하든 의존을 주장하든 모두 지방자치가 국가를 이롭게 할 것을 의심하지 않는다. 시기적 요구에다 학계와 정계 여러 사람들의 지향이 보태어졌으니, 나는 지방자치가 반드시 실행될 수 있으며 반드시 좋은 결과를 거둘 것이라 믿는다.

우리 국민들에게 희망하는 것은 오직 교육을 속히 흥기하는 일이다. 재정에 대해서 말하자면, 교육이 완전하지 않고서는 자치에 대한 보통지식을 양성할 수 없고 의정(議政)이나 행정 같은 여러 기관에 적합한 인물을 만들어낼 수 없다. 비록 아주 훌륭한 지방제도를 마련하더라도 반드시 남김없이 오염되거나 파괴되고 말 것이다. 재정이 정비되지 않으면 자치의 기초를 세울 수 없고 자치의 진보된 효과를 낼 수 없을 것이다. 우리나라 재정의 폐단은 지방세가 적고 또 국세와 지방세가 분리되지 않았기 때문에, 가끔 지방세로 국정을 해결하거나 어떤 정무를 거행하기도 한다. 또 어떤 수입을 특별히 만들어 전관(專款)을 삼아서 재정의 넉넉함과 빈곤함이 고르지 못하기 때문에, 간혹 헛된 곳에 탕진하거나 간혹 죽을 만큼 부족하거나 하여 공통된 계획이 없다. 이제 마땅히 국정과 지방정(地方政), 국세와 지방세를 구분하여 각각의 수입대로 사용하고 서로 옮기거나 빌리지 말아서 각각 그 공통된 수입과 지출로 계산하면 숨길 수 없을 것이다. 강목(綱目)을 일정하게 하여 업무 담당자의 폐단이 고쳐진 다음에야 민력의 굴신(屈伸)을 상고할 수 있고 정사를 행할 수 있을 것이다. 재정을 감독하는 것은 자치를 시행하기 위해서 반드시 경유해야 할 길이며, 재정에 관한 학문을 연구하는 것은 재정을 감독하기 위해서 반드시 마련되어야 할 공과(功課)이다. 종합해보자면 자치의 지속(遲速)과 우열은 이 두 가지를 교육하는 데 법도가 있는지 없는지와 진보가 있는지 없는지에 따라 정해지는 것이니, 우리가 어느 쪽에 서는지에 달려 있을 따름이다.

　이 사설은 본래 절대적으로 진실한 학문의 이치를 분명하게 풀이하여 선창(宣暢)한 구어(口語)이니, 향산(香山)의 시사(詩詞)는 늙은 할머니도 이해할 수 있었던 것과 같다.[23] 원래 연설문의 체재에 한문이 있으니, 남을 깨우치는 것이 이와 같아야 하지 않겠는가. 이로써 사회에 보익(補益)하였으니, 진실로 그 뜻이 얕지 않다. 이를 써서 기록하며, 기록자의 식견에 우러러 탄복하노라.

　이 편을 상고해보건대 분명하고 통달하여 부녀자나 아이들도 깨우칠 만하다. 만주(滿洲) 인민은 우둔하여 지금까지 입헌과 자치가 무엇인지도 모르는데, 또 어찌 그 힘으로 능히 거행할 수 있으리라 기대하겠는가. 이 편을 검토한 뒤 급히 등록하니, 독자들이 모두 환히 깨달아서 장래에 잘 헤아려 처리하기를 바란다. 혼자 곁에

23　향산(香山)의……같다 : 향산은 당(唐)나라 시인 백거이(白居易)의 호이다. 백거이가 시를 지은 뒤 늙은 할머니에게 들려주어서 이해한 것만 수록한 데서 나온 말로, 누구나 들으면 바로 이해할 수 있도록 시문을 평이하게 쓴다는 뜻이다. 『묵객휘서(墨客揮犀)』 권3에 나온다.

앉아만 있기 어려워 필히 제군들이 국민의 책임을 행하기를 바라
니, 함께 노력해 나가기를 청하는 바이다.

주(駐) 대한인공립협회(大韓人共立協會) 총회장
송석준(宋錫俊)[24] 씨 추도문 漢

아아, 그대의 한 몸이 이 세계에 관계된 바가 과연 어떠한가. 그대는
저 미주(美洲)에 있는 우리 동포 수천 명의 대표였으며, 그들의 대표였
을 뿐만 아니라 또한 우리 2천만 형제의 인도자였다. 어째서인가. 바야
흐로 전 세계가 활짝 개방되어 세계 민족이 번갈아 왕래하는 이때에,
저 다른 지역에 거주하는 각국 인민들은 모두 의지할 수 있는 자국의
국권을 소유하여 스스로를 보호할 뿐만 아니라 그들을 보호해줄 공사
(公使)와 영사(領事)가 있다. 그러나 우리 동포들은 의지할 만한 국권이
없을 뿐만 아니라 그들을 보호해줄 공사와 영사도 없다. 신세가 변변찮
고 인격이 비천하니, 다른 민족에게 침해와 유린을 당하더라도 그 누가
불쌍히 여기겠는가.

그대는 단정한 바탕에 영민한 기질로 바다를 건너 저 미주에 가서
이러한 상황을 목도하고, 동지 두세 명과 함께 동포들을 구제하고 비호
하고 교육하여 우리 형제들의 목숨을 살리고 우리 조국의 영광을 떨치
기를 생각하였도다. 이에 중지(衆志)를 격발시켜 고난을 물리치고 협회
를 창설하고 단체를 결성하여 그 진보를 날마다 보게 되었으니, 서로

---

24 송석준(宋錫俊) : 1865-1907. 평안북도 의주(義州) 출신으로, 독립협회(獨立協會)
대의원으로 활동하다가 독립협회가 해산된 뒤 1903년 미국으로 건너갔다. 1905년에
대한인공립협회를 조직하고 부회장이 되었으며, 『공립신보(共立新報)』를 창간하여
주필로 활동하였다. 1907년 2월에 회장 안창호(安昌浩)가 신민회(新民會)를 발기할
목적으로 귀국하자 제2대 회장이 되었다.

도와서 그 생명을 보전할 기초를 세웠다. 뛰어난 인재를 선발하고 학업을 면려하여 서양의 공기를 호흡하면서도 조국의 정신을 기르게 하며, 충애(忠愛)의 정신을 심어주고 그 재기(材器)를 예리하게 다듬어 국가 독립의 근간을 마련하고자 하였다.

또 동포의 안목을 열어주고 안팎의 소식을 통하게 하고자『공립신보(共立新報)』를 발행하고 원근 각지에 전파하였으니, 이 사업은 진실로 각국 교민들에게도 없었던 것이었다. 그리하여 우리 한인의 명예가 다른 나라 사람보다 월등히 높아졌으니, 이는 그대의 고심과 열성 덕에 드러나게 된 것이 아니겠는가.

아아, 지금 시기는 한 개인의 문명화 정도에 온 나라의 영욕이 달려 있다. 그런데 우리나라 동포는 오랫동안 겹겹 문을 닫아걸고 그 속에 살면서 사방 이웃의 쟁기가 일제히 나오는데도 여전히 사면 밭두둑에 봄이 온 것도 모르고 몽매하게 깨어나지 못하고 나른하게 떨쳐 일어나지 못하였다. 그런 까닭에 저 열강이 우리 한인을 열등하고 천한 족속으로 대우하여도 깨닫지 못하고 있으니, 세상에 이보다 더한 치욕이 어디 있겠는가. 오직 미국에 사는 동포들이 유리되고 영락한 가운데서도 떨쳐 일어나 단결하고 교육하니, 조국의 사상이 물은 반드시 동쪽으로 흐르는 것과 같이 되었고, 열심히 진보하여 다른 민족보다 월등히 뛰어나게 되었다. 그리하여 저 구미(歐美) 사람들이 갑작스레 태도를 바꾸어 우리 한인을 우등한 인종으로 대우하게 되었으니, 이는 실로 그대의 마음과 노력이 성취한 일이라 할 것이다. 이렇게 그대는 2천만 형제의 인도자임이 분명하도다. 이로부터 인재가 날로 성취되고 사업이 날로 진보하여 예기(銳氣)를 축적하여 때를 기다리다가 때가 되면 순풍에 돛을 달고 와서 말하기를 "고국에 돌아가서 유신의 사업을 돕고 중흥의 터전을 건설하겠다."라고 하리니, 이것이 곧 그대의 뜻이로다. 어찌하여 하늘은 안타까워하지도 않고 내 한쪽 팔뚝을 이처럼 지독하게 잘라내는가.

아아, 시국이 크게 변하고 국권이 땅에 떨어짐에 그대와 여러 동포들
은 북쪽을 바라보고 눈물을 닦으면서 어떻게 마음을 가누었을까. 이때
부터 가슴을 어루만지고 치면서[25] 밤낮으로 마음만 애태웠으리니, 이
때문에 병을 얻고 점차 고질이 되어 갑자기 이 지경에 이르게 된 것이리
라. 고개 들어 먼 하늘 바라보니 바다 빛은 아득하고, 바람에 임하여
통곡하니 통한이 구천까지 닿으리. 혼(魂)이여 돌아가자, 백(魄)이여 돌
아가자. 아아, 슬프도다. 아아, 애통하도다.

시보

시보

5월 16일
○ 단발자 입학 : 교동(校洞) 관립일어학교에서 단발하지 않은 자를 퇴
  학시키고, 지난 월요일에 38명을 시험을 쳐서 뽑았는데 응시자가
  156인이었다고 한다.

동 18일
○ 권업모범장(勸業模範場) 개식 : 수원 서호(西湖) 모범장에서 개식(開
  式)한 정황을 대략 기술해보건대, 정부 각 대신 이하와 각 사회 신
  사·신상(紳商) 등이 와서 참석하였다. 농상공부대신 성기운(成岐運)
  씨가 농업 권장의 필요에 대해서 축사하고, 이토(伊藤) 씨가 이어서
  연설하였다고 한다.

---

25 가슴을 어루만지고 치면서 : 원문은 '拊膺琮髀'으로 되어 있는데, '琮'은 '擦'의 오자로
   추정된다. 『시경』「패풍(邶風) 백주(柏舟)」 '靜言思之, 寤髀有摽'의 주석에 '髀'을 가슴
   을 친다는 뜻의 '擗'로 본 예가 있어, 여기에 근거하여 번역하였다.

동 19일

○ 유학생 친목 : 일본 유학생이 관·사비를 막론하고 친목회를 조직하였다고 한다.

○ [외보(外報)] 위안 총독(袁總督)의 의견 : 베이징에서 온 전보에 이르길, 위안 총독의 삼림 문제에 대한 의견을 들어보니 그 경영 구역은 압록강 수면(水面)부터 오른쪽 기슭 육상(陸上) 30리(哩)로 하고, 기한은 17년으로 하며, 그 순이익 십분의 이를 청나라 정부에 내어주고, 해당 회사는 동삼성(東三省) 총독의 절제를 받으며, 영업에 관해서는 청나라 상법(商法)과 기타 규칙을 준수하고, 토착민의 재산을 강제로 사들이는 것을 금지하는 것이라고 한다.

동 21일

○ 세계 제2의 대시계(大時計) : 미국 필라델피아 공회당에 장치한 대시계는 지상에서 360척 되는 높이에 두었으니, 시진표(時辰表)의 면(面) 직경은 25척이고 분침은 1분당 1척의 거리를 가는데, 시계 가격이 6만 원으로 세계 제2의 대시계이다. 벨기에 메헬렌(Mechelen) 시성 룸볼드(Saint Rumbold) 사원에 있는 시계는 그 시침의 크기가 이 시계의 2배라고 한다.

동 22일

○ 내부(內部)에서 각 지방의 재정 문서를 일치시키기 위하여 지방 관리를 한 곳에 모아 회계법을 가르쳤는데, 해당 사무에 종사할 위원 8인을 내부 관리 가운데 선정하였다고 한다. 장하도다.

○ 일본 도쿄 혼고구(本鄕區)에 머무는 미국 의학박사 이스트레이크(William Clarke Delano Eastlake) 씨가 우리나라 유학생을 위하여 육해군학교를 설립하고 열심히 가르치는데, 개교 이래로 입학을 희망하는 사람이 날로 달로 늘어 50여 인에 달하여 학교 기숙사가 점차 좁아져서 모두 수용할 수 없는 관계로, 금화 2만 5천 환으로 일반

가옥을 구입하여 더욱 열심히 가르치니, 해당 인물의 의로움과 훌륭
함은 세계에 드물다 하겠다.

동 24일

○ 내각 신조직 : 학부대신 이완용(李完用) 씨는 참정대신에 임명되었
고, 참장(參將) 이병무(李秉武) 씨는 군부대신에 임명되었고, 성균관
장 임선준(任善準) 씨는 내부대신에 임명되었고, 중추원 부의장 이재
곤(李載崑) 씨는 학부대신에 임명되었다고 한다.

○ [외보] 청나라의 신 해군함 : 청나라에서 청나라 군대를 부흥시키기
위해 매년 쓰는 경비가 대략 1천 2백만 냥이라고 한다.

동 26일

○ 보성전문학교 학도의 재판 연습 : 보성전문학교 학도가 오늘 동문
밖 영도사(永道寺)에 재판소를 임시로 설치하고, 재판장 이하 일반
사법관리가 원고와 피고를 추정하여 재판 예식(例式)을 연습했다고
한다.

동 27일

○ 3명의 신임 대신 : 경리원경(經理院卿) 고영희(高永喜) 씨는 탁지대신
에 임명되었고, 정3품 조중응(趙重應) 씨는 법부대신에 임명되었고,
일진회(一進會) 총무 송병준(宋秉畯) 씨는 농상공부대신에 임명되었
다고 한다.

○ 성은을 넉넉히 내리시다 : 여학교 연합 대운동회가 장충단(獎忠壇)에
서 열렸는데, 대황제 폐하께서 예식과장(禮式課長) 고희경(高羲敬)을
보내어 위문하시고 오찬을 하사하셨다고 한다.

동 30일

○ 우박 피해 극심 : 일전에 우박 때문에 강원도 각 군(郡)이 극심한
피해를 입어 밀과 보리의 손해가 적지 않아 백성의 원망이 자자하다
고 한다.

○ [외보] 일본인 보호 : 워싱턴 전보에 따르면, 주미(駐美) 일본대사 아오키(靑木) 씨가 본국 정부의 훈령(訓令)에 따라 샌프란시스코에 있는 일본인 보호 사건으로 미국 국무장관 루트(Elihu Root) 씨에게 조회(照會)를 발송하였다고 한다.

○ 공중 항행의 발달 : 전화의 발명가로 유명한 영국 박사 벨(Alexander G. Bell) 씨가 공중 항행술을 발달시켜 1시간에 175리에서 2백 리까지 항행하는 비행기가 이삼 년 안에 제조되고 비행 군함도 머지않아 제조될 것인데, 그중 미국에서 가장 먼저 제조할 것이라고 한다.

6월 1일

○ 중추원 찬의(中樞院贊議) 김가진(金嘉鎭) 씨가 상소하여 사직하였다.

○ 내부 협판(內部協辦) 심상익(沈相翊), 경무사(警務使) 김사묵(金思默), 내부 경무국장(內部警務局長) 김창한(金彰漢) 씨가 중추원 찬의에 이임되었다고 한다.

○ 강원 관찰사 김재풍(金在豊) 씨가 경무사에 이임되었다고 한다.

○ 학무국장 유성준(兪星濬) 씨가 내부 협판에 임명되었고, 유맹(劉猛) 씨는 농상공부 협판에 임명되었다고 한다.

동 4일

○ 추원(樞院) 고문식(顧問式) : 신임 추원 고문으로 참정대신에 체직된 박제순(朴齊純), 군부대신에 체직된 권중현(權重顯), 법부대신에 체직된 이하영(李夏榮), 탁지부대신에 체직된 민영기(閔泳綺), 농상공부대신에 체직된 성기운(成岐運) 씨가 친임식(親任式)을 거행하였다고 한다.

동 5일

○ 전남 관찰사 권익상(權益相) 씨와 충남 관찰사 이건영(李健榮) 씨가 중추원 찬의에 이임되었다고 한다.

동 8일

○ 해주 총순(海州總巡)의 직무 구획과 학교 찬조 : 해주 총순 전봉훈(全

鳳薰) 씨가 임지에 도착한 뒤로 쇄신을 결심하고, 동료에게 경찰의 직분과 보호의 책임에 대하여 격렬하고 엄격하게 설명하였다. 또 해주 내의 각 학교 생도들에게 교육에 대하여 극진하게 권면하고 친히 연필과 백묵 등을 다수 지급하니, 학도들이 한층 더 진보하고 각 군의 잡된 무리가 명망을 듣고 종적을 감추었다고 한다.

동 10일

○ 3명의 신임 관찰사 : 전남 관찰사에 파주 군수 김규창(金奎昌) 씨가, 충남 관찰사에 양근(楊根) 군수 양재익(梁在翼) 씨가, 평남 관찰사에 대구 군수 박중양(朴重陽) 씨가 임명되었다고 한다.

동 11일

○ 일본에 체류하던 박영효(朴泳孝) 씨가 지난 8일에 도래하여 지금 부산에 머물면서 자열소(自列疏)를 올렸다고 한다.

동 12일

○ 무관 택인(擇人) : 군부에서 육군 각 대대장(大隊長) 이하 일반 군인의 임관(任官)과 면관(免官) 주본(奏本)을 행한다고 하는데, 예전부터 권세에 의지하여 관직을 더럽힌 자는 일체 사무를 정지시키고, 군인의 자격에 합당한 사람만 골라서 등용한다고 한다.

동 14일

○ 특별사면 조칙 : 조칙에 이르시길 "지난 을미년 여름에 박영효를 엄하게 탄핵하고 정죄(正罪)하라고 조칙을 내렸다. 그런데 나중에서야 그 범죄 사실이 분명하지 않은 것이어서 굳이 밝힐 필요도 없이 저절로 누명을 벗었다는 것을 알게 되었다. 박영효를 특별히 석방하여 사면하는 은전(恩典)을 보이도록 하라." 하셨다.

동 15일

○ 사회의 환영 : 금릉위(錦陵尉) 박영효 씨가 귀국하는데, 각 사회에서 각기 총대를 파송하여 환영한다고 한다.

제8회 특별총회 회록

광무 11년 5월 18일 오후 5시에 본 회관에서 개회하였다. 회장 정운복(鄭雲復) 씨가 사정으로 나오지 못하여 부회장 김명준(金明濬) 씨가 자리에 올랐다. 서기가 이름을 점검하니 출석자가 33인이었다. 전회 회록을 낭독함에 착오처가 있으므로 개정 후 바로 받아들였다. 김희선(金義善) 씨가 제의하기를 "강화 보창학교장(普昌學校長) 이동휘(李東暉) 씨가 해당 학교 운동회에 참석해달라는 뜻을 담아 공함(公函)을 보내왔으니, 본회에서 총대(總代) 2인을 선출하여 보내자." 함에 한광호(韓光鎬) 씨의 재청으로 가결되었다. 이갑(李甲) 씨의 특청으로 운동회에 참석할 총대로는 노백린(盧伯麟) 씨와 김희선 씨가 선출되었다. 이갑 씨가 제의하기를 "서북학생 친목회에 대하여 본회에서 회원 제씨에게 권면하여 의연금을 모집하여 보내자." 함에 김달하(金達河) 씨의 재청으로 가결되었다. 류동작(柳東作) 씨가 제의하기를 "서우·한북 두 학회를 연합하는 일은 과연 관련된 바가 중대하니 고심하지 않을 수 없을 것이요 또 회장이 자리에 오르지 못하였으니 우선 안건을 보류하자." 함에 이달원(李達元) 씨의 재청으로 가결되었다. 김달하 씨가 제의하기를 "황해도에 권유위원(勸諭委員)을 파견하는 일은 훗날 평의회에서라도 참작하여 결정할 것이니 우선 안건을 보류하자." 함에 이달원 씨의 재청으로 가결되었다. 이갑 씨가 제의하기를 "부회장 겸 총무 김명준 씨가 이번에 강동(江東) 군수로 서임(敍任)되었으니 부득이 청원을 따라 사면을 허락하자." 함에 김달하 씨의 재청으로 가결되었다. 이갑 씨가 제의하기를 "개성 교육총회 총대 박대양(朴戴陽) 씨와 이면근(李冕根) 씨의 환영회와 총무원 김명준 씨의 송별회를 겸행하자." 함에 이달원 씨의 재청으로 가결되었다.

시간이 다함에 김달하 씨의 특청으로 폐회하였다.

제9회 특별총회 회록

광무 11년 5월 23일 오후 7시에 본 회관에서 개회하였다. 회장 정운복 씨가 사정으로 나오지 못하여 임시회장 김명준 씨가 자리에 올랐다. 서기가 이름을 점검하니 출석자가 38인이었다. 전회 회록을 낭독하니 착오처가 없으므로 그대로 받아들였다. 김희선 씨가 특청하기를 "회장 선정은 한결같이 규칙에 따라 무기명으로 투표하자." 함에 이의가 없었다. 부회장으로 김달하 씨가 선출되었다. 류동작 씨가 제의하기를 "총무원 선정은 2인을 호명으로 추천하여 권점(圈點)을 많이 받은 순으로 하자." 함에 김유탁(金有鐸) 씨의 재청으로 가결되었다. 총무원으로 김달하 씨가 선출되었다. 김달하 씨가 제의하기를 "본원(本員) 월급 40원을 본회에 매달 기부하여 경비를 보충하다가 나중에 체임(遞任)되면 해당 월급을 지출하자." 함에 김호인(金鎬仁) 씨의 재청으로 가결되었다. 순안군(順安郡) 한덕현(韓德賢), 김두영(金斗영)[26] 두 사람의 입회 청원을 받아들였다. 시간이 다함에 류동작 씨의 특청으로 폐회하였다.

제10회 통상회 회록

광무 11년 6월 1일 오후 3시 반에 본 회관에서 개회하고 회장 정운복 씨가 자리에 올랐다. 서기 김유탁 씨가 휴가를 청하여 집으로 돌아간

---

26 김두영(金斗영) : 원문에 '영'만 한글로 처리되어 있다. 『서우』 12호의 「통상회 회록」에 나오는 '김두영(金斗濚)'과 동일인으로 보인다.

까닭에 임시서기 장재식(張在植) 씨와 임시사찰 송의근(宋義根) 씨를 회장이 임의로 정하였다. 서기가 이름을 점검하니 출석자가 41인이었다. 전회 회록을 낭독하니 약간의 착오처가 있으므로 개정하여 바로 받아들였다. 회계원 박경선(朴景善) 씨가 회비 수입액과 비용 명세서를 보고하였다. 총무원 김달하 씨가 맡아온바 평의원 겸 회계원 직에 대해 아울러 제출한 사면청원서를 받아들였다. 고아학원(孤兒學院) 공함(公函)과 개성총회(開城總會) 공함과 황성신문사 간친회(懇親會) 공함을 공포하였다. 김달하 씨가 제의하기를 "본회 월보를 3천 부 출간하였는데, 본 회원과 각 처로 발송하고 보니 1천 5백 부에 불과하다. 8호부터는 2천 부만 간행하자." 함에 김석태(金錫泰) 씨가 재청하였고, 김명준 씨가 개의(改議)하기를 "월보를 발송하는 실제 개수를 서무원에게 탐문하여 실제 개수대로 간행하자." 함에 안창호(安昌浩) 씨의 재청으로 가결되었다. 김달하 씨가 제의하기를 "본원의 평의원을 체면(遞免)한 대신 세 사람을 공천하여 권점하자." 함에 김기동(金基東) 씨의 재청으로 가결되었다. 평의원으로 김석태 씨가 선출되었다.

회원 소식

본회 평의원 노백린(盧伯麟) 씨는 군부 교육국장으로, 이갑(李甲) 씨는 군부 교육국 교무과장으로, 류동열(柳東說) 씨는 군부 참모국 과장으로, 본 회원 송우영(宋禹榮) 씨는 육군무관학교 학도대 중대장으로, 이종하(李鍾夏) 씨는 황해도 종두위원(種痘委員)으로, 김용병(金用炳) 씨는 동명왕릉(東明王陵) 참봉(參奉)으로 임명되었다.

회장 정운복 씨와 회원 안창호 씨가 일본 도쿄박람회에 참석하러 다녀왔다가 본국 유학생이 열심히 진보하는 정황에 대해 성대하게 설명하였다. 시간이 다함에 김달하 씨의 특청으로 폐회하였다.

회계원 보고 제8호

17원 37전　　　회계원 임치 조(條)
130원　　　　　한성은행 저축금 중 인출 조
30원 44전　　　월보 대금 수입 조, 우편비용 포함
합계 177원 81전

○ 제8회 신입회원 입회금 수납 보고

권오욱(權五旭) 김희석(金禧碩) 차인학(車仁學) 김재동(金在洞)
이진하(李鍾夏) 조권필(趙權弼) 이정섭(李正燮) 장응량(쟝應亮)
이용수(李龍壽) 안중근(安重根) 계도순(桂道淳) 계원순(桂元淳)
오필창(吳弼彰) 오국동(吳國東) 유익수(柳益秀) 이선주(李善柱)
임익수(林翼洙) 김도증(金道曾) 김경지(金庚地) 김정기(金정夑)[27]
김정민(金正民) 이용련(李容璉) 고달현(高達賢) 장용준(쟝容駿)
장상익(쟝相翼) 신　순(申　순) 이충건(李忠健)
각 1원씩
합계 27원

○ 제8회 월연금 수납 보고

이정섭(李正燮) 10전　　　5월 조
장응량(쟝應亮) 1원 20전　10년 10월부터 11년 3월까지 6개월 조

---

[27] 김정기(金정夑) :『서우』12호에 "제8호 월보 입회금 보고의 김정기(金珽夑) 씨는 전정기(全珽夑) 씨로 정오(正誤)함."이라는 정정 문구가 실렸다.

최낙선(崔洛善) 1원 10전 4월부터 12년 3월까지 1년 조
이용수(李龍壽) 1원 5월부터 12년 2월까지 10개월 조
윤기선(尹琦善) 20전 1개월 조
김형섭(金亨燮) 10전 6개월 조
김순민(金舜敏) 1원 10년 11월부터 11년 3월까지 5개월 조
최호범(崔豪範) 20전 3개월 조
최호범(崔豪範) 80전 4월부터 11월까지 8개월 조
이충건(李忠健) 1원 6월부터 12년 3월까지 10개월 조
합계 6원 70전

○ 제8회 기부금 수납 보고

김병순(金柄珣) 10원
김달하(金達河) 20원 5월 반 달 치 월급 조
이충건(李忠健) 3원
지기영(池基榮) 50원
합계 83원
이상 4건 총합 294원 51전 이내

○ 제8회 사용비 보고 : 5월 15일부터 6월 15일까지

7원 56전 개성(開城) 총대(總代) 2인 환영 시 식사비 조
7원 7전 강화(江華) 운동회 시 상품 물건 값 조
1원 83전 양지봉투(洋紙封套), 백지, 성냥, 노끈 값 포함
3원 50전 서북학생 운동회 시 사진 값 조
3원 신문사 간친회 비용 조
2원 45전 여학교 연합 운동회 시 상품 물건 값 조
35원 49전 7호 월보 인쇄비 완납 조

125원	각 사무원 5월 월급 조
8원	하인 5월 월급 조
4원	5리 우표 800매 값 조
1원 50전	엽서 100매 값 조
12전	3전 우표 4매 값 조
1원 35전	각처 월보 송부 시 소포비 조
1원 70전	회관 이전 시 부담 비용 조
75원	8호 월보 인쇄비 중 선급

합계 277원 57전 제외하고

잔액 16원 94전 회계원 임치.

한성은행 도합 저축금 1,150원.

광무 10년 12월 1일 창간			
회원 주의			
회비 송부	회계원		한성 북서(北署) 원동(苑洞) 12통 12호 서우학회관 내 박경선(朴景善) 김윤오(金允五)
	수취인		서우학회
원고 송부	편집인		한성 북서 원동 12통 12호 서우학회관 내 김달하(金達河)
	조건		용지 : 편의에 따라 기한 : 매월 10일 내
주필	박은식(朴殷植)		
편집 겸 발행인	김달하(金達河)		
인쇄소	보문관(普文舘)		
발행소	한성 북서 원동 12통 12호 서우학회		
발매소	황성 중서(中署) 포병(布屛) 밑 광학서포(廣學書舖) 김상만(金相萬) 평안남도 평양성 내 종로(鐘路) 대동서관(大同書觀) 평안북도 의주(義州) 남문 밖 한서대약방(韓西大藥房) 황해도 재령읍 제중원(濟衆院)		
정가	1책 : 금 10전(우편비용 1전) 6책 : 금 55전(우편비용 6전) 12책 : 금 1환(우편비용 12전)		
광고료	반 페이지 : 금 5환 한 페이지 : 금 10환		

첨원(僉員) 주의

1. 본회의 월보를 구독하거나 본보에 광고를 게재하고자 하시는 분들은 서우학회 서무실로 신청하십시오.
1. 본보 대금과 광고료는 서우학회 회계실로 송부하십시오.
1. 선금이 다할 때에는 봉투 겉면 위에 날인으로 증명함.
1. 본보를 구독하고자 하시는 여러분은 주소와 통호(統戶)를 소상히 기재하여 서우학회 서무실로 보내주십시오.
1. 논설, 사조 등을 본보에 기재하고자 하시는 여러분은 서우학회 회관 내 월보 편집실로 보내주십시오.

○ 본회 특별광고

본회에서 국채 배상금 모집에 대한 우리 회원의 의연금은 오직 본회관으로 취합하여 장차 정당한 수금소로 납부할 것임은 이미 신보(申報)에 광고가 있었거니와 대개 이 배상금 문제는 우리 전국 동포의 충군애국 사상이 일제히 분발한 데서 연유한 것입니다. 각 신문에 게재된 사실을 살펴보면 남녀 귀천 빈부를 막론하고 그 선두를 다투면서 뒤쳐질까 염려하는 진지한 성의가 과연 어떠한지요. 본회의 경우 국민의 책임을 마땅히 다해야 할 의무가 더욱 절실하고 귀중하며 일반 국민의 칭찬과 기대에 부응하는 것도 가벼운 일이 아니니, 이 국채의 문제에 대해 어찌 감히 정성과 노력을 다하지 않겠습니까. 우리 회원들께서 더욱 분발해주시어 의연금을 기한 내에 납부하여 주시기 바랍니다.

단, 액수에는 구애받지 마십시오.

○ 국채 보상 의연금 수입 광고 제3회

최낙선(崔洛善) 씨 2환

※ 국채 보상 제2회 조병균(趙抦均) 씨 16전은 60전으로 정정함.

○ 광고

본회에서 회원들의 금전적 어려움을 고려하여 4월 1일부터 월연금 20전을 다시 10전으로 개정하였으니 회원들께서 헤아려주기 바랍니다.

○ 특별광고

『**증수무원록대전**(增修無寃錄大全)』 : 1질(帙) 172면, 정가 금 신화(新貨) 75전

이『증수무원록대전』은 법률가의 가장 요긴한 서적입니다. 그런데 지난 수년 동안 현행본이 거의 단종에 이르렀기에 법부(法部)에 인가를 얻고 새로 간행하였습니다. 국한문으로 해석하여 애매모호한 구절이 없습니다. 법률학에 뜻이 있는 분과 지방관으로 재임하시는 분은 반드시 읽어야 할 서적이니, 유의하여 구매하기 바랍니다.

중서(中署) 포병(布屏) 밑 광학서포(廣學書舖)

김상만(金相萬) 발매소

○ 영업 개요

-만 가지 서적의 구비는 본관의 특색-

△ 종교와 역사 서적	○ 내외 도서 출판	△ 법률과 정치 서적
△ 수학과 이과 서적	○ 교과서류 발매	△ 수신과 위생 서적
△ 실업과 경제 서적	○ 신문 잡지 취급	△ 어학과 문법 서적
△ 지리와 지도 서적	○ 학교용품 판매	△ 생리와 화학 서적
△ 소설과 문예 서적		△ 의학과 양잠 서적

-배달 우편료의 불필요는 독자의 경제-

(본점) 황성 중서(中署) 포병(布屏) 밑 　　　중앙서관(中央書舘)

(지점) 평북 선천읍(宣川邑) 천변 　　　　신민서회(新民書會)

광무 10년 12월 1일 | 메이지 39년 12월 1일 | 제3종 우편물 인가

광무 11년 8월 1일 발행
(매월 1일 1회 발행)

서우

제9호

서우학회

서우학회월보 제9호

축사 漢

이병헌(李炳憲)

　　대동(大東)의 서쪽에 패성(浿省)이 있으니, 단군께서 터를 잡고 기자(箕子)께서 건너와 인문(人文)을 앞서 인도하였고, 수(隋)나라를 꺾고 당(唐)나라에 대항하니 우리 무용(武勇)이 이에 드러났도다. 예로부터 지금까지 지령(地靈)을 받아 태어났으니, 하물며 이 풍조가 바다와 사방의 경계를 에워싸 힘과 지혜를 다투고 우열을 겨루게 됨에랴. 그러나 아아, 우리 한국인은 아직 잠에 취해 코를 골며, 저 맹인이 애꾸눈 말을 타고 봄철 살얼음을 밟는 듯 위태롭도다. 진실로 겸곡(謙谷)께서 이러한 시국을 근심하여 서토(西土)와 상의하여 학문으로 벗을 모으니,[1] 영명(英明)한 무리는 우리 문왕(文王)에 부응하고, 성대한 조직은 나라의 광채가 되었도다. 마치 긴 밤중에 닭이 막 깨어나 우는 듯하고 동방에서 별이 앞서 빛을 밝히는 듯하니, 유신(維新)한 많은 선비가 이에 힘입어 행할 바를 알게 되고, 백성을 인도하고 국권을 회복하여 법도와 본보기가 되었도다. 앞에서 선창하고 뒤에서 따르니, 동포 모두에게 책임이 있도다. 유념하고 힘쓸지어다. 우리 대한인이여.

1　진실로……모으니 : 겸곡(謙谷)은 박은식(朴殷植, 1859-1925)의 호이다. 박은식이 1906년에 서울에 있는 황해도와 평안도 출신 지식인들을 중심으로 서우학회를 조직하고, 기관지인 『서우』의 주필을 맡은 것을 말한다.

평양과 개성의 발달

회원 박은식(朴殷植)

　무릇 극에 달하면 돌아오고 궁하면 통하는 것은 일정한 이치이다. 현재 우리나라 안에서 백성의 사상이 점차 진보되고 사회의 풍기가 날로 개명되는 기점은 평양과 개성이 표준이 되니, 이는 극에 달하면 돌아오고 궁하면 통하는 기회라고 할 수 있다. 대개 지구상의 역사를 살펴보면, 모든 풍기가 개통되고 문화가 발달한 곳은 반드시 그 산과 시내가 맑고 빼어나서 영기를 모아 길러주고 강과 바다가 서로 통하여 인물이 많이 모이는 지방이 기점이 되는 법이다.

　시험 삼아 우리나라 역사를 가지고 징험해보겠다. 평양은 단군이 처음 나와 나라를 세울 때 도읍으로 삼으시고 기자(箕子)가 동쪽으로 건너와 여덟 조목의 가르침을 만들고 정전(井田)으로 산업을 제정한 곳이니, 우리 한국 4천 년의 예의와 문물은 진실로 여기에서 발원한 것이다. 고구려 시대에 이르러서는 동명왕(東明王)이 하늘이 내린 신묘한 무예로 독립을 회복하셨고, 광개토왕(廣開土王)이 국경을 개척하여 넓히셨고, 고국천왕(故國川王)이 정치와 교화를 밝게 닦으셔서 엄연히 바다 동쪽에 하나의 강국을 세우셨고, 유리왕(類利王)은 사언시를 지으셨고 을지문덕(乙支文德)은 오언시를 읊었으니, 무열(武烈)이 이미 성대함에 문풍(文風) 역시 진작되었음을 여기에서 볼 수 있다.

　개성은 고려 5백 년 역사에 정교(政敎)의 법도가 성대하여 볼 만하고, 여러 문신과 무신의 뛰어난 공열(功烈)이 우뚝하게 서로 이어졌으며, 말세에 이르러서는 지나(支那) 원(元)나라와 통교(通交)하여 빙문(聘問)을 주고받고 혼인으로 우호를 맺었다. 이에 익재(益齋) 이제현(李齊賢),

문성공(文成公) 안향(安珦), 문충공(文忠公) 정몽주(鄭夢周) 등 제현(諸賢)이 모두 중국에서 배워 유교를 천명하고 도학을 발휘하여 공자·맹자·정자·주자께서 서로 전한 도통(道統)이 마침내 우리나라로 오게되었다. 본조(本朝)에 이르러서 제현이 무리지어 나와 사문(斯文)을 진작시키고 문치(文治)를 아름답게 꾸미게 된 것은 진실로 전조(前朝) 제현의 연원을 소술(紹述)하여 윤색하고 밝힌 것이다. 그러므로 예를 좋아하고 도를 숭상하는 우리나라 사람의 아름다운 풍속은 역시 개성에서발원된 것이로다.

우리나라에서도 평양과 개성은 산천이 빼어나고 인물이 수다(數多)하여 진실로 우리나라의 이름난 고을이니, 걸출한 인물이 나오는 것은 그지역이 신령하기 때문[2]이라는 것이 참으로 미더운 말이로다. 그러나 본조 몇백 년 동안 두 지역 인사(人士)가 과거 등용에서 제한을 받아 침체되고 가로막혀 거의 인물로 자처할 수 없게 되었다. 이 때문에 나라 안의 천족(賤族)을 일컬어 서북 송도(松都) 사람이라 하니, 이러한 때를당하여 우리 선조와 부형에게 비록 하늘을 꿰뚫는 재주와 고금을 통달한 학문이 있었더라도 또한 적막하고 고고(枯槁)하여 초목과 함께 썩을뿐이었으니 어찌 슬프지 아니하였겠는가.

아아, 우주의 시국이 변하고 바다와 육지의 풍조가 요동치고 있다.구름과 안개처럼 바다를 뒤덮고 오는 것은 증기선과 군함이고, 번개와우레처럼 대륙을 제멋대로 달리는 것은 전차와 철도이다. 역사와 신문에서 어느 나라의 부력(富力)은 세입(稅入)이 몇억만 원이고, 어느 나라의 강력(强力)은 군사의 수가 몇백만이고, 약육강식에 의해 나라가 망하고 인종이 바뀐 것이 몇 나라나 된다 하고, 최근의 경쟁으로 뤼순(旅順)전쟁과 랴오양(遼陽) 전쟁에서 백만 명이 죽고 흘린 피가 천 리나 이어지

---

2 걸출한……때문 : 당(唐)나라 왕발(王勃)의 「등왕각서(縢王閣序)」를 인용한 것이다.

는 미증유의 대경쟁이 일어났다고 한다.

우리나라가 처한 상황은 국권과 인권이 완전히 땅에 떨어져서 다른 사람의 노예와 우마가 된 참혹한 상태로, 이른바 장막 위에 둥지를 튼 제비나 솥 안에서 노니는 물고기³와 같다. 동물로서의 지각이 조금이라도 있는 자라면 응당 경계하고 두려워하며 격앙되고 발분하는 마음이 절로 들어 마지않을 터인데, 우리나라 사람들은 여전히 보이지 않고 들리지 않는 듯하여 혼미하게 깨지 않고 고요하게 일어나지 않는다. 하등 사회의 낫 놓고 기역 자도 모르는 무식한 동포는 우선 차치하고라도, 사대부라거나 독서인이라 일컫는 무리들도 이러한 전에 없던 변국(變局)을 당하여 여전히 구습을 고수하고 앉아서 먼 옛날이야기나 할 뿐 아니라 도리어 그 망령된 설에 미혹되어 "장차 총혈(銃穴)에서 물이 나오게 하는 인재가 나오면 저 군함과 증기선이 저절로 물러가게 될 것이다."라고 한다. 이런 무리가 성현의 글을 읽는다고 일컬으며 사림의 지위를 차지하고 있으나 그 지식의 혼미함과 망령됨은 최하등 중에서도 하우(下愚)이니, 무엇을 더 논할 수 있겠는가. 무엇을 더 논할 수 있겠는가.

슬프도다. 그 무리가 백성과 나라를 근심하지 않는 것은 아니지만, 마침내 국토가 폐허가 되고 종족이 멸망하는 날에도 어찌 높은 관을 쓰고 넓은 대를 띠고서 저 혼자 물외(物外)의 세계에서 지낼 수 있으랴. 그러므로 식자들이 "오늘날 나라를 망하게 만든 것은 정부사회이고 산림사회이다."라 말한 것이 과연 적당한 논의로다. 이러한 기풍이 나라 안에 만연하니, 긴긴밤 아득하여라, 솟아오르는 태양이 어찌 이

---

3 장막……물고기 : 몹시 위험한 처지에 놓인 사람이나 사물을 비유하는 말이다. 남조(南朝) 양(梁)나라 구지(丘遲)의 「여진백지서(與陳伯之書)」에 "지금의 상황은 마치 물고기가 끓는 솥 속에서 노니는 것과 같고, 제비가 바람에 날리는 장막 위에다 둥지를 트는 격이다〔魚游於沸鼎之中, 燕巢于飛幕之上〕."라고 하였다.

리 더딘가. 이에 우리들이 낮에 밥 먹는 것을 잊고 밤에 잠자는 것을 잊고서 고개를 빼고 앙망하며 발을 구르며 부르짖은 지 이미 여러 해가 흘렀다. 황천(皇天)이 내버리지 않으시고 우리 동포의 정성을 묵묵히 인도하시어 오직 우리 서우(西友) 사회의 평양과 개성 두 곳이 한줄기 광채를 드러내게 되었으니, 진취적인 학교와 활발한 사회가 진실로 한창 홍기하여 끝이 없는 형상을 띠고 있다. 매번 사우(社友)들과 어울리며 그 정황을 탐문해보면, 일반 학생들의 열심과 진보 그리고 남녀 동포의 애국사상이 과연 감격스러움에 부지불식간에 손발이 춤을 춘다. 대개 평양은 기풍이 활발하여 진취적인 부분에 뛰어나고, 개성은 기풍이 견고하고 세밀하여 기초를 세우는 데 뛰어나니, 이 두 곳 사회의 진보가 어찌 오늘날 전국의 전도자(前導者)가 되지 않으리오. 그렇지만 우리들이 모두 한집안 사람이라는 우의로 절실하게 기대하고 면려해야 할 것이 있으니, 평양의 진취는 넉넉함이 있지만 혹 단단한 기초가 부족하지 않을까 하는 것이며, 개성의 기초는 충분하지만 혹 용맹한 진전이 결핍되어 있지 않을까 하는 것이다. 부디 사우들은 십분 면려하고 갑절로 분발하여 나아갈수록 더욱 나아가고 새로워질수록 또 새로워져서 다가올 좋은 결과를 완전하게 성취하기를 간절히 축원하나이다.

교육부

가정학 (속)

회원 김명준(金明濬) 역술

2. 가정교육의 목적

가정교육의 목적상 독서와 산술과 격물(格物) 류가 다 지육(智育)에 있어 긴요한 것이지만, 덕육(德育)보다 중요하지는 않다. 덕육이 있어야 마음이 견고해지고 인정이 온후해지며, 공경·사랑·효도·우애의 덕이 길러지며, 다시 신체가 강건해지고 정신이 단련되어 능히 한서(寒暑)를 견디고 기갈을 참아내게 된다. 무릇 남아는 뜻을 사방에 두는지라 이러한 습관을 평소에 잘 들여 둔다면, 하루아침에 위급한 변고를 만나 바람에 머리칼 날리고 이슬 맞으며 눕게 된다 한들 무슨 손상을 입겠는가.

아동을 교육할 때는 그 작은 지혜에 상을 주지 말고 큰 성장을 구해야 한다. 그런데 세속에서 아이를 북돋는답시고 대략적으로 책을 읽고 글자를 깨우친 것을 보면 바로 온갖 칭찬을 하니, 아이들의 무식함이 총애 받음으로 인해 교만해져서 오래되면 장차 불손함으로 흘러간다. 반대로는 또 혹 다른 아이의 학예가 내 아이보다 뛰어난 것을 부러워하여 이 때문에 과중한 과제를 부과함으로써 아이의 뇌력(腦力)을 괴롭게 한다. 그러면 아동의 능력과 뇌력과 체력이 점차 피로해지고 신체가 점차 허약해져서 심지어 요절하는 불행한 일을 만나기도 하니, 이는 쇠뿔을 바로잡으려다가 소를 죽이는 것과 다를 바가 없다. 아아, 싹을 잡아당겨 성장을 돕겠다는 셈이니 무슨 이익이 있으리오.

학예의 진보는 기운에 따라 인도하는 것이 좋고 마땅히 급하게 재촉하지 말아야 한다. 그러나 반드시 일정한 방침이 있어야 하며 중심 없이 이리저리 옮겨 다녀서는 안 된다. 인애·박애의 성정과 불요불굴의 정신은 마땅히 강보에 싸여 있을 때 양성되는 것이니, 이는 정신을 교육하는 기초로 조금이라도 늦출 수 없는 것으로서 학예와는 같지 않다.

세계의 풍조를 맞이하는 것이 소아를 잘 교육하는 것은 아니다. 오늘날 아동을 교육하는 요지가 대개 덕육에 있으니, 덕육이 두텁지 않으면 폐단이 많이 생겨난다. 예컨대 제방을 쌓을 때 견고하게 하면 험한 물결이 집어삼키지 못하는 것과 같고, 또 집을 지을 때 기초가 두터우면 비록 더러운 물건이 있더라도 또한 틈을 타고 들어올 수 없는 것과 같다. 그러므로 풍속이 후하면 사람마다 선을 행하는 데 부지런하고 풍속이 박하면 사람마다 불초함을 부끄럽게 여기지 않는 법이니, 이른바 "거처가 기상을 바꾼다."라는 것이고 "마을에 어진 풍속이 있는 것이 좋다."라는 것이다.[4] 오늘날 우리나라-일본-의 치화(治化)가 옛날보다 낫기는 하지만 인지(人智)의 진보와 도덕의 발달은 여전히 공전절후(空前絶後)의 극점에 도달하지 못했다. 그러므로 지식으로는 거짓을 꾸미고 말로는 간언을 막는 무리들이 불의한 영광을 얻고 부정한 부귀를 쌓은 경우가 종종 있는데, 후진(後進)이 이를 살피지 않고 더욱 본받으며 재주와 지식이 능히 미치지 못하면 분명 범을 그리려다 개가 되고 말았다는 책망을 받게 되니, 어머니 된 이가 어찌 이를 가정에서 예방하지 않을 것인가. 모든 동서양 옛 성현의 일과 자취를 수시로 소아에게 보여주어서 그들이 표준으로 삼도록 해야 하니, 귀로 들은 것을 중시하고 눈에 보이는 것을 천시하는 것은 인정상 대개 그러한 것이다. 그러니 오늘날에서 징험하느니 차라리 옛일을 끌어오는 것이다. 또 유념할 것은 다른 나라 다른 인종의 사람을 제시하는 것은 같은 나라 같은 인종의 사람을 제시하는 유익함만 못하니, 밀접하다고 느끼는 감정이 더 얕기 때문이다. 이를테면 친척이나 벗 가운데 연장자의 본받을 만한 점을 소아에게 제시하는 것이 가장 좋고, 꼭 부득이하다면 연령이 비슷하고 위치가 같은 사람을 제시할 것이다.

4　이른바……것이다 : 사람은 자신이 처한 환경에 따라 성정이 변한다는 뜻으로, 각각 『맹자』「진심 상(盡心上)」과 『논어』「이인(里仁)」에 보인다.

보통교육은 국민의 중요한 의무

회원 박성흠(朴聖欽)

　무릇 반개(半開)・야만의 시대에 사람들은 모두 어느 정도 무육(武育)을 받았다. 만약 이 시기에 무육을 받지 않았다면 사회에 나란히 설 수 없었다. 무육을 받으면 만사가 충분하였다는 것이 아니라, 다만 무육을 받지 않았다면 사회에 용납되지 못해 생존할 수 없을 뿐이었던 것이다. 오늘날 문명국가들이 보통교육을 시행하는 까닭도 역시 같다. 오늘날 문명사회에서 나란히 서고자 하는 자에게 보통교육이 필요한 것은 전국(戰國) 시대에 무육이 필요한 것과 같다. 사람이 되어 독서와 습자, 산술 등을 보통교육에서 깨우치지 않고 오늘날 사회에 서는 것은 무예가 없이 전장에 나서는 것과 다르지 않다. 이 보통교육이 있으면 모든 일이 이루어진다고 말하는 것이 아니라, 다만 보통교육이 없으면 사회에서 용인되지 못해 실업을 이룰 수 없을 뿐만이 아니라 인민으로서 국가에 의무를 온전히 다하고 정치에 참여할 수 없다는 것이다. 고로 보통교육은 국민의 중요한 의무라 할 것이다.

　교육의 종국적 목적은 국민의 인격을 발달하게 하는 것이지만, 그 직접적 목적은 국민이 현재의 생존경쟁에 적응할 성질을 갖추게 하는 것이다. 이 생존경쟁에 도움이 되지 못할 교육은 무용한 교육이요, 이 생존경쟁에 이익이 되지 않는 학문은 유해한 학문이다. 고로 교육에 종사하는 사람은 먼저 사회의 필요를 알고 사회의 사방 변두리의 상황을 살펴서 국민이 사회의 상황에 적합하며 세계의 형편에 순응할 특성을 양성할 수 있게끔 노력해야 한다.

　오늘날 문명 세계의 흥폐와 존망은 결코 무력 하나에 있지 않다. 병사의 강약이 일시적 승패를 결정하는 데는 충분하지만 세계열강의 영원한 성패는 그 국민의 지력(智力) 및 도덕적 세력에 달려있다. 저 하등동물은 발톱과 어금니, 뿔, 발굽 등의 유기적 기관으로 자연적 경쟁을 하는 것 외에 다른 방법이 전혀 없지만 사람은 그렇지 않아 밝은 도리가 있는 까닭에 사물의 이해를 먼저 보고 장래의 결과를 예상해 실패의 원인을 제거하고 효과적인 방법을 취한다. 그러므로 마땅히 유해무익한 경쟁을 피하고 유리하고 유익한 합리적 경쟁을 해야 할 것이다. 이것이 국민교육의 중요한 의무이다.

유학(幼學)을 논하다 (속)

회원 박은식(朴殷植) 역술

서양의 글과 말을 마땅히 익혀야 함은 오늘날 양무(洋務)를 논하는 자들이라면 모두 말하는 것이다. 그러나 배움을 통해 통역관이나 매판(買辦)이 되어 생활을 도모하려는 자도 있고, 배움을 통해 고금과 중외에 통달하며 사물의 이치를 궁구하여 나라를 강하게 하고 교화를 보전하려는 자도 있으니, 배우기 시작할 때 스스로 살피지 않으면 안 된다. 지금 강과 바다에 접해 있는 각 성(省)에 중서학관(中西學館)과 영문서숙(英文書塾)이라고 이름을 걸고 가르치는 곳이 많아서 이루 다 셀 수 없는 지경이지만, 저들의 속셈은 대저 전자의 경우와 같을 뿐이요 후자와 같은 경우는 대강도 들어보지 못하였다. 어리석은 사람이 서학(西學)이 장차 흥기할 것이라 하면 나는 이르기를 "당신들이 하는 것이 중학(中學)을 망치기에는 충분하지만, 서학을 흥기시킬 수 있을지의 여부에 대해서는 내가 감히 말할 바가 아니다."라 한다. 내가 들으니 서양의 학자들은 라틴문자에 능통하지 못하면 시험을 보지도 못한다고 한다. 대개 라틴문자는 영국, 프랑스, 러시아, 독일 등 여러 문자의 뿌리이다. 저들 가운데 학식이 많은 사람이 글을 써서 의론을 펼치면 편마다 라틴 문법이 들어 있으니-중국에서 글을 잘하는 사람이 선진(先秦)·한(漢)·위(魏) 시대의 문장을 많이 쓰는 것처럼-, 일찍이 이에 종사하지 않았으면 읽어도 해석하지 못하는 부분이 많을 것이다. 성조(聖祖) 인황제(仁皇帝)[5]도 매일 서양인을 궐내에 불러서 납체낙(拉體諾) 문자를 2시간 동안 배웠으니, 납체낙은 곧 라틴이다. 오늘날의 배우는 자는 매번 영문법을 배워서 이루어질 때쯤 비로소 라틴어를 익힌다. 그러나 듣자 하니 영문법에서부터 라틴어로 거슬러 올라가면 배우기가 매우 어렵고, 라틴어에서부터 내려와서 영문법을 익히면 배우기가 아주 쉽다고 한다. 그러므로 학동이 처음 배울 때 라틴어를 먼저 익히는 것이 낫다. 또 일찍이 서양인이 한자로 된 책을 배우는 것을 보니 대체로 다 일상생활에서 주고받는 구어였고, 훈고(訓詁)와 의리를 궁구하는 경우는 매우 적었다. 그러므로 중국을 여행하는 서양인들이 중국말에 능통한 경우는 많지만 읽을 수 있는 경우는 드물고, 한자를 가지고 글을 지어 묶어내는 경우는 더욱 드물다. 이는 한자가 복잡하고 어렵기 때문이기도 하지만, 또한 저들이 적당한 책을 얻지 못했기 때문이기도 하다. 지금 서양 글의 교수 방법도 그 폐단이 또한 이러하다. 그러므로 통역관과 매판이 되는 데는 충분하지만 인재를 배양하기에는 부족한 것이니, 여기에 뜻을 둔 사람은 마땅히 저들 중 학자가 배우는 바를 배워야 하고 시정(市井)에서 서양인에게 고용된 사람이 배우는 바를 배우지는 말 것이다. 이렇게 문언(文言)을 먼저 하고 일상어〔俚語〕를 나중에 한다면 거의 이루어질 것이다.

『예기(禮記)』에 "10세가 되거든 바깥의 스승에게 나아가 글씨와 셈을 배운다."라고 하였고 육예(六藝)의 조목은 예(禮), 악(樂), 사(射), 어(御), 서(書), 수(數)였다. 이로써 옛사람이 수를 셈하는 학문을 글공부와 함께 중시하여 배우지 않은 사람이 없고 능하지 않은 사람이 없었음을 알

---

5 성조(聖祖) 인황제(仁皇帝) : 청나라의 강희제(康熙帝, 1661-1722)로, 성조는 묘호이고, 인황제는 시호이다.

수 있다. 그러나 후대의 속유(俗儒)는 비루하게 작은 학문을 하면서 다시 뜻을 두지 않았고 근래에는 그것만 전적으로 하여 이름난 사람이 있으면 또 우르르 대단한 학문이라고 추대하니 모두 누추함이 심한 것이다. 지금은 마땅히 8세 이상의 학동부터는 곧장 암산(心算)을 가르치고 점차 필산(筆算)인 가감승제(加減乘除)에 이르면 분수(分數)・소수(小數), 비례식(比例式), 개방법(開方法) 등과 몇 가지 쉬운 이치를 통달하여 익숙하게 익히도록 하고, 조금 더 자란 뒤에는 순서대로 대수(代數), 미적분 등을 가르치면 절반의 노력으로 곱절의 효과를 얻어 스무 살이 되기 전에 주인(疇人)으로 세상에 이름을 떨치게 될 것이다.

  일찍이 서양인이 아동을 가르치는 책을 보니 공부 과정을 백분으로 나누어 두었는데, 집안에서 가르친 것이 100분의 72를 차지하고, 동학에게 영향을 받아 익힌 것이 100분의 19를 차지하고, 스승과 어른에게 전수받은 것은 100분의 9에 불과했다. 아동이 어릴 때는 어머니가 아버지보다 친밀하니 일상에서 먹고 마실 때나 노래하고 놀이할 때 기회를 봐서 지적하고 분위기에 따라 인도한다면, 어딘들 학교가 아니고 무엇인들 교육이 아니겠는가. 맹자의 어머니가 집을 옮겨서 아들에게 제기를 갖고 놀도록 가르친 일이 바로 그 본보기이다. 그러므로 미국의 영아학숙(嬰兒學塾)에서 근래에 교습자를 모두 부인으로 바꿔 채용한 것은 부인들이 조용하고 세밀하면서도 아동과 친밀하게 지낼 수 있기 때문이다. 중국은 부인의 학문이 강구되지 않아 어머니 된 자의 절반이 글자를 모르니 어찌 능히 남을 가르치겠는가. 기초가 무너진 것이 진실로 이와 관련된다. 지금 이 사안을 갑자기 바꿀 수는 없지만, 그들이 배우게 된 뒤에는 모든 가르치는 방법을 조금씩 변화시켜서 허다한 인재가 학구(學究)의 손에 좌우되게 해서는 안 될 것이다.

  『예기』에 "8세에 소학(小學)에 들어간다."라 하였고, 또 "10세가 되거든 바깥의 스승에게 나아간다."라 하였으니, 지금 8세 이상 12세 이하를

대상으로 하여 중간의 자질로 능히 종사할 수 있는가를 대략 살펴 일체
의 과업표를 만들어보았다. 세간의 자제를 사랑하는 분들께서는 취하시
기 바란다.

- 매일 8시에 등교하여 스승과 학도가 찬양공교가(贊揚孔敎歌)를 1회
  함께 왼 다음에 학업을 익힌다.
- 8시에 가결서(歌訣書)를 배우는데 하루에 1과(課)를 마치되–매 과는
  2백 자이다–, 과마다 20회 외는 것을 기준으로 삼는다.
- 9시에 문답서(問答書)를 배우는데 하루에 1과를 마치되, 완전히 욀
  필요는 없다. 스승이 그 뜻을 풀이해주었다가 다음날 묻는 것에 따
  라 학동으로 하여금 답하게 하고, 답을 마치면 즉시 다음 과를 가르
  친다.
- 10시에 홀수일〔剛日〕에는 산학(算學)을 배우고 짝수일〔柔日〕에는 도
  학(圖學)을 배운다.
- 산학을 배울 때는 먼저 필산(筆算)을 익히고, 1년 후에 점차 대수학
  (代數學)을 배운다. 매일 스승이 두 문제를 내어 학동으로 하여금
  포산(布算)하게 한다.
- 도학을 배울 때는 먼저 간명한 총도(總圖)를 익히고, 점차 각국 성
  (省)·현(縣)의 분도(分圖)까지 배워서 종이에 베껴 그리게 한다. 하
  루에 하나의 현을 다 그리면 스승이 이미 익혔던 것을 가지고 학동
  으로 하여금 문장으로 전달하게 하되, 매일 5구로 시작해서 점차
  50구에 이르게 한다.
- 12시에 수업을 마친다.
- 1시에 다시 모여 체조를 익힌다. 아동 체조의 방법을 대략 따라서
  1달이나 2달 동안 1과를 마치되 스승의 지도를 따르게 하고, 체조가
  끝나면 놀고 싶어 하는 요구를 들어주어 막지 말아야 한다.
- 2시에 서양의 글을 배우되 서양인이 학동을 교육하는 책을 따라서

하루에 1과를 마친다.

* 3시에 서법(書法)을 배우되 중국의 글과 서양의 글을 각각 30분씩
  배운다. 매일 각각 20자로 시작해서 점차 더하여 각각 1백 자에 이
  르게 한다.

* 4시에 설부서(說部書)를 배우되 스승이 해설하는 데에 많고 적음의
  제한을 두지 않고, 학동이 다른 종류의 서적을 섭렵하고자 하거든
  또한 들어주어야 한다.

* 5시에 수업을 마칠 때, 스승과 학도가 함께 애국가를 1회 왼 다음에
  각자 귀가한다.

* 열흘마다 한 번 쉬는데, 스승과 학도가 새벽에 학당에 모여 공자에
  게 제사 지내고, 끝나면 찬양성교가(贊揚聖敎歌)를 1회 함께 외고 각
  자 귀가한다. 공자의 생졸일(生卒日) 및 만수일(萬壽日)에 각각 5일
  을 쉰다.

위생론 10조

회원 박상목(朴相穆) 역술

1. 밤낮 청신한 공기는 건강을 조성하는 근원.
2. 운동은 사람의 귀중한 생식(生食)이요 또 불건전한 신체를 회복하는
   명약.
3. 여름 겨울 양 계절에 냉수욕을 행하는 것은 사람의 피부를 청결히
   할 뿐 아니라 피부를 강장(强壯)케 할 수 있고 또 일주일에 3회 입욕
   하는 것은 건강에 대이익.
4. 의복을 따뜻하게 하고 널찍하게 하는 것은 피부 보호에 가장 필요.

5. 주거하는 집의 정원이 광활하여 화초와 수목이 많고 햇볕이 잘 드는 것은 심신 쾌락에 제일.

6. 우리가 호흡하는 공기와 음식물, 피부, 의복, 침구, 거처, 변소, 토지 등을 청결히 하는 것은 각색 전염병을 방어하는 가장 좋은 방법.

7. 일정한 시간에 규율을 정하고 업무에 종사하는 것은 신체·정신을 완전히 안정케 하는 가장 좋은 약.

8. 휴식과 수면을 적당히 하고 일요일은 가족을 동반하여 사원 혹은 교당의 설교 장소에 가서 유익한 담화를 많이 듣는 것이 덕성을 보양하고 정신을 고상히 하는 으뜸 비결.

9. 밤중에 침상에 들어가 온갖 상념을 다 잊고 편안히 자는 것이 평화의 휴식.

10. 필요한 사업을 이루며 유쾌한 심사를 품어 생활의 진미(眞味)를 깨닫고 국가의 의무를 다하여 충실한 국민이 되고자 할진대 신체의 건강이 아니면 불가능하니 이로써 위생이 필요할 수밖에 없는 것.

애국정신담

애국정신담(愛國精神談) (속)

회원 노백린(盧伯麟) 역술

이후로 프랑스 포로가 프로이센 병사에게 학대를 받는 것이 나날이 더욱 심해졌다. 의복은 남루하여 추위를 막기에 부족했고, 음식은 형편없어 목숨만 겨우 부지할 정도였으며, 노동의 고통은 대체로 감당해낼 수 없을 만큼이었다. 그러나 무리들은 모두 보드리(Baudry) 씨의 말에 감격하여 몸과 마음을 다해 진력하여 공역(工役)에 힘써 임하였다. 어느 날 저녁에 무리들이 둘러앉아 이야기를 나누는데, 지난 일에 분개하고 다가올 일을 한탄하며 눈을 들어 산천을 바라봄에 경관이 고향과 전혀 다른지라 공연히 마주하고 초수(楚囚)의 눈물[6]을 흘렸다.

이때 한 사람이 말하였다. "스당(Sedan) 전투에서 포로가 된 프랑스 병사가 8만여 명인데 나 역시 그중 하나로, 이제 그때의 정황을 간단히 말해보겠소. 올해 12월 3일에 프로이센인이 우리를 위틀란트 반도(Jütland Halbinse)로 압송하였는데, 속칭 잔혹봉(殘酷峯)이 이곳이오. 당시 프로이센인의 흉포함은 이루 다 말할 수 없을 정도였으므로, 우리를 그저 가축 정도로 대우하여 장막 안에는 조금의 건초도 깔아두지 않아 노천의 맨땅에서 나날을 보낼 따름이었다오. 한번은 사흘간 비가 밤낮으로 그치지 않고 내리니, 막사를 세운 땅이 구덩이 진창이 되어 차디찬 한기에 피부가 다 찢어져 포로들이 굶주림과 추위에 시달리며 혹 빵을 달라고 외치거나 혹 건초를 달라고 외치면서 신음하는 소리가 귀에 계속해서 들려왔소. 늙은 병사가 노기가 가슴에 가득하여 프로이센 병사를 노려보며 말하기를 '원수에게 동정을 구걸하느니 차라리 죽는 편이 낫겠다.'라고 하니, 이에 분에 못 이겨 칼로 찌르거나 혀를 깨물어 죽은 자가 부지기수였고, 어린 병사들은 그저 하늘을 우러러 울부짖으며 사후의 명복을 기도할 뿐이었는데, 프로이센인은 이런 참상을 목도하고도 오히려 이를 조소하였다오. 이와 같은 날들이 15일이나 이어져 굶주려 죽고 얼어 죽는 이가 계속해서 끊이지 않았는데, 프로이센 병사는 매장하는 번거로움을 꺼려서 모인 시체가 겹겹이 쌓여 산처럼 되고 나서야 비로소 들판에 합장하였소."

다음으로 메츠(Metz)의 포로가 잡혀 온 정황을 진술하였다. "메츠 성

---

6 초수(楚囚)의 눈물 : 국난을 당하여 아무런 대책 없이 슬퍼함을 뜻한다. 초수는 초나라 출신 죄수라는 뜻으로 춘추시대 초(楚)나라 신하 종의(鍾儀)를 지칭한다. 그는 정(鄭)나라와의 싸움에 패하여 포로로 잡힌 뒤 다시 진(晉)나라에 송환되어 포로 생활을 하면서도 고국을 잊지 않았다. 『세설신어(世說新語)』에 나온다.

이 올해 12월 28일에 함락되었는데, 지키던 병사 가운데 사로잡힌 자가 17만 3천 명이었소. 이 군대는 성을 사수한 지가 오래되어 식량과 꼴이 바닥나고 의복이 떨어진 상태여서, 융마(戎馬)는 굶주림과 추위가 닥치자 나무껍질을 씹거나 수레의 끌채를 씹다가 마침내 다른 말의 갈기와 꼬리를 먹어치워 죽음에 이르기까지 하였고, 사람들은 말을 돌볼 겨를도 없이 도리어 죽은 말을 앞다퉈 먹고 간혹 들쥐를 잡아먹기도 하였소. 그때 쌀쌀한 가을바람에 냉기가 엄습해오는데 막아낼 방법이 전혀 없어 그저 작은 건물을 지어두고 근근이 남은 숨을 보존할 따름이다가, 최후의 순간이 다가오자 마침내 하는 수 없이 적 앞에 항복하게 되었으니, 슬프도다, 우리 생사의 장교여! 어쩔 수 없이 부하와 이별하게 되었으니, 이 이별은 어미와 자식의 이별 같아서 탄식하고 눈물을 흘리며 아득히 혼이 녹아내리지 않은 사람이 없었다오. 우리는 격앙되고 강개한 마음이 솟구쳐 막을 수 없었기 때문에 장교의 사방을 둘러싸고 모여 맹세하기를 '이 한은 면면히 끝날 기약이 없으니, 살아서 직접 지휘를 받을 날을 보지 못하거든 죽어서 장교의 휘하에 예속되어 호국의 원귀가 되어 오늘의 이 하늘 가득한 큰 치욕을 갚겠습니다. 우리는 이 이별을 따르겠습니다.'라 하고 마침내 숙연히 이별하였소.

프로이센인이 항복한 포로의 검사를 마친 뒤 영사(營舍)에 가둬두고, 보초병에게 명하여 그 주위를 엄하게 지켜서 프랑스 포로가 거기서 한 발짝도 넘어가지 못하게 하였소. 영사 내에는 분노가 넘쳐 더러운 기운이 가득하고 의식(衣食)이 부족하며 비에 옷이 젖어서 죽은 동료가 여럿이었는데, 다음날 아침이 되어서는 기절한 사람이 백여 명에 이르렀다오. 며칠이 지나고 압송하여 프로이센에 이르자 프랑스 군대의 위세가 더욱 꺾여서, 안색이 초췌하며 형용은 비쩍 마르고 걸음은 비틀거려 걷다가 땅에 넘어져 슬프게 울부짖지 않는 사람이 없었다오. 그런데 프로이센 병사들은 도리어 도망친 사람의 숫자를 센다고 채찍질을 계속 해

대며 인정 없이 구니, 이때 틈을 타서 도망친 자도 있었으며, 혹 '프랑스인이 무슨 죄로 이런 극심한 고통을 당하는고.'라 큰 소리로 절규하며 자결한 자도 있었소. 이러한 광경이 아직도 눈에 또렷하니, 아아, 참혹하도다." (미완)

민법 강의의 개요 (속)

회원 박성흠(朴聖欽)

제4장 권리·의무의 대별 −공권(公權)·사권(私權)−

권리·의무가 도덕상과 법률상으로 구별되는 것은 앞 장에서 이미 기술하였거니와, 도덕상의 권리·의무는 법률의 설명에 아무런 관계도 없기에 이상에서 기술하는 것은 오로지 법률상 권리·의무다. 또 권리라 하면 의무가 반드시 수반되는 까닭에 권리의 분류를 제시하면 의무의 분류는 자연히 명백하게 될 것이다. 고로 권리의 분류만을 여기에서 설명한다.

권리가 관찰되는 양상을 나눠보면 몇 가지로 구별할 수 있지만, 여기에서는 가장 큰 공권과 사권의 구별만을 설명할 것이다. 제2장에서 기술한 것처럼 법률에 공법과 사법의 구별이 있으니 국가와 사인(私人)의 관계를 정한 것은 공법이요, 사인과 사인의 관계를 정한 것은 사법인데, 그 관계는 권리를 부여하고 의무를 지게 하는 방법으로 정한다. 대개 공법으로 정한 권리와 사법으로 정한 권리는 그 성질이 크게 다르다. 공법으로 정한 권리를 공권이라 하고, 사법으로 정한 권리를 사권이라 한다. 예컨대 재판을 받을 권리는 헌법 24조에서 정하고 도로, 철도,

전신 등을 사용하는 권리는 행정법 규정에서 정하였으니 무엇이든지 인민과 국가의 권리·의무에 관계되는 것은 공법 속에서 정해 공권에 속하고, 이에 반해 물건을 소유하는 권리, 대금을 청구하는 권리, 상속을 하는 권리 등은 사인과 사인 사이의 권리·의무의 관계이니 사권이다. 고로 사법인 민법 속에서 정한다.

권리라는 것은 법률의 보호를 주장해 얻는 이익인데 공권은 국가와 사인 사이에서 법률의 보호를 주장해 얻는 이익을 말함이요, 사권은 사인과 사인 사이에서 법률의 보호를 주장해 얻는 이익을 말한다. 공권에 대한 상세한 설명은 공법의 설명 부분으로 넘기고, 이하에는 사권의 기본적 권리에 대해 약술하겠다.

(1) 사권은 이익이다. 예컨대 내가 말을 소유했으면 나는 말을 사용하고 매도하며 대여하는 여러 이익을 누릴 수 있을 것이다. 또 대금 청구권이 있는 사람은 금전의 이익을 누릴 수 있는 것과 같다. (2) 사권은 사인이 사인에 대해서 지니는 이익이다. 만약 그렇지 않고 사인이 국가에 대해 갖는 이익이 있으면 이는 사권이 아니라 공권이다. (3) 사권은 법률이 보호하는 이익이다. 만약 법률의 보호가 없으면 이는 도덕과 기타 권리에 불과하다. (4) 사권은 주장해서 얻는 이익이다. 비록 법률이 보호하는 이익이라도 주장해서 청구할 수 없는 것은 권리가 아니니, 예컨대 운동하고 수면하는 것도 법률이 보호하는 이익이나 이를 권리라 할 수 없는 것과 같다. (5) 사권은 권리자가 방기(放棄)할 수 있다.

권리	공권	국가와 사인 사이에 법률의 보호를 주장해 얻을 이익이다.
	사권	사인들 사이에서 법률의 보호를 주장해 얻을 이익이다.

제5장 민법의 의의

민법이 사법인 것은 이미 기술하였으니, 어째서인가. 민법은 재산상 친족상의 관계를 정한 것으로, 사인과 사인 사이의 관계를 명확하게 규정하는 까닭이다. 그러나 재산상의 일이라도 상업적 일에 관한 것은 상법에 넘기고, 재산상 친족상의 원칙을 규정하는 것에 그치고 미세한 일까지 모두 망라하지는 않는다. 예컨대 공탁에 관한 미세한 일은 공탁법에 넘기고 경매 수속 등은 경매법에 넘기고 광업에만 관계된 일은 광업 조례에 넘기는 것과 같다. 요컨대 민법이란 것은 사법에서 중요한 것으로 상법에 관계되지 않은 것을 말한다.

제6장 민법의 대의(大意)

민법은 다섯 편으로 나뉘니 제1편 총칙, 제2편 물권, 제3편 채권, 제4편 친족, 제5편 상속이 그것이다. 이미 기술한 것처럼 민법은 사법으로 사권을 정한 것이다. 사권은 통상 재산권과 친족권으로 대별된다. 재산권이란 것은 금전으로 계산할 수 있는 권리를 말함이니, 물권과 채권은 금전을 다루는 것이기에 재산권이다. 친족권이란 것은 호주(戶主), 가족, 부부, 친자 등 친족 관계가 원인이 되어 생기는 사권을 말한다. 민법 제2편, 제3편은 먼저 재산권-즉 물권과 채권-을 규정하고 제4편은 친족권을 규정하며 제5편에서는 재산권 및 친족권이 이 사람의 손에서 다른 사람의 손으로 옮겨가는 방법인 상속권을 규정한다. 이런 각 편을 관통하여 적용할 규칙을 총칙이라 이름하여 제1편으로 정하였으니, 이하에서는 각 편의 대의를 차례로 설명하겠다.

거친 것에서 시작해서 미세한 것으로 들어가는 것은 학문하는 순서이다. 처음부터 민법의 세부적 부분으로 들어가 설명하면 아마도 독자를 헤매게 할 뿐일 것이다. 고로 이에 민법 전체의 개략을 독자에게 소개해 독자로 하여금 민법을 쉽게 알게끔 하려 하니, 독자는 이 설명에 주의할 것이다. (미완)

법률상 자치의 관념

회원 차종호(車宗鎬)

무릇 자치라는 것은 자기의 의사로 자기의 사무를 처리함을 말한다. 고로 자치권을 지닌 자는 즉 의사에 따라 행동을 하는 자이니, 예를 들어 법률상 인격을 지닌 자가 그러하며, 또 행정을 실천하는 하나의 방법이 그러하다. 그래서 자치권을 지닌 자는 공공사무를 목적으로 하지 않을 수 없고, 공공사무를 목적으로 하는 인격은 즉 국가와 국가 안의 공공단체이니, 자치권의 주체는 국가와 국가 안의 공공단체라 말할 수 있다. 그러나 자치는 피치(被治)에 대응하는 명칭이다. 피치의 지위에 있는 것이 아니면 자치권의 주체가 될 수 없으니, 국가가 그 행정을 자행하는 것을 자치라 말할 수 없다. 그런즉 자치권의 주체 된 자는 오직 국가 안의 공공단체에 한정된다는 것은 쓸데없는 군더더기 말을 필요로 하지 않는다.

그러므로 법률상 자치의 관념은 이상에서 대략적으로 말한 바 단체자치이니, 자치라 하는 것은 국가 내의 공공단체가 자기의 의사에 따라 목적으로 삼은 공공사무를 처리하는 것을 말한다. 이에 대하여 주의할 점을 열거하면 다음과 같다.

자치라는 것은 공공사무를 처리하는 것이다. 고로 개개인이 자기의 사건을 처리하고 또 회사와 기타 사법인(私法人)이 자기의 의사에 따라 그 사무를 처리하는 것은 자치라 말할 수 없다.

자치라는 것은 국가 안의 단체가 그 목적으로 삼은 공공사무를 처리하는 것이다. 고로 자치권의 주체는 공공의 사무를 그 존립의 목적으로 하는 단체를 벗어나지 않는다. 그러므로 회사와 기타 사법인이라도 특별한 위임에 근거하여 특별한 명령이 있으면 공공사무를 행하는 일이 적지 않으니, 철도회사가 군대를 수송하고 우편물을 운송하며, 은행이

태환권(兌換券)을 발행하는 등의 사무는 실제로 공공에 관계된다. 그러나 이런 사법인은 이와 같은 공공사무를 존립의 유일한 목적으로 정립하지 않는다. 그 목적하는 바가 오로지 영리에 있으니 공공사무를 처리하는 경우가 있더라도 자치의 궤도에 들어가지 않는다. 이는 비자치체(非自治體)의 특징이 아니고 무엇이겠는가.

자치는 국가 내의 단체가 자기의 사무를 처리하는 것이다. 고로 국가가 직접 그 사무를 마음대로 행하게 되면, 가령 인민이 그 기관의 조직에 참여하여도 자치라고 논할 수 없다.

자치는 국가 내의 단체가 자기의 독립적 의사로 공공사무를 처리하는 것을 말함이니, 단체 자신이 완전히 독립된 의사를 향유하지 않고 국가의 지휘 명령에 복종해 그 사무를 처리하면 자치라 어찌 말하겠는가. 비록 그렇지만 자치체는 국가 아래 존재하므로 절대적 독립을 가진 단체는 아니다. 이 때문에 그 단체의 의사는 국가의 의사를 위반하지 못한다. 만약 혹 자치체가 국가의 의사를 위반해 절대적 의사의 자유를 가지면 자치체는 독립국가가 되기에 이를 것이니, 국가의 통일을 정말 유지하고자 하면 일정한 범위 이내로 자치체의 의사를 제한하는 것이 당연하다. 이것이 소위 자치체에 대한 감독권이다. 그렇지만 자치체에 대한 국가의 감독권은 법규에 일정한 한도가 있다. 이 한도를 넘어서면 국가는 자치체의 의사를 제한할 수 없으니, 자치체는 법률 범위 이내에서는 의사의 자유를 보유한다.

이상에서 자치 관념이 어떠한가를 명료하게 밝혔으니 최근 이웃나라의 자치 제도 창설을 약술해보겠다. 일본의 자치 제도의 창설은 오직 근래에 시작되었다. 메이지 유신 이후 각 지방의 권력을 삭제하고 중앙에서 하나로 통제해서 대소의 정무를 중앙정부에 전속시켰다. 메이지 11년에 시작해 부(府)·현(縣)·회(會) 규칙을 제정하고 그다음 메이지 13년에 구(區)·정(町)·촌(村) 회법을 반포해 지방자치 제도의 단서를 조금 열게 됨에 따라 일본 정부는 자치 제도의 완성을 위해 노력했다. 그런데 문명 정도가 유독 유치한 까닭에 독일인 모세(Albert Mosse) 씨를 고빙해 시(市)·정(町)·촌(村) 제도를 기안(起案)케 하고 21년 법률 제1호 및 제2호로 시·정·촌 제도를 공포하고, 23년 법률 제35호 및 제36호로 시(市)·현(縣)·군(郡) 제도를 정한 이후로 자치 제도의 기초를 확립해 공공의 이익을 점차 확보하며 하나로 협동의 일에 제휴하고 노력해서 오늘날의 문명을 얻기에 이르렀으니, 가장 가까운 이웃인 우리나라의 귀감이 아니리오. 고로 자강회가 창설된다는 논의가 먼저 있었고 한성시제(漢城市制) 연구회가 다음으로 일어나서 자치 제도의 기원이 조금 나아가는 것에 축하를 금할 수 없기에, 되는대로 늘어놓아 여러분의 참고에 도움이 되고자 하노라.

국법상 국무대신의 지위

회원 채수현(蔡洙玹)

　무릇 국무대신이라는 것은 군주의 국무상 행위를 보필하고 그 책임을 완전하게 지는 기관이다. 군주가 국정을 행할 때 국무대신으로 하여금 보필하게 하는 것은 비단 입헌군주국만 그런 것이 아니다. 군주전제국에서도 국무대신이 국정을 보필하여 많은 대신을 필요로 하니, 국무상 조칙으로 그들로 하여금 부서(副署)하게 한다. 그러나 국무대신의 국법상 지위는 입헌국과 군주전제국에서 보필하는 기관의 지위가 아주 다르다. 군주전제국에서의 대신의 보필은 헌법상의 필요에 있지 않기 때문에 군주가 혹 대신의 보필을 통해 정무를 행하기도 하고, 대신의 보필을 기다리지 않고 자신의 단독 결재로 정무를 행하기도 하니, 이는 곧 군주의 임의(任意)이다. 그러므로 그 대신으로 하여금 보필하게 하는 것은 사실상의 필요에 있을 뿐 국법상의 필요는 없다. 입헌군주국은 이와 반대로 군주의 국무상 행위는 특별한 경우를 제외하고 국무대신의 보필을 따르지 않으면 행해질 수가 없다. 이로 미루어 볼 때 국무대신의 국법상 지위는 입헌국 하에서 비로소 그 의의를 확정할 수 있다.

입헌국 하에서 군주의 작용은 헌법과 법률의 제한을 받으니, 군주가 통치권을 행할 때는 이와 같은 헌법과 법률을 준행해야 한다. 그렇지만 군주는 신성하고 지존하여 침범할 수 없기 때문에 그 책임을 부담하지는 않는다. 그러므로 모든 국무를 군주의 독재에 일임하게 되면 헌법과 법률은 유린당하기 쉬운 반면 그 책임을 질정하고 규찰할 방법이 없어진다. 그래서 입헌국 군주의 작용은 군주의 의사만으로는 효력을 갖지 못하고 반드시 국무대신의 보필이 있은 다음에야 국법상 효력을 가질 수 있으며, 그 작용에 대한 책임은 국무대신으로 하여금 부담하게 하는 것이다. 국무대신의 보필은 부서(副署)로 증명하니, 대신의 부서는 보필 행위를 공증하는 방법이다. 일본의 경우를 살펴보면, 헌법의 규정이 된 조례(條例)에 "군주의 국무상 조칙(詔勅)은 대신이 이에 부서한다."라고 명시되어 있다. 소위 조칙은 군주가 국무상 수행하는 행위 전체를 의미하니, 법률, 칙령, 조약, 예산과 기타 훈유(訓諭) 등 실로 국가 정무와 관계된 일이 모두 대신의 부서가 있어야 원칙으로 정해진다. 그러니 대신의 부서가 없다면 군주의 행위는 국법상 효력을 가질 수 없다. 이 점을 미루어서 살펴본다면 입헌국의 국무대신이 전제국의 대신과 차이가 현격함은 따로 논하지 않아도 될 것이다.

부서라는 것은 대신의 보필을 공증하는 것이지만, 보필하는 대신은 국무상으로 부서하는 바에 규례가 있으니, 군주가 국무상 중요한 조칙을 내리려면 각 대신의 부서를 필요로 하며 혹 특정 대신의 부서를 필요로 하는 경우도 있다. 이런 특별 규정이 있는 경우에는 그 규정을 따라 대신의 부서가 있으면 국법상 반드시 효력을 갖는다. 그리고 이런 특별 규정 이외에 대신 한 명의 부서만 있어도 군주의 행위는 국법상 효력을 마땅히 지닌다.

대신이 책임을 부담하는 것은 군주의 행위를 보필함에 있고, 보필은 부서를 통하여 표시한다. 군주의 행위에 부서한 대신은 그 책임을 부담하는 것이 마땅하나, 부서를 하지 않은 대신에게도 전혀 책임이 없는 것이 아니니, 비록 부서를 하지 않았더라도 실제 보필한 증거가 있으면 책임도 있는 것이다. 부서를 하는 것과 책임을 지는 것은 밀접하게 연관되어 있지만 이 두 가지가 항상 일치하는 것은 아니다. 부서가 있을 때는 동시에 그 책임도 반드시 져야 하며, 부서가 없는 경우라도 보필한 사실이 있다면 책임 또한 있는 것이다.

군주의 행위는 대신의 부서가 없다면 효력이 없다. 대신이 부서를 거절하면 군주가 국정을 실로 수행할 방법이 없으니, 실제 권력이 대신에게 있는 듯하다. 그러나 군주의 행위가 헌법과 법률에 위배되고 국가의 이익에 장애가 되는 것에 구애받지 않고 군주의 명령에 전적으로 복종하여 부서할 의무를 항상 가진다고 한다면, 대신이 보필하는 것이 완전히 의미를 상실하게 되고 나아가 대신이 이에 대하여 그 책임을 마땅히 져야 하는 이유는 설명하기 어렵게 된다. 그러므로 군주의 행위가 국가에 장애가 될 때 국무대신이 그 부서를 거절하는 의무를 지니는 것은 보필하는 기관의 성격상 당연한 결과이다. 대신이 부서의 거절권을 지님으로 인해 사실상 권력이 대신에게 있는 듯하나 기실은 그렇지 않다. 만약 국무대신이 그 지위를 영구히 가지면서 군주의 대권으로도 파직시킬 수 없다면 실제 권력이 대신에게 있다 할 수 있으나, 군주는 어느 때를 막론하고 자신의 의사에 저촉되는 대신은 임의로 파직시킬 수 있다. 만약 대신이 부서를 집요하게 거절한다면 군주는 바로 고쳐 임명하여 다른 대신으로 하여금 대행하게 할 것이니, 실제 권력은 항상 군주에게 있는 것이지 전혀 대신에게 있지 않음이 분명하다. 군주의 국무상 행위에 대신의 부서를 필요로 하는 것은 이것이 원칙이다. 다만 두세

가지 예외가 있으니 다음에서 들어보겠다.

1. 군사상 명령이다. 군사상 입법과 행정에 관련된 것 외에는 대신의 부서가 필요 없으니, 이는 군주의 자격에 기인한 대원수(大元帥)의 군사상 행위이지 군주의 보통 행위가 아니다.
2. 작위와 훈장의 수여이다. 이는 역사상 관습으로 그 규례를 인정한 것이다. 국무대신의 부서는 필요 없지만 가끔 궁내대신(宮內大臣)의 부서로 수여하기도 한다.
3. 대신의 임명이다. 이 또한 군주의 국무상 행위이다. 보통의 경우에는 부서를 필요로 하나, 각 대신이 모두 사직하고 새로 국무대신을 임명할 때는 다른 대신의 부서를 구할 수 없다.

국무대신은 국무대신으로서의 직무를 담당하는 동시에 각부 대신으로서의 직무를 담당해야 하니, 후자의 자격으로는 한 부서의 행정을 담당하고 그 범위 내에서 자신의 의사를 발동하며, 전자의 자격으로는 완전하게 군주의 행위를 보필하고 외부에 의사를 발동할 수 없다.

신문광포의견서(新聞廣佈意見書)

회원 김유탁(金有鐸)

오늘날 국세가 날로 더욱 위태로워져 아침에 저녁도 보장할 수 없게 되었다. 아, 저 시골의 어리석은 남녀들은 한 그릇 죽을 배불리 먹고 밀짚자리에서 편히 누워 자면 스스로 희황씨(羲皇氏)와 갈천씨(葛天氏)의 백성[7]이라 일컬으면서 솥 안의 물고기가 장차 요리될 것과 들보의

---

7 희황씨(羲皇氏)와 갈천씨(葛天氏)의 백성 : 평화스러운 태고 시대처럼 아무런 욕심 없이 한가롭게 생활하는 것을 말한다. 갈천씨는 전설에 나오는 상고시대의 제왕 이름이고, 희황씨는 복희씨(伏羲氏)의 별칭이다.

제비 둥지가 불타게 될 것을 알지 못한다. 그러니 누가 장차 천둥과 같은 위엄과 벽력과 같은 소리로 저 어둡고 무지한 백성들을 깨우겠는가. 이는 다름 아니라 눈으로 신문지 한 장도 읽지 않고 귀로 연설 한 구절도 듣지 않으므로 지금의 형세를 알지 못하고 나라의 일을 살피지 못하기 때문이다. 촌민의 자각은 당장 기약하기 어렵고 지사의 권면도 미칠 겨를이 없으니, 도성에 신문을 널리 보급하여 민지(民智)를 여는 것 외에는 다른 방법이 없다고 하겠다.

나는 본회의 한 사람으로, 일전에 내부(內部)의 위임을 받고 황해도와 평안남북도 3도에 가서 각 군(郡)의 동리표(洞里表)를 조사해보았더니, 평안남도가 3,263동–평양. 영원(寧遠)은 조사표에서 불확실하므로 제외함–이고, 평안북도가 3,937동–자성(慈城)을 제외함–이고, 황해도가 5,025동–토산(兎山), 옹진(甕津), 평산(平山), 연안(延安)을 제외함–이었다. 불확실한 7군을 제외하고도 12,225동에 달하니, 동마다 넓은 집을 신문종람소(新聞縱覽所)로 정하고 저녁을 먹은 뒤 온 동의 남녀노소가 각자 깔개 하나씩 가지고 마당이나 집안에 둘러앉아서 연초를 피우기도 하고, 아이를 안기도 하고, 자리를 짜기도 하고, 옷을 마름질하거나 고치를 켜서 실을 뽑기도 하면서, 유식한 몇 사람이 의자에 높이 앉아서 신문을 낭독한 다음 의미를 설명하는 걸 들으면 나라 안팎의 사정과 고금의 형편을 꿰뚫어 알게 되어 보통 지식과 충애(忠愛) 정신이 절로 발달할 것이다. 신문 가격으로 말하자면 한 달에 30전에 불과하니, 한 동에서 30전을 거둔다고 무슨 손해가 되겠는가.

또 신문사에 부탁하여 농사 원리에 유익한 것과 식목·목축·양잠하는 방법을 기재하게 하면, 농사를 지을 때 절로 농사의 때를 잃지 않고 풍년을 기약할 수 있게 될 것이다. 우리나라 농작물이 다른 나라로 많이 수출되어 백성의 재산이 넉넉하게 되고 나라의 재정이 부유하게 될 것이니, 어찌 한 달에 30전 걷는 데 인색하여 문명하고 부강하게 할 사업을 도모하지 않겠는가.

다른 도는 논할 것 없이 우리 양서(兩西) 지방부터 실시하겠다는 뜻을 본회에서 내부에 청원하여 3도 관찰사에게 훈령을 내리게 하고, 도에서 군에 훈령하고, 군에서 면·리에 널리 알려 동마다 신문 1장씩을 구독하게 한 다음 신문값을 모을 별도의 방법을 강구하게 한다면, 국민의 지식 개발은 1년 안에 성적을 확실히 낼 것이다. 얕은 소견을 내어 동포들에게 고하노니, 사소한 푼돈을 아끼다가 막중한 국민의 자격을 잃지 마시기를 부디 비나이다.

기서(寄書)

유학생 김병억(金炳億)

삼가 아뢰오. 천지가 처음 나누어지고 일월성신이 따로따로 벌여 늘어서니, 낮과 밤이 상대되어 어두움과 밝음이 거기 깃들고 비(否)와 태(泰)가 반복되어 궁함과 영달함에 때가 있게 됨은 예로부터 지금까지 없어지거나 바뀌지 않는 이치입니다. 그러나 이 시대를 만나 온 세계를 둘러보건대, 하나의 태양 아래 하나의 지구 위에 살면서 어두움과 밝음, 궁함과 영달함이 항상 고르지 않은 것은 어째서이며, 이치가 고르지 못함은 어째서겠소. 문득 우주가 무궁하다는 것을 깨닫고, 참으로 인사(人事)는 변천하는 것임을 알게 됩니다.

이에 우승열패의 담론은 진(秦)나라와 초(楚)나라의 각축장에서 나오고, 약육강식의 논설은 고래가 작은 고기들을 삼키고 호랑이가 노려보는 소굴에서 일어났으니, 농(隴) 땅을 소유하고도 촉(蜀) 땅을 바라서[8]

---

8 농(隴)……바라서 : 탐내는 마음이 한이 없다는 말이다. 후한(後漢) 광무제(光武帝)가 잠팽(岑彭)에게 농서 땅을 공격해서 뺏게 하고 다시 계속해서 촉 땅으로 진격하도록 하자 "농서를 평정하였는데 또 촉 땅까지 원하는가[旣平隴, 復望蜀]"라고 탄식하였

그 틈을 엿보고 모여드는 것은 누에가 뽕잎을 먹듯 점차로 침략하기 위한 계책이고, 제(齊)나라를 끊고 양(梁)나라를 탐내어[9] 동에 번쩍 서에 번쩍 하는 것은 솔개가 날개를 편 듯 위협하는 기세입니다. 저 문명과 발달을 갖춘 상등(上等)이며 일등인 열강의 나라들은 스스로 그 이름을 보전하고 스스로 그 권리를 세워서 신하는 그 나라에 부끄럽지 않은 신하가 되고 백성은 그 나라에 부끄럽지 않은 백성이 되었건만, 아, 우리 대한국 삼천리 강토의 2천만 동포여. 오늘 눈앞의 참상을 호되게 만나 예전에 이미 겪었던 정황을 돌이켜 생각건대, 몇백 년 동안 경영한 것 중에 이룬 것이 무엇이며, 같은 땅에서 소원한 것 중에 얻은 것은 어떤 이름이오.

　천지가 부여해 준 기질과 심성으로 노예처럼 예속되고 부모에게서 받은 신체와 발부(髮膚)를 내다 버려 희생으로 삼았으니, 우러르고 굽어봄에 부끄러워 면목이 없고, 살고 죽음에 마음과 피가 불처럼 뜨거워집니다. 봄의 무릉도원에서 이상향을 꿈꾸는 중에, 날은 저무는데 갈 길은 멀고 풍랑은 거세어 바다 위 한 조각 거룻배가 정박할 곳을 알지 못하는 듯하오. 그러나 오직 우리 서우학회의 제군들이 일심단결로 맹세하고 몸소 떨쳐 일어나 지침이 되는 길로 인도하니, 악을 몰아내고 선을 드날림은 평소 품은 뜻이고, 하늘을 섬기고 받듦은 맡은 바 의무일 것입니다. 미혹의 나루를 건널 보배로운 뗏목에 의지하여 함께 침몰해가는 무리의 고통을 구제할 것을 기약하니, 사람이 목석이 아니고서야 누군들 감격하여 그 마음에 새기지 않으리오. 아, 천민선각(天民先覺)과 대몽선

　다는 고사에서 온 말이다. 『동관한기(東觀漢記)』 「잠팽전(岑彭傳)」에 관련 내용이 나온다.
9　제(齊)나라를……탐내어 : 강대국 진(秦)나라의 와해 전략이다. 양(梁)나라는 위(魏)나라인데, 진나라는 위나라와 합세하여 제나라와 초나라의 동맹을 끊게 하려고 하였다. 『전국책(戰國策)』 26권 「한책(韓策)」에 관련 내용이 나온다.

각(大夢先覺)은 옛날 이윤(伊尹)과 제갈공명(諸葛孔明)의 일대 사업이었
습니다. 지금 시국과 정황의 위태로움과 심란함은 이윤과 제갈공명의
시대보다 더하고, 긴긴밤 어두운 거리의 선각자 사업은 이윤과 제갈공
명이 한 것보다 더욱 시급하니, 이에 서우학회 제군들의 막중한 책임을
이윤과 제갈공명의 반열에 놓고 비교해보아도 어느 쪽이 옛날인지 지금
인지 알 수가 없도다.

나는 대롱으로 표범을 보고 그 반점을 알아차릴 만큼의 문견도 없고[10]
뱁새의 나뭇가지에 두더지 배인지라[11] 지식을 배우기도 어려우므로, 만
리를 정처 없이 떠돌며 이 몸을 내맡겨 망미가(望美歌)와 진령곡(榛苓
曲)[12]을 부르면서 먼 지방을 방황하였습니다. 그러다 종자기(鍾子期)를
만나지 못한다면 다시 거문고를 타지 않겠다고 백아(伯牙)가 탄식했듯[13]
강개한 눈물과 감발한 심정을 스스로 이기지 못하겠기에 짧은 글에 구

---

10 대롱으로……없고 : 전체의 모습을 살피지 못하고 사물의 일부분만을 보는 데 그치는
   협소한 안목이나 소견을 비유하는 말이다. 진(晉)나라 왕헌지(王獻之)가 소년 시절에
   도박 놀음을 옆에서 지켜보다가 훈수를 하자, 그 가운데 한 사람이 "이 아이는 대롱으
   로 표범을 보는 것처럼 표범의 반점 하나만을 본다〔此郞亦管中窺豹, 時見一斑〕."라고
   비웃었던 고사에서 온 말이다. 『세설신어(世說新語)』에 나온다.
11 뱁새의……배인지라 : 적은 양을 뜻하는 말로 주로 자신의 식견을 겸손하게 표현할
   때 사용한다. 원문은 '鷦步鼴腹'인데, 『장자(莊子)』「소요유(逍遙遊)」에 "뱁새는 깊은
   숲에 둥지를 틀어도 의지하는 것은 나뭇가지 하나에 지나지 않고, 두더지는 강물을
   마셔도 제 배를 채우는 데에 지나지 않는다〔鷦鷯巢於深林, 不過一枝. 鼴鼠飮河, 不過
   滿腹〕."라 한 구절을 인용한 것으로 이에 맞추어 번역하였다.
12 망미가(望美歌)와 진령곡(榛苓曲) : 망미가는 송(宋)나라 소식(蘇軾)의 「전적벽부(前
   赤壁賦)」에 "아득한 나의 회포여, 하늘 저 끝에 있는 미인을 그리도다〔渺渺兮余懷,
   望美人兮天一方〕."라고 한 데서 온 말이고, 진령곡은 『시경』「간혜(簡兮)」에 "산에는
   개암이 있고 습지에는 감초가 있도다. 누구를 그리워하는가, 서방의 미인이로다〔山有
   榛, 隰有苓. 云誰之思, 西方美人〕."라고 한 구절에서 온 말로, 모두 훌륭한 임금을 사모
   하는 노래라는 뜻이다.
13 종자기(鍾子期)를……탄식했듯 : 춘추시대 때 거문고 명인인 백아(伯牙)가 그의 지음
   (知音)인 종자기(鍾子期)가 죽자 알아줄 이가 없음을 탄식하며 거문고 줄을 끊었다는
   고사를 인용한 것이다. 『열자(列子)』「탕문(湯問)」에 나온다.

구절절 깊이 쌓인 속마음을 써서 보내나이다. 삼가 그대들의 체후가 계절에 따라 두루 평안하고 하는 일들이 확장되기를 축원합니다.

기서(寄書)

거창(居昌) 이병태(李炳台)

지금 여기 큰 집이 있는데, 지은 지 오래되고 또 관리를 소홀히 하여 서까래와 기둥이 휘어지고 꺾였으며 마룻대와 들보가 썩고 기울어져서 비실비실 무너지려고 한다. 그런데 그때 그 집에 사는 사람이 대수롭지 않게 여겨 돌보지 않고 한가롭게 살펴보지 않고서 "어쩔 수가 없구나."라고 한다면 되겠는가? 그러면 안 될 것이다. 이와 같이 한다면 그 집안 식구들은 마침내 건물에 깔려 죽는 재앙을 당하게 될 것이다. 진실로 놀라서 두려워하고 번연히 떨쳐 일어나 집안 식구들을 한데 모아 새로 지을 방법을 활발히 논의하며 장인을 두루 초빙하여 속히 수리할 계책을 도모한다면 어떻겠는가. 어찌 훌륭하지 않겠는가. 이와 같이 한다면 휘어지고 꺾이고 썩고 기울어진 것들이 장차 새가 날개를 편 듯 웅장하고 화려하게 새로워질 것이며 산이나 덤불처럼 견고해질 것이니 어찌 훌륭하지 않겠는가.

아, 우리 한국의 오늘날 처한 상황이여. 곧 싸늘하게 추락할 기세가 어찌 금방 무너지려는 큰 집과 같을 뿐이겠는가. 이러한 때를 맞이하여 진실로 여러 사람이 한마음이 되고 모두가 단결하여, 시들고 해로운 부패한 기운을 떨쳐내고 문명의 공기를 호흡하여 저 유신(維新)의 학술과 기예를 강구하며 우리 자주의 기운과 혼백을 완전하게 한다면, 우리 한국 삼천리 강토가 동양과 세계에 우뚝하게 두각을 나타낼 수 있게 될 것이니, 이는 혈심(血心)으로 조직된 귀회(貴會)가 중단되어서는 안 되는 이유이다. 『주역』에 "군자는 벗과 강습한다."라고 하였고, 『논어』에

"군자는 학문으로 벗을 모은다."라고 하였다. 그러므로 모두가 명리를 쫓을 때나 한가롭고 편안하게 지낼 때에도 학회가 없었던 적이 없었는데, 하물며 시국의 거대한 기축이 전회하려는 지금의 상황에 처해 있으면서 어찌 중단해서야 되겠는가.

육주(六洲)에 웅거하는 저 서양의 나라도 모이지 않음이 없으니, 국회(國會)는 의원(議院)이라 하고 상회(商會)는 공사(公司)라 하고 사회(士會)는 학회라 한다. 그런데 의원과 공사의 지식, 의논, 훈업(勳業), 기예는 모두 '학'에서 말미암지 않은 것이 없기 때문에 '학'이라는 것은 또한 여러 모임의 관건과 기준이 된다. 학교가 위에서 진작되면 학회가 아래에서 흥기하여 국운이 성대하게 펴지는 것을 얼마 지나지 않아 보게될 것이다. 이처럼 중대한 책임과 훌륭한 공업을 귀회가 일거에 가능하게 하였으니, 이것이 많은 사람이 입으로 칭송하며 다 함께 손뼉 치고 엎드려 절해 마지않는 이유이다. 한편 서양학자 맹전(孟甸)[14]이 말하길 "마음에서 열성이 격발하면 어느 목적이든지 달성하지 못하겠는가. 그러므로 열성은 인간에 있어 활활 타는 불이다."라고 하였으며, 양임공(梁任公)이 말하길 "심지(心智)가 모이는 것이 상등이고 형체가 모이는 것이 하등이다."라고 하였다. 이렇게 볼 때 서양 나라들이 흥성하여 날마다 상등이 되는 것은 다른 이유가 아니라 열성을 격발하고 심지를 모았기 때문이다.

영국의 입헌제는 국회의 경쟁을 통한 것이니 크롬웰(Cromwell)이 진실로 선창하였고, 일본의 입헌제는 자유당의 경쟁을 통한 것이니 이타가키 다이스케(坂垣退助)가 진실로 선구하였다. 이뿐만이 아니라 마치니(Mazzini)가 어두운 옷을 입은 것과 카보우르(Cavour)가 죽을 때까지 장가가지 않은 것과 다카야마 마사유키(高山正之)[15]의 할복이 모두 애국

---

14 맹전(孟甸) : 밀턴으로 추측되나 정확하지 않다.

의 양심에서 나온 것이니, 침방울이나 눈물까지도 뱃속 혈점(血點)에서 흘러나온 것이 아님이 없었다. 우리 한국을 위하는 오늘날의 국민들 또한 마땅히 몇몇 지사처럼 무수히 두개골을 깨고, 무수히 간과 뇌수를 해치며, 무수히 고혈을 흘린 다음에야 세계의 여러 위인들의 훌륭한 업적을 따라서 심원한 효과를 거둘 수 있을 것이다. 진실로 형체만 가지고 모여 어지러이 왕래하면서 헛된 명성만 사모하고 실용을 손상시키며 용렬함을 추구하고 고명함을 도외시한다면, 비록 한 나라에 만 개의 학회가 있더라도 무슨 자랑할 게 있으리오.

삼가 생각건대 귀회가 한창 이를 확장하여 아름다운 소문이 파다하니, 육주의 학문을 수습하여 한 나라의 표치(標幟)를 세우고 어두운 거리에 촛불을 밝혀 민지(民智)를 개발하며 세찬 물결 가운데 돌기둥이 되어 나라의 유신을 주선하는 것은 우리 한국만의 행복이 아니다. 훗날 동양의 큰 판을 완전하게 유지하는 것도 반드시 귀회를 말미암지 않음이 없을 것이다. 이는 본인의 혈성으로 축원하는 것일 뿐만 아니라 또한 우리 전국의 동포들이 목을 빼고 발돋움하여 귀회에게 바라는 것이다. 해와 달이 밝은데 반딧불의 빛이 어찌 빛이 되겠으며, 음률이 분명한데 귀뚜라미의 소리가 어찌 소리가 되리오. 귀회의 수준이 이미 높기에 본인이 시끄럽게 떠드는 말이 필요가 없겠지만, 나무꾼의 말도 성인께서는 채택하셨고 현자가 완벽하기를 바라는 것은 인지상정이기도 하다. 본인은 영남 사람이라서 비록 귀회의 말석에도 낄 수 없지만, 한 나라를 아우르면 모두가 형제이고 공의(公義)를 말하는 데는 남북이 무관하므로 이렇게 거친 말을 엮어 축사를 대신하니, 부디 헤아려주기 바라오.

---

15 다카야마 마사유키(高山正之) : 에도시대의 존황 사상가인 다카야마 히코쿠로(高山彦九郎, 1747-1793)를 말한다. 마사유키는 그의 휘(諱)다.

경찰시찰담(警察視察談)

단농생(丹農生) 최응두(崔應斗)

○ 서언

경찰을 정부의 눈과 귀가 되는 일부분이라 칭한 것은 일찍부터 알려진 것이다. 지금에 경찰의 규모가 확장되어 실제로 검열해보니 그 관계의 중대함이 국가정치의 기관 되는 요소라 말할 수 있겠다. 다만 정부의 눈과 귀가 되는 일부분이라고 일반적으로 말할 수는 없기에 생각하여 그 개략의 뜻을 취해보았다.

○ 경찰법의 성질 및 국법상의 지위

경찰법은 공공의 안녕·질서를 유지하는 행정법규이다. 고로 소위 공안행정법규에 속해서 공법의 부류인 행정법의 내무행정 중 한 부분을 차지하고 있다.

대략 법률제도는 실로 국가 생존의 요건이니, 국가는 법률에 의거해 존립하고 인민은 법률 안에서 활동하는 사람이다. 그리고 법률에 공법과 사법이 있으니 공법이라 하는 것은 국가와 인민 사이에 권력을 규정한 것이요, 사법이라 하는 것은 개인 사이의 권리 관계를 규정한 것이다. 헌법, 행정법, 형법, 형사소송법, 민사소송법 등은 공법이요, 민법, 상법은 사법이다. 이는 공법과 사법 두 가지를 분석한 것이다.

공법 중 행정법은 국가 정무를 분배하는 법이다. 또 국가행정을 분석해보면 외교, 군무, 재무, 사법, 내무의 다섯 가지 종류이니, 외무행정은 외국과 교섭하는 사항을 관리하고, 군무행정은 군사의 수요를 공급하며 군병의 존재력을 유지해 국가의 독립을 보존하는 것이다. 재무행정은 국가재산을 관리하며 비용 징수와 지변(支辨)을 맡고 사법행정은 사법권의 행사를 보조하며, 내무행정은 일반 공공의 행복과 이익을 보호하며 발달과 안전을 견고하게 할 목적을 갖고 있으니 이를 이루기 위해 국가의 제반 설비에 주의하는 것이다.

적극적으로는 일반 공공의 복리 증진을 공익행정 또는 복리행정, 조장(助長)행정, 영조(營助)행정이라고 한다. 소극적으로는 사회 공공에 대한 위해를 배제하고 공안을 유지하는 것을 공안행정 또는 경찰행정이라 한다.

그래서 경찰법의 성질은 공공의 안녕・질서를 보호하고 유지하는 행정법규이므로 소위 공안행정의 법규에 속하고 국법상의 지위는 공법의 부류인 행정법의 내무행정 중에 한 부분을 점유하는 것이 된다.

○ 경찰과 인민

경관은 공안행정법에 속해서 행동하는 관리이니, 사회상 공동의 행복과 이익을 보존하게 하며 안녕・질서의 위해를 예방하는 목적을 갖고 있고 국가의 공익을 보호하기 위해 인민의 자유를 제한하며 강제력으로 행정하는 권한을 가진 자이다.

고로 경관은 인민의 행동과 영업, 위생을 취체(取締)하여 죄와 손해, 생각지 못한 재앙이 나지 않도록 지도하니, 절대적으로 인민을 위협하고 공갈해서 이유 없이 학대하는 일은 없다.

인민은 사회를 조직해 국가를 형성하는 큰 공중(公衆)으로 자유행동의 권한을 보유하고 있지만, 공안을 유지하고 위해를 예방하는 제반 지도와 보호의 기관인 경찰 범위 내에서 발호(跋扈)하는 폐해가 있어서는 안 된다.

그러므로 인민이 경관을 잘 따르고 경찰청의 명령을 준수해 경관기관을 조금이라도 위반하지 않음은 단지 국법이 두려워 복종하는 것만은 아니다. 이는 각자의 행복을 보유하여 자유행동의 기초를 견고하게 하는 원소가 된다.

○ **경찰청의 조직**

경찰청의 조직과 배치는 아래와 같다.

1) 총감관방(總監官房), 2) 제1부, 제2부, 제3부, 3) 소방본부와 경찰소방교습소가 있다.

경찰총감 1인이 있고 각부에 부장이 있으니, 제1부에서는 행정경찰과 사법경찰들을 관할하고, 제2부에서는 인민 영업에 관한 사무를 관할하며, 제3부에서는 특히 의사가 부장이 되어 일반 위생에 관한 사무를 관할하는데 그 안에 분장한 각 과가 있어서 전부 다 기록하기는 어렵다.

15구에 경찰서를 두었는데 큰 구에는 경찰지서를 두고, 구내에는 파출소를 설치해서 순사 4명을 배치하였다. 지방에도 경찰 배치의 질서가 정연하지만 여기서는 일단 생략한다.

○ **행정경찰**

행정경찰이라 함은 공공의 위해를 예방하고 안녕을 보전하는 권력을 만듦으로써 아직 생기지 않은 각종 위해들을 배제하고 행정 전반에 간섭하는 것이니, 그 범위의 광대함은 이와 같다.

보안에 관한 경찰과 풍속에 관한 경찰, 위생에 관한 경찰이 있고, 기타 영업에 관한 일, 교통에 관한 일, 광산·산림·전야(田野)에 관한 일 등 경찰에게 수백 종의 부분이 속해 있으나 그것을 낱낱이 논하기는 어렵고, 그중에 아주 주의해야 할 것을 아래와 같이 간략히 기록한다.

· **보안에 대한 경찰**

△ 예계(豫戒) : 공공의 안녕·질서를 보호하고 유지하기 위해 일정

한 생업 없이 평상시 조폭(粗暴)스러운 말과 행위를 하는 자와 타인의 집회를 방해하는 자와 타인의 업무에 간섭해서 자유를 방해하는 자에 대하여 일정한 명령을 내어 경찰이 특별한 제한처분을 가하는 것이다. 각 파출소에는 배치된 순사 4명이 있어, 한 사람은 사무를 집행하고, 다른 한 사람은 문 앞에서 파수하고, 한 사람은 돌아가며 휴식하니, 순사는 각기 구역을 분담해 구역 내 인민의 신분, 행위, 직무, 산업, 사망, 여행 및 기타 여행객 왕래, 재산 출입 등을 탐사해 만약 그 범법 행위와 경찰 위반 범죄가 확실한 경우 이에 관계된 자를 포박하는 권한을 사용한다. 이를 볼진대 귀신같이 적발한다 하겠다.

△ 유실물 : 도로 위나 사람이 모인 복잡한 곳, 혹 예기치 않게 유실된 물품을 습득한 경우에는 가격이 높은 귀중품은 물론이고 해당 구역 내 파출소에 현납(現納)하면 이를 거쳐 경시청에서 받아들인다. 청에서는 해당 물품의 분실자에게 알리어 일일이 환급하되 백에 다섯을 떼어 습득자에게 상으로 주는 규례가 있다. 분실자는 습득자에게 증서로 허락을 얻은 연후에 잃어버린 물건을 찾아온다.

경시청에 와서 유실물을 도로 찾아가려는 것이 매일 시가(市街)를 이룰 정도라서, 분실자가 금방 찾아갈 수 없는 물품이 산더미같이 쌓였는데, 각종 분실물의 수가 14만 종에 이르러 이를 진열하면 20리 거리를 잇달아 쭉 늘어설 정도이다. 그중 수천 원에 이르는 고가의 가치를 지닌 보석과 황금 등의 반지와 시계 등이 4천여 개에 이르고 금화와 현금이 6만 원에 이른다고 하니, 이를 볼진대 길에 물건이 떨어져도 줍지 않을 정도라고 하겠다.

△ 위험 예방 : 전기회사와 화약제조소 등 각 공장의 매우 큰 위험을 경계하기 위해 기사를 파송해 여러 증기기계의 견고함 여부를 심사하고 또 사람들이 복잡하게 있는 곳에 전염병이 발생하는 것을 염려해 의사를 파송해 제반 소독을 실시하며 청결과 청소에 크게 주의해 불의의

재앙을 예비한다.

• 풍속에 대한 경찰

△ 창기 : 일반 매춘부〔醜業婦〕의 구역을 나누어 각 지역에 화류계를 별도로 설치한 목적을 논하면, 인민 사이의 외설적 음풍이 양가(良家)를 물들이는 것을 방지하고 전염병인 매독의 치료 방법에 특별히 주의하기 위함이다.

그 가운데서 특히 요시와라(吉原)[16] 부분을 보면 창기 명목인 사람이 수만 명에 이르는데, 병원을 특설해 일주일마다 의사가 검사하니 매독에 전염되어 입원한 사람 수가 4·5백 명에 달한다. 이들이 치료를 받는데, 의사와 제약사와 간호부 등이 있고, 장약실(藏藥室), 기계실 등이 수천 평의 2층집에 화려하게 배치되어 눈을 놀라게 할 만하니, 이를 볼진대 정(鄭)나라 노래[17]는 필히 쫓아내야 하겠다.

△ 미성년자의 흡연금지 : 미성년자의 흡연을 금지하는 것은 품행이 교만해지는 것을 금하고 혈기가 아직 충만하지 않은 시기에 흡연의 독을 받아 뇌가 손상되어 학문에 방해될까 봐 금하는 것이요, 실수로 방화하는 원인을 막기 위해 금하는 것이다.

만약 금지를 어길 경우에는 현행범을 불러 잘못을 깨우치게 하고 그 부모를 불러 경계하게 하는데, 아동의 흡연이 전혀 보이지 않게 되었으니 이로 볼진대 일이 커지기 전에 미리 막는다 하겠다.

• 위생에 관한 경찰

△ 전염병의 예방 : 일반 인민의 생명에 위해가 되는 것을 예방하기

---

16 요시와라(吉原) : 에도(江戶)시대, 에도 교외에 만들어진 일본 막부 공인 매춘업소가
    모여 있던 장소이다.
17 정(鄭)나라 노래 : 남녀상열지사의 노래를 주로 모은 『시경』의 「정풍(鄭風)」을 뜻한다.

위해 각 구역 내에 청결을 실시하고 각 항구에 의사를 파송해 각 선박을 검사하고 전염병의 원인을 소독하는 각종 방법을 엄밀히 실시한다. 그 중 아주 기묘한 한 방법이 있다.

쥐의 뱃속에 '페스트'라 칭하는 일종의 혹독한 병균이 있음을 발견하여, 민가에서 쥐를 잡아 오면 5전씩 상금을 주고 잡은 쥐의 다리에 각 번지수를 표기해서 매일 4·5천 마리가 경시청에 모이면 의사가 이를 해부해 정말로 병균이 있는 것은 그 번지수의 가옥에 소독법을 실시하고 일주일간 통행을 금지한다. 이로 볼진대 필히 그 원인을 예방하는 것이라 하겠다.

△ 종두 : 종두법을 실시함은 어린아이를 간호하는 책임이 있어서이다. 고로 소아의 출생 후 1년 이내에 종두 방법을 시행하는 의무를 따라 종두를 받고 의사의 증명서를 수령하였다가 필요한 경우에는 경찰관에게 보여주어야 한다.

천연두가 유행할 때에는 경찰관청에서 일반에 대해 다시 종두 방법을 시행하라고 명하는 권한도 있으니, 이로 볼진대 어린 나이에 죽는 것을 구제한다 하겠다.

△ 음식물 및 음식 기구 : 음식물과 음식 기구에 관해서는 위생상 유해한 분자를 함유하여 국민 건강상 장애가 큰 것을 음식물·음식기구 등으로 제조, 취급, 판매, 수여, 사용하는 것을 금지 혹은 정지시켜, 국민을 보호하려는 목적에 도달하고자 한다.

제반 음식물을 검사하는데 가령 증류수-나무내-와 맥주, 과자 등과 같은 각종 음료·식료를 모두 조사해 독기를 함유한 경우는 파기하게 하여 판매를 금지하는 권한이 있으니 영업자가 충분히 주목해야 하는 바이다. 이로 볼진대 음식을 필히 삼간다 하겠다.

음식 기구 제조 시에 5색 채화를 그려 넣은 물품은 독이 없음을 인정한 연후에 판매하고 사용하는 것을 허가하니, 이로 볼진대 장인은 사람을 속이지 않는다 하겠다.

△ 오예물(汚穢物) 청소 : 전염병 예방에 주의하려면 먼저 오예물 청소에 주의해야 한다.

매일 일반 인민의 의무로 가정과 도로를 청소해 시가와 가옥을 극히 청결하게 한다.

봄가을에 경찰 관리가 출장하여 전국의 인민 거주처를 청소하라는 명령을 내리는데 이를 대청소라 칭한다.

학교와 공장 등 복잡한 곳에서는 더더욱 주의해 청결하게 하기를 크게 주의한다.

변소의 대소변 등을 농가에서 비료로 조금씩 가져갈 때 수레에 실어 공중의 눈에 보이지 않게 하고 악취가 시가에 퍼지지 않게 한다.

소아와 개도 방뇨를 금지하고 설혹 방뇨한 폐해가 있어도 바로 청소해 하나의 오예물도 보이지 않게 하여야겠으니, 이로 볼진대 유리세계라 칭할 만하겠다.

기타 도로 교통이 복잡해지는 것을 경계하여 교량의 좌우를 나누고 혹 길을 잃은 사람이 주소를 묻는 경우에는 진심으로 지도해 극진히 편의를 제공하니, 문명의 선진 정도를 흠탄할 만하다 하겠다.

○ 사법경찰

사법경찰은 범죄에 관련된 위해를 방지하며 안녕·질서를 유지하게 할 목적으로 범죄자를 수색하고 포박해 사법의 작용을 보조하는 것이니, 사법경찰에 관한 것은 다음과 같다.

범죄자 수색권의 성질, 기관, 발생, 실행과 수색 착수의 원인과 수색 실행의 범위, 수색권의 소실 등을 일일이 다 기록하기 번거로워서 일단 생략한다.

그 가운데 특히 신기한 기관이 있다. 가령 어떤 구(區), 어떤 정(町),

어떤 번지에 도둑이 있으면 몰래 통화해서 3분 안에 각 파출소의 순사가 포위망을 설치해 물 샐 틈 없게 하니 벗어나는 도적이 없다고 한다.

죄인을 포박할 경우 48시간 안에 재판소로 이송한다고 한다.

○ 감옥서(監獄署)

감옥서의 배치는 널찍하고 범죄자에게 공업을 장려한다. 개과(改過)를 권면하는 목적을 주의로 하여 선악에 대한 특이한 성질을 함유하고 있으니, 경탄할 만한 훌륭한 일이다. 그 위치와 성적을 약술한다.

(1) 정문으로 들어가 몇 부분을 통과하면 양옥 6동이 있는데 그 안에 있는 범죄자의 공업제조품은 다음과 같다.

① 직조: 우편 포낭(布囊) 등

② 목공: 운용품(運用品)

③ 철공: 자전거, 각종 미술품

④ 복장: 군용구두 포함

⑤ 모자: 맥고모자, 노끈

⑥ 직조

(2) 8각 양옥 1동 있으니

① 증기기계로 공장의 기계를 사용하게 한다.

② 취사실이 있어 음식물이 매우 청결한데 다만 음료는 6등급이다.

③ 목욕실이 있다.

④ 휴게실이 있다.

기타 친족접견소, 세탁소, 도서종람소가 있어서 수인에게 대단한 편의를 제공하며 야간에는 전등을 켜서 모든 부분에 빛이 통해 대낮과 같다.

(3) 경작지가 1만 4,856평 합 2작(勺)이 있는데 각종 농사시험장을 설치하였다.

(4) 운동장이 있어 매 백 명씩 순사가 영솔하고 체조 및 운동을 시행하게 한다.

(5) 좌우에 오각형 건물 2동을 설치하였는데, 죄수가 자는 방으로 정해 매 한 침상에 2인씩 묵게 한다. 그 중앙에 2층의 교회당이 좌우에 있는데 천여 명을 수용할 만한 옥상에서 매주 일요일이면 선교사가 나서서 개과천선하라는 권면주의로 강연해 범죄자의 심지를 뉘우치게 한다.

(6) 사무실이 있다.

(7) 병원을 설치해 환자에게 의료를 베푼다.

그 위치의 광활함은 사면 1리(里)의 길이와 넓이로 길게 뻗어 있다. 스가모(巢鴨) 한 곳에 현재 수감된 기결수가 1,970여 명인데, 이와 같이 설치한 감옥서가 몇 개소가 더 있고 여성감옥과 미결수감옥이 각기 있는데 극히 청결하고 편리하다.

아아! 감옥장(監獄長)의 담화를 들어본즉 일반 동포가 불행히 죄과를 범하여 죄안(罪案)이 기결되면 여기서 간수하는 것이니, 애호(愛護)한다는 주의에 따라 매우 큰 편의를 제공하고 개과하기를 권면하는 목적만 보유한다. 그래서 매일 죄수에게 '죄를 뉘우치고 자책하는 것이 살아가는 방도', '자리를 사양하되 착함을 사양하지 말라', '한 개인의 이익을 생각하지 말고 공익을 생각하라.'와 같은 문제를 통해 각기 사리에 맞는 안목으로 보고 생각하게 해서 심지를 참회하게 할 따름이다.

각 공장제조품은 정부에서 수입하되 대금의 10분의 4·5를 나누어 죄수가 석방되어 감옥을 나설 때에 지급해서 그 자본으로 충분한 밑천을 삼게 하니 시종 생산적인 장점이 있다.

이 감옥서가 일단은 사법성(司法省)에 소속되어 있으나 실상은 문부성에 소속시켜 교육주의를 표명할 계획이 있다 하니, 충분히 흠복(欽服)하고 경탄할 훌륭한 일이라고 함은 이 때문이다.

○ 소방부

소방부는 중앙에 있고 소방지부가 6개소 있는데 화재 예방을 주의로 삼아 설비한 것이 극히 주밀하고 신속하다. 이것을 상세히 서술하기 어려우니 소견을 약술하겠다.

소방부는 2층 건물로 건축되었다. 위층에는 사무실이 있어 소방장이 있고 그 측면에 인수관(引水管)을 장치하였는데 길이가 대략 4천 척이다. 아래층 한 칸에는 인수기관차(引水機關車)를 장치하고 한 칸에는 말을 길러 항상 엄중히 경계할 것을 주의로 하여 설비하였다.

망대 위의 파수꾼이 어떤 땅에 불빛이 있는 것을 보고 종을 울리면 소방부에서 급속히 행동하는데, 2층 건물 사다리를 내릴 겨를이 없어 공중에 철기둥을 세우고 이를 따라 날아 내려가 상비소방부를 거느리고 3분 사이에 소방차를 이끌고 목적지로 향한다. 중도에 증기관(蒸汽罐)에 발화(潑火)하고 시가에 설비된 수도에 인수(引水) 펌프를 설치해 화염에 방사하여 박멸하는 공사에 착수하였으니, 그 신속함을 가히 형용하기 어렵다. 또한 그 발수력(潑水力)이 매우 커서 한 번 뿌리면 한 평의 화력을 없애버리니 소방기관이 점차 발달해 두세 집까지 연소하는 근심이 없어졌다.

○ 신문의 조례(條例)

신문지는 국가정치와 인민풍속을 논술하고 보도해 풍기를 고무하는 데 일대 영향을 미치는 기관이다. 사회상 출판자유권이 있다고 하지만 정치와 군국(軍國)의 일대 비밀 사항을 누설하거나 정당을 규탄하는 수단을 함부로 사용해 국민의 심지를 선동하는 폐해가 생길 시에는 출판자유권을 강제로 제한하는 권한이 있다.

어떤 신문사를 막론하고 당초 창립할 때에 그 위치의 원근과 영업의 대소를 나누어 보증금 몇천 원 혹은 몇백 원을 정부에 납부하는 규례가 있는데, 매일 출판 후에 검열을 받아 만약 혹 규정을 위반한 일이 있으면 배상금을 동 보증금 안에서 삭감하는 법식이 있고, 중대 사항에 관계가 있으면 배달을 금지하거나 정간하라는 명령을 내는 권한이 있다.

○ 결론

아아! 국가의 문명 발달이 정치에 있음을 대강 들었으나 정치 발달이 어떤 기관과 연관이 있는지는 모르겠더니, 일본으로 건너와 문물 제도와 법률 규정이 정연하고 문란하지 않아 털끝만큼의 차이도 없음을 보고 생각하건대 정치 발달의 기관이 경찰 일부분에 있음을 알겠도다. 이로 추측해보면 일본이 동양의 문명을 계발하는 효시가 되어 구미세계와 나란히 질주하게 된 것은 그 원인이 여기에 있는 게 아닌가.

우리 한국도 이 경찰기관을 모형으로 하여 날로 증진하고 날로 확장하는데 크게 주의해 정치기관을 발달시켜 문명으로 크게 나아가기를 희망한다. 뇌수가 손상되고 몸 안의 피가 끓어 이에 충분히 심력을 쏟아부을 수 없으면 경찰 방법에 통달한다고 말할 수 없기에 매우 간략히 필기해 우리 한국 전국 동포의 이목을 깨우치고 반성시키고자 한다.

아동고사

화랑(花郎)

신라인은 그 인물됨을 알지 못할까 근심하여 끼리끼리 모여 놀게 해서 그 행실이 의로운지 살펴본 다음에 거용(擧用)하였다. 마침내 미모의 남자를 뽑아서 치장하여 화랑이라고 부르면서 받드니, 무리들이 운집하여 서로 도의(道義)를 연마하거나 음악을 즐기면서 산수를 유람함에 먼 곳까지 이르지 않는 곳이 없었다. 이를 통해 그 사정(邪正)을 알고서 조정에 천거했기 때문에 김대문(金大問)이 말하기를 "현능한 보좌와 충성스러운 신하가 여기에서 솟아났고, 훌륭한 장수와 용맹스러운 군사가 여기에서 탄생하였다."라 한 것이다.

만파식적(萬波息笛)

신라 신문왕(神文王) 때 동해 가운데 산이 있어서 물결을 따라 왔다 갔다 하였다. 산 위에는 대나무가 있었는데 왕이 기이하게 여겨 일관(日官)에게 명하여 점쳐보게 하니, 일관이 말하기를 "왕께서 거둥하시면 반드시 값을 치르지 않고 큰 보물을 얻을 것입니다."라고 하였다. 왕이 기뻐서 거둥하려고 멀리서 그 산을 바라보니 천지가 진동하고 비바람으로 어둑어둑하였는데, 7일 만에 풍파가 잔잔해졌다. 왕이 바다를 건너 산에 들어가자 어떤 기이한 사람이 와서 알현하였다. 왕이 묻기를 "이 산의 대나무는 어찌하여 낮에는 둘로 쪼개지고 밤에는 하나로 합쳐지는가?"라고 하니, 기이한 사람이 말하기를 "이는 한 손으로 박수를 치면 소리가 없고 양손으로 박수를 치면 소리가 나는 것과 같습니다. 성왕은 소리로 천지의 상서(祥瑞)를 다스리니, 이 대나무를 가져다가 피리를 만들어 불면 왕의 나라가 태평할 것입니다."라고 하였다. 왕이 놀라고 기뻐하며 대나무를 가지고 바다의 산에서 나오니 그 사람은 홀연 보이지 않았다. 그 대나무로 피리를 만들도록 명하여 만파식적이라고 이름하였다.

온달전(溫達傳)

온달은 고구려 평강왕(平岡王) 때 사람이다. 용모는 볼품없고 우스꽝스러웠으나 마음은 순수하였다. 집안이 몹시 가난하여 늘 음식을 구걸하여 어머니를 봉양하였는데, 해진 옷과 떨어진 신으로 시정(市井)을 왕래하니 당시 사람들이 그를 가리켜 바보 온달이라 하였다. 평강왕의 어린 딸이 잘 우니, 왕이 놀리면서 "네가 자주 울어서 내 귀를 시끄럽게 하니, 자라서 분명 사대부의 아내는 못 될 것이고 바보 온달한테 시집보내야겠다."라 하였다. 딸이 나이 16세가 되었을 때 상부(上部) 고씨(高氏)에게 시집보내려 하니, 공주가 말하기를 "대왕께서 늘 '너는 분명 온달의 아내가 될 것이다.'라 하셨는데 지금 무엇 때문에 이전의 말씀을 바꾸십니까. 필부도 뱉은 말은 바꾸지 않는 법이니, 하물며 지존이야 말해 무엇하겠습니까. 그러기에 왕은 장난삼아 말하지 않는다고 하는 것입니다. 지금 대왕의 명령은 잘못된 것이니 저는 감히 받들지 못하겠습니다."라 하였다. 왕이 노하여 말하기를 "네가 내 명령을 따르지 않는다면 내 딸이 될 수 없으니 어떻게 같이 살 수 있겠느냐. 네가 가고 싶은 곳으로 가라."라 하니 이에 공주가 값비싼 팔찌 수십 개를 옷소매에 감추고 궁에서 나와 홀로 길을 떠났다.

길에서 어떤 사람을 만나 온달의 집을 물어 그의 집에 이르렀고 눈먼 노모를 보고서 가까이 다가가 절을 한 뒤 아들이 어디 있는지 물었다. 노모가 대답하기를 "내 아들은 가난하고 비루하여 당신 같은 귀인이 가까이할 바가 아닙니다. 지금 당신의 냄새를 맡아보니 향기가 심상치 않고, 당신의 손을 잡아보니 솜처럼 부드럽고 매끄러운 것이 필시 천하의 귀인일 것입니다. 누구에게 속아서 여기 온 것입니까? 내 아들은 배고품을 참지 못하고 산에 느릅나무 껍질을 벗기러 간 지 오래되었는데 아직 돌아오지 않았습니다."라 하였다. 공주가 집에서 나와 산 밑에 이르러 온달이 느릅나무 껍질을 지고 오는 것을 보고서 그에게 품은 뜻을 말하자, 온달이 버럭 성을 내며 말하기를 "여기는 어린 여자가 마땅히 올 곳이 아니니, 필시 사람이 아니라 여우 귀신일 것이다. 다가오지 말라!"라 하고 돌아보지 않고 그대로 가버렸다. 공주가 홀로 돌아와 사립문 밑에서 자고 다음날 아침 다시 들어가 모자에게 상세하게 말을 하였는데, 온달이 우물쭈물하며 결정하지 못하였다. 그 어머니가 말하기를 "내 아들은 몹시 비루하여 귀인의 배필이 되기에 부족하고, 우리 집안은 몹시 누추하여 진실로 귀인이 머물기에 마땅치가 않습니다."라 하니, 공주가 대답하기를 "옛사람의 말에 '한 말의 곡식도 찧어 먹을 수 있고 한 자의 베로도 옷을 지을 수 있다.'라고 하였습니다. 진실로 같은 마음이라면 어찌 부귀해진 뒤라야 함께할 수 있겠습니까."라고 하고, 마침내 금팔찌를 팔아서 전택(田宅)과 노비와 우마와 기물을 사들여 살림살이를 모두 구비하였다. 처음 말을 살 때 공주가 온달에게 말하기를 "신중히 시장 사람의 말은 사지 말고 반드시 국마(國馬) 가운데 병들고 비실비실해서 내쳐진 놈을 골라 바꿔 오십시오."라 하니 온달이 그 말대로 하였다. 공주가 매우 부지런히 먹여 기르니 말이 날로 살지고 튼튼해졌다.

고구려는 항상 3월 3일에 낙랑(樂浪)의 언덕에 모여서 사냥하여 잡은 돼지와 사슴으로 하늘의 신과 산천의 신에게 제사를 지냈는데, 그날이 되어 왕이 사냥하러 나갈 때 여러 신하 및 오부(五部)의 병사가 모두 따랐다. 이때 온달이 기른 말로 따라 나갔는데, 항상 앞서서 달리고 잡은 짐승도 많아서 그와 비슷한 자가 달리 없으니, 왕이 불러서 성명을 묻고는 깜짝 놀라고 또 기특하게 여겼다. 당시 후주(後周)의 무제(武帝)가 군사를 일으켜 요동을 정벌하니, 왕이 군사를 거느리고 이산(肄山)의 들판에서 전투할 때 온달이 선봉이 되어 날래게 싸워 수십여 수급을 베었다. 이에 군사들이 승기를 타고 분투하여 크게 승리하였고, 공훈을 논할 때 모두 다 온달을 첫 번째로 꼽았다. 왕이 가상하게 여기고 탄복하며 말하기를 "이 사람은 나의 사위이다."라 하고, 예를 갖추어 맞아들이고 벼슬을 내려 대형(大兄)으로 삼으니, 이로부터 총애와 영광이 더욱 두터워지고 권위가 날로 성대해졌다.

양강왕(陽岡王)이 즉위하자 온달이 아뢰기를 "신라가 우리 한북(漢北) 지역을 떼어가서 군현으로 삼으니, 백성들이 통한을 품어 부모의 나라를 잊은 적이 없습니다. 원컨대 대왕께서 병사를 내어주시면 한번 가서 반드시 우리 땅을 되찾아 오겠습니다."라 하자 왕이 허락하였다. 떠나기에 앞서 맹세하기를 "계립현(鷄立峴)과 죽령(竹嶺) 서쪽을 우리 땅으로 되돌리지 못하면 돌아오지 않겠다."라 하고, 마침내 나아가 신라 군대와 함께 아차성(阿且城) 아래에서 싸우다가 날아온 화살에 맞아 길에서 죽었다. 장사를 지내려 할 때 널이 움직이지 않았는데, 공주가 와서 관을 어루만지며 말하기를 "생사가 정해졌습니다. 아, 돌아가십시오."라고 하자 마침내 널이 들려서 하관하였으니, 대왕이 듣고서 비통해하였다.

열사 정재홍(鄭在洪)[18]을 곡하다 漢

회원 이달원(李達元)

누군들 죽지 않으리오, 죽음은 슬픈 법이나	人誰無死死爲悲
죽음이 영광이 된다면 슬퍼할 이 누구랴	死以爲榮悲者誰

: 공이 생욕사영(生辱死榮) 등을 말했기 때문이다.[19]

팔변가[20]를 동포들에게 전하고	八變歌傳諸種族
편지 한 통 노모에게 올렸네	一封書上老偏慈

: 죽을 때 팔변가를 지어 동포에게 고하고, 또 편지 한 통을 노모에게 올렸기 때문이다.

경성 사우들의 심장과 간장 찢어지고	京城社友心肝裂

: 각 사회 신사들이 추도하였다.

인천항 생도들 통곡하며 상여를 따랐네	仁港生徒痛哭隨

: 공이 재산을 쏟아부어 인천 인창학교(仁昌學校)를 창설하여 공의 장사를 지내는 날 해당 학교 생도들이 상복을 입고 상여를 메고 울면서 따랐기 때문이다.

혹시 공의 여한이 어디에 있는 줄 아는가	倘識斯公遺恨在
고아원에 달빛이 어두울 때라네	孤兒院裏月昏時

: 공은 고아원 임원으로, 항상 진심으로 도왔으나 흥왕(興旺)을 보지 못한 것을 한탄해 마지않았다.

---

18 정재홍(鄭在洪) : 1867-1907. 서울 출신으로, 이토 히로부미 암살 계획에 실패한 후 자결하였다.
19 공이……때문이다 : 「생욕사영가(生辱死榮歌)」를 지은 것을 가리킨다.
20 팔변가 : 「사상팔변가(思想八變歌)」를 지은 것을 가리킨다.

화조감부(花朝感賦) 漢

봄볕에 또 화조절(花朝節) 돌아왔는데	春光容易又花朝
꽃놀이에 꽃 없으니 너무 적막하여라	花事無花太寂寥
작년 오늘밤을 기억하는지	記得去年今日夜
송릉에서 작고 붉은 퉁소 어루만지고 있었지	松陵我按小紅簫

국경 밖은 봄 더디 오니 객도 더딘데	塞外春遲客亦遲
봄 돌아와도 객은 돌아오지 못하네	春歸客是未歸時
미인은 적막한 난간에서 눈물 흘리고	玉容寂寞欄干淚
봄비에 배꽃은 한 가지 꿈속에 있네	春雨梨花夢一枝

깨끗하게 아름다운 맵시는 옥수의 풍채	倩影亭亭玉樹風
온몸에 눈발 날리고 달빛은 영롱하도다	滿身雪片月玲瓏
반가운 버드나무 아직 보지 못했지만	未看楊柳開青眼
옥 같은 빗속에 신선산을 기쁘게 보노라	喜見瀛洲玉雨中

꺾은 붉은 가지에 봄 빛깔 새로우니	一剪紅顔彩色新
봄의 신이 보낸 조서 꽃의 신에게 이르렀네	青皇傳詔到花神
원컨대 그대 다시 국 끓이는 솜씨[21] 빌려주어	願君更借調羹手
쓸쓸한 이 하나하나 봄을 맞게 해주오	一一春回落寞人

---

21 국 끓이는 솜씨 : 나라 다스리는 방도를 비유한 것이다. 『서경』「열명(說命)」에 "내가 만일 국을 끓인다면 네가 양념 소금과 매실이 되어 달라[若作和羹 爾惟鹽梅]."라고 한 데서 나온 말로, 정사(政事)를 보는 것을 비유하는 말이다.

참서관 이군(李君)에 대한 초혼사(招魂辭) 병서(並序) 漢

회원 박은식(朴殷植)

광무 9년 6월 어느 날, 주영공관(駐英公館) 참서관(參書官) 이한응
(李漢應)[22] 군이 세상을 떠나니, 유서 1통과 시표(時票) 1건이 그 집
에 이르렀다. 아마 나라의 치욕에 심히 애통하여 마침내 죽어서 차라
리 깨어나지 않겠다고 결심한 것이리라. 그와 면식이 있든 없든 모든
사대부가 눈물을 흘렸고, 나 또한 평소 군을 알지 못하였으나 오열하
여 목이 메는 것을 어찌하는 수가 없어 초혼사를 지어 조문한다.

혼이여 돌아오라! 청년 시절 학식이 있으면 모름지기 사방으로 나아
가 전대(專對)[23]해야 하니, 국제적으로 어려운 즈음을 만나 황제의 명으
로 국경을 나섰다네. 저 배 타고 멀고 먼 바다를 건너 런던에 부임하여
세월을 보내다가, 문득 동양이 들끓어 오르고 대국(大局)이 어지러운
때를 만나, 나라의 치욕 갚기 어려워 애통해하며 제 한 몸 터럭처럼 가
벼이 버리셨도다. 불타는 일편단심이 돌아옴을 고하고 아득히 호연한
기운에 오름이여! 해약(海若)이 그 지절(志節)을 위로하고 풍이(馮夷)가
그 돛대를 보호하도다.[24] 거침없이 출렁이는 인천항과 깊고 너른 한강수

---

22 이한응(李漢應) : 1874-1905. 1901년 영국·벨기에 주차공사관(駐箚公使館) 3등 참
  사관에 임명되어 영국 런던에 부임하였다. 그러다 한일협약으로 나라의 형세가 위축되
  고 대외적으로 영·일동맹으로 한국 정부의 지위가 떨어지자 이를 개탄하여 1905년
  5월 12일 영국에서 자살하였다.

23 전대(專對) : 외국에 사신으로 나가서 독자적으로 응대하며 일을 잘 처리하는 것을
  말한다.

24 해약(海若)이……보호하도다 : 굴원(屈原)의 『초사(楚辭)』에 "해약으로 하여금 풍이
  를 춤추게 한다〔令海若舞馮夷〕."라고 한 데서 온 말이다. 해약은 해신(海神)의 이름이
  며 풍이는 강신(江神)의 이름이다.

에서 벗이 부르짖고 가족이 기다리나니, 혼이여 돌아오라!

혼이여 돌아오라! 가난한 선비의 처와 약한 나라의 대부가 인간사의 지난함을 만났으니 진실로 고금의 비통한 일이로다. 잘난 자는 주인이 되고 못난 자는 노예가 되며 약한 자의 살은 강한 자에게 뜯어 먹히니, 일정치 않은 변국(變局)을 당함이로다. 고래와 악어가 담장처럼 둘러싸고 있구나. 내 혀가 없는 것 아님에도 말은 글이 되지 못하는구나. 내 신념 없는 것 아님에도 길이 맹세치 못하는구나. 눈을 들어 산천을 바라보매 눈 깜짝할 사이 상전벽해(桑田碧海)구나. 차라리 죽어서 이 내 한 몸 깨끗하게 하여 저 백운향(白雲鄉)에 오르고, 조국을 그리면서 차라리 여귀(厲鬼)가 되어 불길함 꾸짖으려네. 혼이여 돌아오라!

혼이여 돌아오라! 사람이라면 영욕과 안위, 휴척(休戚)과 존망을 국가와 함께하는 법이거늘, 나라 위한 계책은 게을리하면서 제 한 몸 챙기기만 급급한 저자들은 진실로 부끄러운 개돼지와 같은 무리로다. 아, 세교(世敎)는 몰락하고 의리는 어두워져 이익만 밝히고 부끄러움 모르는 이 그득그득 미쳐 가고 취해 가는데, 오직 이한응 군만 우뚝이 일찍감치 버리고 취해야 할 의리를 알았으니, 그의 죽음은 사경(死境)에 빠진 천만 동포를 위하여 솔선수범한 것이라, 그 뜻한 바의 고결함은 옛사람에 견주어도 부끄러울 것이 없도다. 적막한 삼천리 청구(青邱)가 오직 군의 한 글자 '의(義)'에 힘입어 완전히 상실되지 않았으니, 군께서는 여한이 없으시겠으나 나로서는 애통할 따름이라네. 혼이여 돌아오라!

법령(法令)

○ 지방금융조합 규칙 : 광무 11년 5월 30일 칙령 제33호

제1조 지방금융조합은 농민의 금융을 완화하고 농업의 발달을 기도함을 목적으로 하는 사단법인이다.

제2조 지방금융조합은 한 군(郡), 또는 여러 군 내에 주소를 두어 농업을 경영하는 자가 이를 조직한다. 단 그 설립 구역은 제13조의 규정에 의한다.

제3조 지방금융조합의 책임은 그 재산을 한도로 한다.

제4조 지방금융조합은 아래 기재한 업무를 수행한다.

    1. 조합원에 대하여 종묘, 비료, 농기구 등 농업상의 재료를 분배하거나 또는 대여하는 일.

    2. 조합원을 위하여 그 생산물을 위탁판매하는 일.

    • 전항(前項)에 게재한 것 외에 지방금융조합은 아래 업무를 병행할 수 있다.

    1. 조합원에 대하여 종묘, 비료, 농기구 등 농업상의 재료를 분배하거나 또는 대여하는 일.

    2. 조합원을 위하여 그 생산물을 위탁판매하는 일.

제5조 전조(前條) 제1항 제2호의 업무를 집행하기 위하여 지방금융조합은 관아 부속의 창고를 사용할 수 있다.

제6조 지방금융조합에 조합장 1인과 평의원 약간 명을 두되 조합원이 이들을 선거한다.

제7조 지방금융조합의 자금을 채우기 위하여 정부는 약간의 금액을 이에 하부(下付)할 수 있다.

전항의 하부금(下付金)에 대하여 탁지부대신은 추천한 이사 1인
으로 조합의 상무(常務)를 집행케 한다.

제8조 지방금융조합은 그 경비를 충당하기 위하여 각 조합원에게 매년
금액 2환 이하의 조합비를 징수할 수 있다.

제9조 지방금융조합은 업무의 필요에 응하여 기채(起債)할 수 있다.

제10조 지방금융조합의 이익은 조합의 공동기본금으로 적립한다.

제11조 지방금융조합의 업무 성적 및 손익 계산은 매년 1회씩 조합 총
회에 보고한다.

○ **내각 관제** : 광무 11년 6월 14일 칙령 제1호

제1조 내각은 국무대신으로 조직한다.

국무대신은 즉 내각 총리대신 및 행정 각부 대신을 말한다.

제2조 국무대신은 대황제 폐하를 보필하여 국정을 담당하는 책임을
진다.

제3조 내각 총리대신은 국무대신의 수반(首班)이니 기무(機務)를 폐하
께 아뢰어 그 뜻을 받들고 행정 각부의 통일을 유지한다.

제4조 내각 총리대신은 내각 주관의 행정 사무를 처리하여 필요한 각령(閣
令)을 발표하며 소속 판임관(判任官)을 전권으로 임면(任免)한다.

제5조 내각 총리대신은 필요가 인정되는 경우에는 행정 각부의 처분
및 명령을 중지케 하고 칙재(勅裁)를 청할 수 있다.

제6조 법률과 칙령은 총괄적으로 내각 총리대신 및 관계 대신이 이에
부서(副署)한다.

제7조 아래 기재한 사항은 내각 회의를 거친다.

　　1. 법률안 칙령안

　　2. 예산안 결산안

　　3. 예산 외 지출

　　4. 각부 간 주관 권한의 쟁의(爭議)

　　5. 문무 칙·주임관의 임명·진퇴

　　6. 서품(敍品) 및 서훈(敍勳)

　　7. 대사(大赦) 및 특사(特赦)

　　8. 기타 각부 주관 사무로 사태가 다소 위중한 경우

제8조 군기(軍機)·군령(軍令)에 관하여 상주(上奏)할 건은 군부대신이
　　　미리 내각 총리대신에게 고지한다.

제9조 내각 총리대신 및 각부 대신에게 사정이 있을 때는 다른 대신이
　　　임시 명을 받아 해당 사무를 대신 처리한다.

제10조 본 칙령은 반포일로부터 시행한다.

제11조 광무 9년 칙령 제8호 의정부 관제는 폐지한다.

　○ **내각 소속 직원 관제** : 광무 11년 6월 15일 칙령 제36호

제1조 내각 소속 직원은 아래와 같다.

서기관장(書記官長)	1인, 칙임(勅任)
법제국장(法制局長)	1인, 칙임 혹은 주임(奏任)
외사국장(外事局長)	1인, 칙임 혹은 주임
서기관(書記官)	전임 7인, 주임
내각 총리대신 비서관(秘書官)	전임 1인, 주임
서기랑(書記郎)	22인, 판임(判任)

제2조 내각 서기관장은 내각 총리대신의 명을 받아 기밀문서를 관장하
　　　며 내각 서무를 통솔한다.

제3조 서기관은 내각 총리대신 또는 서기관장의 명을 받아 아래 기재한
　　　사무를 담당한다.

　　1. 관리의 진퇴, 신분 및 기밀에 관한 사항

　　2. 서품 및 서훈에 관한 사항

　3. 각인(閣印) 및 대신의 관장(官章) 보관에 관한 사항

　4. 공문의 정서(淨書), 접수, 발송에 관한 사항

　5. 법률, 칙령, 규칙 등 각 의안(議案) 등초(謄抄)에 관한 사항

　6. 회의 시 문답, 토론 등 필기에 관한 사항

　7. 주안(奏案) 정서에 관한 사항

　8. 여러 문서 편찬・보존에 관한 사항 소관

　9. 내각 소관 구비 도서의 종류별 보존・출납과 그 목록 편집에
　　 관한 사항

　10. 내각 소관 경비 예산・결산 및 회계에 관한 사항

　11. 내각 소관 관유(官有) 재산 및 물품 보존과 그 장부 제작에 관한
　　 사항

제4조 국장은 내각 총리대신 또는 내각 서기관장의 명을 받아 그 주무
(主務)를 처리하고 국내(局內) 직원을 감독한다.

제5조 법제국은 1등국이니 아래 기재한 사무를 담당한다.

　1. 법률, 칙령, 규칙 및 제반 의안 기초(起草)와 개정・폐지에 관
　　 한 사항

　2. 각부에서 제출한 법률, 칙령, 주안(奏案) 및 제반 청의서(請議
　　 書), 반포안(頒布案)을 심사하여 의견을 보고하는 사항

　3. 국사(國史) 편찬 및 보존에 관한 사항

　4. 내외 칙・주・판임관 자격 조사 및 이력서 보존에 관한 사항

　5. 조칙, 법률, 칙령, 규칙 등 발포 및 원본 보존에 관한 사항

　6. 관보(官報), 직원록(職員錄), 법규의 분류 편찬 및 제반 도서
　　 편찬과 출판에 관한 사항

　7. 제반 통계표 제작에 관한 사항

제6조 외사국(外事局)은 1등국이니 아래 기재한 사무를 담당한다.

　1. 외국인 서훈에 관한 사항

2. 외국과의 교섭·통상 사무의 여러 조약 및 공문서류 보존에 관한 사항

3. 제국(帝國)에 있는 외국인 및 외국인 거류지에 관한 사항

4. 여러 문서 번역에 관한 사항

제7조 내각 총리대신 비서관은 대신관방(大臣官房)의 사무를 담당한다.

제8조 서기랑(書記郎)은 상관의 명을 받아 서무에 종사한다.

〔부칙〕

제9조 본 칙령은 반포일로부터 시행한다.

제10조 광무 10년 칙령 제79호 의정부 소속 직원 관제는 폐지한다.

○ **내각 회의 규정** : 광무 11년 6월 15일 칙령 제37호

제1조 내각 총리대신이 필요가 있다고 인정할 때는 언제든지 각 대신을 모집하여 개회할 수 있다.

제2조 내각 회의는 가능한 한 비밀로 한다.

제3조 각 대신의 3분의 2 이상이 합석하지 않으면 개회할 수 없다.

제4조 주무 대신이 부재할 때는 해당 부의 의안에 대해서는 개회할 수 없다.

　　단, 해당 부 대신이 회의에 재차 불참할 때는 형편에 따라 회의에서 다루는 것이 가능하다.

제5조 한 부 혹은 여러 부에 관계된 사건은 해당 부 대신의 참석 외에 해당 부 차관 혹은 국장이 해당 사건에 대하여 설명할 수 있다.

제6조 회의 절차는 아래와 같다.

1. 내각 총리대신이 개회함을 선언한다.

2. 내각 서기관장이 각 의안을 일체 조사하여 회석에 제출한다.

3. 제의한 대신이 제출한 이유를 설명한다.

4. 각 대신은 내각 총리대신을 향하여 기립하여 토론과 설명과

질문과 답변을 발언한다.

5. 가부(可否) 표제(標題)를 시행한다.

6. 내각 총리대신은 표제를 취합하여 가부간 다수를 따르고 가
   부 동수일 경우에는 자기 의견을 표제에 별도로 표시한다.

7. 내각 총리대신이 폐회를 선언한다.

8. 원안에 대하여 토론한 필기와 표결을 회의록〔簿案〕에 기재한
   다.

9. 내각 총리대신과 주무 대신이 회의에서 다룬 상주안(上奏案)
   에 서명한다.

10. 회의에서 다룬 안에 대한 비지(批旨)는 내각 총리대신이 다
    음 회의에서 낭독한다.

11. 재가하신 안건에 어압(御押)·어새(御璽)로 날인한다.

12. 재가하신 안건은 관보에 반포한다.

제7조 각 대신이 회의 사항에 대하여 의견이 일치하지 않는 때는 심사보
　　　고서를 일주일 내로 수정하여 올릴 수 있다.

제8조 토론한 사항이 지지부진하게 미결된 경우에는 내각 총리대신이
　　　다음 회로 미루어 연속 토론한다.

제9조 회의에서 다룬 제청·재가 안건을 내각 총리대신 및 주무 대신이
　　　친정(親呈)한다.

　　　단, 접견하겠다 하시는 명을 아직 받지 못하였을 때는 형편에 따라
　　　다른 사람을 통해 올릴 수 있다.

제10조 본 규정은 반포일로부터 시행한다.

제11조 광무 9년 칙령 제33조 의정부 회의 규정은 폐지한다.

○ 각부 관제 통칙(通則) : 광무 11년 6월 19일 칙령 제41호

제1조 본 칙령은 내부, 탁지부, 군부, 법부, 학부, 농상공부에 적용한다.

제2조 각부 대신은 그 주임(主任) 사무의 책임을 진다.

주임이 명료하지 않은 사무로서 2개 부 이상의 관여가 있는 때는 내각에 제출하여 그 주임을 정한다.

제3조 각부 대신은 주임 사무로 법률·칙령의 제정, 폐지 및 개정이 요구되는 일이 있을 때는 안을 만들어 내각에 제출해야 한다.

제4조 각부 대신은 주임 사무에 관해 직권 혹은 특별 위임에 의하여 법률·칙령의 범위 내에서 그 직무를 집행하기 위하여 부령(部令)을 발행할 수 있다.

제5조 각부 대신은 주임 사무를 위해 그 직권 범위 내에서 지방관에게 지령·훈령을 발행할 수 있다. 주임이 행정·경찰 사무일 경우는 경무사(警務使)에게 지령 혹은 훈령을 보낼 수 있다.

제6조 각부 대신은 주임 사무를 위해 지방관 및 경무사를 감독한다. 만약 지방관 및 경무사의 명령 혹은 처분이 성문 규범에 위배되며 공익을 해치거나 혹 권한을 범하는 것이 있음이 인정될 때는 그 명령 혹은 처분을 정지 또는 철회시킬 수 있다.

제7조 각부 대신은 각부 소속 관리를 통괄 감독하며 주임관의 진퇴는 내각 회의를 거쳐 상주(上奏)하고 판임관 이하는 전권으로 결정한다.

제8조 각부에 대신관방(大臣官房)을 두어 아래 기재한 사무를 처리한다.

1. 기밀에 관한 사항
2. 관리의 진퇴·신분에 관한 사항
3. 부인(部印) 및 대신의 관장(官章) 보관에 관한 사항
4. 공문서류 및 공안문서(成案文書) 접수·발송에 관한 사항
5. 통계 보고 제작에 관한 사항
6. 공문서류 편찬·보존에 관한 사항
7. 기타 각 관제에 의하여 특별히 대신관방 소관에 속한 사항

제9조 각부의 사무를 분장(分掌)하기 위하여 국(局)을 두고 그 분장 사무
　　　는 각부 관제로 정한다.

제10조 대신관방 및 각국(各局)의 분과는 각부 대신이 안을 만들어 내각
　　　회의에 제출한다.

　　　군부 분과는 해당 부 관제로 정한다.

제11조 각부에 아래 기재한 직원을 둔다.

　　　차관

　　　국장

　　　서기관

　　　서기랑

제12조 각부 차관은 1인이며 칙임으로 한다.

제13조 차관은 대신을 보좌하여 부중(府中) 사무를 정리하며 각국 사무
　　　를 감독한다.

제14조 각국의 국장은 각 1인이며 1등국장은 칙임 혹은 주임, 2·3등
　　　국장은 주임이니 각부 관제로 정한다.

제15조 국장은 대신 및 차관의 명을 받들어 그 주무를 담당하고 국 내
　　　각과(各課)의 사무를 지휘·감독하니 그 주임 사무의 책임을 진다.

제16조 서기관은 주임이니 대신, 차관과 소관 장관의 명을 받들어 대신
　　　관방의 사무와 심의(審議)·입안(立案)을 담당하고 또한 각 국·
　　　과의 사무를 돕는다.

　　　단, 군부에는 서기관을 두지 않는다.

제17조 대신관방 및 국 내의 각과에 과장 각 1인을 두어 주임관 혹은
　　　판임관으로 충당하니, 과장은 상관의 명을 받들어 과 업무를 담
　　　당한다.

제18조 서기랑은 판임이니 상관의 명을 받들어 서무에 종사한다.

제19조 각부 주·판임관의 정원은 각부 관제로 정한다.

제20조 본 칙령에 게재한 것 외에 각부에 특별한 직원을 둘 필요가 있는 경우는 각부 관제로 정한다.

제21조 관원으로서 부모상을 치르는 자가 50일 이상 자리를 비웠을 때는 관청 사무의 편의에 따라 본청 소속 장관이 공직 복귀[起復行公]를 명할 수 있다.

제22조 각부 대신은 회의를 거쳐 예산의 정액 내에서 그 부하 주임관 이하 특별한 근로가 있는 자에게 상여금을 줄 수 있다.

〔부칙〕

제23조 본 칙령은 반포일로부터 시행한다.

제24조 광무 9년 칙령 제13호 각부 관제 통칙은 폐지한다.

○ 제(諸) 법령 중 개정 건 : 광무 11년 6월 19일 칙령 제42호

본 연도 칙령 35호 내각 관제로 인하여 종전 법률 칙령 및 규칙의 '의정부'는 '내각'으로, '의정대신'은 '내각 총리대신'으로 함께 개정한다.

○ 민사·형사 소송에 관한 건 : 광무 11년 6월 27일 법률 제1호

제1조 군수는 일체의 민사와 태형(笞刑)에 해당하는 형사에 대하여 첫번째 재판을 행한다.

제2조 군수의 재판에 불복하는 자는 소관 지방재판소에 신청할 수 있다.

제3조 군수는 검험(檢驗), 가택 수색, 물건 압류와 기타 일체의 수색 처분을 행할 수 없다.

제4조 소송 절차와 재판 집행에 관한 사항에 이의가 있을 때는 그 사유를 원(原) 재판소에 신고해야 한다.

만약 해당 재판소의 조치에 불복할 때는 다시 그 상급 재판소에 항고할 수 있다.

제5조 칙·주임관의 범죄는 각도(各道) 재판소나 한성재판소에서 첫 번

째 재판을 행한다.

제6조 민사에서는 판결을 선고하기 전에 소송 관계인을 구류할 수 없다.

제7조 민사의 고소 기간은 3개월로 정하고 그 판결 선고 다음날로부터
　　　계산한다.

〔부칙〕

제8조 민사와 형사의 소송 절차는 본 법률 외에 개국 504년 법부령 제3
　　　호 '민 · 형사 소송에 관한 규정'을 따른다.

제9조 종래 법률 중 본 법률에 저촉되는 부분은 폐지한다.

제10조 본 법률은 반포일로부터 시행한다.

○ 신문형(訊問刑)에 관한 건 : 광무 11년 6월 27일 법률 제2호

제1조 민사와 형사를 막론하고 소송 관계인을 고문〔拷訊〕할 수 없다.

〔부칙〕

제2조 종래의 법률 중 본 법률에 저촉되는 부분은 폐지한다.

제3조 본 법률은 반포일로부터 시행한다.

회보

의재(毅齋) 민병석(閔丙奭) 씨 공함(公函) 漢

　삼가 아룁니다. 귀 학회가 서로(西路) 교육을 넓힌 것에 대해 생각해
보니, 규모가 정제되어 있고 기상이 활발하여 족히 사람들의 희망에 믿
음을 줄 수 있는 점이 있습니다. 그리하여 그 명성이 임진(臨津)으로부
터 서쪽 지역까지 미쳤을 뿐만 아니라 성대하게 흥기하여 근래에는 한
성에서 각 학회가 계속해서 일어나고 있으니, 모두 귀회가 선봉에 섰기
때문입니다. 앞으로 있을 사업의 발달을 실로 예측할 수 없고 당장 드러

난 효과 역시 적지 않으니, 어찌 무수히 모여서 칭송하지 않겠습니까.

본인은 일찍이 외람되이 서로 지역에서 지방관을 맡은 적이 있었는데, 재주와 지혜가 부족하여 달리 한 사업은 없지만 오직 학교를 세우고 인사를 양성하여 국가의 원기를 보태는 일에 애쓰지 않은 것은 아니었습니다. 이에 녹봉을 기부하고 여러 유생들과 힘을 합쳐 계(稧)를 만들어 도내 각 군에 존도재(存道齋)를 세워 많은 인사들이 학문하고 휴식할 곳으로 삼으니, 이웃 고을이 다 그러합니다. 그러나 중간에 세상일에 많은 변화가 닥치면서 일반 동포들은 존도재에서 편안히 학문할 겨를이 없게 되어 뒤이어 차츰 쇠퇴하거나 선종지탄(鮮終之歎)[25]을 면하기 어려운 경우도 생겨났으니, 이것이 어찌 본인이 처음 시작했던 본뜻이겠습니까. 하물며 지금은 시대가 변천하고 풍조가 요동쳐 전 세계의 면목이 밝게 갱신되며 국가의 정치·법률에 관계된 학문과 개인의 생활·경제에 관련된 사업이 모두 옛것을 혁파하고 새로워지고 있습니다. 우리 인류가 이러한 시국에 처해 있는데 어찌 홀로 과거의 관습에 젖어 우두커니 세계의 바깥으로 벗어나서야 되겠습니까. 이렇게 어찌할 수 없는 형세에 처했는데도 도리어 옛 전철(前轍) 밟기를 어리석게 고수하려 하고 변화를 모른다면 반드시 그 종족이 썩어 문드러져 죽게 됨을 면하지 못할 뿐이니, 어질지 못하고 지혜롭지 못함이 이보다 심할 수 있겠습니까. 그러므로 지금 뜻이 있고 식견이 있는 인사라면, 교육에 급급하여 신학(新學)을 흥기시키고 민지(民智)를 개발하는 책임을 짊어지지 않는 이가 없는 것입니다.

이러한 즈음에 귀회가 한성의 중앙에서 굴기(崛起)하여 서로(西路) 교육의 기관을 담당하니 이는 곧 각 학교 모범의 장소가 되었습니다. 현재

---

25 선종지탄(鮮終之歎) : 마무리를 잘하는 경우가 드물다는 탄식으로, 『시경』 「탕(湯)」에 "처음이야 잘하지 않는 이 없으랴마는, 끝까지 잘하는 이는 흔치 않다[靡不有初, 鮮克有終]."라고 한 구절에서 온 말이다.

각 군 소재의 존도재가 비록 몇 년 동안 홍성함을 보지 못하였으나 그 자본금과 각종 설비는 아마 예전 그대로 있을 것이니, 만약 귀회가 여러 존도재를 담당하여 실황을 조사하고 옛것에서 말미암아 새로운 데로 나아가 한층 개량한다면, 절반의 노력으로 두 배의 공을 누리는 효과가 있을 듯합니다. 그리하여 이 편지를 부쳐 제군들께 바라노니, 부디 힘써 이 훌륭한 사업을 완성해주심이 어떠할는지요. 모두 잘 헤아려주시기 바랍니다.

제11회 통상회 회록

광무 11년 7월 7일 오후 4시에 본 회관에서 개회하고 회장 정운복(鄭雲復) 씨가 자리에 올랐다. 사찰원(査察員) 최재학(崔在學) 씨가 불참하여 이달원(李達元) 씨가 특청하여 임시사찰로 강달준(姜達俊) 씨를 회장이 추천하였다. 서기가 이름을 점검하니 출석원이 42인이었다. 전회 회록을 낭독해보니 약간 착오처가 있어 개정한 후 바로 받아들였다. 회계원 박경선(朴景善) 씨가 회비 수입액과 사용 명세서를 보고하였다. 표훈원(表勳院) 총재 민병석(閔丙奭) 씨가 특별히 본회의 사정을 유념하여 평안남북도 각 군(郡)의 존도재(存道齋) 기본금(基本金)을 기부한다는 내용의 공함(公函)을 공포하였다. 김달하(金達河) 씨가 제의하기를 "이분이 먼젓번에 존도재를 창설한 것도 인사 양성이 본뜻이요 오늘 본회에 기부함도 또한 인사 양성의 본뜻을 권장함이니 감사히 받읍시다." 함에 류동작(柳東作) 씨의 재청으로 가결되었다. 해당 공함에 대하여 김윤오(金允五) 씨가 제의하기를 "위원 2인을 회장이 추천합시다." 함에 김달하 씨의 재청으로 가결되었다. 위원은 신석하(申錫廈), 김달하 2인이 선정되었다. 삭주(朔州) 양심학교(養心學校) 청원서를 공포하였다. 김윤오 씨가 제의하기를 "해당 청원의 처리 방법은 교육원에게 맡깁시다." 함에 김달하 씨의 재청으로 가결되었다. 벽동군(碧潼郡) 김익선(金翊銑) 등 33인의 입회 청원과 평산(平山) 단구(丹邱) 대흥학교(大興學校) 김두환(金斗煥) 등 3인의 입회 청원과 개성(開城) 한교학(韓敎學) 등 10인의 입회 청원과 삼화항(三和港) 임익수(林翼洙) 등 12인의 입회 청원이 접수되었다. 은산 (殷山) 문창학교(文昌學校) 공함을 공포하였다. 평양사무소에서 기초한 규칙을 공포하였다. 김윤오 씨가 제의하기를 "본 규칙 제3조에 '본회 중앙사무소는 경성에 두고 각 지방사무소는 상황에 따라 설치한다.' 하였는데 지방지회 설치 일은 원 규칙에 위반되니 거론할 필요가 없고, 평양의 정황이 만약 지회 자격에 부합한다면 원 규칙 제3조를 개정한 후에 설치를 승인합시다." 함에 김달하 씨의 재청으로 가결되었다. 원 규칙 제3조에 대하여 류동작 씨가 제의하기를 "'본회 중앙사무소는 경성에 두고 각 지방사무소는 상황에 따라 설치하되, 단 지회를 청원하는 지방이 있을 때는 각 지방의 정황상 회원 수가 지회를 설치할 만하다고 인정될 때는 지회를 설치할 수 있다.'로 합시다." 함에 김석권(金錫權) 씨의 재청으로 가결되었다. 최재학 씨가 제의하기를 "지회 규칙을 본회에서 수정하여 보내되 규칙기초위원을 선정합시다." 함에 이달원 씨의 재청으로 가결되었다. 위원은 김달하, 류동작, 이갑삼(李甲三) 씨가 피선되었다. 김기옥(金基玉) 씨가 열성으로 세 차례 조직한 회원 박병협(朴秉協) 등 6인을 받아들였다. 본 회관 가격사정위원(價格査定委員) 신석하, 김석태(金錫泰) 2인의 보고를 공포하였다. 김필순(金弼淳) 씨가 제의하기를 "사정위원의 보고를 따라 본 회관 상환가액 250원을 전례대로 거둡시다." 함에 최재학 씨의 재청으로 가결되었다. 김유탁(金有鐸) 씨의 청원서를 공포하였다. 김필순 씨가 제의하기를 "학생계에 필요한 일이니 청원을 따라 시행을 허락합시다." 함에 장재식(張在植) 씨의 재청으로 가결되었다. 이동휘(李東暉) 씨가 청원하기를 "본인이 현재 강화(江華)에 거주하나 교육에 종사하여 서도(西道)와 밀접한 관계가 많고 강화도 또한 서쪽이니 입회하게 해주시오." 하여, 김윤오 씨가 제의하기를 "원하는 대로 입회를 허락합시다." 함에 장재식 씨의 재청으로 가결되었다. 시간 이 다함에 장재식 씨의 특청으로 폐회하였다.

회원 소식

회원 김재석(金載成) 씨가 탁지부 세무주사(稅務主事)로, 옥동규(玉東 圭) 씨와 계명기(桂命夔) 씨는 변호사로, 송재엽(宋在燁) 씨는 군부 번역 관보(繙譯官補)로 임명되었다.

회계원 보고 제9호

16원 94전   회계원 임치 조(條)
46원 28전   월보 대금 수입 조, 우편비용 포함
합계 63원 22전

○ 제9회 신입회원 입회금 수납 보고

이완영(李玩瑛) 한덕현(韓德賢) 박응선(朴應善) 권영찬(權寧瓚)
백시찬(白時燦) 김상우(金尙愚) 김양곤(金養坤) 최대기(崔大岐)
정익홍(鄭益洪) 배영찬(裴永燦) 이종린(李鍾麟) 임능준(任能準)
현윤근(玄胤根) 장명건(張命建) 김규홍(金逵鴻) 차재은(車載殷)
서병철(徐丙哲) 김효찬(金孝燦) 안석태(安錫泰) 김경학(金敬學)
이병익(李秉翼) 김문현(金文鉉) 한교학(韓敎學) 윤응두(尹應斗)
김형식(金瀅植) 박재양(朴載陽) 임익상(林翊相) 정달원(鄭達源)
김익용(金翼鏞) 민영필(閔泳弼) 김덕수(金德洙) 이면근(李冕根)

김상학(金商學) 김시화(金時華) 김치황(金致晃) 박봉진(朴鳳璡)
김석유(金錫游) 최경헌(崔敬憲) 김기주(金基疇) 계운기(桂雲起)
최규례(崔圭禮) 최규상(崔圭祥) 최학희(崔學凞) 이학형(李學瀅)
김익선(金翊銑) 이양익(李養翊) 김택윤(金宅潤) 김홍기(金弘基)
김봉국(金鳳國) 김택주(金宅周) 김준석(金俊錫) 김승후(金昇厚)
김인국(金寅國) 김홍린(金興麟) 장응규(張應奎) 원봉순(元鳳燦)
양영희(楊榮喜) 김원오(金元五) 김병렬(金炳烈) 김성환(金聖煥)
차병연(車秉淵) 김형봉(金亨鳳) 송인필(宋仁必) 김택헌(金宅憲)
공정주(公禎柱) 김정섭(金正涉) 김성국(金成國) 김택병(金澤炳)
김병수(金炳洙) 공희필(公熙弼) 김택현(金澤鉉) 김하청(金河淸)
양이국(楊利國) 김태석(金兌錫) 이의묵(李義默) 김봉신(金奉信)
김국진(金國珍) 이원국(李源國) 임원석(林元錫) 박제택(朴齊澤)
신석륜(申錫崙) 박병협(朴秉協) 석의순(石義純) 안이식(安頤植)
신화식(申華湜) 함익모(咸益模) 신춘식(申春湜) 한원국(韓源國)
김병식(金秉軾) 유형순(劉瀅椁) 김문제(金文濟) 이풍희(李豊喜)
강재렬(康在烈) 배태화(裴泰華) 양기회(梁基檜) 이성근(李聖根)
기재동(奇在東) 기봉순(奇鳳淳) 기재선(奇載善) 정건유(鄭健裕)
김천우(金天雨) 이정균(李鼎均) 함기타(咸淇駞) 최종오(崔宗吾)
양우범(梁禹範)

각 1원씩

합계 105원

○ 제9회 월연금 수납 보고

고명수(高明洙) 40전   6월부터 9월 4개월 조
류종영(柳淙英) 40전   6월부터 9월 4개월 조
장천려(張千麗) 70전   4월부터 10월 7개월 조

전면조(全冕朝) 60전　　　1월부터 3월 3개월 조

전면조(全冕朝) 1원 10전　4월부터 12년 3월 1개년 조

김효찬(金孝燦) 10전　　　6월 조

김시화(金時華) 10전　　　6월 조

김치황(金致晃) 10전　　　6월 조

박봉진(朴鳳璡) 10전　　　6월 조

김석유(金錫游) 10전　　　6월 조

최경헌(崔敬憲) 10전　　　6월 조

김기주(金基疇) 10전　　　6월 조

계운기(桂雲起) 10전　　　6월 조

최규례(崔圭禮) 10전　　　6월 조

최규상(崔圭祥) 10전　　　6월 조

최학희(崔學熙) 10전　　　6월 조

강화석(姜華錫) 30전　　　4월부터 6월 3개월 조

이정섭(李正燮) 10전　　　6월 조

오익영(吳翊泳) 20전　　　3월 조

오익영(吳翊泳) 30전　　　4월부터 6월 3개월 조

박인옥(朴麟玉) 80전　　　10년 12월부터 11년 3월 4개월 조

박인옥(朴麟玉) 20전　　　4월부터 5월 2개월 조

장의택(張義澤) 60전　　　1월부터 3월 3개월 조

장의택(張義澤) 70전　　　4월부터 10월 7개월 조

임원석(林元錫) 50전　　　7월부터 11월 5개월 조

박제택(朴齊澤) 20전　　　7월부터 8월 2개월 조

김기웅(金基雄) 20전　　　3월 조

김기웅(金基雄) 80전　　　4월부터 11월 8개월 조

안이식(安頤植) 1원　　　7월부터 12년 4월 10개월 조

안승식(安昇植) 1원　　　7월부터 12년 4월 10개월 조
서병철(徐丙哲) 1원　　　6월부터 12년 3월 10개월 조
류종주(柳淙柱) 20전　　　3월 조
류종주(柳淙柱) 80전　　　4월부터 11월 8개월 조
최상면(崔相冕) 20전　　　3월 조
최상면(崔相冕) 80전　　　4월부터 11월 8개월 조
한원국(韓源國) 20전　　　7월부터 8월 2개월 조
장기학(張起學) 80전　　　10년 12월부터 11년 3월 4개월 조
장기학(張起學) 90전　　　4월부터 12월 9개월 조
김문제(金文濟) 1원 10전　4월부터 12년 3월 1개년 조
합계 17원 20전

　　○ 제9회 기부금 수납 보고

김병억(金炳億) 1원
김달하(金達河) 40원　　　6월 월급 조
장의택(張義澤) 3원
박병협(朴秉協) 5원
석의순(石義純) 5원
전태순(全泰舜) 5원
박상화(朴相華) 2원
김재걸(金載杰) 1원
합계 62원
이상 4건 총합 247원 42전 이내

　　○ 제9회 사용비 보고 : 6월 15일부터 7월 15일까지

1원 64전　　　　양지봉투(洋紙封套), 소필(小筆), 성냥 값 포함

1원 75전 5리	금릉위(錦陵尉) 환영 시의 깃발과 초 값 포함
32전	미국 각 사회 7월호 배송 소포비 조
9원 82전	8호 월보 전체 인쇄비 조
5원	5리 우표 1,000매 값
125원	각 사무원 6월 월급 조
8원	하인 6월 월급 조
7원	개성 운동회 시 대표 2인 파견의 왕복 차비, 4월 조
4원	개성 교육총회 기념 시 대표 1인 파견의 왕복 차비 조
55전	『제국신문』 값 5·6월 2개월 조
2원	각 신문사 간친회 시 비용 조
60전	3전 우표 20매 값
10전	삼화서포(三和書鋪) 홍종권(洪鍾權) 처소 8월호 발송 시 우편비 조
90전	강동 군수(江東郡守) 처소 월보 150권 발송 시 우편비 조
60원	9월호 인쇄비 중 선급 조
1원	인주 값

합계 227원 68전 5리 제외하고

잔액 19원 73전 5리 회계원 임치.

한성은행 저축금 도합 1,150원.

우편물 개봉
─ 발신인은 그 주소·성명을 우편물 겉봉에 명기해야 함

지난번 신문지상에 우편국에서 공중(公衆)이 보낸 서신을 개봉하다
니 심히 타당하지 않다는 뜻의 글이 기재되었다. 그러나 대개 이는 통
감부 통신관리국에서 버려진 우편물을 처리하기 위하여 개봉한 우편물
의 송달을 받은 자가 이를 지방우편국이 한 것으로 오해한 데서 기인한
것이다.

무릇 우편물을 분전(分傳)하려다가 이를 수신인에게 분전하지 못하면
그 접수국으로 환송한다. 그러면 해당 우편국에서는 그 보낸 이를 널리
탐색하여 반송할 순서인데, 보낸 이의 주소와 성명을 우편봉투에 기재
하지 않거나 혹 기재하였더라도 불완전한 때는 접수 우편국에서 혹시
반송할 방법이 있을까 하여 이를 10일간 해당 우편국 앞에 게시하여
그 우편물을 보낸 이를 널리 찾는다. 그래도 반송하기 어려운 것은 통감
부 통신관리국으로 송치한다. 통신관리국에서는 버려진 우편물을 조사
한 후 전달할 수 있는 것은 전달하고 반송할 만한 것은 반송하는데, 그
러고서도 전달하거나 반송하지 못한 것은 법령이 정한 바를 따라 해당
관리국에서 송달처를 끝까지 발견하고자 하는 목적으로 이를 개봉하여
조사한 후 봉함지(封緘紙)로 밀봉하여 개봉한 증거를 남긴다. 그리고 송
달할 만한 것은 송달하되, 송달이 불가능한 것은 분전·반송 불가능 우
편물로써 관보와 신문지에 광고하여 발·수신인의 주의를 일깨운다. 또
한 통신관리국에서는 전담자를 특정하고 이로 하여금 버려진 우편물을
개봉하여 조사하게 하되 통신의 비밀을 누설하지 않도록 엄중히 단속하
니, 외부에 누설되는 것과 같은 일은 본래 없다. 사실이 위와 같으니

지방우편국에서 우편물을 개봉하는 것과 같은 일도 또한 전혀 없다.

한인(韓人) 간의 우편물을 관찰컨대, 종래의 구습으로 보내는 이의 주소・성명을 그 봉투에 기재하지 않는 자가 많이 있다. 이리하여 수신인에게 분전하지 못한 경우 상술한 바와 같이 처리상에 번잡한 폐단을 발생케 한다. 그뿐 아니라 혹 반송 시기가 늦춰지기도 하며 혹 개봉하여 조사하게 되기도 하며 혹 개봉까지 하여도 환송처가 불분명함으로 인하여 마침내 몰수당하는 등의 불이익이 생기는 원인이 된다. 그러므로 우편물을 보내는 사람은 그 주소・성명을 봉투에 반드시 명기하도록 반성해야 한다.

광무 10년 12월 1일 창간		
회원 주의		
회비 송부	회계원	한성 북서(北署) 원동(苑洞) 12통 12호 서우학회관 내 박경선(朴景善) 김윤오(金允五)
	수취인	서우학회
원고 송부	편집인	한성 북서 원동 12통 12호 서우학회관 내 김달하(金達河)
	조건	용지 : 편의에 따라 기한 : 매월 10일 내
주필	박은식(朴殷植)	
편집 겸 발행인	김달하(金達河)	
인쇄소	경성일보사(京城日報社)	
발행소	한성 북서 원동 12통 12호 서우학회	
발매소	황성 중서(中署) 포병(布屛) 밑 광학서포(廣學書舖) 김상만(金相萬) 평안남도 평양성 내 종로(鐘路) 대동서관(大同書觀) 평안북도 의주(義州) 남문 밖 한서대약방(韓西大藥房) 황해도 재령읍 제중원(濟衆院)	
정가	1책 : 금 10전(우편비용 1전) 6책 : 금 55전(우편비용 6전) 12책 : 금 1환(우편비용 12전)	
광고료	반 페이지 : 금 5환 한 페이지 : 금 10환	
회원 주의		
1. 본회의 월보를 구독하거나 본보에 광고를 게재하고자 하시는 분들은 서우학회 서무실로 신청하십시오. 1. 본보 대금과 광고료는 서우학회 회계실로 송부하십시오. 1. 선금이 다할 때에는 봉투 겉면 위에 날인으로 증명함. 1. 본보를 구독하고자 하시는 여러분은 주소와 통호(統戶)를 소상히 기재하여 서우학회 서무실로 보내주십시오. 1. 논설, 사조 등을 본보에 기재하고자 하시는 여러분은 서우학회 회관 내 월보 편집실로 보내주십시오.		

○ 특별광고

『**증수무원록대전**(增修無寃錄大全)』: 1질(帙) 172면, 정가 금 신화(新貨) 75전

이『증수무원록대전』은 법률가의 가장 요긴한 서적입니다. 그런데 지난 수년 동안 현행본이 거의 단종에 이르렀기에 법부(法部)에 인가를 얻고 새로 간행하였습니다. 국한문으로 해석하여 애매모호한 구절이 없습니다. 법률학에 뜻이 있는 분과 지방관으로 재임하시는 분은 반드시 읽어야 할 서적이니, 유의하여 구매하기 바랍니다.

중서(中署) 포병(布屛) 및 광학서포(廣學書舖)

김상만(金相萬) 발매소

○ 본회 특별광고

본회에서 국채 배상금 모집에 대한 우리 회원의 의연금은 오직 본회관으로 취합하여 장차 정당한 수금소로 납부할 것임은 이미 신보(申報)에 광고가 있었거니와 대개 이 배상금 문제는 우리 전국 동포의 충군애국 사상이 일제히 분발한 데서 연유한 것입니다. 각 신문에 게재된 사실을 살펴보면 남녀 귀천 빈부를 막론하고 그 선두를 다투면서 뒤쳐질까 염려하는 진지한 성의가 과연 어떠한지요. 본회의 경우 국민의 책임을 마땅히 다해야 할 의무가 더욱 절실하고 귀중하며 일반 국민의 칭찬과 기대에 부응하는 것도 가벼운 일이 아니니, 이 국채의 문제에 대해 어찌 감히 정성과 노력을 다하지 않겠습니까. 우리 회원들께서 더욱 분발해주시어 의연금을 기한 내에 납부하여 주시기 바랍니다.

단, 액수에는 구애받지 마십시오.

○ 국채 보상 의연금 수입 광고 제4회

장의택(張義澤)[26] 1원

○ 광고

본회에서 회원들의 금전적 어려움을 고려하여 4월 1일부터 월연금 20전을 다시 10전으로 개정하였으니 회원들께서 헤아려주기 바랍니다.

○ 영업 개요

-만 가지 서적의 구비는 본관의 특색-

△ 종교와 역사 서적	○ 내외 도서 출판	△ 법률과 정치 서적
△ 수학과 이과 서적	○ 교과서류 발매	△ 수신과 위생 서적
△ 실업과 경제 서적	○ 신문 잡지 취급	△ 어학과 문법 서적
△ 지리와 지도 서적	○ 학교용품 판매	△ 생리와 화학 서적
△ 소설과 문예 서적		△ 의학과 양잠 서적

-배달 우편료의 불필요는 독자의 경제-

(본점) 황성 중서(中署) 포병(布屛) 밑   중앙서관(中央書舘)

(지점) 평북 선천읍(宣川邑) 천변   신민서회(新民書會)

---

26 장의택(張義澤) : 원문에는 '義張澤'으로 되어 있다. 바로잡아 번역하였다.

광무 10년 12월 1일 | 메이지 39년 12월 1일 | 제3종 우편물 인가

융희(隆熙) 원년 9월 1일 발행
(매월 1일 1회 발행)

서우

제10호

서우학회

○ **특별광고**

본회 월보의 발행이 지금 제10호인데 그 대금 수합이 연체되지 않아야 계속 발행할 수 있습니다. 그런데 지금까지 십 개월 동안 대금 수합이 극히 보잘것없어 경비가 대단히 궁핍합니다. 원근(遠近) 간에 구독하시는 분들께서는 이런 정황을 헤아리시어 즉각 계산해 보내주실 것을 천만 절실히 바랍니다.

서우학회월보 제10호

축사 漢

회원 김태순(金泰淳)

본인은 식견이 얕고 자질이 적어서 애초에 사람 축에 끼지도 못하는데 외람되이 본회의 말석에 참여하게 되었습니다. 스스로 돌아보건대 버릇없이 함부로 행동하는 편은 아니지만, 기러기 터럭만큼 가볍기도 하고 태산만큼 무겁기도 합니다.[1] 좁은 소견으로 감히 그 간격에 대해서 왈가왈부할 수 없으나, 타고난 천성대로 적이 남을 흉내내는 수준을 면치 못하며 적어보려 합니다.

아아, 지금 팔도 내 사회의 명의(名義)를 살펴보면 각기 목적을 지니고 있는데, 본회의 경우 교육을 주장하며 인재의 발달을 기약하니 그 명의가 참으로 아름답습니다. 무릇 인재란 국가의 원기이니, 원기가 전혀 없으면 나라가 어떻게 나라가 되고 백성이 어떻게 백성이 되겠습니까. 지금 세상의 변화는 옛날과는 다릅니다. 동서양의 열강들 모두 약육강식과 우승열패를 기준으로 삼아 호랑이처럼 엿보고 고래처럼 삼키는 것이 이보다 심한 적이 없었으니, 실로 국가가 매우 위태로운 시기입니다. 그러니 어찌 고담(古談)으로 강변하며 저 호랑이나 고래 같은 열강의 무한한 욕망에 대적할 수 있겠습니까. 이에 시무교육(時務敎育)에 뜻을 더하지 않을 수 없으니, 신지식을 넓히고 신문예를 배워서 열심히

---

1 기러기……합니다 : 사마천(司馬遷)의 글에 "사람은 진실로 한 번 죽는데, 혹은 태산보다 무겁고 혹은 기러기 터럭보다 가벼우니, 쓰기를 어떻게 하느냐에 따라 다른 것이다〔人固有一死, 或重於泰山, 或輕於鴻毛, 用之所趨異也〕."라고 하였다. 『산서통지(山西通志)』권29 「보임소경서(報任少卿書)」에 나온다.

연마하여 우리 동포들 모두 그에 능해지고 나서야 인재를 얻을 수 있습니다. 그렇게 되면 원기가 바로 서고 나라의 기초가 굳건해질 것입니다. 만약 그렇게 하지 않고 융통성 없던 예전의 악습대로 저 열강들을 대한다면 연목구어(緣木求魚)일 뿐 아니라 그저 무익하고 해롭다고 할 것입니다. 그러하니 오늘날의 시무교육이 국가의 대계가 될 것입니다. 본회에서 학회를 설립한 것도 이 점을 알았기 때문이 아닐는지요. 부디 회원들께서 한편으로는 일심 단결하고 한편으로는 교육에 진력하여 학회를 설립한 본의를 저버리지 말고 나라를 위하는 대계를 저버리지 말기 바랍니다. 천만 년 동안 시종일관 한결같기를 두 손 모아 축원합니다.

논설

문약(文弱)의 폐단은 반드시 나라를 잃게 한다

회원 박은식(朴殷植)

심하도다, 문약(文弱)의 폐단이여! 고금의 역사를 두루 살피건대 문약의 폐단을 좌시하면서 나라를 잃지 않은 경우는 없었다. 무릇 사물의 이치란 오래되면 쇠약해지고 쇠약해지면 폐단이 생긴다. 그러므로 설령 천하의 훌륭한 제도라 하더라도 시행된 지 오래되면 그 본질이 점차 변질되니 말류의 폐단이 없을 수 없다. 하지만 그 폐단의 해로움이 얕은 경우도 있고 깊은 경우도 있으니 어찌 살피지 않을 수 있겠는가.

무릇 천하의 대업에 두 가지가 있으니 문사(文事)와 무비(武備)가 이것이다. 『주역(周易)』에 "황제(黃帝)·요(堯)·순(舜)이 의상(衣裳)을 드리워 천하가 잘 다스려졌다."라 하면서 이어 말하기를 "활과 살의 이득으로 천하를 제압한 것이다." 하였고, 『춘추전(春秋傳)』에 "문(文)으로는 무리를 따르게 하고, 무(武)로는 적을 제압하게 한다." 하였으니, 이 도리는 천지에 음양이 있는 것과 같아서 둘 중에 하나만 빠져도 만물을 생성하는 공적이 그치게 된다. 그러하니 천하의 대업을 경륜하는 것이 어찌 문무(文武) 두 가지 길에서 벗어남이 있겠는가. 그런데 무(武)를 숭상하는 나라는 그 폐단이 살벌(殺伐)의 참상을 야기하기도 하고 요란(擾亂)의 재앙을 초래하기도 하나 그 나라 전부가 타국인에 의해 물어뜯기지는 않으니, 한 번 감정(勘定)을 거치는 사이에 국세(國勢)가 저절로 공고해진다. 반면에 문(文)을 숭상하는 나라는 그 폐단이 점차 쇠약해지는 것이라 마치 몸이 시드는 병자가 곧 숨이 끊어질 지경이 되어서 모든 혈맥이 다 시들고 온몸이 다 상하는 것처럼 나라 전부가 마침내 타국인에 의해 물어뜯겨 다시는 바로 서지 못하니, 그 재앙 됨이 어찌 더욱 매섭지 않겠는가.

우리 한국의 역사를 한번 살펴보면, 옛날 삼국시대 때는 무력으로 나라를 세웠고 전쟁을 장기로 여겼다. 이러한 까닭에 을지문덕이 정예병 수천으로 순식간에 수(隋)나라 군사를 꺾고 풍우처럼 치달려 큰 공을 온전히 이루었으며, 양만춘(梁萬春)이 고립된 성 하나만 가지고 당(唐) 태종의 육사(六師)에 항전하였으니 요동 지역이 이에 힘입어 안전하였고, 신라의 대각간(大角干) 김유신(金庾信)이 한 구석에서 떨쳐 일어나 백전백승으로 삼한을 통일해 일가를 이루니 그 위대한 공로가 만세토록 전해졌다. 전조(前朝)인 고려 때는 횡포한 거란과 막강한 몽골과 잔학한 홍두적(紅頭賊) 등이 성을 격파하고 고을을 도륙한 탓에 백성들이 해를 입지 않은 때가 거의 없었으나, 지용(智勇)의 장수와 정예(精銳)의 병졸들 모두 능히 무위를 떨치고 적개심을 불태워 견고한 진지를 격파하고 막강한 군대를 꺾어 강역이 마침내 평정되니 영토가 굳건하며 무결한 상태가 되었다. 그리고 우리 본조에 이르러 태조고황제(太祖高皇帝)께서 하늘이 내린 신무(神武)로 금척(金尺)을 어루만지시어 동서를 정벌할 때 복종하지 않는 이가 없었다. 도탄에서 생민을 구제하시고 나라를 반석에 올리시어 만세토록 그 후손을 창성하게 하셨고, 또한 세종조(世宗朝)에 문치(文治)가 융성할 때 무위(武威)도 떨쳐서 남쪽으로 대마도를 정벌하고 북쪽으로 번호(蕃胡)를 물리쳐 강토를 개척하고 풍교(風敎)를 널리 미치게 하니, 그 원대한 계책이 어찌 완비되지 않았었겠는가.

아아, 태평한 날이 오래되자 사대부가 편히 놀며 즐기는 것이 습속이 되었다. 마침내 부조(浮藻)와 허례(虛禮)를 태평성세를 장식하는 수단으로 삼고 문(文)을 숭상하고 무(武)를 천시함을 한결같이 전수하는 법도로 삼아 간성(干城) 보기를 초개처럼 여기고 기마와 궁술을 천한 기예로 취급하니, 주무(綢繆)의 대비[2]와 척호(惕號)의 경계[3]가 완전히 소홀해져 국세가 위태로워 실로 땅이 무너질 형편이 되었다. 이러한 까닭에 율곡 이선생이 선조 연간에 깊이 근심하고 멀리 헤아려 십만의 군사를 양성하자는 건의를 내었지만 시무에 밝지 못한 세속의 선비들이 애써 함부로 배척한 까닭에 끝내 시행되지 못하다가 임진년의 난리에 이르러 삼도(三都)가 전부 함락되고 팔도(八道)가 와해되면서 7·8년간 밥 짓는 연기가 드물어지고 보이는 곳마다 쑥대밭이 되었으니, 이 당시에 명나라의 지원이 없었더라면 나라를 거의 보존할 수 없었을 것이다.

이처럼 전대미문의 큰 참사를 경험하였음에도 불구하고, 일본과 강화한 후에 인심이 안일해져 외적에 대한 경계를 유념하지 않으니 무비(武備)의 일이 예전처럼 해이해졌다. 이에 병자년(丙子年)의 전란에 이르러 철기병이 멀리까지 치달려 텅 빈 고을에 들어서는 것 같았으니, 조정의 대신들이 성 아래의 맹약[4]에 분주히 애써 마침내 만주의 속번(屬藩)이

---

2 주무(綢繆)의 대비 : 환란이 일어나기 전에 미리 대비하는 것을 말한다. 『시경』「치효(鴟鴞)」에 보인다.

3 척호(惕號)의 경계 : 늘 조심하는 마음을 품고 경계와 호령을 엄하게 하는 것을 말한다. 『주역』「쾌괘(夬卦)」의 구이(九二)에 보인다.

4 성 아래의 맹약 : 성 밑까지 쳐들어온 적군과 맺는 맹약이라는 뜻인바, 항복한 나라가 적국과 맺는 굴욕적인 맹약을 이른다. 『좌전(左傳)』「환공(桓公)」 12년에 관련 내용이

되고 말았다. 이는 만세토록 잊을 수 없는 치욕이거늘, 복수의 의론과
존주(尊周)의 의리를 다소 논했다 해도 언론과 문자로 그러한 것에 불과
했을 따름이니, 인구 증가, 재물 비축, 백성 교육, 군사 훈련 등의 실천
에 언제 힘쓴 적이 있던가. 그 이후로 수백 년 내내 문을 숭상하고 무를
천시하는 악습이 날이 갈수록 더 심해졌다. 이에 궁시(弓矢)를 잡아 응
시하는 자를 일러 '쇠뿔휘기'라 하고, 총포를 익혀 출세한 자를 일러 '개
다리출신'이라 하니, 고금천하에 어찌 이토록 천한 호칭이 있던가. 이
른바 '문반(文班)이 금마옥당(金馬玉堂)[5] 사이에서 높이 비상한다'는 말이
있으나, 배운 바가 무슨 기술이며 직업으로 삼는 바가 무슨 일인가. 그
과거장에 제출된 시권(試券)은 전부 허황된 구어(句語)로 제멋대로 거칠
게 써내어 시관(試官)을 속이고 천은(天恩)을 훔치는 것이어서 교만하고
스스로 잘난 체하는 것이 하늘의 신선을 방불케 한다. 그 실용을 말하자
면 '이미 지나간 일이지만 회복할 수 있고 이제 오는 일을 누구에게 견주
리오' 등의 문장이 어찌 궁시(弓矢)를 잡고 총포(銃炮)를 익히는 것보다
낫겠는가. 이것으로 저것을 경시함이 참으로 실소를 금하지 못할 노릇
이다. 군인이란 황실을 호위하고 국경을 방어하며 생민(生民)을 보호하
는 자이니 그 책임이 가볍지 않고 무겁거늘, 우리 한국은 병졸 명부가
노예 문서보다 심하여 군포(軍布)의 폐단이 3·4백 년 동안 점차 심각해
져 황구첨정(黃口簽丁)과 백골징포(白骨徵布)가 일어나지 않는 곳이 없
다. 그렇다면 조정이 군인을 천시할 뿐 아니라 이들에 대한 학대가 자심
(滋甚)했던 것이니, 폐정과 악습이 이토록 극에 달하였는데 그 완급의
사이에서 힘을 얻기를 바란들 어찌 얻을 수 있겠는가. 이러한 까닭에
국세의 허약함이 오늘에 이르러 극도에 달하여 마침내 그 결과로 타국

나온다. 여기서는 병자호란 때 삼전도(三田渡)에서 청나라에 항복한 일을 가리킨다.
5 금마옥당(金馬玉堂): 한나라 때 금마문(金馬門) 옥당전(玉堂殿)은 문학을 하는 선비
   가 출사하는 관아였다. 후세에 한림원(翰林院)을 금마옥당이라 하였다.

인의 노적(奴籍)에 예속되었으니 애통하고 참담하다. 문을 숭상하고 무를 천시하는 폐단이 나라를 잃는 지경에 이르게 한 것이다.

　최근 일본의 역사를 살펴보면 지금으로부터 7백여 년 전 가마쿠라(鎌倉) 막부 시대부터 일본 무사도(武士道)로 일컬어지는 무를 숭상하는 국풍이 본래 있어서 특별히 국민의 용감한 성질이 있다. 이러한 까닭에 최근 30년 동안 교육 정도가 저토록 발달하여 애국정신과 단결력이 타국보다 우월하니, 그 결과 청나라를 이기고 러시아를 물리쳐서 국위를 크게 떨쳐 구미 열강과 어깨를 나란히 하게 되었다. 훌륭하도다, 무를 숭상한 효력이여. 저 구미 열강이 세계에서 무위를 떨치며 천하를 호시탐탐 노리는 것이 어쨌든 육해군을 팽창시킨 덕이 아니겠는가.

　유럽 중 소국으로 논하자면, 그리스의 경우 발칸 반도 남단에 있어서 그 면적이 동서로 5백여 리고 남북으로 60여 리에 불과하나 예로부터 무를 숭상하는 교육으로 저명한 나라였다. 서력기원 전 830년~820년에 대정치가 리쿠르구스(Lycurgus)가 무를 숭상하는 교육법을 팔랑크스(Phalanx) 무사단체(武士團體)로 장려하고 시행한 덕에 그 효과로 반도의 주권을 장악하였다고 한다. 저 리쿠르구스의 무를 숭상하는 교육법이란 정부가 감독이 되어 남자가 탄생하면 먼저 체격을 검사하여 허약하거나 불구인 자는 장래에 병사의 직무를 감당해낼 수 없기에 평민으로 편입시키거나 산속으로 이주시키고, 강장(强壯)한 자는 7세까지 부모의 양육에 일임한 후에 가정을 떠나 정부교육소에 들어가서 엄밀한 감독 하에서 무를 숭상하는 교육을 힘써 받게 하는 것이다. 그 주의(主義)는 체육을 중시하며 담력을 양성하는 것인 까닭에 일상에서 체조와 경주와 권투를 익히게 하고, 수시로 산과 들을 다니면서 수렵을 익히게 하며, 도적의 무리가 되어 적진에 잠입해 노략질하는 상태가 되게 하는 등 온갖 고난을 인내하며 기력을 힘써 연마하게 하며, 문학과 철학의 연구를 배척하고 단지 활발한 군가와 고상한 찬미가 등만을 채택한다. 30세가 되면 무사의 자격이 갖춰지므로 비로소 결혼하여 정부의 관인과 군인이 되어 각기 직무를 수행하는데 사저(私邸)에서의 취침과 식사를 금하고 집회소에서 식사하고 공동실에서 취침하면서 30년 동안 공무를 관장하다가 60세가 되어 정신과 신체가 노쇠해지면 병역을 면하고 관직에서 물러나 온전한 자유인의 신분이 되어 여생을 편안히 누리게 하니, 이것이 남자교육의 개요이다.

여자에게도 또한 무를 숭상하는 교육을 실시한다. 그러한 까닭에 스파르타 여자는 가족의 한 구성원으로서 가사를 정리하는 것보다 국가의 요소가 되는 건강한 소아를 출산하는 것을 국가에 대한 중요한 의무로 생각하니, 유아기부터 가벼운 의복을 입고 체육에 매진하여 신체를 건장하게 하고 20세 이상이 되면 결혼하여 담력을 양성하는 데 전력한다. 그러한 까닭에 스파르타 부인은 현모양처로 후세에 모범이 되는 이가 몹시 많다고 한다.

한 부인은 그 사랑하는 아들이 전장에 나설 때 방패 하나를 주면서 경계하기를 "너는 이 방패를 끌고 돌아오라. 그렇지 않으면 이 방패를 타고 돌아오라."라 하였다는데, 여기서 '이 방패를 끌고 돌아오라'는 것은 용전분투하여 대승을 거둔 뒤에 그 방패를 끌고 돌아오라는 뜻이고, '이 방패를 타고 돌아오라'는 것은 불행히 패전하였다면 명예롭게 전사하여 너의 유해를 이 방패에 싣고 돌아오라는 뜻이니, 남자답고 장쾌(壯快)하도다. 또 한 부인은 사랑하는 아들 5명이 전장에 나선 뒤로 그 전황(戰況)이 어떠한지와 사랑하는 아들들의 운명이 어떠한지를 우려하였는데, 한 사람이 와서 전하기를 "귀부인의 사랑하는 아들 5명이 전사하였다." 하니, 부인이 발끈 성내며 말하기를 "첩의 평소 소망은 아이들의 운명이 어떠한가에 있지 않고 전쟁의 승패가 어떠한가에 있노라." 하였다. 그 사람이 말하기를 "전쟁은 스파르타가 대승하였다." 하자, 부인이 혼연히 말하기를 "첩이 이 말을 듣고 이제 안심이니 아이들의 운명이 어떠한지를 듣고자 하노라.'" 하였다. 대개 전장에 나선 사랑하는 아들의 운명이 어떠한지를 듣고자 하는 것은 부모자식 간의 상정(常情)인데, 이 부인은 사랑하는 아들의 전사 소식을 듣고도 태연자약하면서 먼저 국가의 운명에 대해 듣고자 한 것이다. 이것이 스파르타 부인들의 특성이요 무를 숭상한 교육의 효과이다. 일반 남녀들의 애국정신이 이처럼 보급된 덕에 저토록 소수의 인종으로 펠로폰네소스 반도의 패권을 장악할 수 있었던 것이다.

아아! 우리 한국은 강토와 인구가 그리스에 비하면 몇 배나 되거늘, 자국의 권리를 전부 상실하여 타국인의 노예가 된 것은 허문(虛文)만 숭상하고 무사(武事)를 천시하여 허약함이 극치에 이르게 된 결과이다. 오늘날 우리들이 이 지경에 빠지고도 분발하여 계획을 변경하지 않고 임병양란(壬丙兩亂) 이후처럼 전혀 경계하지 않고 오로지 문을 숭상하고 무를 천시하는 그릇된 전철을 답습할 것인가.

오직 우리 관서 지역만 기풍이 강경(剛勁)하여 무협을 숭상한 까닭에 기호 지역의 사대부가 천시하며 말하기를 "궁마(弓馬)의 고장이다." 라 하니, 우리 관서 사람들 또한 이를 치욕으로 여겨 예전의 무협 기풍이 자연히 변모하여 좋았던 지기(志氣)가 전부 부조(浮藻)와 허례(虛禮)에 의해 쇠해지고 말았다. 그러한 까닭에 이 지경에 이르러 능히 강한 힘을 떨쳐 국민의 의무를 다하지 못하니 어찌 탄식하지 않을 수 있겠는가. 이제부터라도 우리 동포가 국가의 권력을 회복하며 민족의 생명을 보전하고자 한다면 저 그리스처럼 무를 숭상하는 교육을 실시해야 할 것이다.

가정학 (속)

회원 김명준(金明濬) 역술

 가정교육의 필요에 대해서는 앞서 대략 설명한 바 있으니, 실행 방법이 어떠해야 하는지에 대해 다시 설명하고 끝내고자 한다.

 첫째, 자녀의 음식과 의복과 거주 등에 반드시 유의하여 적당한 운동을 시키고 수면을 충분히 취하게 하여 그 신체를 강건케 할 것이다.

 둘째, 충군애국의 정신을 반드시 뇌리에 박히게 하여 그 정의를 체득하고 정도(正道)를 밟도록 권면하여 일을 행할 때 반드시 질서를 따르게 하고 남과 교유할 때 반드시 규율을 따르게 한다. 다시 우리나라 건국의 체(體)와 역대의 덕(德)과 동서고금 선현들의 명언과 의행(懿行)을 들어 일일이 가리켜 설명하고 개과천선으로 인도하여 인서(仁恕)하고 박애(博愛)하고 성실하며 정의로운 인재를 양성해야 할 것이다.

 셋째, 자녀가 학령(學齡)에 달하면 부모는 취학시켜야 하는 의무가 있다. 자녀가 입학한 뒤에는 스승을 존경하고 친구를 공경하게 하고 귀가한 뒤에는 학문을 연구하고 도덕을 연마하게 해야 하는데, 반드시 아동의 뇌력(腦力)과 체격의 발달 정도를 따라 그 강약과 연령의 많고 적음을 헤아려 적당한 수준을 기대해야 하니 너무 과하거나 너무 모자라게 해서는 안 된다. 또 가정교육은 학교교육과 더불어 동일 방침으로 시행해야 하며 상충되어서는 안 된다.

 가정교육은 반드시 질서가 있어야 한다. 이는 계단을 거쳐 당(堂)에 오르는 것과 같아서 경솔히 해서는 안 된다. 자녀가 어린 경우 한 사례에 한 사물로 가르치되 반드시 먼저 이미 아는 것을 통해 아직 모르는 것에 도달하게 하고, 그 명칭을 통해 성격에 도달하게 하고, 그 대체(大

體)를 통해 각 부위에 도달하게 하고, 그 유형을 통해 무형에 도달하게
하고, 그 간단한 것을 통해 복잡한 것에 도달하게 하고, 그 비근한 것을
통해 심오한 것에 도달하게 하여야, 받아들이지 않고 거부하는 우려가
없게 된다.

우리가 외국의 언어와 문자를 학습하려면 반드시 먼저 그 자모를 익
힌 뒤에 간단한 철자법과 단어와 단구(單句) 등에 이르며, 또 반드시
먼저 그 눈앞의 명칭을 거쳐 동사 및 다른 품사에 이른 연후에 간단한
문장을 독해하고 장편에 점차 이름으로써 전체 글의 뜻을 이해하는 데
에 이르는 것이 불가피한 순서이다. 하물며 소아의 경우는 어떻겠는가.

현재 본국-일본-의 관습은 나이 어린 자녀들이 대체로 학교에서 배우
기 때문에 자기 집안의 단순한 가르침은 몹시 드물다. 자녀들이 유치원
으로부터 학교로 올라가 익히는 여러 가지 학과는, 그 정도와 경험이
여러 교육가를 거쳐 협의되고 정해진 것이니 가정에서 굳이 주의할 필
요는 없을 것이다. 다만 매우 마음을 써야 하는 것은 학교에서 수업하는
내용의 정도를 조사하여 교육 목적과 반대되는 점이 없도록 하고, 또
반드시 그 유아의 심신을 관찰하여 발달이 수반되도록 하여야 희망하는
효과를 거둘 수 있을 것이다. 학교 밖에서의 과제 학습으로는 독서와
습자 및 각종 기술을 익히게 하면서 특별한 사유가 없으면 잠시도 끊기
지 않도록 해야 한다. 가장 중요한 것은 특히 덕육(德育)에 있다. 옛사람
의 명언과 덕행을 곱씹게 하고, 그 언행을 따르고 살피며 평가를 더하여
스스로 성찰하게 하고, 또 체육에 유익한 적당한 운동과 기타 위생을
실시하게 해야 한다. 이는 전부 어머니 된 자의 책임이다. 격려와 질책
은 과도해서는 안 되고 반드시 신체와 연령의 수준에 부합해야 한다.

강보에 싸인 소아에게도 정제된 상벌을 보여서 습관이 되도록 해야
하고 완급의 정도를 정해야 한다. 격려가 지나치면 허풍과 교만이 조장
되고, 질책이 너무 엄격하면 저 소아의 무지몽매함이 주저하지 않으면

두려워하거나 혹 쉽게 그 반동력이 격발하기도 하여 염치를 기르지 못하고 감화도 어렵게 하니, 소아에 대한 상벌은 마땅히 너그럽고 공정해야 한다. 기만과 아첨 같은 악덕은 설령 나이가 어리더라도 반드시 엄히 질책하여 그 싹을 끊어버려야 하고, 그 밖의 작은 실수는 다소 지식이 쌓이고 나서 스스로 고치게 한다. 다만 곤경에 처한 사람을 구원하는 여러 미덕과 과오를 숨기지 않고 과오를 알면 반드시 고치는 등 정의에 부합하는 명훈(明訓)과 언행을 고르게 주입하고 적절한 포상을 준다면 좋은 결과를 얻을 수 있을 것이다.

유학(幼學)을 논하다 (속)

회원 박은식(朴殷植) 역술

『예기(禮記)』에 "어린 시절 버릇은 천성과 같다." 하였는데, 이는 이목이 잡되지 않고 습관이 아직 형성되지 않아서 자질이 순수해 가르치기 쉽다는 말이다. 그러므로 『예기』의 「곡례(曲禮)」「소의(少儀)」「제자직(弟子職)」 등이 쇄소(灑掃)와 응대(應對)를 신중히 행하고 충신(忠信)과 독경(篤敬)으로 인도하여 그 덕성을 함양하는 내용이 십중팔구이다. 주자(朱子)는 "『소학(小學)』은 사람을 만드는 틀이다."라고 하였고, 육자(陸子)는 "비록 한 글자도 알지 못하지만 나 또한 당당한 사람이다."라고 하였다. 그러나 사람이고서 가르침을 받지 않으면 사람이 되는 방법을 스스로 알지 못하는 법이니, 그를 일러 사람이 아니라고 해도 될 것이다. 요즘 학동 중에 비단옷에 싸여 자란 이는 교만하고 사치하며 음탕하고 방자한 행태를 늘 들은 탓에 매일 노는 친구와 스스럼없는 손님이나 따라다녀도 저지할 수 없고, 한적한 벽촌에서 나고 자란 이는 그 야만적인 풍속의 졸렬하고 남루함을 들은 탓에 가르칠 수 없으니, 학당이 뒷간 같고 학동이 걸인 같다. 그들이 조금 자랐을 때 시험에 쓸 경서 내용을 편집한 글과 문장을 쓸 때 표본이 되는 글을 주면서 말하기를 "'이와 같이 하면 높은 벼슬을 구할 수 있고 많은 돈을 챙길 수 있다.'라고 하니, 이처럼 배우는 자들이 유년기부터 청년기까지 요행, 구차, 기만, 천박함을 제외하고는 달리 듣는 바가 없어 본래 그렇다는 취급을 받는다.

훌륭하도다, 나의 벗 옌여우링(嚴又陵)[6]의 말이여! "팔고문(八股文)의 폐해가 지혜를 가로막고 마음을 무너뜨려 백수나 늘린다. 수재(秀才)가 될 날을 기다려 마땅히 간계를 근절하는 일을 익히도록 권장하여 수오지심(羞惡之心)과 시비지심(是非之心)을 다하도록 해야 하거늘, 온종일 욕심에 눈이 어두워 쓸데없는 일에 세월을 낭비하고 어리석은 일에 절개를 실추시켜 교만을 조장하고 정신을 흐리게 한다. 아아, 어떻게 해야 4억의 사람들을 이끌어 몰염치의 지경에 들어서지 않게 할 수 있는가." 내가 들으니 서양의 여러 나라는 존귀한 황태자도 해군에 입대하고 선원으로 충원되어도 순순히 교육을 받아서 그 스승을 장관처럼 모신다고 하는데, 우리의 교만하고 사치하고 방탕한 자들을 보면 어떠한가. 또 들으니 여러 나라가 고아나 중죄인도 학교를 설립하고 가르친 덕에 이들도 의복이 정결하고 예의가 바르다고 하는데, 우리의 야만적이고 완고하고 비열한 습속을 보면 어떠한가. 또 들으니 미국의 학동이 걸음마다 반드시 정숙하고 함부로 말하거나 웃지 않기에 그 사연을 물어보면 답하기를 "나는 장차 대통령이 되어 국가를 관장할 것이다. 그런데 덕망을 잃는다면 소문이 나빠져 군중들에 의해 배척될까 염려된다."-미국은 예컨대 다른 사람의 고소를 당한 경우 대통령 선거에 출마할 수 없다-고 하는데, 우리가 강장(講章)이나 읊조리고 답안이나 베끼면서 부귀의 요행이나 바라고 향촌에서 함부로 행동하는 것을 보면 또 어떠한가.

---

6 옌여우링(嚴又陵) : 옌푸(嚴復, 1853-1921). 푸지엔(福建) 허우꾸완(侯官) 출신으로 베이징 대학 총장을 역임하였으며 중서문화 교류에 크게 공헌하였다. 번역서로 『천연론(天演論)』『법의(法意)』『원부(原富)』 등이 있다.

옛사람이 말하기를 "사람이 결혼을 하지 않고 벼슬을 하지 않으면 정
욕이 절반으로 줄어든다."[7]라고 하였는데, 참으로 지당한 말이다. 『예기』
에 "남자는 30세에 결혼한다." 하였고 "30세를 일러 장(壯)이라 하니 가정
이 있다." 하였다. 지금 서양의 풍속 또한 그러하다. 약관(弱冠) 이후로
부모가 양육하지 않고, 자녀로 하여금 스스로 생계를 도모할 수 있게
하여 밑천이 충분히 축적된 후에 감히 혼사에 이르게 하는 것이다. 대체
로 사람이 15세에서 30세까지는 힘이 강하고 나이가 넉넉하여 학문에
정진할 때이다. 참으로 이 십여 년 동안 공력으로 힘을 다해 학문에 정진
하면 그 가운데 재능이 우수한 자는 고금을 통달하여 사방을 경영할
수 있게 되고, 그 재능이 중간 이하인 자 역시 능히 생계를 꾸리고 녹봉을
구하여 기근과 추위를 염려하지 않을 수 있게 된다.

하지만 지금은 그렇지 않다. 젖내 나는 애송이가 결혼을 마음에 두고
온종일 상상하며 잠을 이루지 못하니 설령 책을 펼친들 어떻게 마음을
둘 수 있겠는가. 나이 17・8세만 되면 어느새 가정을 이루고는 온종일
노래와 울음에 매여서 부녀자 곁에서 정신을 소진하고, 나이 30세 전에
자녀가 성장하고 집안 식구가 나날이 늘어간다. 이에 홀연히 예전에 배
우고 싶었던 생각을 버리고 이해타산에 몰두하면서 집안 식구를 위한
말이나 한다. 이러한 이유로 조혼의 큰 폐해 세 가지가 있으니, 정욕에
빠져 의지를 잠기게 하는 것이 하나요, 본성을 해쳐 수명을 줄이는 것이
둘째요, 부담을 늘려 학문을 그만두게 하는 것이 셋째다. 온 나라의 인재
들이 이 와중에 은연중 소실되는 참상을 어찌 이루 다 말할 수 있겠는가.
폐단이 돌이킬 수 없이 쌓여 악습이 되었는데도 괴이하게 여기는 이가
아무도 없으니 참으로 사소한 일이 아니다. 『예기』「단궁(檀弓)」에 "군자
는 덕성으로 사람을 사랑하고, 소인은 고식(姑息)으로 사람을 사랑한다."

7 사람이……줄어든다 : 『열자(列子)』「양주(楊朱)」에 나온다.

하니, 부모 된 자라면 여기서 무엇을 택해야 하겠는가.

하지만 지금의 교육이란 그 자제 중 장자를 선비로 양성하려는 경우와 그 자제를 농인·공인·상인·군인으로 양성하려는 경우가 그 교수법이 전혀 다르니 이야말로 가장 가소로운 일이다. 저렇게 선비가 되는 경우 팔고(八股), 시첩(試帖), 율부(律賦), 백접(白摺)⁸을 익히지 못한 자는 역시 선비로 간주되지 못하는 까닭에 교수법이 명확히 두 가지로 나뉘게 된 것이다. 지금 선비 된 자는 만물을 밝히고 세정에 통달하는 내용을 교육받지 않은 까닭에 도포 자락을 날리는 수많은 이들이 꼭두각시처럼 움직이는데, 이를 바탕으로 존귀한 지위에 오르고 넉넉한 내실을 이루는 자는 천 명 중 한두 사람에 불과하다. 그 가운데 다소 뜻을 얻어 향촌에서 영광을 누리는 자가 고작 열 명에 불과하고, 그 유학자 신분 하나로 다소 자생할 수 있는 자도 고작 수십 명에 불과하다. 그 나머지 9백 명은 자급하지 못하여 농사를 지으려 하여도 쟁기를 들지 못하고 장사를 해보려 하여도 계산을 하지 못하니, 구렁에서 뒹굴게 된 경우가 아니라면 이런 일에 관심이 있는 사람이 없다. 또 농인·공인·상인·군인 된 자는 대의를 알고 문리에 통하는 내용을 교육받지 않으니, 어리석은 자는 바다 오랑캐 같고 사나운 자는 들소 같다. 백자리 십자리 산수를 미적분 계산보다 어렵게 여기고 공자와 맹자의 이름을 들어도 귀신 여우 이야기를 듣듯 가볍게 여기니, 명칭만 야만이 아니지 실상은 차이가 없다.

그러므로 교육에 능한 자는 반드시 신분의 귀천을 불문하고 온 나라 사람들을 교육시키는데, 배우는 자가 12세 이하인 경우 그 교육법이 일정하다. 입학한 초기에는 글자를 가르치는데, 명석한 자는 8세에 이르렀을 때, 둔한 자는 10세에 이르렀을 때 중국과 서양의 유용한 문자를

---

8 백접(白摺) : 건백(建白)과 절(折), 즉 상주문(上奏文)을 이르는 것으로 추정된다.

전부 알게 한다. 그렇게 한 뒤에 앞에서 열거한 표를 참고해서 가르치는
데, 명석한 자는 12세에 이르렀을 때, 둔한 자는 15세에 이르렀을 때
모든 학문의 대략을 알게 한다. 이렇게 하고 나서 전문적으로 익히려
하는 자가 있으면 다시 중학교 대학교에 입학시켜 수년 동안 갈고 닦아
큰 성취를 이루게 한다. 그러면 다른 직업으로 바꾸려는 경우가 생겨도
이미 도의와 문교가 넉넉하여 크게는 반드시 간계를 부려 죄를 짓는
일을 하지 않을 것이고, 작게는 부모를 모시고 처자를 보살피는 일을
또한 해낼 수 있을 것이다. 이러한데 도적이 되고 간신이 되는 이가 있겠
는가. 없을 것이다. 백수가 되고 굶어 죽는 자가 있겠는가. 없을 것이다.

  의식(衣食)이 풍족하면 예의가 흥기하는 법이다. 이를 가지고 백성을
인도하는데 어떤 백성인들 지혜롭지 않겠으며, 이를 가지고 나라를 보전
하는데 어떤 나라든 강성하지 않겠는가. 맹자(孟子)가 말하기를 "편안히
거처하기만 하고 교육이 없으면 금수에 가까워진다."라 하셨다. 온 나라
의 자제들을 비루하고 너절하며 그릇되고 천박한 학구의 손에 내맡기고
있으니, 가르치지 않은 것은 아니라 이르고 싶어도 그럴 수 없을 것이다.
대저 수천 년 문명을 지닌 중국으로 인민의 수가 대지에서 으뜸으로되
금수에 가까운 상태를 면하지 못하는 것은 누구 탓인가. 고정림(顧亭林)⁹
이 말하기를 "천하의 흥망은 필부 같은 천한 자에게도 책임이 있다." 하
였으니, 사람들 모두 자신에게 책임이 없다고 여긴다면 홀연히 망하게
될 것이요, 사람들 모두 자신에게 책임이 있다고 여긴다면 왕성히 흥하
게 될 것이다. 이제 천하에서 입술이 타고 혀가 닳도록 변법(變法)을
논해도 듣는 이는 "내가 비록 뜻은 있지만 이룰 수 없다."라 한다. 나의
자제(子弟)라면 깨우쳐 줄 바는 육식(肉食)¹⁰이 옳다 하여도 나를 돕지

---

9   고정림(顧亭林) : 중국 명말 청초의 고증학자 고염무(顧炎武, 1613-1682)를 이른다.
10 육식(肉食) : 중국 고대에는 고관들만이 고기를 먹을 수 있었으므로 벼슬아치들을 낮
      잡아 이르는 말로 쓰인다.

못하고 육식이 아니라고 해도 나를 막을 수 없다는 것이다. 지구가 도는 사이 천하는 일신하니 누구는 책임이 없고 누구만 책임이 있겠는가.

『서경(書經)』「강고(康誥)」에 이르길 "백성을 진작시켜 새롭게 한다." 라 하였다. 나라란 백성의 축적이니 그 백성이 새롭지 못하면서 그 나라가 설 수 있는 경우는 없지 않겠는가. 저 프랑스와 일본의 유신(維新) 통치는 그 유래가 분명하다. 『시경(詩經)』에 이르길 "현명한 사람은 좋은 말을 들려주면 덕에 따라 행하는데 어리석은 사람은 도리어 내가 거짓말을 한다고 하니 사람마다 각기 다른 마음을 지니고 있다." 하였으니, 통곡하고 흐느낄 노릇이다.

애국정신담

애국정신담(愛國精神談) (속)

회원 노백린(盧伯麟) 역술

보드리(Baudry)가 이를 계기로 말하였다. "프로이센에 수감된 프랑스 포로가 대략 40만 명이다. 그 가운데 질병에 걸리고 가혹한 형벌을 받아서 사망한 자가 대략 1만 8천 명이니 프랑스인의 불행이 극에 달하였다 할 것이다. 내가 하루는 프랑스인의 장송 행렬을 만나서 가장 비참한 이야기를 전해 들었으니 그 내용을 한번 전했으면 싶다.

그 장례의식은 프랑스 군대의 의식을 따른 것이 아니라 단지 농부 수백 수십 명에게 프로이센 병사의 감시를 붙여서 장송하는 것이었는데, 그 가운데 몇 명은 노쇠하고 쇠약하여 안색이 초췌하고 귀밑머리가 희끗하여 노역을 전혀 견디지 못하였다. 이에 내가 노인에게 가까이 다가가 물어보니 노인이 답하였다. '죽은 자도 프랑스인이고 장례를 치르는 자들도 또한 포로요.' 내가 다시 물었다. '이미 병졸이 아닌데 어째서

포로가 되었습니까?' 그가 답하였다. '프로이센군이 당시 우리 마을에
침입하여 더할 나위 없이 행패를 부려 재물을 약탈하고 부녀자를 강간
하였소. 우리 마을에서 약탈할 것이 없는 지경이 되자 거액의 배상금을
강제로 징수하였는데, 이를 위해 중요한 책임자를 체포하여 인질로 삼
았소. 무기를 소지한 자가 있으면 사건의 허실을 불문하고 모조리 포로
로 잡아 들였으니 나 같이 노쇠한 자가 어찌 대적할 힘이 있었겠소. 이
에 프로이센군이 죄명을 함부로 더하여 마침내 포로 신세가 된 것이라
오. 이 어찌 원통한 일이 아니겠소.'

　노인은 말이 끝나자 가만히 눈물을 흘렸다. 나는 이 말을 듣고는 울분
에 차서 어찌할 바를 모르고 실성하여 '프로이센인의 소행은 금수만도
못하다.' 하고 외쳤더니 그때 프로이센의 감시병이 나를 주목하는 것이
었다. 이에 어떤 이가 나에게 '자네 조심해라. 그렇지 않으면 뜻밖의 화
를 입을 것이다.'라 하고, 도중에 낮은 목소리로 알려주었다.

　'이 장례를 치르는 자들은 로렌인과 알자스인인데 그 지역에서 포로가
된 자들이 37명이오. 그 가운데 일가 7명이 포로가 되었는데, 박학사(博
學士) 포트라(Fautras) 씨도 포로의 대열에 포함되었소. 포트라 씨는 용
모가 엄정하고 마을에서 명성이 높은 탓에 프로이센인의 주목을 받아
포로가 된 것입니다. 우리가 프랑스 국경을 처음 나설 때 동행한 48명이
열차 한 칸 속에 들어가 입추의 여지 없이 가득하여 서로 압박하고 뒤엉
키며 공기가 밀폐되어 여러 명이 죽었다오. 기차의 속도가 빠른데도 문
을 열고 뛰어내리려는 자가 있었으나 감시병에 의해 제지되었고, 또 개
인 간의 잡담을 엄금하였으며, 도중에 정체될 때도 하차하지 못하게 하
였지요. 그 가운데 한 노인이 기차 구석에서 숨을 죽이면서 이틀이나
피죽도 먹지 않으니 포로들이 가련히 여겨 돌보며 지극정성으로 간호하
였는데 위병(衛兵)은 전혀 돌아보지도 않았소. 프랑크푸르트에 도착한
날 저녁에 두 노인이 정거장에 있다가 갑자기 아내를 만나니 기쁜 나머지

저도 모르게 실성하며 외치기를 〈우리가 이미 포로가 되었으니, 프로이
센인이 가택에 침입하여 재물을 약탈할 것이다. 자네들 조심해라.〉 하였
소. 프로이센 병사가 이 말을 듣고는 두 사람이 말하지 못하도록 하고
창검으로 구타하였지요. 두 사람이 비록 늙었지만 고집을 꺾지 않고 주
먹을 들어 반격하니 이에 프로이센 병사가 크게 노하여 그 신발과 모자를
압수하고 그 수족을 결박하였습니다. 그리고 창검으로 찌르는 시늉도
하고 칼집을 던지기도 하면서 능욕과 학대를 심하게 일삼으며 오락거리
로 삼고, 다시 화물칸에 엎드리게 하고 대포를 가지고 그들의 가슴을
눌렀소. 이에 두 노인은 머리카락이 헝클어지고 의복이 찢어지고 수족은
노끈에 의해 상처를 입어 고름과 피가 낭자하여 만면이 얼룩졌지요. 숨
이 곧 끊어질 듯하여 죽음에 이르지 않을 가능성은 거의 희박해 보였소.
도보로 이동한 지 열흘 만에 슈테틴(Stettin)에 막 도착하니, 이곳은 포로
들을 석방하고 구금하는 목적지였는데, 두 노인은 수족의 결박이 비록
풀렸지만 머리에 모자를 쓰지 않았고 발도 신을 신지 못하였으며 얼굴도
상처투성이였지요. 당시 삭풍이 거세어 혹한이 뼈에 사무치는 탓에 젊은
이도 고통을 견딜 수 없는데 하물며 여생이 얼마 남지 않은 노인이야
말해 무엇하겠습니까. 이미 달아날 힘도 없고 다시는 앞다퉈 나아갈 수
도 없으니, 오직 포로의 대열을 뒤따르며 프로이센 병사의 질타와 구타
를 받을 뿐이었소. 이후에 다시 감시병의 미움을 사서 슈테틴 요새 사령
에 의해 항명죄라는 무고를 입어 금고형을 받았는데, 그중 하나는 잔혹
함을 견디지 못하고 끝내 사망하니, 애통한 일이올시다.'

　나는 듣고 나서 분기가 가득 차서 눈물을 금할 수 없었다. 그의 묘지
에 가보니 켜켜이 쌓인 것이 모두 프랑스인들의 유해가 있는 곳이었다.
서로 탄식하고는 서성이며 떠날 수가 없었는데, 갑자기 고함소리가 들
리더니 프로이센군이 꾸짖었다. '너희들은 어째서 속히 돌아가지 않는
가. 죽어서 지하로 따라가고 싶은 것인가.' 이에 모두 망연자실하여 의

기소침해져 돌아갔다."

외국인의 공권(公權) 및 공법(公法)상 의무

동초(東初) 한광호(韓光鎬)

대체로 공권(公權)의 개념에 대해서는 이견이 분분하나, 우리는 여기서 한 사인(私人)이 국가에 대해 지니는 권리를 공권이라 명명하겠다. 이 권리를 크게 구별하면 첫째는 참정권, 둘째는 인권 즉 자유권, 셋째는 국가의 행위를 청구할 권리이니, 차례대로 설명하고자 한다.

1. 참정권

국가의 기관이 되어 활동하거나 국가기관의 조직에 참여하는 권리를 보통 참정권이라 한다. 이 권리는 각 문명독립국에서는 어떠한 국법으로도 외국인에게는 결단코 참정권을 허가하지 않는다. 그 이유는 어디에 있는가. 이를 풀어 논해보건대, 대체로 일국의 정치에 직접 간접으로 참여가 가능한 자는 그 국운의 발달과 확장을 진심으로 기대하는 자가 아니면 안 된다. 만약 그 국가의 성쇠에 하등의 이해관계가 없는 외국인이나 그 국가에 적의를 품은 외국인을 정권에 간여케 한다면 그 나라의 생존을 기대할 수 없을 뿐 아니라 도리어 그 나라의 멸망을 초래하는 지경에 이를 수 있다. 그러므로 참정권은 외국인에게 불허함이 마땅하다. 참정권은 외국인이 인류사회의 일원이 되기 위해 필요한 권리가 아니다. 또 참정의 권리는 같은 내국인이라 하더라도 아무나를 불문하고 허여(許與)하는 것이 아니다. 부인, 미성년자, 정신장애인〔瘋癲〕, 백치(白癡) 등은 이러한 권리에 참여하지 못하는 것이 보통이다. 하물며 국가에 대해 다른 뜻을 품은 외국인에게 어찌 허여할 수 있겠는가. 그러므로 참정권은 국민의 권리이고 외국인은 국민이 아니다. 이상의 원칙은 문명 각국이 일반적으로 동일하다. 그러므로 국민은 법률과 명령이 정한 자격에 의하여 문·무관의 임무와 그 밖의 공무에 참여할 기회를 균등하게 얻을 수 있으니, 이것이 국민의 특권이다. 그러므로 조약으로 외국인에게 허여하는 각종 권리를 열거하고 규정하지만, 참정권의 경우 외국인은 국가에 대하여 이러한 권리의 허여를 요구할 수 없다. 즉 1) 중의원(衆議院) 선거권·피선거권, 면촌회(面村會)의 의원 선거권·피선거권, 부군회(府郡會)의 의원 선거권·피선거권, 2) 문무 관리, 교관, 기술관이 되는 권리, 3) 귀족의원이 되는 권리, 4) 공증인과 집달리(執達吏)가 되는 권리는 문명국의 일반 제도를 살펴봐도 외국인에 대해서는 이러한 권리를 불허하는 것이 명백하다.

이하에서 다소 의문이 드는 것은, 외국인에게 파산관재인(破産管財人)이 되는 권리가 있는가 없는가 하는 것이다. 어떤 해석에 의하면 파산관재인은 관(官)에 의해 임명된 자라고 하더라도 결국 채권자의 단체 및 채무자를 동시에 대표하는 사법(私法) 상의 대리인에 불과할 뿐이지 공권력을 행사할 수 있는 자가 전혀 아니다. 흡사 재판소에 의해 임명된 감정인과 같아서 공무를 하는 것이 아니니, 관리라 부를 수 없는 것은 물론이고 또 공리(公吏)라 부르기도 어려우므로 그 나라 신민에게 제한이 없는 것과 같다. 그러나 또 한편으로 살펴보면, 관재인이 채무자의 재산 목록을 조사하여 점유하고 재단의 관리 및 환가(換價)를 시행하고 대차대조표를 조사하여 보고하고 부동산과 동산을 경매하거나 매각하여 배당안을 만들어 배당을 시행하고 의견을 제출하는 등의 직무는 집달리의 직무와 유사할 뿐 아니라 사법기관에 참여하는 것이기에 공무라고 부르지 않을 수 없다. 그렇다면 파산관재인도 이상 조항의 원칙을 적용하는 것이 마땅하다고 생각한다.

또한 상업회의소 회원이 되는 권리, 소득세 조사위원, 징병참사원(徵
兵參事員) 등이 되는 권리도 외국인에게 불허한다는 설이 있다. 소득세
조사위원, 징병참사원 등은 결의(決議) 방법에 의거해 국가의 세무를
관리하거나 징병 사무기관에 참여하고 상업회의소 회원도 관청의 자문
에 응하여 국가기관에 참여하므로 공무를 집행하는 자로 보는 것이 타
당하다.

이 외에도 공무로 간주되는 사례가 무수히 많다. 하지만 전부 열거할
겨를이 없으니 여기서는 생략한다.

2. 인권, 즉 자유권

여기서 이른바 인권이라 함은 프랑스 학자가 고유한 의미에서의 공권
이라 명명한 것으로, 협의의 공권이라 함은 즉 인류사회의 일원이 된
자가 국가에 대해 지닌 권리를 지칭한다. 그런데 사권(私權)에 관하여
내외인 평등의 원칙으로 인허(認許)하기에 이르러, 인권도 외국인에게
그 대부분을 허여하기에 이르렀다. 대체로 사권과 인권은 모두 인간 생
존에 필요한 권리이다. 다만 사권은 개인에 대한 권리이고 인권은 국가
에 대한 권리로 구분되는 데 불과하다. 그런데 이러한 공권은 일본법으
로 논하면 일본 신민은 일본 헌법에 의해 보장되는 자이고, 외국의 경우
청나라와 우리 한국 두 나라처럼 불평등 조약국 국민을 제외하고 대등
한 조약의 국민, 예컨대 일・영조약과 구미조약에 의거한 체결국의 국
민에게 그 대부분을 허여하는 것이다.

1) 신체자유권, 여행 및 거주의 자유권

메이지 27년 일・영조약 제1조에 의하면 "양 동맹국 중 한쪽의 신민
은 다른 판도 내의 여행과 거주를 온전히 자신의 의사대로 행할 수 있고,
그 신체와 재산의 완전한 보호를 누린다. 기타 각국도 조약을 통해 이러

한 권리를 인허한다. 조약국 국민에게 이러한 자유가 있어도 여행과 거주 등에서 치안상 필요한 절차가 있을 경우 조약국 한쪽이 다소 법령을 설정해도 무방하다." 하였다. 예컨대 주거의 목적으로 면촌(面村)에서 주거하는 외국인은 성명, 국적, 직업, 기타 사건을 경찰서에 제출하고, 또 주거를 이전할 때도 또한 제출의 의무를 실시하는 것과 같은 것이다. 그밖에는 나라에서 여행권을 요구하지 않는다.

외국인도 체류국 사법권 복종의 결과는 내국의 신민과 동일하다. 그러므로 법률에 의거해 체포, 감금, 심문, 처벌을 받는 점에 제한이 없음은 물론이다. 이하의 두 가지 경우에 외국인은 이상의 자유권에 제한을 받으니, 첫째는 추방, 둘째는 범죄인 인도가 그것이다.

첫째, 추방의 경우 간혹 외국인이 국내에 거주하는 것이 국가의 안녕과 질서를 해치는 행위로 인정될 때는 그 국가는 이 자를 추방할 수 있다. 이는 국제법상 각 독립국이 지닌 권리이고, 또 각국 법제가 거의 일치하며 학자들도 일반적으로 승인하는 바이다. 나라에 따라 혹 법률로 추방 조건을 정하기도 하고 혹은 행정 처분에 의하여 추방하기도 한다. 대체로 외국인 상륙을 거부하는 것도 추방권 적용에 불과하다.

둘째, 범죄인 인도의 경우 가령 일본에 온 외국인이 외국에서 범죄를 저지르고 일본으로 도피해 온 경우에 외국 정부의 청구가 있을 때 일본 국가가 그 외국인을 외국 정부에 인도하는 것을 이른다. 다만 정치 등의 범죄의 경우에는 인도하는 일이 없다.

2) 소유권 및 주소의 불가침권

일・영조약 제1조는 앞서 서술한 바와 같이 신체와 재산에 관해서는 완전한 보호를 누리는 것으로 정하였다. 제4조에서는 양 동맹국 한쪽의 신민이 다른 판도 내에서 주거 및 상업을 영위하는 가택, 제조소, 창고, 점포 및 이에 속하는 모든 부속 구조물의 불가침에 대한 것과 이상의 가택 등을 감히 침입·수색할 수 없고 또 장부, 서류, 혹은 부기장을 검사·검열할 수 없음을 정하였다. 단, 내국 신민의 경우 법률, 칙령 및 규칙으로 제정한 조건 및 정식에 의거할 때는 이러한 제한을 받지 않는다.

3) 양심의 자유, 종교의 자유, 언론·저작·집회·결사의 자유

일·영조약 제1조 제3항에 의하면 한쪽의 신민에게 한쪽의 판도 내에서 양심에 관한 완전한 자유 및 법률·칙령·규칙에 따라 예배를 행할 권리, 종교상 관습에 따라 매장할 권리를 인허한다. 그러므로 외국인은 내국인과 똑같이 일정한 종교문의 철리(哲理)를 자유롭게 믿을 수 있다. 다만 양심과 사상의 자유는 있어도 그 신앙이 겉으로 드러나는 예배나 매장에 대해서는 법령·규칙을 따를 의무가 있다. 그러므로 국가는 질서와 안녕에 저촉되는 종교적 의식과 예배 등을 금지할 수 있다.

언론·저작·집회·결사의 자유도 양심의 자유를 겉으로 드러낸 결과에 불과하다. 조약으로 이를 명기하면 이견이 생기지 않는데, 만약 명기하지 않으면 허용할 권리는 국가가 임의로 정하게 된다. 일본 치안경찰법 제6조에 의하면 "일본의 신민이 아닌 자는 정치상 결사에 참가하고 정치집회의 발기인이 되는 일을 할 수 없다." 하였는데, 이는 외국인에게 참정권이 없는 것과 동일한 취지로 제시한 예외적 사례이다. 그러므로 기타 사항에 관한 집회·결사는 일본인과 동일한 규정을 따른다. 또한 신문지 조례, 저작권법 등은 외국인에게 저작인행권(著作印行權)을 금지하지 않기에 외국인이 신문지를 발행하고 출판과 저작을 할 자유가 있는 것이다.

4) 교육 및 취학의 자유

이 자유에 대해 생각건대, 오늘의 학생은 내일의 국가 기둥이 될 국민이다. 그래서 교사는 학생에게 감화력이 심대하고 그들의 애국심을 배양해야 하기에, 외국인에게 국가교육 사업을 일임하는 것은 자못 위험하다. 그러므로 국가교육 사업에 관한 직무를 외국인에게 불허하는 것이 각국의 보통 규례이다. 대체로 관립인 공립학교의 관리자 및 교사는 이를 관리하는 준관리(准官吏) 되는 자들이므로, 외국인이 이에 참여할 수 없는 것은 참정권에 서술된 바에 따라 명백한 바이다. 관리의 자격을 부여하지 않고 단순히 강좌를 전담하거나 또는 외국어학교에서 외국인을 교사로 채용하는 일이 있기는 하나, 이는 부득이하여 나온 예외적인 사례이다. 외국어 교사로 외국인을 채용하는 일은 유럽에도 또한 그 사례가 있다.

하지만 이상은 국가의 부담에 속하는 관립 또는 공립교육에 관한 것이다. 사립학교에 대해서는 외국인에게도 교육의 자유를 허가하는 경우가 있다.

하지만 조약에 아무런 규정이 없을 때는 국가가 이를 감독함은 물론이고, 필요한 경우 설립을 금지할 수 있다.

취학의 자유에 대해서는 법률 또는 조약에 어떠한 규정도 없을 때는 외국인의 자제에게 허가함이 마땅하다. 또한 실제 외국 학생의 입학 허가는 외국에서 자주 보이는데 우리나라에서는 아직 이러한 사례가 없다. 다만 입학의 금지도 역시 국가의 자유이다.

5) 영업 또는 직업의 자유

각 개인이 혹 직업을 영위하여 자신 및 친족의 생활에 필요한 자금력을 확보하는 일도 또한 인류사회의 일원이 된 자의 권리이고 국가가 인허해도 되는 것이다. 그러므로 한쪽의 국민은 다른 한쪽의 판도 내의 어느 지역이든 상관없이 공업 또는 수공업에 종사하고 각종 생산물 및 화물을 매매할 수 있다. 또한 이상의 영업에 종사할 때 자신이 직접 하거나 대리인에게 위임하거나, 또는 한 사람이 하든지 혹은 외국인과 내국인과 결성한 조합으로 이를 운영하든지 하는 것을 자신의 의사대로 할 수 있다. 또한 필요한 가옥과 점포를 소유하거나 혹은 임대하여 사용, 거주 및 영업하는 경우 단기나 장기의 계약으로 토지를 임대할 수 있다. 단, 내국민 내지 최혜국민(最惠國民)과 마찬가지로 그 나라의 법률 및 규칙의 준수를 요구한다.

대체로 이러한 직업에 관한 허가의 여부는 역시 그 나라의 자유이다. 하지만 법률의 명문 또는 정신에 저촉되지 않는 이상 인류사회의 일원이 되어 영위하는 직업 같은 것은 외국인에게 허가해도 되는 것으로 해석함이 마땅하다. 다만 외국인에게 불허하는 직업을 열거하면 다음과 같다.

갑) 거래소 회원 또는 중매인 직업
을) 광업권자가 되는 일
병) 변호사가 되는 일

3. 국가의 행위를 청구할 권리

외국인은 조약상 신체나 재산에 대하여 완전한 보호를 누리므로 국가에 대하여 보호를 청구할 수 있는 것은 당연한 결과이다. 그러므로 외국인은 자신이 누리는 공사(公私)의 권리를 보호하기 위하여 국가의 행위를 청구할 권리를 지니는 것이 통칙이다.

1) 사법상 행위를 청구할 권리

사법상 행위에 대해서는 일・불조약 제1조 제3항에 "이상 양국의 국민은 그 권리를 신장하고 보호하기 위해 법률로 정한 각종 재판소에 소(訴)를 제기할 수 있고, 또 어떠한 경우에도 자유롭게 그 적당하다고 인정된 법률가, 대변인, 변호사 및 각종 대리인 등을 선택하고 사용할

수 있다."고 하였다. 이상의 사례는 내국민에게 허여하거나 허여해 마땅
한 것과 동일한 권리 및 특전을 누리는 것으로써, 소를 제기할 권리,
각종 등기 청구의 권리, 기타 비송사건(非訟事件) 절차를 청구할 권리는
조약상 누리는 것이다. 즉 내국민에게 허여하는 것과 동일한 권리를 지
니므로, 민사소송법상 내국인과 외국인 간의 구별을 설정한 소송상 보
증을 세울 의무-일본 민사소송법 88조-, 소송상 구조(救助)를 청구할 권리-일
본 민사소송법 92조- 같은 것은 이상의 조약이 적용될 때는 조약국 국민에
대해 그 구별이 없어짐을 주의하는 것이 좋다.

2) 행정상 행위를 청구할 권리

행정상 행위의 청구에 대해서도, 행정재판소에 소를 제기할 권리가
있으니 이미 행정재판소에 소를 제기할 권리가 있는 이상 소원(訴願)도
물론 허가한다. 왜 그러한가. 조세에 관한 건, 영업 면허에 관한 건 등과
같은 것은 외국인도 납세의 의무가 있고 또 영업의 자유가 있는 이상
이러한 사항에 관한 소원을 허가해야 하는 것으로 해석함이 지당하다.
또한 임시 허가 청구권, 의장·상표 등록·저작권 등록 청구권, 기타
각종 인가 혹은 허가 청구권과 같은 것은 내국민과 동일한 보호로써
부여한다. 앞 단락에서 기술한 바와 같이 저작의 자유, 영업과 직업의
자유 대부분을 외국인에게 허여한 결과로, 외국인에게 이러한 행정상
행위를 청구할 권리를 부여하는 것이 타당하다.

3) 입법상 행위를 청구할 권리

이 권리는 청원권을 지칭한 것이다. 국법에 명문이 있는 이상은 어려
운 문제가 생기지 않으나, 어떠한 명문도 없는 이상은 이를 불허하는
것이 좋다. 논하자면 외국인이 인류사회의 일원이 되어 누리는 사권(私
權) 또는 자유권에 관하여 의회에 청원하는 것을 거절함은 혹 과도한

의심이 아닌가 하기도 하고, 청원의 성격과 목적에 따라 외국인의 사권 및 자유에 관한 것과 국가의 공익 및 정치에 관한 것을 구별하여 전자는 허가하고 후자는 불허하는 것이 온당하다 하기도 한다. 왜 그러한가. 전자는 인류사회의 일원이 되어 청구하였기 때문이다. 이에 대해서는 이견이 분분하여 일일이 거론할 겨를이 없다.

4. 공법상의 의무

대체로 국제법상 독립국가는 완전한 영토와 주권이 있다. 따라서 그 나라에 거주하는 외국인이 그 나라 법령에 복종해야 하는 것은 물론이고, 그 나라 행정권과 사법권에 복종할 의무가 있는 것도 당연한 결과다. 일본은 신조약 체결 이전에는 종래 외국의 영사 재판권이 있었는데, 신조약에 의하여 영사 재판권을 없앤 결과 전체적으로 영토와 주권을 회복한바 일본에 거주하는 외국 인민은 일본의 영토와 주권에 물론 복종해야 한다. 이상 기술한 내용의 결과로 외국인은 내국 인민과 마찬가지로 납세의 의무를 지닌다. 즉 관세는 물론이고 기타 세금으로 소득세, 영업세, 등록세, 인지세, 기타 각종 국세 및 지방세를 납부할 의무가 있는 것이 그것이다. 또한 병역의 의무는 외국인의 경우 예외로 복종의 의무를 면한다.

5. 대등 조약국 이외의 국민의 공권 및 공법상 의무

이상은 외국인의 공권 및 공법상 의무 일반을 기술한 것으로, 대등 조약국 국민에 대해 논술한 것이다. 그렇다면 불평등조약 내지 무조약국 국민에 대해서는 어떠한가. 일반적으로 말하자면 이런 외국인이라도 2장의 인권 같은 것은 인류사회의 일원이 되었기에 부여하는 것이니 통례로 누리게 하는 것이 타당하고, 또 3장의 국가의 행위를 청구할 권리 같은 것은 공사의 권리를 허가하는 정도에 따라 허가함이 마땅하다. 각국의 정례(定例)도 그러하다.

부패한 유생이 새로움으로 나아감을 축하하다

패은(浿隱) 전병현(全秉鉉)

　내 고향은 은산(殷山)에 있다. 최근 수년간 객지 생활의 시름을 풀고 지난 섣달에 또 시름을 푸니 친구, 친척과 이웃 마을 노인과 청년들이 가득 모여 와서 오랫동안 소식이 끊겼던 나의 회포를 위로하였다. 나 역시 위문하며 말하였다. "여러분은 어떻게 지내셨는지요. 다행히 혹시라도 마을에 학교를 세웠는지요."

　강당에 가득한 사람들이 일제히 답하였다. "그러지 못했습니다."

　나는 가만히 눈물을 흘리며 말하였다. "지금 우리나라의 명맥이 교육 하나에 달려 있는데 보통 인민이 아직도 깨닫지 못하고 있으니, 어찌 두렵지 않겠으며 어찌 슬프지 않겠습니까."

　말이 끝나자 높은 관을 쓰고 넓은 띠를 두른 좌중의 한 사람이 장죽을 잡고서 홍조가 뺨에 가득한 채 술에 취하여 함부로 말하고 비웃으며 화답하였다. 이 사람은 원래 대대로 은주(殷州)의 반향(班鄕) 명문가의 일원으로 온 일가가 고관대작을 지냈는데 그 조부와 부친도 시부(詩賦)에 능하였고 그 자손도 송독과 작문을 잘하였다. 이에 자만심을 갖고 스스로 말하기를 "학문에 대해서는 나 역시 모르는 바 없는 홍유거벽(鴻儒巨擘)이다." 하고, 이어 말하길 "학교 운운하는 것은 평양 감영의 예수교인에 의해 세워진 부류가 아닌가. 내 예전에 향장 노릇할 적에 평양에 잠시 간 적이 있었다. 하루는 종로 거리에서 갑자기 어떤 아졸(兒卒) 부대가 북을 치고 피리를 불며 오는 것을 보고는 깜짝 놀라 '지금 이 태평성대에 아졸을 몰고 가다니 이 무슨 변고인가.' 하고 물었다. 그러자 곁에 있던 자가 답하기를 '이는 아졸이 아니라 예수교인의 학동들이다.' 하였다. 나는 놀란 가슴을 진정시키고는 탄식하며 말하였다. '우리나라 수천 년 역사에서 보존된 것은 인(仁)과 의(義)이고, 삼천리 강토에서 훼손되지 못한 것은 예(禮)와 문(文)이다. 그런데 불행히도 시운이 도중에 막혀 10년 이래로 서융(西戎)과 북적(北狄)이 이 성지를 침범하니 상하의 기강과 성인의 법도를 거의 잃어버렸거늘, 지금 다시 하늘과 성인의 백성을 야만인이 되게 하니 애통한 일이로다.' 우리의 존망은 애석할 것 없지만, 공맹(孔孟)의 도통(道統)과 한당(漢唐)의 문원(文源)이 머지않아 실추될 것이니 이것이 내가 탄식하는 이유다. 더구나 패은 자네가 경성에서 유학한 지 수년 만에 이런 야만적인 풍습을 배워서 나를 모독하는가." 하고는 거꾸로 신을 신고 허둥지둥 문을 나갔다.

나 역시 팔을 걷어붙이고 눈을 부릅뜨며 큰소리로 외쳤다. "이 밥주머니 술동이 같은 놈아! 잠시 기다려라. 내 따질 것이 두 가지 있다. 자네가 성인의 문도라면 '주량이 끝이 없었다[有酒無量]'는 구절을 도통(道統)으로 오인하여 전하겠으며, 자네가 문장의 무리라면 '그저 오래 취하기 원한다[但願長醉]'는 시구를 문원(文源)으로 오인하여 배우겠는가. 육경(六經)을 뱃속 가득 채웠으면서 세상 구제에 이득이 전혀 없고 오성(五聖)을 입으로 달달 외웠으면서 자기 수양에 전혀 부합하지 않으니 생각해도 얻지 못한 것이로다. 이 따라지 선비놈아, 경전에서 말하지 않았던가. 중니(仲尼)는 옛것을 익혀 새것을 안다고 했고, 증자(曾子)는 덕을 밝혀 백성을 새롭게 한다고 했으며, 은나라 탕왕은 날로 새로워지고 또 새로워진다고 하였고, 주나라 문왕은 나라가 오래되었지만 천명은 새롭다고 하였으니, 자네도 참으로 유가의 문손(文孫)이라면 옛것을 혁파하여 새로움으로 나아가는 것이 첫 번째 기준이어야 하거늘 어째서 이토록 완고한 습속을 고집하는가. 내 이제 자네를 위하여 문자의 정의와 학식의 이익을 대략 논하겠다. 무릇 문자라는 물건은 인간의 사상을 그려내고 사물의 사적(事跡)을 표시하는 효력을 지닌 것에서 벗어나지 않는다. 이러한 까닭에 지나(支那)의 조적(鳥跡)과 인도의 범서(梵書)와 바빌론의 쐐기와 이집트의 풀뿌리 모두 추상(抽象)의 원인이 되는데 실용처에 이르러서는 높고 낮은 차이가 따로 없다. 또 학문이란 물건을 말하자면 인간의 지식을 배양시키고 국가의 정치를 경계하는 목적을 지닌 것에서 벗어나지 않는다. 이러한 까닭에 요순(堯舜)의 전모(典謨)와 추로(鄒魯)의 논어(論語)・맹자(孟子)와 로마의 법학과 그리스의 천문학이 공과(工課)의 요소가 되는데, 효과점에 이르러서는 장단의 차이가 전혀 없다. 단지 시기를 관찰해 변화에 따르는 것이니, 한풍(寒風)의 10월에는 부채가 소용없고 폭염의 삼복에는 갖옷이 소용없는 법이다. 또한 이제 황제의 칙령이 반포되어 경성과 부군(府郡)에 학교를 신설하니, 오직 우리 국문으로 세계의 문예를 역술하고 교수하여 자국의 정신과 자신의 책무를 각자 분담하여 부지런히 정진해야 하거늘, 고루도다. 어째서 춘몽에서 깨지 못하고 스스로 안주하고 포기하는가."

　이에 그 사람이 의관을 정제하고 단정히 앉아서 말하였다. "나의 소리를 경계하고 나의 마음을 여는 자는 누구란 말인가." 그리고 망연자실하며 깊이 생각하는 듯하더니 다시 일어나 맹세하며 "그대의 말이 옳다. 신교육에 힘쓰지 않으면 끝내 문명의 원수가 됨을 면치 못할 것이다."라 하고는, 그 일가의 친척과 가문의 자제를 열성으로 권면하여 티끌 긴 갓을 벗어 단발하게 하고 푸른 도포를 벗고 검은 옷을 입게 하여 오늘 저녁 책을 짊어지고 내일 아침 길을 떠나 평양과 경성에 입학하게 하였다. 그 사람의 사상이 세월을 따라 새로워짐을 축하하지 않을 수 없으니, 한심한 풍속과 부패한 유생도 거의 발전이 있을 것이다.

대한사견(對韓私見)

— 도미즈(戶水) 박사의 대한국(對韓國) 의견에 대한 논박

이는 일본의 명사 닛토 가쓰로(日戶勝郎) 씨의 저술이다. 그 의론이
정대하고 사리(辭理)가 분명하여 사람들에게 유익함이 적지 않겠기
에 여기에 번역해 싣는다.

『외교시보(外交時報)』 제114호에 「이토(伊藤) 통감과 대한국 정책」이
라는 제목의 도미즈 박사의 의견이 있다. 그 내용에 "내가 통감에게 바
라는 바는 '단(斷)' 한 글자에 있다. 통감이 항상 고압적인 정책을 회피하
여 결단의 용심(用心)이 부족하니, 이는 내가 항상 유감스럽게 여기는
점이다. 이토 통감의 정책과 내 의견의 차이점이 여기에 있다." 하였다.

또 "한국의 사소한 소요와 폭동은 한국의 수백 년 이래 부패한 역사의
결과이다. 그러니 설령 한국이 일본의 손에 든 지 꽤 되었더라도 쉽게
근절시킬 수 없는 일이다. 카츠라(桂) 백작과 고토(後藤) 남작도 근절시
킬 수 없을 것이라 우려한다." 하였다.

그리고 최종 결론으로 "국세의 변천이란 모름지기 인내하여 시기를
기다려야 하니 조급하게 굴지 마라. 저 사소한 소요와 폭동을 간과하여
자연적인 추세대로 내버려두면 시일이 지나면서 동요가 더욱 격심해져
사소한 소요가 거대한 소요로 변하고 사소한 폭동이 거대한 폭동으로
변할 것이다. 이때가 되면 일본이 단호한 정책을 쉽게 결행할 좋은 기회
가 될 것이다. 통감이 설령 우유부단하더라도 사태가 이 지경에 이르면
그 형세상 단호한 조치를 취하지 않을 수 없을 것이다." 하였다.

박사가 말한 '단호한 조치'란 무엇인가. 한국을 속국 또는 연방으로
만들어 자기 집의 약통에 넣는 것처럼 하려는 것으로, 한국의 소동을
일본의 기회로 삼아 병력을 사용하여 명분과 실리를 모두 취하려 하는
것이다. 이와 같은 마키아벨리의 정책이 경성 책사(策士)들의 일시적

좌담이라 한다면 깊이 책망하기 어렵다. 하지만 일대 풍교(風敎)를 지지하는 지위에 있는 박사의 입에서 나왔다니 실로 기이한 일이다. 일본이 대륙을 향해 발전하여 세계에 봉황의 날개를 펼치려 한다면 한 걸음 한 걸음 대국으로 타산하여 행동해야 하고 주의해야 한다. 만약 사소하게 만주와 한국의 경영을 근심하고 조심하여 대국 상의 큰 타산을 심각하게 놓쳐서는 안 될 것이다. 오늘날 우리나라의 힘으로 한국 하나를 처분하려 한다면 고압과 저압의 논의도 굳이 필요 없고, 반드시 오기를 확신할 수 없는 좋은 기회도 굳이 필요 없다. 우리가 스스로 기회를 만들어 박사의 희망을 실현하는 것은 일조일석에 끝낼 수 있는 일이다. 일이 여기에 이르지 않은 것만 보고 박사가 이토 후작의 우유부단함을 질책하는데, 나는 도리어 후작의 우유부단함을 좋게 여겨서 영원히 건재하기를 바란다.

대저 '고압'이니 '저압'이니 '단(斷)' 한 글자라느니 하는 것은 결국 무엇을 위함인가. 한국을 통치하는 것은 작은 생선을 삶는 것과 같으니, 편안히 자면서 기다리라는 것이 적절한 충고가 될 것이다. 내가 박사에게 물을 것은 한국을 대하는 심술에 있다. 일본 국민이 되어 한국 혹은 한국과 유사한 약소국을 향해 어떠한 심술을 위주로 하여 행동하는 것이 옳겠는가. 앞길을 망상하자면, 일본의 보호를 바라는 나라가 단지 한국에 그치지 않고 지나, 필리핀, 터키 등 동아시아 민족이 모두 위세를 우러르며 귀의할지도 또한 모르는 일이다. 현재 일본이 보호 육성이란 좋은 명분이 있으면서 탐욕의 심술을 부린다면 그 경영을 어찌 온전히 할 수 있겠는가. 곧 음험한 후견자가 각종 기회를 이용하여 고아와 과부의 재산을 자신의 손에 넣기 전에는 그 수단을 늦추지 않는 것과 같은 심술을 부림이니, 이것이 옳겠는가. 종래 열강의 피보호국에 대한 방침이 모두 이와 같았다. 일본도 역시 굳이 이런 옛 지략을 답습하지 않으면 안 되는가.

예전에 생각해본 적이 있으니, 타국가를 경영하며 타민족을 통치하여
피차간의 국가의 이득을 증진시키려면 우선 그 민심이 우리를 신뢰하게
한 연후에 수단과 정책을 강구해야 한다. 최후의 전승(戰勝)이 무기와
병사 수와 군비 외에 다시 병사의 사기가 예전과 일치되기를 기다리고
서야 결정되는 것처럼, 왕패적(王覇的)인 경영도 역시 조약과 위력과 자
본 외에 다시 민심의 신뢰와 협력에 의지하고 나서 성사되는 것이다.
지금 일본이 밖으로 보호 중흥의 바른 명분을 내세우고 안으로는 마키
아벨리적인 속임수를 쓰면서 박사의 주장대로 한국에 임한다면 어찌
신뢰를 얻을 수 있으리오.

영국은 인도와 이집트에 대해 마음을 다했다고 할 수 있다. 그리하여
빅토리아 여왕은 인도 문자를 손수 기록하고 또 인도인이 좌우로 시중
을 들게 하였다. 영국이 이와 같이 인도를 아낀 것에 적당한 효능이 비
록 없지는 않았다고 하겠으나, 미유지니[11]와 같은 소요는 고금에 끊이지
않아서 영국 정부가 늘 신경병 환자 신세를 면하지 못하고 있다. 이는
영국 역시 타민족을 대하는 문명정치의 정수를 깨닫지 못한 점이 있어
서다.

한일협약 이래 이제 겨우 천 일도 되지 않았다. 그런데 일본인이 한국
에 대해 농업 발전을 주장하기도 하고 관세동맹을 설득하기도 하고 경
제통상을 설득하기도 하니 너무 조급하다. 물과 기름이 서로 섞일 수
없는 듯한 오늘날의 인심은 논외로 두더라도, 유형(有形)의 사업만 허깨
비처럼 드러내는 것은 사상누각을 짓는 것보다 어려운 것이다. 예전에
들으니 무쓰(陸奧) 백작[12]이 한국에 대한 방침을 지시하기를 "이 일은
지극히 쉽다. 일본 국민의 다섯 손가락을 한국 토지에 정착시킬 방도를

---

11 미유지니 : 반란을 뜻하는 'mutiny'의 일본식 발음이다.
12 무쓰(陸奧) 백작 : 무쓰 무네미쓰(陸奧宗光, 1844-1897). 일본의 정치가로 유럽에
    유학하고 이토 히로부미 내각에서 외무대신을 지냈다. 시모노세키 조약 등을 담당했다.

도모하라. 민심의 향배는 반드시 따질 필요가 없다." 하였는데, 당시에는 일면의 진리가 있음에 감복하였으나 지금은 그것이 오산임을 알 수 있다. 이는 안중에 한국만 있을 때의 일이니, 이를 미루어 대국의 발전을 상상해본다면 한 걸음도 나아가지 못할까 염려된다. 힘으로 일국을 복종시키는 것은 그래도 할 수는 있지만, 힘으로 세계를 복종시키는 것은 불가능하다.

나는 이토 통감에게 건의한 문서에서 다음과 같은 뜻을 전하였다. "필리핀의 근황을 들어보니 저들 인민이 일본을 사모하는 진정이 마치 어린아이가 자애로운 어머니를 사모하는 것과 같아서, 그 신사는 우리 폐하의 존영 앞에 무릎을 꿇고 절하며 말하기를 '우리 장래의 황제이다.' 하고는 서성거리며 떠나지 못하고, 그 뜻있는 자들은 일본이 청나라와 한국을 열강의 호구(虎口)에서 구한 것을 의롭게 여기고 부러워하며 말하기를 '우리 필리핀도 언제쯤 미국인의 독수(毒手)에서 구출되어 일본의 비호하에 서게 될까.' 하며 그 시기가 늦음을 원망한다고 한다. 저 필리핀 인민이 우리나라를 이토록 경애하는 것은 인종과 지세가 서로 가까울 뿐 아니라 실로 우리나라의 행동이 인의에 어긋나지 않아서 그 인민이 따라서 기뻐하고 믿으면서 진심으로 하풍(下風)에 서기를 희망하는 것이다. 그런데 지금 한국을 대하는 우리 관민(官民)의 상태는 어떠하다고 하겠는가. 이와 같은 행태를 다시 필리핀에 옮겨서 행한다면 아마도 저들 인민이 발을 구르며 후회하고 원망하여 일본을 다시는 거론하는 자가 없게 될 것이다."

내가 한국을 대하는 일본의 의지와 행동을 통절하게 논의하는 것은 무엇 때문인가. 오늘처럼 하면 한국을 영구히 우리와 동화시킬 수 없기 때문이다. 무릇 한국에 대한 득실을 유념하는 것은 오늘을 위한 우려만이 아니다. 이 시기를 맞아 이 섬나라의 성벽(性癖)을 교정하여 다른 나라를 아울러 통치할 대국민(大國民)의 성능을 훈련하지 않는다면, 앞길의 발전이 여의치 못할까 우려하는 성의에서 벗어나지 않을 따름이다. 실제로 이 훈련을 하는 데는 한국이 하나의 좋은 시험장이라 할 수 있다.

본래 일본인이 한국과 한국 인민을 경시한 것이 하루이틀이 아니다. 저들의 어리석은 소동을 보면 박수로 조소하고 저들의 참담한 경계를 보면 곁눈질로 냉대하여 흉중에 일말의 동정심이 전혀 없으니, 국민으로서의 도량이 이처럼 협소하고 국민으로서의 성격이 이처럼 천박한 국민을 가슴 가득 신뢰할 자가 누가 있겠는가. 그런데 박사 같은 일류신사마저 동정에 대해서는 말 한마디도 하지 못하고 도리어 탐욕의 마음으로 좋은 책략을 얻었다고 여기며 과시하니 어찌 탄식을 누를 수 있겠는가.

옛날에 위(魏)나라의 조조(曹操)가 진궁(陳宮)에게 말하기를 "내가 천하 사람을 저버리더라도 천하가 나를 저버리지 못할 것이다." 하니, 진궁이 말하기를 "그렇지 않다. 천하가 나를 저버리더라도 나는 천하를 저버리지 못할 것이다." 하였다. 이는 왕도와 패도의 분기점으로, 이 두 가지는 그 길이 각기 있다. 지금 일본은 어떤 것을 취하여 대제국주의 발전의 방침으로 삼아야 하겠는가. 애초에 국시의 방침을 정한 것이 없이 임기응변으로 표변함은 발칸 지역처럼 거의 반죽음 상태의 나라에서나 시행할 일이니, 앞길에 큰 희망이 있는 우리 일본 같은 나라는 마땅히 일정한 어떤 주의 하에서 국민으로서의 성능을 훈련시켜 성심과 진정성으로 그 발걸음을 옮겨야 할 것이다. 요컨대 세계 여러 민족들로 하여금 한국에 대한 일본의 경영 자취를 조사하게 하여 그 성과의 비범함을 경탄하고 찬미하게 해야 하니, 주의해야 할 것이다. 미미한 한국의 경영은 일본을 꺼림칙하게 할 가치도 없는 것처럼 보이나, 이 미미한 경영이 일본을 전 세계에 소개하는 첫걸음이 된다는 점을 유념한다면 이 일은 극히 중대한 사안이 된다.

내가 도미즈 박사의 의견에 반대하여 한국을 대하는 심술에 대하여 논설한 이유는 결국 국민으로서의 성능을 개선시키려는 뜻이 있어서다. 대체로 정책 수단이 어느 정도 합리적이고 흠잡을 것이 없다고 하더라도 일말의 동정심에 바탕을 두지 않는다면 고아나 과부를 복종시키기 어렵거늘 하물며 일국이야 말해 무엇하겠는가. 이른바 동정이란 무엇인가. 한국이 좋아하는 것을 좋아하고 한국이 싫어하는 것을 싫어하는 것이다. 현재 한국이 싫어하는 것은 박사의 가취주의(可取主義) 정책 같은 악마적 심술을 활용하는 것이고, 한국이 좋아하는 것은 망국을 중흥하고 세상과의 단절을 끊게 하는 대국민으로서의 동정을 베푸는 것이다. 요즘 세상에서 일국의 중흥과 독립을 기약하려면 민중이 적어도 3천만 이상이 되어야 한다. 그러지 못하면 성공하기 어려우니, 이로써 추정컨대 한국의 중흥은 한 세기를 허비해도 어려울 듯하다. 하지만 그 성사 여부를 불문하고 단지 이 한국을 동정으로 이끌기만 하면 저들이 안심하여 우리의 명령을 들을 것이니, 신뢰하는 마음이 한번 생기기만 하면 일본과 한국의 경영은 파죽지세처럼 진행될 것이고 이 소식을 듣는 여러 아시아 민족들 역시 열성으로 우리나라를 구가(謳歌)하며 올 것이다. 이 무형의 효험이 어느 정도 우리나라의 경제적 발전을 사방에 소개하며 어느 정도 우리나라의 문명적 세력을 세계에 전파할 것인지 전혀 예측할 수 없으니, 이것이 소위 '왕자무적(王者無敵)'이라는 것이다. 설령 한국에 중흥의 날이 있어서 조약을 철회하고 간섭을 없애어 광활한 들판에서 포효하며 자립케 된다 하더라도 저들이 장차 일본을 떠나 어디로 떠날 것인가. 또한 한국이 떠나도 무방하다는 원대한 식견이 있어야 비로소 세계적 동정이 진심으로 움직인 것이겠으니 이는 참으로 가취주의도 아니고 병합주의도 아니다. 그 결과 일본과 한국의 관계는 물과 젖처럼 서로 융화하여 한국이 실로 일본의 분신이 되게 할 것이니, 저 박사의 가취주의의 포부가 한갓 한국 전체의 의심과 시기를 맺을 뿐이어서 경영 시설이 전부 정체되고 열강의 악감정만 일으키는 데 비하면 그 득실이 과연 어떠하겠는가.

무릇 한국 문제는 우리나라의 성능을 시험할 일종의 시금석이다. 우리는 이 기회를 맞아 우리 국민이 대국민으로서의 자격을 얻기를 바라는 마음을 금할 수 없다.

○ 이토 통감의 대한국 방침과 양 국민의 의사

이토 통감이 예전에 재무관과 그 외 사람이 집회한 석상에서 대한국 방침을 훈시한 것은 사람들이 다 아는 바이다. 그 한 절에서 이르길 "내가 취임 당시에 로-도, 구루마[13]에서 도쿄의 영국대사에게 서신을 부치면서 '일본이 한국을 보호하는 것은 지극히 중대한 일이다. 영국은 이집트에 대해 늘 이집트를 위하여 도모하는 것이라 주장한 바 있다. 이러한 열성이 없다면 그 목적을 달성할 수 없을 것이니 제일류 인물을 한국에 부임토록 하는 것이다.'라 하였다. 나 자신을 제일류로 자부한 것은 아니되 한국 경영이 얼마나 중대한 일인지는 이를 통해 알린 것이니, 나 자신 이 목적이 몹시 쉽지 않음을 깨닫고 이 나라를 위해 열심히 도모한 것이다. 그런데 이 근본의 목적을 억측하여, 한국을 위해 도모한다는 명분 아래 일본이 이기주의를 꾀한다는 오해가 한인 사이에서 전파되어 의혹을 크게 일으키고 있으니 이제라도 여러분이 한층 더 주의를 기울이지 않으면 안 될 것이다. 선진국이 되어 동양문명의 제1위를 점한 일본이 한국에 해를 끼치는 것은 있어서는 안 될 일이요, 또한 한국민의 원한의 대상이 되는 일도 결코 해서는 안 될 일이다. 내가 부임할 무렵에 특별히 우리 황상 폐하께서 '한인에게 늘 친절하게 대하도록 재한(在韓) 관민에게 훈계하라.' 하신 말씀을 받든 것을 잠시도 감히 잊지 못한

---

13 로-도, 구루마 : 미상이다.

다.” 하였다.

열성이 있는 통감의 이 연설에 적지 않은 효험이 있어, 이기주의를 대한국 정책의 근본 취지로 오해하는 재류(在留) 인민은 도처에서 이 연설에 대해 불평불만의 마음을 지니니, 그 불평의 극심함은 이 연설이 유력한 연설임을 반증하기에 충분하다. 만약 이토 통감이 이렇게 연설한 방침을 장려 시행한다면 오랜 기간 동안 재류 인민을 소극적이나마 좋은 방향으로 교정할 수 있을 것이다. 다만 아쉬운 것은 여전히 한국에 어떠한 영향도 미치지 못하는 것이다. 저들은 여전히 시기와 의심이 있고 공포도 있어서 의친왕(義親王)으로 섭정케 한다는 설과 연방을 조직한다는 설이 하루종일 경성의 정계를 미혹하고 있다. 특히 새로운 내각이 조직되어 일진회 세력이 상부를 장악함에 이르자, 원래 일진회를 지목하여 귀화인이라 매도하던 백의의 각 단체가 팔을 걷어붙이고 그 추세를 주시하기를 잠시도 방만히 하지 않아 지금도 의친왕이 나오고 연방 제의가 나오는 것 같은 참담한 정황은 차마 눈 뜨고 볼 수 없는 지경이다. 형세가 이 지경에 이르니 몇 번이나 고심하고 설득해도 통감의 대한국 방침이 한인의 신뢰를 쉽사리 받지 못하는 것도 이상한 일이 아니다.

하지만 한인이 우리를 시기하고 의심하며 두려워함은 우려할 것이 못 된다. 우리가 통감부터 일반 국민까지 동정과 보호의 선상에서 한국을 대하는 정신을 발동시킨다면 이와 같은 의혹은 서리와 눈이 아침 해에 녹듯 다 사라질 것이다. 그런데 어찌하여 국론이 하나로 귀결되지 못하여 이 나라를 위해 도모해야 한다고 선언하는 통감의 곁에 고압주의를 공연히 창도하는 박사 같은 자도 있고, 한인을 늘 친절히 대하라는 폐하의 말씀 아래에 한국의 부녀자를 대낮에 강간한 재무관도 있는 것인가. 이 밖에도 우리가 들은 바를 일일이 말하면 코를 막아도 견딜 수 없는 추하고 더러운 행태가 종종 있다. 이런 소행을 그치지 않으면 설령 이제 통감이 결심하고 진력하여 직무를 담당하여도 주변의 언행이 서로 어긋나는 탓에 한국의 인심도 완전히 우리에게 등을 돌릴 것이니 경영의 진보도 또한 어려워질 것이다. 생각해보건대 이번 새로운 내각은 한국의 유사 이래로 파격적 발탁이라 상하에서 곁눈질하며 놀랍고 괴이하게 여기는 데가 있다. 통감이 이를 과감히 도운 것은 아마도 겉으로만 따르는 체하고 뒤로는 피하는 전 내각의 태도를 징계하고 새로운 인재를 두루 장악하여 전반적 개선을 도모하는 데 있는 것처럼 보이니, 그 의지가 결연하다. 하지만 원로대관과 국민과 온갖 불평하는 집단들의 태도가 새로운 내각을 질시하고 의심하고 있으니, 이처럼 경멸하는 시선으로 새로운 내각을 포위하는 상황이 홍수가 고립된 성을 덮치는 형세 같아서 앞날의 형세 역시 실로 쉽지 않을 것 같은 점이 있다. 이와 같은 태도를 보이는 것은 필시 새로운 내각의 인물을 싫어해서라기보다는 새로운 내각이 일본의 밀지를 받아 현재 이상으로 독립의 기초를 위협하려는 미친 주장을 내놓지는 않을지 의심이 너무 심해서 그런 것이다.

이러한 의심의 근원을 미루어보면, 일본의 대한국 여론을 볼 때 시종일관 한국을 병탄함에 목적이 있다고 확신하기 때문일 것이다. 예전에 어떤 한인이 말하기를 "일본이 한국을 대하는 것은 마치 뱀이 두꺼비를 삼키는 것과 같다. 지금 이미 목구멍에 넣었는데 어찌 토할 마음이 있겠는가." 하였다. 이러한 완고한 사상이 우리 일부 관민의 신중하지 못한 언동과 접촉하여 갈수록 더 격발된 탓에 이토 통감의 통절한 훈시와 설명으로도 해소될 수 없는 지경에 이른 것이다. 이러한 사상이 조금도 완화되지 않는다면 몇 번 통감을 교체하든 몇 번 정부를 개조하든 끝내 조삼모사(朝三暮四)의 술수에 그치고 말 것이다. 이것이 한국의 시대정신이라거나 국민사상이라 할 수 있을 만한 것이기에, 이 문제를 풀려면 그 대상이 되는 우리의 국민적 사상에 호소하여 해결하는 것 외에는 다른 방도가 없다.

황실과 황실 간에는 자연히 소통할 방도가 있을 것이고 통감부와 한국조정 간에도 또한 소통할 방도가 있을 것이니, 이와 같이 완고한 국민적 사상을 푸는 것도 역시 우리 국민의 대한국 의향이 어떠한지에 따라 좌우될 것이다. 우리 국민이 무궁한 발전을 희망하여 세계에서 가장 위대한 국가의 건설을 기왕에 자임한 이상, 강대하여 무법(無法)한 강적에 대해서는 사자가 맹렬히 달려드는 듯한 용기를 북돋고, 빈약하여 무고(無告)한 민족에 대해서는 부인 미녀의 동정심을 지니고 부축에 힘써야 대제국다운 태도를 얻었다고 할 수 있을 것이다. 이와 같이 할 수 있다면 한인이 설령 우리를 증오하고자 하여도 장차 어떻게 증오할 것인가. 부르지 않아도 우리의 품에 자연히 들어올 것이다. 솔개가 쥐를 잡는 것처럼 한국을 보지 마라. 장자(莊子)가 멸시하며 말하기를 "어떤 솔개가 쥐를 잡았는데 마침 봉황이 그 위를 지나가니 솔개가 쥐를 굳게 잡고 눈을 홉뜨며 말하길 '봉황이 혹시라도 나에게서 쥐를 빼앗으려 하는가.' 하였다."고 했다.

우리 제국의 능사는 극동 한 지역에 움츠린 채 끝날 것이 아니다. 장차 크게 떨치려는 웅건한 포부를 지닌 뒤에 물러나 한국을 진심으로 보호하되 저들의 소망을 관찰하여 지도하며 개발시킨다면, 불과 20년 만에 인문과 경제 모두 진보를 볼 것이니 이 진보 속에서 이권이 저절로 생길 것이다. 만약 오늘날의 형세를 고치지 않고 쓸데없이 정치적인 분쟁에 세월을 허송한다면 한국의 진보와 발달은 영원히 기약할 수 없을 것이다. 이러하다면 논자가 말하는 '이권'을 수습할 도리가 없어서 일본이 단지 황폐한 산하의 번병(藩兵)이 될 뿐이리니, 이 둘 중 어느 쪽으로 결정될 것인가는 한국의 의혹을 해소하는가 못하는가에 달려 있다. 의혹을 해소하는가 못하는가는 일본의 대한국 정신에서 가취주의와 불취주의 중 무엇을 채용할지에 달려 있지 않겠는가. 바람이 없는데도 물결

이 움직이는 것은 필시 물고기가 헤엄치기 때문이다. 미물 하나가 내 마음을 감동시키면 개나 말도 감동시킬 수 있는 것이니, 천하를 속일 수는 없다.

○ 한일 관계와 제삼국

한국과 일본의 관계를 두 나라의 합의만으로 결정할 수 없는 것은 말하지 않아도 다 아는 일이니, 반드시 세계 외교단체의 승인 혹은 묵인을 거치는 것이 요구된다. 그러므로 한국에 대한 일본의 정책은 양국의 세력을 헤아림과 동시에 외교단체의 간섭을 금하는 별도의 용의(用意)가 없어서는 안 되는 것이 당연하다. 세상에서 이를 이토 통감의 완화정책이라 하여 공격하는 자도 있으나, 국력이 여전히 부족한 일본이 열강을 어렵게 여겨서 공손하고 깍듯하게 대하며 국보(國步)를 내딛는 것은 혹 앞날의 발전을 위한 방도가 될는지도 모른다. 항상 공격하는 주의로 만사를 결정하려 하는 것은 결국 화를 잘 내는 섬나라의 근성을 고치지 못한 데 있지 않겠는가.

이른바 ‘용의(用意)’란 무엇인가. 한국 황제와 한국 인민이 일본에 대한 의혹을 완화시키는 데 뜻〔意〕을 쓰는〔用〕 것일 따름이다. 영국이 인도를 통치한 지 백 년 만에 명분과 실리를 전부 장악한 형세를 들어 말하자면, 토착민의 다소간의 악감정을 돌아보지 않을 수도 있었으나 그렇게 하지 않았다. 행정조직이 적합하지 못한 결과로 농민 전체가 과중한 세금에 시달리고 또 영국 관리의 냉담한 태도에 격분하여 영국 행정을 혐오하는 조짐이 일어나니, 본국의 식자들이 이를 몹시 우려하였다. 그리하여 토착민이 영국을 신용하는 생각이 줄어들어 북방의 거인으로 하여금 그 세력을 넓히게 하는 동기가 될까 봐 이를 예방하려고 연구한 모습은 우리 국민이 대한국 정책에 대해 소홀하고 태만한 것과는 전혀 다르다. 영국 같은 대국으로 인도를 억제하는 것은 단 한 사관(士官)의 능력으로도 분별할 수 있건만 감히 그렇게 하지 않고 완화적 연구를 진행한 이유는 역시 제삼자에 대한 용의일 따름이라 하겠다. 이에 관하여 나는 이토 통감의 정책이 한층 더 완화되기를 바란다. 바꾸어 말하면 정신이 있고 생명이 있는 완화정책을 쓰되 완화의 극점까지 극력 쓰라는 것이다.

한인으로서 통감의 관저를 출입하는 자는 재임 중인 내각대신뿐이고 그 나머지는 통감의 얼굴을 본 자도 거의 없다. 그런데 경성 정계의 공기는 대신 외에 다시 유력자의 손을 통해 성사되는 일이 적지 않으니, 원로단체, 유생단체, 신문잡지 관련자, 민간의 여러 정사(政社) 등 주야로 한국의 여론을 조성하는 일에 종사하는 자가 많다. 그런데 통감부가 이들을 이방인처럼 대하여 양쪽의 거리가 마치 구름 밖 천 리 같은 감이 있으니, 그 의지와 감정이 점차 소원해져서 활동하기만 하면 배일(排日) 경향으로 치달리려 하는 것이 괴이하지 않다. 통감이 만약 다소 시간을 할애하여 각종 방법으로 이러한 유력자를 불러서 만나고 우리의 진의를 보이고 그들의 의견을 수렴하여 수시로 소통한다면, 오늘날의 형세를 전환하는 데 무슨 어려움이 있겠는가. 특히 배일을 생명처럼 여겨 고개를 처들고 굴하지 않는 유림의 거두 같은 자에게 그 효력이 필시 있을 것이니, 의리가 한번 밝혀짐에 이르러서는 진정으로 일본과 마음을 함께하는 자를 도리어 이 무리에서 보게 될 것이다. 듣자니 허 아무개는 감옥에 수감되어 독서와 근신을 평생 그치지 않았는데, 그가 무죄로 석방될 때 하야시(林) 공사가 그를 회유하기 위해 천금을 주었지만 그가 포기하고 떠났다고 한다. 대체로 이익으로 회유할 수 있는 자는 애초에 방기하고 돌아보지 않아도 우리에게 무방하지만, 꿋꿋하기가 저 아무개와 같은 자를 어찌 아끼고 가까이하지 않을 수 있겠는가. 통감이 완화수단을 크게 사용하고자 한다면 저런 배일파의 중견을 동화시키는 데 전력을 다해야 그 태세를 갖출 수 있을 것이다.

전 내각이 겉으로만 따르는 체하고 뒤로는 피하니, 뜻대로 할 수 없는 저들이 통감의 시정(施政) 취지를 이해하지 못하는 것은 아니지만 주변의 압박을 물리치기 어려워 수서양단(首鼠兩端)의 태도를 취한 것은 부득이한 결과이다. 이로써 미루어보면 새로운 내각도 역시 오래지 않아 사면초가에 놓여서 점차 한국화되어 갈 것은 형세상 면하기 어려울 것이다. 본래 경성 내각은 한국 황제와 통감부의 경성 정계의 중간에 끼어 있는 꼭두각시에 불과하다. 이 셋 중 인력(引力)이 가장 강한 자리에 흡착되어 있는 자가 떠나면 우리의 역량을 다하여 동화시킬 것은 여기에 있지 않고 저기에 있으니, 정부에서도 주변의 형세를 어찌 중시하지 않을 수 있겠는가. 그런데 이렇게 완화하는 것은 오로지 자주 접촉하며 회견하는 기회를 많이 갖는 데에 있다. 이에 대하여 고훈 씨[14]의「인도를 통치하는 정책」중에 기술된 다음의 한 절은 우리가 취할 만하여 어느 정도 참고해보겠다.

"……영국이 이와 같은 대제국을 통치하는 것은 용이한 사업이 아니어서 정치 조직에서 개선할 것이 몹시 많다. 그 개혁의 첫걸음은 그 천편일률적 규정의 가혹한 법령을 없애고 모든 정치를 인정(人情)의 기초상에 두는 데 있다. 현재는 인민도 통치자를 모르고 통치자도 인민을 모르니 이것이 가장 큰 결점이다. 저 1857년 대반란 전에는 인민에게 그래도 통치자가 있었는데 오늘날에는 오직 규칙만 있을 뿐이라, 무슨 일이든지 규칙을 따를 뿐이지 치자와 피치자 사이에 어떠한 온정도 없다. 이렇게 된 이유는 오늘날 수많은 관리들이 그 관계된 부서의 번잡한 직무 규정으로 인하여 종일 공무에 분주하기 때문이니, 도저히 토착민을 접하여 친밀한 교제를 맺어 동정의 마음을 일으킬 기회를 얻을 수 없는 것은 이치상 참으로 그러하다. 중앙정부와 고급관리는 항상 별도

---

14 고훈 씨 : 미상이다.

로 한 세계를 만들어 생활하기 때문에 이러한 불만족의 사정을 듣지
못한다. 더구나 인도에는 성국(省局) 정치의 폐단이 성행함과 아울러
관리 승진의 첩경은 각부 장관의 문을 통과하는 것이기 때문에, 정부의
관리들이 캘커타(Calcutta) 및 심라(Shimla)의 각 장관의 문밖으로 한
걸음도 걸어 나가는 일이 없고 단지 근면과 그 성실한 필사의 기술로
등용될 뿐이니, 이것은 이른바 도필리(刀筆吏)로 조직된 것이다. 그러므
로 토착민의 사정에 불통함은 물론이고, 거론되는바 지면 통치의 결과
로 중대한 위험이 확대됨은 굳이 논쟁할 것도 없다. 농민이 들판에서
슬피 부르짖어도 수많은 지방 관리들이 그 사이에 끼어 있기 때문에
장관의 귀에 쉽게 도달하지 못하는 것이다."

인도와 한국은 그 관계가 실로 다르고 고훈 씨가 지적한 것과 내가
지적한 것도 그 취지가 역시 다르다. 그러나 치자와 피치자 및 보호자와
피보호자 사이에 의지와 감정이 소통할 길이 없음을 우려한 점은 같고,
지면 통치의 결과로 중대한 위험이 확대된다고 한 것은 또한 우리가
각성해야 할 점이라 확신한다. 재정고문이 백동화(白銅貨)[15] 교환에 실
패하고 창고회사에 실패하고 징세 방법의 급격한 변화에 지방의 한인
중 일본의 행정을 원망하는 자가 배가하여 민간의 정서가 아직 우리에
게 온화하지 않은데 곧장 법치적 제도를 강행하려고 한다면 지면 통치
의 위험을 더할 것이니, 대세를 제어하는 측면에서 이 어찌 숙고한 일이
아니겠는가. 완화정책이 한인의 각 방면에 보급될 방도가 전혀 열리지
못할 뿐 아니라 우리 관민 사이에도 역시 철저히 납득되지 못할 것이다.
통감은 본래 통감적이고 관료는 본래 관료적이며 국민도 또한 각자 한
국에 대한 우애를 임의로 주장하므로, 결국 한국에 대한 일본의 의사가

---

15 백동화(白銅貨) : 1892년 전환국에서 발행한 액면가 2전 5푼의 동전으로, 개항 이후
급증하는 재정 수요와 당면한 재정 궁핍에서 벗어나기 위해 1892년부터 1904년까지
주조·유통시켰다.

확정되기 전에는 한국이 우리의 보호 선언에 의혹을 품게 되는 것이다. 그러니 일본과 협력하여 국보(國步)를 내딛는 것이 이롭다는 것을 아는 자라도 안심하여 생명과 재산을 의탁하려고 하지 않는 것 역시 무리가 아니다. 만약 일개 한국 문제뿐이라면 민심의 향배가 우려할 만한 게 못 된다고 하겠으나, 제삼자에게 간섭할 구실을 갖게 하는 약점이 끊이지 않는다면 우리나라가 영구히 한국으로 인해 일종의 불면증에 빠지게 될 것이다. 이와 같다면 소득이 손실을 보상하지 못한다. 만일 간섭의 단서를 한번 열어버리면 성패는 고사하고 그 일이 곧장 국가의 덕망과 위신에 관계되어 끊임없이 발전하는 콧등을 꺾을 우려가 있으니, 우리가 완화정책에 극도로 애쓰라고 권하는 절반의 이유는 여기에 있다.

요컨대 일본의 정신에서 가취주의(可取主義) 하나를 철회해야 한다. 합리적으로 입안하고 행동한 결과를 따라 자연히 귀의하는 경우는 아시아 민족을 전부 연방 통치하더라도 역시 많지는 않을 것이다. 하지만 가취주의를 주장해 절치부심하여 계획을 세우고 겉으로만 국제적 예사(禮辭)를 보이는 것 같은 구식 수단은 신흥국의 입장에 적절하지 못하다. 이는 단지 한국에만 그런 것이 아니라 모든 국가 모든 민족에 대하여 전부 그러하다. 가취주의를 철회한다 해서 대상이 우리를 반드시 피하는 것은 아니다. 석륵(石勒)이 말하기를 "대장부의 처세는 모름지기 활달하고 호방하여 마치 광풍제월(光風霽月) 같아야 한다. 고아와 과부를 속여서 천하를 취하는 짓을 하지 않는다." 하였으니, 우리나라가 세계에 대처할 때도 또한 이러한 당당한 태도가 요구될 것이다. 과연 이와 같을 수 있다면 일개 한국을 우리 아래에 속히 귀속시키는 것은 물론이고 전 세계 민족의 신뢰와 동경도 환기시킬 것이다. 무릇 이와 같다면 세계가 어찌 우리에게 있지 않겠는가. 아귀도(餓鬼道) 정책에 집착하는 독일처럼 하지 말고, 향원(鄕愿) 식으로 보호국에 임하는 영국과 프랑스의 누습을 배우지 말고, 시대사조에 수십 장(丈) 높이 올라서 특별히 정치적 대승의 뜻을 발휘할 수 있어야 비로소 웅대한 황조(皇祖)의 유훈을 받들어 행한다고 할 수 있을 것이다.

아동고사

죽장릉(竹長陵)

신라 유리왕(儒理王) 때 이서고국(伊西古國)이 금성(金城)에 와서 포위하니 신라인이 이를 방어하나 이길 수 없었다. 그때 갑자기 기이한 군사가 크게 당도하였다. 그들은 전부 대나무 잎을 귀에 꽂고 관군을 도와서 적군을 격파하였는데, 돌아간 곳을 알 수 없었다. 다만 대나무 잎 수만 장이 미추왕릉가에 쌓여 있었다. 이에 나라 사람들이 말하기를 "왕이 신병을 거느려 몰래 도운 것이다." 하여 그 왕릉을 죽장릉이라 불렀다.

서출지(書出池)

신라 염지왕(焰智王)이 천천정(天泉亭)에 행차할 때 어떤 까마귀가 서찰을 물고 와서 울었다. 그 서찰의 겉면에 "열어보면 두 사람이 죽을 것이고, 열지 않으면 한 사람이 죽을 것이다."라고 적혀 있었다. 왕이 말하기를 "두 사람이 죽는 것보다는 한 사람이 죽는 것이 더 낫겠다." 하여 열어보지 않으려고 하였다. 일관(日官)이 말하기를 "한 사람이란 군주입니다." 하기에 열어보니 서찰에 "금갑(金匣)을 쏴라."라고 적혀 있었다. 왕이 이에 입궁하여 금갑을 쏘니 왕비와 몰래 사통하던 내전의 분수승(焚修僧)이 금갑 속에 있다가 전부 주벌되었다. 그 이후로 매년 세수(歲首) 15일에 나라 사람이 찰밥으로 까마귀에게 제사를 지냈다.

또 용이 비를 내리게 하고 말이 힘든 일을 담당하여 사람에게 공로가 있고 돼지와 쥐가 곡식을 소비하여 사람에게 피해를 준다는 이유로 매해 세수의 진일(辰日), 오일(午日), 해일(亥日), 자일(子日)에 기양제(祈禳祭)를 지냈는데 이를 일러 신일(愼日)이라 하고, 어떤 노인이 연못에서 나와서 금갑의 서찰을 헌납한 까닭에 그 연못을 서출지(書出池)로 명명한 것이다.

장보고(張保皐)와 정년(鄭年) 전(傳)

장보고는 일명 궁복(弓福)이요 정년(鄭年)은 그의 벗이니 신라인이다. 정년이 장보고를 형이라 불렀다. 장보고는 나이로 처신하고 정년은 재능으로 처신하니 항상 어긋나서 서로 굽히지 않았다. 정년은 수영에 능한 까닭에 해저로 잠수해 50리를 헤엄쳐도 숨이 막히지 않아 그 장한 용맹을 드러내었지만, 장보고는 그에 미치지 못하였다. 두 사람은 당(唐)나라에 들어가 곽자의(郭子儀)와 이광필(李光弼)을 종유(從遊)하다가 무령군(武寧軍) 소장(小將)이 되었다. 모두 기마와 궁술에 능한데 철창(鐵槍)을 사용하면 대적할 자가 없어 중국에 명성을 떨쳤다. 장보고가 신라로 돌아와서 흥덕왕(興德王)에게 아뢰기를 "중국에서 우리 백성을 노비로 삼으니 몹시 치욕스런 일입니다. 바라건대 청해(淸海)–지금의 완도–를 지키게 해주소서. 해적들이 백성을 약탈해 서쪽으로 데려가지 못하게 하겠습니다." 하니 흥덕왕이 장보고에게 병사 1만 인을 주어 청해를 지키게 하였다. 그 이후로 해상에 침략하는 자가 없었다.

희강왕(僖康王) 2년에 아찬(阿湌) 김우징(金祐徵)의 부친 김균정(金均貞)이 아찬 이홍(利弘)에게 피살되니, 김우징이 화를 입을까 두려워서 남은 군사를 수습하여 처자식을 거느리고 황산진(黃山津)으로 달아나 청해진 대사(淸海鎭大使) 장보고를 찾아가 의탁하였다. 이어 원수를 갚을 것을 모의하고 김양(金陽)과 함께 거병하여 김명(金明)을 토벌할 때 장보고에게 말하기를 "김명은 주군을 시해해 스스로 즉위하였고 이홍은 나의 부친을 죽였으니 불공대천의 원수다. 바라건대 장군의 군사를 빌려서 주군과 부친의 원수를 갚고자 한다." 하였다. 장보고가 비분강개하여 허락하였다.

이에 앞서 정년이 중국에서 실직하고 사수(泗水)의 연빙현(漣氷縣)에 거처하며 기근과 추위를 면하지 못하고 있었다. 하루는 술장(戌將) 풍원규(馮元規)에게 말하기를 "나는 장보고에게 가서 걸식하려 한다." 하니, 풍원규가 말하기를 "자네는 장보고와 사이가 좋지 않은데 어째서 제 발로 찾아가서 죽으려 하는가." 하였다. 이에 정년이 답하기를 "구차하게 기근과 추위로 죽는 것은 깨끗하게 전쟁에서 죽는 것만 못하다. 하물며 고향에서 죽는 것에 비하겠는가." 하고는 마침내 신라에 가서 장보고를 만나니 장보고가 정년에게 술을 대접하며 환대하였다. 술자리가 끝나기 전에 김우징의 말을 듣고 병사 5천 인을 나누어 정년에게 주고 손을 잡고 눈물을 흘리며 말하기를 "자네가 아니라면 환란을 평정할 수 없을 것이다." 하였다.

겨울 12월에 정년이 평동장군(平東將軍) 김양(金陽)과 염장(閻長)과 이순행(李順行) 등과 함께 김명을 토벌해 주벌하고 김우징을 맞이하여 왕위에 즉위시켰다. 왕이 청해진 대사 장보고를 감의군사(感義軍使)에 제수하여 실봉 5백 호를 하사하고 이어서 상(相)에 제수하고, 정년에게 청해진을 대신 사수하도록 명하였다.

이어서 문성왕(文聖王)이 즉위하여 전교하기를 "청해진 대사 장보고가 군사를 가지고 부친인 신무왕(神武王)을 도와 선대 조정의 거대한 적을 멸하였으니 그 공로를 어찌 잊을 수 있겠는가." 하고는 마침내 진

해장군(鎭海將軍)에 제수하였다. 그리고 문성왕 7년에 장보고의 여식을
거두어 차비(次妃)로 삼고자 하였으나 신하들이 간언하기를 "장보고는
해도인(海島人)이니 그 여식을 거둬서는 안 됩니다." 하여 왕이 이를 따
랐다. 애초에 신무왕 우징이 청해진에 투신할 때 장보고와 약조하기를
"참으로 원수를 갚을 수 있다면 마땅히 경의 여식을 내 아들의 비로 삼겠
다."라 하였기에 왕이 그렇게 하고자 한 것이었으니, 이때가 되자 장보
고가 자신의 여식을 거두지 않은 데 원한을 품고 청해진을 거점으로
반역하였다. 이에 조정에서 장차 토벌하려고 하나 장보고의 강한 군사
력을 꺼려 주저하며 정하지 못하고 있었다. 이에 무주(武州) 사람 염장
(閻長)이 왕에게 고하기를 "바라건대 신의 계책을 따르신다면 군사 하나
도 잃지 않고 빈주먹만 가지고 장보고의 목을 베어 바치겠나이다." 하니
문성왕이 허락하였다. 염장이 거짓으로 반역한 체하여 청해진에 투신하
니 장보고가 그의 용기를 아껴서 상객으로 대접하고 함께 술을 마셨다.
장보고가 술에 취하자 염장은 검을 빼앗아 그 목을 베고 그 무리를 불러
알리니 무리들이 감히 움직이지 못하였다. 왕이 기뻐하며 염장에게 상
을 내리고 아간(阿干)의 관직을 내렸다.

　당나라 두목(杜牧)이 장보고와 정년을 논하였는데, 그 대략은 다음과
같다.

　　장보고가 정년과 평소 서로 굽히지 않은 것은 곽자의와 이광필
　의 사이와 같았다. 곽자의가 원한을 풀고 이광필을 기용하니 나라
　의 원훈(元勳)이 되었다. 정년이 곤궁하여 장보고에게 투신함에 장
　보고가 병력을 나누어 주어 성공하였으니, 장보고의 현명함은 곽
　자의와 같다고 하겠다.

앉아서 옛 벗을 생각하다 漢

태석생(胎石生)

벼슬살이에 몸 바치고 또 어디로 가나	騰身宦海又何之
한 손으로 하늘을 받쳐도 하늘은 모르는구려	隻手撐天天不知
고향에 대해 말해도 한마디 말이 없어	語到鄕關無一語
반은 뜨거운 눈물 흘리며 반은 시를 지어보려 하네	半揮熱淚半題試

여러 가지 헤아려 속세에서 벗어나려 해도	百般料量出塵寰
가시밭 천지에 걸음 딛기 어려워라	棘地荊天擧步艱
내 끌채는 남쪽 향하고 그대 바퀴는 북쪽 향하는데	我濟南轅君北轍
묻노라, 누가 빼앗긴 강산을 정돈하려나	問誰整拾舊湖山

바다 동쪽 끝에서 다시 그대 행차 송별하니	海東頭又送君行
무한한 시름 무한한 정회	無限牢愁無限情
그해 붓 던진 일만 기록으로 남아 있고	猶記當年投筆後
모두 석두성(石頭城)¹⁶을 떠도는 처지가 되었네	一般淪落石頭城

구름 낀 하늘가에 앉으니 기러기 서신 끊어지고	雲天坐斷鴈來書
비바람만 쓸쓸히 내 집에 드네	風雨蕭蕭入我廬
한스러워라, 다른 사람 침상에서 코 고는데	絶恨他人鼾臥榻

---

16 석두성(石頭城) : 삼국시대에 오(吳)나라 손권(孫權)이 축성한 성으로서, 지세가 험
  하여 도성을 보위하는 중요한 성곽이다. 당나라 시인 유우석(劉禹錫)의 「석두성」이라
  는 시가 남아 있다.

나만 버릇처럼 병 많은 사마상여(司馬相如) 되었나　　如何慣作病相如

『태극학보』를 읽고 열성으로 진취를 축하하다 漢

회원 이달원(李達元)

동해로 고개 돌려 요진(要津)을 묻고	回頭東海問要津
그대들과 세상 함께 살며 진리를 배웠지	倂世諸公學理眞
홀연 추풍이 나를 일으키니	忽地秋風因起我
다른 하늘의 밝은 달, 멀리 사람을 그립게 하네	各天明月遠懷人
한 편의 붉은 피 보는 곳마다 쏟아지고	一篇丹血看來瀉
반도의 푸른 산 읽는 곳마다 새롭구려	半島靑山讀處新
하는 말이 권력을 장악하게 되니 신력(神力)이 여기 있어	語到挽權神力在
육대주와 어깨를 나란히 하는 이웃 되었음을 확실히 알겠네	確知幷駕六洲隣

문원

충정공(忠正公) 민영환(閔泳煥) 제문 漢

대한구락부 대표원 나수연(羅壽淵)·박승혁(朴承爀)·성기영(成夔永) 조곡(弔哭)
박은식(朴殷植) 찬술(撰述)

　아아, 슬프도다! 자고로 지사, 인인(仁人), 충신, 열사로서 위기를 보면 목숨을 바쳐 의(義)를 취한 자들이 얼마나 많았겠는가마는, 4천 년 조국을 위해 죽고 5백 년 종사를 위해 죽고 2천만 동포를 위해 죽은 자는 상하 만고에 오직 민영환 공 한 명뿐이다. 열렬하도다, 어두운 거리에 태양의 걸림이여. 험준하도다, 세찬 급류에 기둥의 솟음이여. 굉장하도다, 세상을 뒤흔들며 멀리 퍼져 감이여. 혁혁하도다, 천 겹을 비추며 점점 더 빛남이여. 저 강성한 이웃나라의 무력은 러시아인 70만 무리를 격파할 수는 있었어도 공의 독립심을 꺾을 수는 없었다. 저 여우나 쥐, 요괴 같은 무리가 우리 삼천리 강토를 외국인에게 팔 수는 있었어도 공의 독립심을 빼앗을 수는 없었다. 아아, 공의 독립이 곧 어찌 국가의 독립이 아니겠는가. 생각건대 우리 2천만 동포가 몸 바쳐 세상을 구하고자 한 공의 열혈을 얻어 뇌수의 힘을 쏟아붓는다면 자유 독립의 정신이 장차 여기서 결속될 것이니, 누가 우리 한국이 독립을 갑자기 잃었다고 하겠는가. 아아, 공이 우리 동포와 작별하는 유서를 남겼으니 "나는 죽어도 죽지 않고 반드시 구천에서 그대들을 도울 것이오." 하였다. 아마도 공의 충의의 혼백이 장차 무수한 별들 사이에 올라 상제의 복록과 은택이 우리 백성에게 내려질 것이고, 또한 장차 천둥 번개가 되어 요마를 물리치고 세상을 평정할 것이니, 누가 공이 이 세상에 없다고 하겠는가. 또 공의 유서에 "지기(志氣)를 굳게 하고 학문에 힘써서 마음으로 돕고 힘을 합쳐 우리의 자유와 독립을 회복한다면 죽은 자가 마땅히 어두운 저승에서 기뻐하며 웃을 것이다." 하였다. 아아, 우리 2천만 동포로서 이 작별의 유서를 읽은 자라면 어찌 감히 가슴에 새겨 울분을 떨치고 목숨을 내던져 우리 자유 독립의 회복을 기약하며 하늘에 있는 공의 영령을 위로할 방도를 생각하지 않을 수 있겠는가. 아아, 만약 하늘의 뜻이 재앙을 내린 것을 후회하여 위기에서 나라의 명맥을 회복하고 수렁에서 백성의 목숨을 구제하여 그 자유 독립을 잃지 않도록 한다면, 우리 동포들은 자자손손 공의 상(像)에 절하고 공의 전(傳)을 읽고 공의 공덕을 영원토록 칭송할 것이다. 만약 하늘이 보우하지 않아 나라와 백성의 치욕을 설욕하지 못하고 아득한 고난을 벗어날 기약이 전혀 없다면, 생존한 우리 동포들 역시 가슴 치고 피 흘리며 서로 이끌어 저

승에서 공을 따를 것이다. 유유한 창천은 무엇으로 우리에게 처신할 방
도를 일러줄 것인가. 연일 통곡하며 호소하나 길이 없어서 신주 앞에
엎드려 이 피맺힌 속마음을 고한다. 엄숙하도다, 그 탄식하며 간곡히
타이른 바 있음이여. 아아, 슬프도다!

충정공(忠正公) 조병세(趙秉世) 제문 漢

아아 우리 조정에	緊惟我朝
오직 공이 명가라	推公名家
화려한 벼슬 끊이지 않아서	卿相蟬聯
대대로 현달하였고	累業輝華
왕실과 미덕을 짝하여	匹休王室
대대로 충정이 돈독하였지	世篤忠貞
공의 평생 행적을 살펴보니	跡公平素
강직한 도를 행하고	直道以行
그 실천이 방정하며	其履也正
그 존심(存心)이 진실되어	其存也誠
올곧은 말만 하였네	謇謇諤諤
의리가 형색으로 드러나고	義形于色
충언과 당론에	忠言讜論
간언이 간곡하니	啓沃懇惻
천자께서 말씀하기를	天子曰咨
이로써 짐의 덕망을 도우라 하셨지	以輔朕德
걸음걸이 의젓하니	赤舃几几
백관들의 모범이 될 법하고	百僚足式

일절(一節)이 갈수록 견고하고	一節彌堅
삼달(三達) 모두 드높으며	三達俱隆
평정과 진퇴의	夷攷進退
거동이 중도에 부합하였지	動合于中
궤장(几杖)¹⁷을 가지고 한가한 시간에	几杖頤閒
가릉(嘉陵)의 고장¹⁸에 가니	嘉陵之鄉
산수가 서쪽으로 흘러	汕水西流
한양(漢陽)에 입조하듯	朝于漢陽
심상히 시 읊으며	尋常嘯詠
궁궐을 잊지 않았지	不忘魏闕
난세를 만나서는	遭時艱棘
충절 더욱 절절하고	危忠益切
강대한 이웃나라 맹약을 어기고	强隣渝盟
간사한 무리들 창귀가 되어서	羣奸爲倀
우리 백성을 노예로 삼고	將奴我民
우리 백성을 유린하려 하는데	亦躪我強
원로란 자가 재야에서	耉造在野
어찌 구차히 지낼 수 있으리	寧忍偸息
공의 수레 스스로 오니	公車自來
만민이 손을 얹고 바라보았지	萬人手額
이에 백관을 이끌고	爰率羣僚
궐문에 외치고 서신을 이었으나	叫閽聯牘
큰 집이 기우는지라	大廈垂傾

---

17 궤장(几杖) : 임금이 국가에 공이 많은 늙은 신하에게 주는 안석과 지팡이를 말한다.
18 가릉(嘉陵)의 고장 : 가릉은 고려 원종의 부인이며 충렬왕의 어머니인 순경태후의 무덤으로, 인천광역시 강화군 양도면 능내리에 있다.

나무 하나로 버틸 수 없구려	莫支一木
하늘이여 하늘이여	天乎天乎
호소가 들리지 않는가	呼籲不聞
어떻게 나라에 보답하고	曷以報國
어떻게 백성에게 보답하리	曷以謝民
끝내 쇠잔한 몸을 이끌어	遂將殘骸
의리를 다하고 절개를 지켰지	畢義自靖
여러 상소 간절히	羣疏懇懇
성상께 닿기 바라고	冀格天聽
각 관에 서신을 부쳐	函寄各舘
국인들에게 경고하며	警告國人
한마디 한 글자	一言一字
심혈을 기울였지	心血殷殷
호기(浩氣)가 허사로 돌아가나	浩氣歸虛
단충(丹忠)이 세상을 비추며	丹忠照世
하늘을 받치고 우주에 떨쳐	撑天亘宙
이 의리 변치 않았지	斯義不替
아, 우리 동포들이여	嗟我同胞
공의 결사를 체득하고	體公訣詞
가슴에 새겨	服之心膺
늘 유념하고	念玆在玆
심력을 다하고	竭心盡力
독립하고 유지한다면	獨立維持
하늘에 계신 공의 영령이	公靈在天
마땅히 기뻐할 것이라	宜其悅怡
할 수 없다고 한다면	若云不克

어찌 살겠는가	何以生爲
창천이여 창천이여	蒼天蒼天
어찌 차마 하지 않겠는가	胡不忍斯
엎드려 고하니	匍匐以告
눈물이 쏟아져	淚如綆縻
말로 정을 다할 수 없구려	辭不盡情
부디 감응하소서	公其格思
아, 슬프도다	嗚乎哀哉

세계 약론(約論)

○ 세계 주민

전 세계 인구는 대략 15억이니, 그 종류가 몹시 많다. 이를 크게 구별하여 다섯 종류로 나누니, 몽골 인종, 코카서스 인종, 아메리카 인종, 아프리카 인종, 말레이 인종 등이 그것이다.

몽골 인종-황인종- : 피부는 황색이고 안면은 넓고 관골(顴骨)-광대뼈-은 돌출되었고 두발은 흑색이다. 아시아 대부분, 유럽 동부 지방에 거주한다. 그 수가 5억 8천만에 달한다.

코카서스 인종-백인종- : 피부는 희고 안면은 가늘고 길며 코가 높고 두발은 다갈색이다. 유럽 대부분, 인도와 호주의 해안, 아메리카합중국, 남아메리카 해안 등지에 거주한다. 그 수가 6억 4천만이다.

아프리카 인종 : 피부는 흑색이고 코가 낮고 입술이 두꺼우며 두발은 흑색이다. 아프리카 대부분, 호주 중부에 거주한다. 그 수가 1억 9천만

에 달한다.

말레이 인종 : 피부는 다갈색이니 외모는 몽골 인종과 흡사하고 눈은 백인종 같은 인종이다. 말레이 반도, 동인도 제도 등지에 거주한다. 그 수가 5천만에 달한다.

아메리카 인종 : 피부는 동색(銅色)이고 코가 높고 두발은 흑색이다. 캐나다, 멕시코, 남아메리카 중부에 있다. 그 수가 1천 5백만에 달한다.

○ 세계 언어

인종이 상이한 까닭에 언어도 역시 같지 않아서 그 종류가 몹시 많다. 그중에 가장 많은 사람들이 사용하는 것은 지나어이다. 상업상으로는 영어가 유행하고 외교상 또는 상류사회에서는 프랑스어를 사용한다. 이 외에 독일어와 러시아어가 세력이 있다.

○ 세계 종교

세계 각국 인민이 신앙하는 종교는 그 종류가 많되, 가장 두드러진 것을 들면 다음과 같다. 불교는 지나, 일본, 인도차이나, 스리랑카 등지의 주민이 신앙한다. 그 신도는 세계 인구의 삼분의 일을 점한다.

바라문교는 불교와 마찬가지로 인도에서 일어난 것으로, 인도 인민의 대다수가 이를 신봉한다. 그 수가 2억 5천만이다.

기독교는 오로지 유럽과 아메리카에서 유행하니 구교, 신교, 그리스교 등 3대 종파로 나뉘며 신자가 3억 3천만이다.

이슬람교는 아시아 서부 및 아프리카 북부 해안의 인민들이 신봉한다. 그 수가 2억에 달한다.

국내우체요람(國內郵遞要覽)

우체에 속한 편리한 방법은 그 종류가 몹시 많다. 이를 일일이 거론하면 도리어 번잡해질 우려가 있으므로, 그중 한국 관민의 일용상 가장 편리하고 유익한 것만 가려 적겠으니 장차 이를 바탕 삼아 이용할 수 있을 것이다.

제1장 우송 금지 물건

우편으로 송부할 수 없는 물건은 다음과 같다.

1. 공안을 방해하고 풍속을 저해하는 문서와 도화 및 기타 물건
2. 폭발성이나 발화성 또는 위험성 물건 및 기타 우편 관원에게 위해를 가하거나 혹 우편물에 손해를 입히는 물건

제2장 통상우편

1. 통상우편물의 종류 및 그 요금은 다음과 같다.

제1종	서신	중량 4전이거나 그 영수(零數) 당	3전
제2종	통상엽서 왕복엽서 봉함엽서	1매 1매 1매	1전 5리 3전 3전
제3종	제3종 우편물 인가를 얻은 신문 및 잡지 등	중량 2량이거나 그 영수 당	5리
제4종	서적, 인쇄물, 사진, 서화도(書畵圖) 형태의 상품 및 모본(模本) 등	중량 3량이거나 그 영수 당	2전
제5종	농산물 종자	중량 3량이거나 그 영수 당	1전

2. 통상우편물의 용적 및 중량의 제한은 다음과 같다.

> 1) 용적 : 길이 1척 3촌까지 −곡척(曲尺)
>   너비 8촌 5푼까지
>   두께 5촌까지
> 2) 중량 : 제3종 내지 5종 우편물은 30량까지
>   상품 형태 및 모본은 10량까지

3. 우편물의 송달을 확인하는 방법

> 1) 중요한 서류 및 증권 등은 등기우편물로 송부해야 한다. 이
>   방법을 따르면 우편물을 수수한 증거가 있으니 영수인에게
>   도착 여부를 확인할 수 있다. 이 요금은 통상우편물 요금 외
>   에 1회당 7전씩으로 한다.
> 2) 등기우편물로 송부하는 사람이 전 조항의 요금 외에 3전을
>   추가 납부하면 영수인에게 배달한 증명서를 요구할 수 있다.

제3장 소포우편

서신이 아닌 물건으로 그 형상이 크며 중량이 무거운 것을 소포우편
물로 송부하면 요금도 저렴하고 또 편리하다. 그 용적과 중량의 제한
및 요금 등은 다음과 같다.

1. 용적 : 길이·너비·두께 각 2척까지 −곡척
   다만 너비와 두께가 각 5촌 이내인 것은 길이 3척까지로 한다.
2. 중량 : 1개당 150량을 초과할 수 없다.
3. 요금 : 중량이 20량까지는 10전
   40량까지는 15전
   60량까지는 20전
   90량까지는 30전
   120량까지는 40전
   150량까지는 50전

　　　　　다만 동일한 우편구역 내에 발착(發着)하는 경우는 중량에
　　　　　구애되지 않고 1개마다 5전으로 한다.
4. 배달 증명 : 소포의 송달을 확인하려고 하면 요금 3전을 추가 납부하
　여 배달증명서를 요구할 수 있다.
5. 소포 금지 물건 : 모든 우송 금지 물건은 소포로 송부할 수 없으며
　또 서신을 소포에 동봉할 수도 없다.

제4장 귀중품 송달 방법

1. 통화, 금은, 보석, 주옥 및 기타 고가의 물건은 가격표기우편물로
　하지 않으면 우편으로 송부할 수 없다.
　이상의 귀중품 외에도 유가(有價) 물건은 가격표기우편물로 송부할
　수 있되 표기금액을 천 원까지로 한정하며, 통상우편물 및 소포우편
　물 요금 외에 다음과 같은 요금을 추가 납부하면 이 처리를 청구할
　수 있다. 고가 및 유가 물건과 증권 등의 귀중품을 송달하려 하면
　이 방법을 따르는 것이 가장 안전하고 확실하며 편리하다.
※ 가격표기료 : 표기금액 10원까지는 15전
　　　　　　　　　　10원 이상은 그 초과액에 대해 10원당 5전
　이 우편물의 송달을 확인하고자 하면 요금 3전을 추가 납부하여 배달
　증명의 처리를 청구해야 한다.

제5장 우편의 확보

1. 다음과 같은 경우에는 이미 납부한 요금을 그 납부인에게 환급한다.
　　　　1) 우편국의 과실로 인하여 징수한 우편요금 과징액 및 오납액.
　　　　2) 특수처리의 청구가 있는 우편물을 우편국의 과실로 인하여
　　　　　그 처리를 하지 않은 경우의 그 특수처리의 요금.
　　　　3) 분실 또는 실효로 인해 손해를 배상할 경우의 등기우편물.

소포우편물, 가격표기우편물, 현금징수우편물 등 우편에 관한 요금.

    4) 제1호 및 제2호의 요금 환부 청구기일은 요금 납부일로부터 60일간으로 하되 제3호의 요금 환부 청구기한은 손해배상 결정일로부터 30일간으로 한다.

2. 규정에 따라 송부한 우편물은 다음과 같은 경우에 한하여 그 손해를 배상한다. 다만 송부인 또는 수취인의 과실, 불가항력, 우편물의 성질 및 하자 등에 따라 발생한 손해는 이러한 제한이 없다.

    1) 등기우편물을 분실하였을 때 : 이 배상액은 1개당 금 10원.

    2) 소포우편물을 분실하거나 훼손하였을 때 : 이 배상액은 그 중량 10량이나 또는 그 영수 당 20전.

    3) 가격표기우편물을 분실하거나 훼손하였을 때 : 이 배상액은 우편물 전부를 분실하였을 때는 표기금액의 전부로 하되, 그 일부만 분실하거나 또는 훼손하였을 때는 그 표기금액과 잔여분 가격의 차액.

    4) 우편에 의한 징수금의 증권을 분실하거나 그 효력을 잃은 때 : 이 배상액은 그 실손액(實損額).

    5) 대금상환우편물 징수금을 징수하지 않고 이를 교부한 때 : 이 배상액은 그 실손액.

제6장 송금 방법

우편국에서 처리하는 송금 방법은 두 종류가 있다. 하나는 현금을 송달하는 것, 하나는 환전하여 송달하는 것이다.

1. 현금 송달 방법 : 통화의 가격을 우편물에 표기하고 가격표기우편물로 하여 특별하고 확실한 처리 방법에 따라 송달을 청구할 수 있다. 이에 요구되는 조건은 제4장에 개시한 바와 같다.

2. 물건을 송부하되 그 대금을 상환·추심하는 방법 : 소포우편물 및 가격표기우편물을 그 영수자에게 송부하여 그 대금의 거래 방법을 우편국에 맡기려고 할 때는 대금상환우편물로 하여 1개당 요금 5전씩 추가 납부하고 그 처리를 청구해야 한다.

단, 대금상환 금액 제한은 1,000원까지로 한다.

대금상환우편물은 도착한 우편국에서 영수자에게 교부하되 그 대금과 상환·교부하며, 대금은 우편환전으로 해당 우편물을 접수한 우편국으로 송부하니 해당 우편국에서 청구자에게 대금을 교부한다. 대금거래 청구자는 대금을 영수할 때 다음과 같은 요금을 추가 납부해야 한다.

금액 10원까지는 5전으로 하되, 10원 이상 100원까지 그 초과액에 대해 10원당 4전, 100원 이상 1,000원까지는 그 초과액에 대해 10원당 3전이다. (미완)

회보

회계원 보고 제10호

19원 73전 5리 　회계원 임치 조(條)
9원 93전 　　　　월보 대금 수입 조, 우편비용 포함
150원 　　　　　한성은행 저축금 중 인출 조
합계 179원 66전 5리

　　○ 제10회 신입회원 입회금 수납 보고

이경호(李暻浩) 박상욱(朴相郁) 김두환(金斗煥) 최병□(崔秉□)
각 1원씩
합계 4원

○ 제10회 월연금 수납 보고

이달원(李達元) 90전   4월부터 12월까지 9개월 조

박경선(朴景善) 40전   4월부터 7월까지 4개월 조

합계 1원 30전

○ 제10회 기부금 수납 보고

김달하(金達河) 40원   7월 월급 조

합계 40원

이상 4건 총합 224원 96전 5리 이내

○ 제10회 사용비 보고 : 7월 15일부터 8월 15일까지

1원 20전 5리	양지봉투(洋紙封套), 백지, 등피 값 포함
88전	미국 각 사회 월보 22책 송부 우편료 조
110원	각 사무원 7월 월급 조
8원	하인 7월 월급 조
20원	9호 월보 인쇄비 완납 조
4원	5리 우표 800매 값
10전	삼화(三和) 홍종권(洪鍾權) 처소 월보 10책 송부 시 소포비
1원	각 신문사 간친회(懇親會) 시 비용 조
2원 95전	하인 출송(出送) 시 8월달 11일치 월급 조
20전	강동 군수(江東郡守) 처소 월보 40책 송부 시 소포비
57원	10호 월보 인쇄비 중 선급

합계 205원 33전 5리 제외하고

잔액 19원 63전 회계원 임치.

한성은행 저축금 도합 1,000원.

광무 10년 12월 1일 창간		
회원 주의		
회비 송부	회계원	한성 북서(北署) 원동(苑洞) 12통 12호 서우학회관 내 박경선(朴景善) 김윤오(金允五)
	수취인	서우학회
원고 송부	편집인	한성 북서 원동 12통 12호 서우학회관 내 김달하(金達河)
	조건	용지 : 편의에 따라 기한 : 매월 10일 내
주필	박은식(朴殷植)	
편집 겸 발행인	김달하(金達河)	
인쇄소	경성일보사(京城日報社)	
발행소	한성 북서 원동 12통 12호 서우학회	
발매소	황성 중서(中署) 포병(布屛) 밑 광학서포(廣學書舖) 김상만(金相萬) 평안남도 평양성 내 종로(鐘路) 대동서관(大同書觀) 평안북도 의주(義州) 남문 밖 한서대약방(韓西大藥房) 황해도 재령읍 제중원(濟衆院)	
정가	1책 : 금 10전(우편비용　1전) 6책 : 금 55전(우편비용　6전) 12책 : 금　1환(우편비용 12전)	
광고료	반 페이지 : 금 5환 한 페이지 : 금 10환	
회원 주의		

1. 본회의 월보를 구독하거나 본보에 광고를 게재하고자 하시는 분들은 서우학회 서무실로 신청하십시오.
1. 본보 대금과 광고료는 서우학회 회계실로 송부하십시오.
1. 선금이 다할 때에는 봉투 겉면 위에 날인으로 증명함.
1. 본보를 구독하고자 하시는 여러분은 주소와 통호(統戶)를 소상히 기재하여 서우학회 서무실로 보내주십시오.
1. 논설, 사조 등을 본보에 기재하고자 하시는 여러분은 서우학회 회관 내 월보 편집실로 보내주십시오.

○ 특별광고

『**증수무원록대전**(增修無寃錄大全)』: 1질(帙) 172면, 정가 금 신화(新貨) 75전

이『증수무원록대전』은 법률가의 가장 요긴한 서적입니다. 그런데 지난 수년 동안 현행본이 거의 단종에 이르렀기에 법부(法部)에 인가를 얻고 새로 간행하였습니다. 국한문으로 해석하여 애매모호한 구절이 없습니다. 법률학에 뜻이 있는 분과 지방관으로 재임하시는 분은 반드시 읽어야 할 서적이니, 유의하여 구매하기 바랍니다.

중서(中署) 포병(布屛) 밑 광학서포(廣學書舖)

김상만(金相萬) 발매소

○ 본회 특별광고

본회에서 국채 배상금 모집에 대한 우리 회원의 의연금은 오직 본회관으로 취합하여 장차 정당한 수금소로 납부할 것임은 이미 신보(申報)에 광고가 있었거니와 대개 이 배상금 문제는 우리 전국 동포의 충군 애국 사상이 일제히 분발한 데서 연유한 것입니다. 각 신문에 게재된 사실을 살펴보면 남녀 귀천 빈부를 막론하고 그 선두를 다투면서 뒤쳐질까 염려하는 진지한 성의가 과연 어떠한지요. 본회의 경우 국민의 책임을 마땅히 다해야 할 의무가 더욱 절실하고 귀중하며 일반 국민의 칭찬과 기대에 부응하는 것도 가벼운 일이 아니니, 이 국채의 문제에 대해 어찌 감히 정성과 노력을 다하지 않겠습니까. 우리 회원들께서 더욱 분발해주시어 의연금을 기한 내에 납부하여 주시기 바랍니다.

단, 액수에는 구애받지 마십시오.

○ 국채 보상 의연금 수입 광고 제4회

장의택(張義澤)[19] 1원

○ 광고

본회에서 회원들의 금전적 어려움을 고려하여 4월 1일부터 월연금 20전을 다시 10전으로 개정하였으니 회원들께서 헤아려주기 바랍니다.

○ 영업 개요

-만 가지 서적의 구비는 본관의 특색-

△ 종교와 역사 서적	○ 내외 도서 출판	△ 법률과 정치 서적
△ 수학과 이과 서적	○ 교과서류 발매	△ 수신과 위생 서적
△ 실업과 경제 서적	○ 신문 잡지 취급	△ 어학과 문법 서적
△ 지리와 지도 서적	○ 학교용품 판매	△ 생리와 화학 서적
△ 소설과 문예 서적		△ 의학과 양잠 서적

-배달 우편료의 불필요는 독자의 경제-

(본점) 황성 중서(中署) 포병(布屏) 밑   중앙서관(中央書舘)
(지점) 평북 선천읍(宣川邑) 천변   신민서회(新民書會)

---

19 장의택(張義澤) : 원문에는 '義張澤'으로 되어 있다. 바로잡아 번역하였다.

광무 10년 12월 1일 | 메이지 39년 12월 1일 | 제3종 우편물 인가

융희 원년 10월 1일 발행
(매월 1일 1회 발행)

제11호

서우학회

○ **특별광고**

본회 월보의 발행이 지금 제10호[1]인데 그 대금 수합이 연체되지 않아야 계속 발행할 수 있습니다. 그런데 지금까지 십여 개월 동안 대금 수합이 극히 보잘것없어 경비가 대단히 궁핍합니다. 원근(遠近) 간에 구독하시는 분들께서는 이런 정황을 헤아리시어 즉각 계산해 보내주실 것을 천만 절실히 바랍니다.

---

1 10호 : 실제로는 '11호'이다. 전호의 조판을 그대로 사용하여 오류가 생긴 것으로 보인다.

서우학회월보 제11호

국민의 특성

회원 박성흠(朴聖欽)

　무릇 지구상 나라의 국민에게는 각기 특성이 있다. 총명한 국민도 있고 우매한 국민도 있고 감정이 격렬한 국민도 있고 의지가 박약한 국민도 있고 실리를 위주로 하는 국민도 있고 권세를 목적으로 하는 국민도 있다. 각 개인에게 그 개인의 특별한 성품이 있는 것처럼 각 국민에게도 그 국민의 특별한 성품이 또한 있고, 한 개인이 자연적 또는 사회적 환경과 선조의 유전으로 인하여 각기 특수한 성품을 지닌 것처럼 한 국민도 또한 자연적 또는 국제적 환경과 역사적 유전으로 인하여 각기 특수한 국민의 성격을 지닌다.

　국민의 성품의 차이는 그 나라의 강약·빈부와 관련이 있으니, 생각건대 우리 한국 국민의 특성은 과연 어디에 있는가. 이에 열강 국민의 각기 다른 성품을 대략 다음과 같이 말해보고자 한다.

　영국 인민의 장점은 만사에 경험을 중시하고 실행을 우선시하는 것이다. 저들은 몇 번이나 실패해도 치욕으로 여기지 않아서 오직 최후의 승리와 최종의 성공을 기약하고 그외의 칭찬과 비판은 전혀 돌아보지 않는다. 저들은 일을 하기 전에 고찰하기보다는 일을 이룬 후에 고찰하는 것을 선호하며, 저들은 먼저 사물의 원리 원칙을 정한 후에 이를 실제에 적용하기보다는 먼저 실제로 성공한 후에 그 성공의 원칙을 발견하는 데 뜻을 둔다. 그 뜻은 아마도 사전에 생각이 너무 많으면 생각에 미혹되어 일을 맞닥뜨려서는 망설이고 주저하여 과감히 진행할 수 없고 도리어 성공에 지장이 있다고 여긴 것이다. 그러나 영국인의 단점도 또한 여기에 있다. 영국인은 또한 영웅을 숭배하는 특성이 있다. 가리발디 씨는 이탈리아 건국 삼걸(三傑) 중의 한 사람인데, 카프레라(Caprera)에 연금되었을 때 시종에게 말하기를 "영국인의 소리를 내가 즐겨 듣는 바이다." 하였다. 이 말이 한번 나오자 영국의 유명인사들이 직접 그 말을 접하는 것을 명예로 삼으려는 자도 있었고 한마디 말로 그 적막함을 위로하고 무량한 공덕으로 여기려는 자도 있어서, 귀천과 노소를 가리지 않고 앞다투어 모이면서 혹시라도 뒤처질까 염려하니 카프레라의 여관이 거의 전부 영국인 손님들의 차지가 되었다. 어떤 한 노파는 자신이 아끼는 소녀를 데리고 역시 본국에서 만 리의 먼바다를 건너 가리발디 씨가 감금된 땅에 이르러 그의 간호부가 되어 그 목소리를 매일 듣기를 간청하였지만 그가 불허하니, 그 노파가 마침내 일각 정도 감옥에 들어갈 기회를 얻어서 가리발디 씨의 손편지 1매와 두발 한 움큼을 얻어 미친 듯이 기뻐하며 돌아갔다고 하니, 이러한 사례에서도 엿볼 수 있다. 영웅 숭배는 서구인 모두 그러하나 영국인이 특히 심하다고 한다.

독일 국민은 유럽 제일의 학자적 국민이다. 저들은 일을 행한 후에 고찰하기보다는 일을 행하기 전에 먼저 그 원리 원칙을 고찰한 뒤에 종사하는 것을 상례로 삼는다. 또한 예로부터 국가의 유도와 계발에 의해 진보하였기에, 무슨 일이든 간에 개인적 행동을 뒤로 하고 국가적 행동을 우선하는 경향이 있다. 그 결과로 사후의 성과를 사전에 예지하여 선견지명으로 폐해를 미연에 바로잡으며 만사에 규칙이 바르고 질서가 정연함으로 쓸데없는 실패가 적다. 이 나라는 대개 19세기 초 예나(Jena) 전쟁의 실패 이래로 행정과 병제를 개혁하여 전 국민을 훈련하고 의무교육을 시행하며 적군이 한 발을 쏘는 사이에 네다섯 발을 연사할 수 있는 총기를 지급하고 싸우기 전에 필승을 기약하여 성공한바 실로 지금의 신독일국이 되었다.

프랑스의 국민적 정신은 무슨 일이든 간에 원리 원칙을 우선하고 또

나라의 선도와 지휘에 의지하는 경향은 독일과 같지만, 그 국민적 정신의 특성은 투명한 사상에 열기 있는 동정을 품은 데에 있다. 이러한 까닭에 프랑스 인민의 사상은 다른 나라 인민에게 통하기 쉬워 저들의 의식을 한번 거친 신앙과 이론이 천하에 전파될 경향이 문득 있으니, 이상을 실현하여 이론과 실제를 일거에 조화롭게 하는 것이 가장 큰 장점이다. 하지만 그 폐단도 있으니, 성공에 조급하여 선후의 관계를 무시하고 갑자기 혁명하고 갑자기 반동하는 까닭에 프랑스대혁명 이래로 100년 동안 헌법의 파괴가 14회에 달하였다. 이처럼 프랑스는 유럽에서 대변동의 분화구인지라 그 인민이 위대한 국민임은 비록 의심할 바 없으나, 그 단점은 국민적 정신이 지나쳐서 감정적이 되고 그 행동이 지나쳐서 비역사적이 되는 데에 있다. 이와 같은 정신을 지닌 국민은 성공에 올라 극단으로 치달리다가 실패를 겪으면 심사가 무너져 종국의 승리를 얻는 경우가 드물다.

미국 인민은 영국 인민으로부터 나왔는데 영국 인민보다 현실적이다. 영국 인민은 귀족적이라 형식에 구애되는 폐단이 있으나, 미국 인민은 일체 형식에 구애되지 않고 실리를 위주로 하여 목적을 달성함에 우회하려 하지 않고 새로운 길을 개척하여 곧장 직행하는 것을 선호한다. 이러한 까닭에 종래 미국 인민이 과학, 철학, 그리고 문학, 미술에서는 열국의 뒤에 있지만, 과학을 응용하는 천재에 있어서는 유럽 여러 나라를 능가한다.

러시아 인민은 그 국민적 정신이 충분히 개발되지 못하였다고 할 수 있다. 그러나 앞길에 발전할 희망이 있음은 다른 나라가 미칠 수 있는 바가 아니다. 저들은 성공에 안달하지 않는 큰 도량이 있고 동맹국에 대해 충성과 신의가 있는 국민이다. 문명개화의 수준에서는 유럽 열강의 최하위에 속하지만 국제법상의 진보로는 도리어 열국보다 앞서는 바가 있다. 대기만성의 진리가 과연 국민에게도 적용될 수 있다면 러시아 인민의 앞길에는 실로 위대한 희망이 있다고 할 것이다.

각국 인민의 성품은 그 국민의 정신과 역사적 발전의 결과이지 하루 아침의 성과가 아니다. 그 특성이 필시 선천적으로 확정되어 있어 변화할 수 없는 것은 아니로되 그 변화는 중대한 사건의 영향 및 사회와 자연의 진화로 인한 것이라 용이한 일이 아니다. 한 국민정신도 한 개인의 정신처럼 여러 경우를 접하고 경험을 쌓아 인생의 고난을 맛보며 시절의 도래를 기다려 오래도록 참고 견디는 공적을 쌓음으로써 일종의 성품을 실제로 이루는 것이다. 영국 인민이 식민지에 이주하며 통상무역을 하는 사업에 성공하였으니, 이것이 해상 생활에서 영국 인종이 선천적으로 특별히 뛰어난 장점이 있어서 그러한 것처럼 보인다. 하지만 역사적으로 징험하면 16세기 엘리자베스 여왕 시대 이전까지는 저들이 해상 국민의 천직을 자각하지 못하고 여왕 재위 만년까지 유럽 이외에는 최소한의 영토도 소유한 적이 없었다. 그렇다면 영국 인민의 오늘날의 특성은 신대륙 발견과 아프리카 회항 이후로 백 년 사이에 그 맹아가 점차 싹터 이후 차차 성장하고 발전한 것임을 알 수 있다.

동양의 여러 국민들도 또한 그 성품에 각기 일장일단이 있는 것은 분명한 사실이다. 인도인은 철학과 종교의 천재로는 동방의 으뜸인데 이상적인 면이 지나친 탓에 염세주의로 흘러서 도리어 현실계에서 그 국가적 생존력을 잃었다. 지나인은 실제적이면서 낙천적이라 현실계에서 큰 발전이 있었지만 실제적인 면이 극에 달해 유물론적이 되어 국민에게 이상이 없어졌고 낙천적인 면이 극에 달해 수구적이 되어 끝내 사회의 진보를 정지시킴에 이르렀다. 인도는 계급적이고 중국은 평등적이다. 인도의 계급은 종교적이라 거의 사람의 의지로 바꿀 수 없고, 지나는 세습적 귀족이 없고 일체 평등하여 다만 관리가 높고 백성이 낮으며 부자가 귀하고 빈민이 천하다고 할 뿐이다. 하지만 지나인이든 인도인이든 자국 고유의 문명을 자부하고 타국 개화의 주입을 선호하지 않아서 완고한 수구적 정신을 양성한 것은 동일하다. 일본인은 철학적 천재는 인도인에 미치지 못하고 실리적 장점은 지나인에 미지치 못하되, 군사적·정치적 재능을 발휘함은 지나와 인도가 그에 미치지 못한다. 일본이 세계 강국과 어깨를 나란히 한 것은 실로 이 때문이다.

동서양 국민의 그 특성은 각기 장점이 있다. 영국인은 경험하고 실행하여 실패를 꺼리지 않는 것이 큰 장점이고 독일인은 학자적 국민으로 그 원리 원칙을 고찰하여 예견하는 것이 큰 장점이다. 프랑스인은 이론과 실제를 일거에 조화하는 것이 큰 장점이고 미국인은 실리를 위주로 하여 곧장 직행하는 정신이 큰 장점이다. 러시아인은 큰 도량과 충실, 신의가 큰 장점이고 인도인의 철학적 천재와 지나인의 실리적 주견(主見)과 일본인의 군사적·정치적 재능 발휘가 모두 그 장점이다. 돌아보건대 우리 한국 국민은 그 장점 중 혹시라도 이를 방불케 하는 것이 있는가. 무릇 국민 된 자는 각기 자성하여 단점을 없애고 장점에 힘써서 끊임없이 용진(勇進)해야 할 것이다.

구미 열강의 여러 나라들은 국민의 의지를 대체로 확정하고 권유할 만한 총명한 여론이 있고, 인도할 만한 확실한 방침이 있다. 그리하여 자유롭게 활동하고 자주의 국시(國是)를 유지하며 진취적인 정책을 단행하고 부단하게 신속히 행하여 위대한 국민의 품성을 훌륭하게 만드니, 국민으로서의 책임을 맡은 자라면 마땅히 이와 같아야 하지 않겠는가.

국민에게 위대한 품성을 갖추게 하는 방법은 무엇인가. 다름이 아니라 교육을 보급하고 그 교육을 통해 과학적·실제적으로 국민의 지식을 개발하며, 국민으로 하여금 국내와 국외의 사정을 통달하게 하고 어떠한 세계적 사변과 어떠한 국가의 문제를 접하여도 시비곡직과 이해득실의 추정을 어긋나지 않게 하여, 맹목적 또는 감정적으로 경거망동하지 않게 하는 것이다. 나라의 이익과 국민의 행복의 존재 관건은 과감하게 매진하는 기상을 양성하는 데 있고, 그 방법의 여하 또한 어떠한 문제에 자유롭게 연구하는 문호를 열어서 국민의 여론을 환기시키는 데 있다. 국민의 위대한 특성을 양성하려 하지 않는다면 그만이지만 만약 양성하려고 한다면 이 방도를 준수해야 하니, 이는 열강의 여러 나라들이 이미 시행한 사례이다.

간도(間島)의 내력

박성흠(朴聖欽)

함경북도의 서북쪽에 간도라 불리는 넓은 지역이 있다. 청·한 양국의 국경에 있어 오랫동안 양국 간의 문제가 되었는데, 여러 가지 착종 관계가 있어 20년 이래 어떠한 결과도 거두지 못했음은 사람들이 다 아는 일이다. 대략 이 간도 일대는 길이가 4백여 리고 너비가 70리 이상인데 토질이 비옥하여 농경에 적합하고 또한 다소의 광물도 내장되어 있으며 주민의 생활 정도도 높아서 한국의 북방 경계에서 가장 유망한 지방이다. 이 지방의 개척은 근래에 있었다. 지금으로부터 수십 년 전으로 거슬러 올라가보면 이 지방의 경역(境域)이 세상에 거의 알려지지 않아서 청인과 한인 사이에 이 지방에 정착한 자가 전혀 없었고, 한 조각 기름진 땅이 주인이 없는 공한지가 되어 가시덤불에 버려져 있을 따름이었다. 아마도 만주인이 지나 본토로 점차 남진하는 데 급급한 나머지 이 변두리 지역을 돌아볼 겨를이 없었고, 우리 한민족도 또한 형세상 남방으로 점차 내려가는 성향이 있어서 북향하여 이 지방을 점거할 필요가 없었기 때문일 것이다. 그리하여 이 천연의 부원(富原)이 최근까지 사람이 없는 황무지가 되어 이용할 방도를 얻지 못하다가, 세대가 내려갈수록 인구가 늘어나자 함경북도의 척박한 땅에 질렸을 뿐 아니라 또한 탐관오리의 폭정을 견디지 못한 이들이 비교적 풍요롭고 드넓은 이 지방 일대로 전입하여 세월을 보내면서 마침내 식민 부락을 조성한 것이다. 현재 체류민은 청인보다 한인이 많다. 간도 남부는 거의 한인이 전부 점령하고 있고 청인은 작은 부락을 조성하여 그 사이에 끼어 있는 데에 불과하다. 청국의 만주인은 광대한 지나를 정복한 이후로는 그 종족의 인구가 줄어들었고 또한 한족(漢族)은 랴오둥(遼東)으로 동점(東漸)하였으니 지금의 지린성(吉林省)의 변두리 중의 변두리인 이 간도 지방까지 그 세력을 어찌 문득 넓힐 리 있었겠는가. 그렇다면 한인(韓人)이 만주인이나 한인(漢人)보다 먼저 이주하여 정착한 것이 역시 분명하다. 그렇기는 하나 경제력이 뛰어난 청인도 한인을 쉽게 압도할 수 없었던 까닭은 무엇이겠는가. 한인이 이 지방에 이주를 가장 많이 했기 때문이 아니겠는가. 그 상세한 사정은 역사가의 소임이라 우리가 감당할 수 없지만, 전후 사정으로 미루어 판단해도 그리 어긋나지는 않을 것이다.

청·한 양국이 각각 획경사(劃境使)를 파견하여 전례로 백두산에 정계비(定界碑)를 세운 것은 지금으로부터 대략 2백 년 전의 일이니 당시에 벌써 이 교섭이 필요한 사정이 있었다 할 수 있다. 즉 양국 이주민의 접촉은 그 이전에 일어난 것이 분명하다. 다만 이 현안은 2백 년 전의 일인데, 그 사이의 170년 동안은 이와 관계가 있는 어떠한 말도 들어본 적이 없다. 양 국민이 간도의 천연의 여유를 향하여 식민에 나섰는데, 그 가운데 한국 민족이 인구가 비교적 조밀한 지방을 차지하여 만주족과 한족에 비해 이 지방 일대에서 한층 더 활발한 활동을 보였다. 청국 정부는 본래 이 자연스러운 추세를 용인하다가, 최근 4·50년 동안 만주 방면의 개척과 식민이 장족의 진보를 이루는 동시에 이 지방 일대에 대한 청국의 평가가 역시 더 이상 예전처럼 낮지 않게 되어 지금으로부터 대략 30년 전에 지린장군(吉林將軍)이 두만강 좌측의 한국민을 내쫓겠다는 통첩을 보내고 간도 일대를 접수하여 청국의 영토에 귀속시켰다. 이는 백두산 정계비에 언급된 토문강(土門江)이 곧 두만강(豆滿江)인데 이 강이 양국의 국경이 된다 한 것에 그 명분이 있다. 이때에 이르러 간도 문제가 다시 부활하여 양국이 특사를 파견하기도 하고 교섭도 하였으나 해결을 하지 못하고 지금도 아직 현안으로 남아 있다. 간도 문제의 연혁은 대략 다음과 같다.

그런데 '토문'과 '두만'은 글자만 다르지 소리는 같아서 동일한 지역이라는 것이 청국 측에서 주장하는 바인데, 사실은 그렇지 않다. 이른바 '토문'은 '두만'이 아니다. 백두산 정계비로부터 동북쪽으로 이어지는 일대의 석총(石塚)과 토총(土塚)이 마치 구슬을 꿴 것처럼 이어져 토문이라는 작은 강의 원천에 도달하는데 이 강은 마침내 쑹화강(松花江)에 들어가니, 백두산 분수령에서 토문강을 경유하여 쑹화강에 당도하는 물길 밖이 한국의 영토이다. 그렇다면 간도 전부가 한국 영토에 들어감은 의심할 여지가 없다.

그렇지만 해당 지방 일대의 식민으로 말하면 한인이 청인보다 월등한 형세가 있음에도 정부의 시책으로 보건대 청국이 비교적 한국보다 용의주도한 듯하다. 현재 청국 정부의 지방관청에서 각지를 나누어 접하고 관리를 파견해 머물게 하는데, 그 관청과 관리는 체류 청국인의 이익 보호가 주된 임무이고 영토권으로 그 지방을 관할하는 성격은 없다. 한국 정부도 자국 인민의 보호를 전혀 등한시하는 것은 아니지만, 외지고 먼 지방이라 경영하는 일에 결점이 많아 양국 간에 경계를 정하는 교섭에서 좋은 성과를 거두지 못하여 마침내 러일전쟁 때부터는 이 빈약한 보호도 또한 사라지게 되었다. 그래서 해당 지방 일대의 한국민이 의지할 데를 완전히 잃어 마적의 횡행에 체류민이 곤경에 처할 뿐 아니라, 또 청인과 잡거하는 북부 지방에서는 청인에게 능욕을 당하여 곤란한 경우에 빠지기도 한다.

요컨대 이 지방은 양국 간에 수년 동안 계쟁(係爭) 문제가 있었다.

한국이 이 일대에 대해 청국에게 위와 같은 주장을 할 수 있을 뿐 아니라 한국은 이 지방에 대해 확실히 청구권을 주장할 근거가 충분하니 국민을 보호할 관청을 설치하고 관리를 체류하게 하는 것이 사리에 맞건만, 다만 양국 국세의 차이로 인하여 이론(理論)의 여하를 불문하고 한국 관리가 청국 관리에게 이미 축출당하고 말았다. 우리 정부에서 해당 인민의 보호를 통감(統監)에게 요청하니 마침내 일본에서 지난달 20일에 사이토(齋藤) 중좌(中佐) 일행을 파견해 간도 방면으로 향하게 하였다. 일행에는 호위하는 헌병 60여 명과 필요한 관원, 또 조사를 위한 전문학자도 동행하였다. 하지만 청국 정부는 경계 문제가 현안임을 인정하지 않고 이 지역이 청국 영토에 있다고 주장하여 청국의 외무경(外務卿)이 세 차례나 항의를 제기하여 일본 사이토 중좌 일행의 철수를 요구하였다고 한다. 다음에 어떻게 될지는 다시 상세한 보고를 기다리겠다.

-9월 11일-

박람회

박람회

회원 김달하(金達河)

식산흥업(殖産興業)을 진작시켜 온갖 기예와 의장(意匠)을 증진할 목적으로, 천연과 인공을 불문하고 각종 물품 제조물을 한 장소에 진열하여 대중들의 관람에 제공해서 서로 참고할 자료로 삼게 하도록 개최하는 대회를 박람회라고 부른다.

국내박람회란 것은 국내산업의 발달을 이루기 위하여 국내에서 개최하는 것이요, 세계산업의 진보와 발달을 위해 세계 열국에서 진열품을 수집하여 성대하게 개설하는 것을 만국박람회라고 부른다.

유럽에서 박람회가 처음 개최된 것은 1798년 프랑스의 수도 파리였
다. 당시는 대혁명의 여파가 전 유럽을 동요시킨 나머지 농·공·상업
의 종사자도 줄어들어 충분한 효과를 보지 못하였다. 그후 1801년에
다시 파리에서 개설하였지만 역시 국민에게는 환영받지 못하였다. 제3
회 박람회를 그 이듬해에 개설하였는데 정부도 주의하고 시민들도 박람
회의 효과를 다소 알았기에 제2회에 비하면 다소 좋은 결과를 내었다.
하지만 사실상 박람회가 세상 사람들에게 환영받게 된 것은 1815년이
다. 제4회 박람회의 회기(會期)는 열흘간이었으나 이전 회에 비하면 십
수 배나 성황을 이루어 금패를 받은 자도 많았다. 제1회부터 제4회까지
박람회는 회기가 일주일 혹은 열흘간의 단기간이었으니, 이제 와 생각
해보건대 기간이 지나치게 짧은 것도 또한 부진으로 끝난 이유 중의
하나였다.

1815년 이래로 프랑스 천지가 잠시 평화로워져 공업의 안전을 보장
받게 됨과 아울러 학술의 응용에 점점 공업가들이 주의하게 되어 신기
한 제작품이 왕성하게 시장에 나타났다. 그 가운데 사람들의 눈길을 끈
것은 살림 도구와 직물의 종류였다. 당시 정부는 이 기회를 이용하여
1814년 파리에서 제5회 박람회를 개최하고 개최 기간을 1개월로 하고
출품물을 장려하였는데 예상외의 좋은 결과를 얻었다. 제6회는 1823
년, 제7회는 1827년에 있었는데, 학술이 응용된 기계공예품이 세상 사
람들의 갈채를 가장 널리 받아서 영국의 공예를 능가한다 하였다.

제8회 박람회는 1834년에 있었는데 인민들도 박람회가 무엇인지 이
해하고 각자 경쟁하여 출품을 하여 프랑스의 공예품을 세계 만국에 과
시하는 형세가 되었다. 이로써 점차 시험적 박람회가 장래 경제주의에
기반한 만국박람회의 개설로 한 걸음 나아갔다.

1839년 제9회 박람회를 파리에서 개최하고 경제적 방침에 의해 출품
인을 권유하였는데 그 성황이 놀라울 지경이라 진열관을 새로 증설하였

다. 제10회 박람회는 1844년에 개최하였는데 더욱 그 규모를 키우고 개최 기간을 3개월로 정하고 구미 열국을 향해 참여의 취지를 통지하였다. 당시 박람회는 국내박람회의 목적을 달성한 것이면서 한편으로는 만국박람회의 개설을 재촉한 것이었다. 실로 제12회 이후로는 유럽 각국은 물론이고 미국에서도 그 필요성을 절감하여 도처에서 박람회를 개설하였다.

세계산업의 진보와 발달을 도모하며 열국의 찬동을 구하여 만국에서 진열품을 모집하여 성대히 개설하는 박람회를 만국박람회 혹은 세계박람회라고 한다. 만국박람회는 국내박람회가 발전된 것인데, 만국박람회에 찬동하는 주요 목적은 무역품의 판로를 해외로 확장하는 것 외에는 없다. 국내박람회는 그 성격상 단순히 국내산업의 진작을 목적으로 하나, 만국박람회의 목적은 결국 무역품의 견본 진열장을 만드는 것이므로 세계의 수요에 상응하는 물품을 출품하지 않으면 어떠한 효과도 거둘 수 없다. 가끔 출품인 등이 제품기술 상패를 얻기 위해 공급이 적은 고가의 물품을 출품하기도 하나 훗날 외국의 주문을 받으면 여기에 호응할 수 없다. 그러므로 지금의 방도로써 상업회의소 혹은 해당 업계의 단체에 자문하여 그 출품물이 과연 세계의 수요에 충족될 수 있는지 여부를 정해야 한다. 만약 그 시세가 없으면 출품과 진열의 효과를 거둘 수 없으니 이 방면을 가리는 방법에 대해 실업가들이 크게 주의해야 할 것이다. 미술품의 출품에 대해서는 별도로 지면을 얻어 서술하겠다.

박람회의 효과는 결코 진열물의 품질과 우열을 감별하는 데만 있지 않다. 그 이익의 중대함을 들자면 제품의 개량, 원료의 공급, 무역품의 감별, 기업심의 도발, 지식의 교환, 직업의 선택, 학리(學理)의 응용, 품질의 개선, 생산자와 소비자의 접근, 제조업자의 단결심의 양성, 염가로 원료를 구매할 방도의 확보 등으로 그 사례를 들자면 이루 다 헤아릴 수 없다. 이중 가장 큰 이익은 실업상 지방 할거의 구습을 타파하고 국가적 협력 경제를 환기하는 것이다. 이 개념의 양성은 국가 발전상 가장 필요한 일이다. 박람회 개설의 위대한 효과는 이 점에 집중된다. 일본인 가네코 (金子) 남작은 이에 대하여 구체적으로 다음과 같은 설명을 하였다.

1. 전국에서 생산되는 농·상·공업 관련 물품을 한 장소에 진열하여 일목요연하게 그 우열과 품질을 감별하는 것.

2. 생산자 및 제조인이 자사와 타사의 물품을 비교하여 부족한 점은 개량할 수단을 강구하고 우수한 점은 더욱 진보시킬 계획을 세우는 것.

3. 생산 및 제조의 방법을 연구할 때 전적으로 학리와 기술을 응용하여 생산량을 증가시킴과 아울러 그 품질을 개선하는 것.

4. 생산업자가 자신의 원료를 정제하는 제조장에 관하여 그 결과의 양부(良否)와 장래 개량의 수단을 숙고하는 것.

5. 제조업자가 제조의 원료로 공급되는 물품을 전국적으로 널리 수색하여 우수한 원료를 구매하는 편의를 확보하는 것.

6. 상업자가 원료의 대가와 제조의 비용과 수제·기계제의 비교와 운반비 등을 조사하여 무역품으로 삼기에 충분한지 여부를 식별하는 것.

7. 각지의 농·상·공업에 관한 각종 실황과 보고, 수량의 다소와 생산·제조의 방법과 아울러 그 품질의 좋은 정도 등을 숙지하게 하여 실업가의 기업심을 일으키고 확실하게 하는 것.

8. 생산 및 제조품의 대가를 각 시장에 균일하고 평등하게 하는 경향을 일으키는 것.

9. 생산인 및 제조인이 종래 공연히 타인과의 경쟁을 꺼리던 관념을 버리고 실업계에서 정정당당한 경쟁심을 갖도록 하는 것.

10. 동업자 관계를 원활하고 친밀하게 하여 지식을 서로 교환하고 협동 일치로 실업의 융성을 도모하게 하는 것.

11. 인심으로 하여금 조악한 것을 버리고 정밀한 것을 고르게 하며 야비하고 졸렬한 관념을 없애고 고상하고 우아한 의사를 일으키게

함으로써 미술적 관념과 공업을 발달케 할 생각을 분발케 하는 것.

12. 생산 및 제조의 단상에서 종래 정(町)·촌(村)·시(市)·군(郡)·부(府)·현(縣)을 근거로 하던 할거적 관념을 버리고 국가적 실업을 널리 주시토록 하는 것.

13. 한층 더 나아가 국가적 관념을 확장하여 세계적 경제와 무역을 주시하고 농·상·공업을 세계무역의 조류에 따르게 하여 국가의 부강을 기도하는 정신을 더욱 떨쳐 일으키게 하는 것.

이번에 개설된 경성박람회는 한국에서 처음 개최한 박람회로 시험적 설계에 불과하다. 한국이 대규모의 박람회를 개최하는 것은 시기상조다. 한국인 상인의 부족한 상업적 수완과 불편한 교통이 자연히 경제상 지방 할거의 상태를 만들었기에, 현재 박람회를 개최하고 인민의 관람을 권유하여 먼저 박람회가 무엇인지 주지시키기로 뜻을 세운 것이다. 들으니 개회 당일 이래 출품물이 미처 갖추어지지 않았음에도 불구하고 하루 수천 명 관람자 중에 한인이 7할 이상의 수를 차지하였다고 하니, 이 이상 더 큰 성황을 이루어 예기된 목적을 달성하고 이번 시험을 통해 다음번을 설계하고 크게 규모를 확장하는 것도 결코 지체할 일이 아니다. 당국자는 마땅히 이 점에 주의하여 박람회의 효과를 키워서 이번 시험을 통해 한국민의 산업상 할거적 관념을 없애고, 이상에서 서술한 박람회 발달의 역사처럼 소규모 소설계로부터 대규모 대설계로 이동하여 국내박람회에서 만국박람회로 나아가기를 크게 기대한다.

교육부

일본 시부사와(澁澤) 가의 가훈

시부사와 남작은 일본 도쿄 가문이다. 남작은 동서양 각 명문가와 호족의 가헌(家憲)을 참고하여 가훈을 제정하였다. 그 가훈을 세 가지 원칙으로 나누니, 제1칙은 처세접물(處世接物)의 강령이고, 제2칙은 평생제가(齊家)의 요지이고, 제3칙은 자제 교육의 방법으로, 그 가훈이 모두 모범이 될 만하다. 이러한 이유로 다음과 같이 그 번역을 기재하여 사회에 소개한다.

제1칙 처세접물(處世接物)의 강령

1. 늘 애국충군(愛國忠君)의 뜻을 두텁게 하여 봉공(奉公)하는 일을 소홀히 해서는 안 된다.
1. 말은 충신(忠信)을 위주로 하고 행동은 독경(篤敬)을 중시해야 한다. 일을 처리하고 다른 사람과 접할 때는 그 마음을 반드시 성실히 해야 한다.
1. 유익한 친구를 가까이하고 해로운 친구를 멀리해야 한다. 진실로 자신에게 아첨하는 자는 친구로 사귀면 안 된다.
1. 다른 사람과 접할 때는 반드시 경의를 다해야 한다. 연회와 유흥의 때라 하더라도 경례(敬禮)를 잃어서는 안 된다.
1. 하나의 일을 처리하고 하나의 사물을 접하더라도 반드시 만반의 정신으로 임해야 한다. 비록 사소한 일이라 하더라도 구차함을 따라서는 안 된다.
1. 부귀하다고 교만해서는 안 되고 빈천하다고 근심해서도 안 된다. 오직 지식을 연마하고 덕행을 수양하며 진정한 행복을 기대해야 한다.
1. 입과 혀는 화복(禍福)이 생기는 관문이다. 그러므로 한두 마디라도 반드시 망발해서는 안 된다.

제2칙 평생 제가(齊家)의 요지

1. 부모는 인자해야 그 자제를 가르칠 수 있으며 자제는 효도해야 그

부모를 모실 수 있다. 남편은 부르고 아내는 따르면서 각자 그 천직을 다해야 한다.

1. 장유(長幼)의 순서를 준수하여 서로 공경하고 사랑할 수 있어야 한다. 감히 미워하고 다퉈서는 안 된다.

1. 근(勤)과 검(儉)이란 창업의 상책이고 수성(守成)의 기초이니 늘 이를 준수하여야 한다. 진실로 교만하고 태만해서는 안 된다.

1. 모든 업무는 바른 도리를 가려서 취해야 한다. 진실로 투기하는 일이나 도덕적으로 천시되는 일에 종사해서는 안 된다.

1. 대체로 일에 착수할 경우 먼저 시작부터 신중해야 하고, 이미 착수하고 나면 힘써 인내력을 오래 유지할 생각을 두텁게 해야 한다. 함부로 변경하거나 방치해서는 안 된다.

1. 자선이란 사람이 귀중히 여겨야 하는 것이니, 인척과 친구 중 빈곤한 자는 힘써 구휼해야 한다. 다만 그 방법을 살펴서 이들로 하여금 독립과 자활의 의지를 잃게 해서는 안 된다.

1. 집안의 노비는 독실한 자를 선택해야 한다. 차라리 노둔(魯鈍)한 자를 택할지언정 부박하고 망발하는 자를 채용해서는 안 된다.

1. 집안의 노비를 대할 때는 능히 이들을 가련히 여기고 다독여 진심으로 봉공하려는 생각이 두터워지게끔 해야 한다. 하지만 은애(恩愛)에 익숙해져 무엄하고 태만한 마음이 들게 해서는 안 된다.

1. 관혼상제 의식과 통상 초대 등의 일에 노력을 기울여 겉보기만 화려한 풍조를 금하고 그 분수에 따라 검소하게 해야 한다.

1. 동족인 경우 동족회의에서 결의한 사항은 사소한 일이라도 반드시 어겨서는 안 된다. 동족에 관한 것이든 일신에 관한 것이든 불문하고 중대한 일은 반드시 동족회의에서 결의한 후에 시행해야 한다.

1. 매년 1월 동족회의에서 가법(家法) 낭독식을 행할 때 동족 중에 지식과 덕행이 있는 연장자가 이 가훈을 낭독하고 다시 이를 강연하여

동족으로 하여금 반드시 이를 준수할 것을 맹세하게 해야 한다.

제3칙 자제 교육의 방법

1. 자제의 교육은 동족 가도(家道)의 성쇠와 관련된 것이다. 그러므로 동족의 부모는 이를 가장 신중히 여겨 교육의 일을 태만히 해서는 안 된다.
1. 아이가 어릴 때는 신체가 건전하고 품행이 천하지 않은 보모를 선택하여 보육케 하되 부모가 늘 감독해야 한다.
1. 부모 된 자는 평소 거처할 때 그 언행에 신중하여 자제의 모범이 되도록 노력하고, 또한 가정의 교육을 엄정히 하여 자제의 성질이 태만하거나 안일해지지 않도록 해야 한다.
1. 학교의 교육은 그 자제의 신체의 강약을 헤아려 관용과 엄정을 그 마땅함에 따라 다스려야 한다.
1. 자제가 8세를 넘기면 남자는 보모를 중지하고 엄정한 감독자에게 맡겨야 한다.
1. 무릇 자제는 어릴 때부터 세상의 고난을 알고 독립과 자활의 기상을 발달시켜야 한다. 또한 남자는 외출할 때 반드시 보행케 하여 그 신체의 건강을 보호하도록 해야 한다.
1. 무릇 자제가 만 10세 이상이 되면 자신의 소소한 비용을 준비하게끔 소액의 금전을 지급해야 한다. 그러나 능히 그 분수에 상응하여 그 액수를 정함으로써 회계의 주의를 환기하도록 권면해야 한다.
1. 무릇 자제가 저속한 문서를 읽거나 저속한 사물과 접하게 해서는 안 된다. 또한 예노(藝奴)·예인(藝人)의 부류를 근접하게 해서는 안 된다.
1. 남자는 13세 이상이 되면 학교 휴학 중에 행장을 바르게 하여 사우(師友)와 같이 각지를 여행하게 해야 한다.

1. 무릇 남자는 성년이 되기까지 성인과 구별하여 취급한다. 또한 그 의복은 반드시 면직물을 사용하고 기구류도 힘써 검소함을 주가 되게 한다. 다만 여자는 외출이나 손님을 접대하는 등의 일이 있을 때 견포(絹布)를 사용할 수 있다.

1. 남자의 교육은 용감하고 활발하여 늘 적개심을 지니도록 하고, 내외의 학문을 익히며 또한 그 이치를 강구하여 일을 처리함에 충실하게 성취하는 기상을 양성토록 해야 한다.

1. 여자교육은 그 정결한 품성을 양성하고 우아한 자질을 조장하여 순종적이면서 세밀하게 일가의 살림을 다스리도록 훈련시켜야 한다.

교육 정신

박상목(朴相穆)

　지금의 논자들은 다 인재를 교육하는 것을 급선무로 여긴다. 하지만 그 교육에 열심인 자들이 과연 그 핵심의 소재(所在)를 우선적으로 정할 수 있을지 모르겠다. 만약 핵심을 한번 놓치면 재능과 학식이 굉장한 인재를 대거 양성해도 나라에 무익할 것이다.

　그렇다면 교육의 핵심이란 무엇인가. 정신교육이 그것이다. 일본의 모 박사는 다음과 같이 말하였다. "그대들이 지금 교육사업에 열심이니 참으로 가상한 일이다. 다만 그 목적의 소재를 살피지 않을 수 없으니, 단지 문명의 귀중함만 들먹여서는 안 된다. 시험 삼아 우리 일본에서 이미 경험한 사례로 말하여도, 이른바 대학이 문명을 모방하여 성과가 현저한데 다만 그 표면으로 보면 그러하나 그 이면을 보면 그 부패를 이루 다 말할 수 없다. 대개 당국자는 독일의 주의에 한결같이 의존한다. 그러므로 그 가르치는 바가 정부에 대한 복종을 기본 정신으로 삼아서, 마침내 전국의 청년들로 하여금 독립과 자중(自重)의 기상을 잃게 하고 비루하고 열등한 습속을 이루게 하는 것이다. 그러니 문명이란 이름을 빌려 분서갱유(焚書坑儒)의 술수를 행하는 그 재앙이 진(秦)나라 시정보다 10배나 더 참혹하지 않을지 누가 알겠는가."

무릇 일본 교육의 진보를 우리나라의 여러 가지와 비교하면 그 거리가 매우 큰데, 일본의 애국지사가 진나라의 분서갱유 정책에 비하였으니 우리나라는 또 어디에 견주어야 하리오.

우리나라가 수년 이래로 학교와 교육에 관한 논의가 연이어 일어나고 모여서 공·사립학교의 설립이 적지 않았다. 하지만 나는 그 학교 설립의 의도가 과연 청년자제의 두뇌에 국가적 정신을 주입하여 훗날에 독립과 자유의 국민이 되게 하려는 것인지, 아니면 일개 노예처럼 구속된 민족이 되게 하려는 것인지 모르겠다. 그러니 그 정신의 주지를 변론하지 않을 수 없다.

오늘날에 우리나라의 곤란과 부패를 구제하려 하고 우리 백성의 우매한 지식을 계몽시키려 한다면 반드시 우선 교육에 종사해야 하고, 교육에 종사하려 한다면 또한 반드시 가장 성공하고 가장 근접한 일본에서 장점을 취해야 한다. 이 의의는 사람들이 다 아는 바이고 말할 수 있는 것이며 또한 시세로 볼 때 면할 수 없는 일이다. 비록 그러하나 오늘날의 세계는 국가주의 세계임을 마땅히 알아야 하니, 교육 또한 국가주의 교육이 되지 않을 수 없는즉 정신적 교육이 바로 그것이다. 이 국가 정신은 결코 다른 나라 사람이 대신 행할 수 있는 것이 아니고 반드시 자국 정신이 있는 자라야 그르치지 않기를 바랄 수 있다. 지금 외국인이 우리나라의 교육권을 장악하려는 것은 바로 각자 그 국가의 주의와 각자 그 국가의 정신을 행하려는 것이니, 무슨 괴이할 것이 있겠는가.

『안씨가훈(顔氏家訓)』에 "제(齊)나라 조정의 한 사대부가 나에게 말하기를 '나에게 아들이 하나 있어 이미 나이 17세인데, 서찰과 상소에 자못 능하다. 그에게 선비(鮮卑)족의 말과 비파 연주를 가르치는데 자못 능통해져서 이로써 공경(公卿)을 섬긴다면 총애를 받을 것이다.' 하니 내가 그때 고개를 숙이며 대답하지 않았다." 하였다. 아, 지금 외국어를 배우는 자들 중에 이러한 사상을 지니지 않은 자가 몇 명이나 되겠으며, 지금 보통·전문의 학과를 배우는 자들 중에 비파 연주의 부류 같지 않은 자가 몇 명이나 되겠는가. 청년을 교육하는 자들은 그 마음이 굳이 이 수많은 학생들로 하여금 학업을 성취시켜서 단지 장래에 의식과 부귀의 방도를 도모할 뿐이라고 단정할 수 없고 반드시 외부의 침략에 대비할 용도로 양성하려고 하는 것이라고 할 것이다. 비록 그러하나 내가 저 입학한 자들을 만나 그 배우러 오는 마음에 대해 물어보면, 훗날 일신의 의식과 부귀를 도모하지 않으면서 오는 자를 만에 하나도 보지 못하였다. 이로써 말하면 교육의 본의가 과연 어디에 있겠는가. 옛날 서당의 글공부보다 나은 것이 있는가. 일본의 교육이 서양 문명의 방식을 어느 정도 갖추었는데도 식견이 있는 신사들의 우려가 이와 같은데, 하물며 우리 한국이 실로 정신도 없고 형질도 없으면서 지혜와 역량을 다투는 세계에 처하고 알을 포개어 놓은 듯한 위태로운 지위에 서서 이 불완전한 교육을 가지고 자신의 천직을 다했다고 여긴다면 어찌 옳다고 할 수 있겠는가.

위생부

아동의 위생

집집마다 아동이 있으니 아동이 씩씩하게 자라기 바라는 것은 인지상정이다. 아동이 씩씩하게 자라기 바라면서 그 위생의 방도를 연구하지 않아서야 되겠는가. 여기에 일본인 마츠오 세이카(松尾淸香)가 저술한 『아동의 위생』을 역술하여 다음에 기재하니, 이를 주의깊게 실시하여 아동의 위생의 행복을 증진케 해야 할 것이다.

1. 실외 산보

소아를 안고 실외를 산보하는 일은 정성을 다하지 않으면 이룰 수 없다. 여름철인 경우 생후 15·6일부터 실외 공기를 접촉해도 무방하나 겨울철인 경우 엄동설한인 때를 반드시 피하고 날씨가 좋고 따뜻한 날을 가려서 외출해야 한다. 또한 소아를 외출시킬 경우 1회당 장시간 외출시키지 말고 최단 시간으로 자주 외출시켜야 한다. 소아가 등에서 울면서 젖을 삼키려 하는데 아이의 간호인 자신이 노는 데 정신이 팔려 배변 활동조차 신경 쓰지 않는다면 이는 모친 등이 불친절하고 부주의한 탓이다.

2. 소아의 울음

소아가 울 때 주의해야 한다. 소아란 무슨 일을 알리려 하든 우는 것이 천성이다. 울 때에 위협하여 두렵게 하는 행위는 참으로 해서는 안 되니, 이로 인하여 소아에게 경련하는 증상이 생겨서 활발한 소아가 되지 못하고 무기력한 성질이 된다. 울 때는 비록 소아의 귀에 들어가지 않더라도 조용히 위로하며 타일러야 한다. 이와 같이 하여 익숙해지면 그 후에는 정다운 모친의 말 한마디에 울음을 그칠 것이다.

3. 소아의 웃음

소아가 처음 웃을 때 주의해야 한다. 소아가 처음 웃을 때 그 모습이 사랑스럽다 보니, 모친은 누구에게든지 전부 웃어주리라 생각하여 다른 사람에게 보여주며 몇 번이나 웃게 하고 또 큰 소리로 웃게 하면서 낙으로 삼는다. 그런데 그 정도가 지나치면 소아의 뇌수를 피로하게 하여 성장한 후에 신경질이 되기도 하고 뇌질환이 되기도 하니 주의하지 않아서야 되겠는가. 그 밖에 여러 종류의 습성을 가르치면 마침내 소아의 머리가 감당하지 못하여 정신을 피곤하게 하니, 연령과 정도를 제대로 살펴서 주의해야 한다.

4. 음식물을 씹어주는 유해성

세간에서 제대로 살펴야 할 일은 소아에게 음식을 씹어 먹이는 행위다. 한번 성인의 입에 들어갔던 것을 다시 소아의 입으로 옮기는 경우를 많이 볼 수 있는데 이는 최악의 습관이다. 도리어 소아의 소화를 방해할 뿐 아니라, 한번 음식물이 입에 들어가서 타액과 뒤섞여야 비로소 그 맛도 알게 되고 또 이 타액을 통해 위로 보내야 소화도 진행된다. 더구나 산패액(酸敗液)이란 병을 일으키고 구강의 여러 병을 전염시킬 우려가 있다. 그 가운데 가장 두려운 일은 폐병과 매독 등이 소아에게 한층 빠르게 감염된다는 것이니, 주의하지 않아서야 되겠는가. 타인은 물론 멀리해야 하고 가까운 친척도 하지 말아야 한다. 소아에게 식탁 위의 물건을 제한하지 않고 주는 행위는 절대 해서는 안 된다. 위생으로 말하여도 소아가 원하는 것은 소화되지 않는 향물(香物)인 데다가 염기(鹽氣)를 흡입하기 때문에 또 해악이 있다. 교육상으로 말하면 한층 그러하니, 불규칙적으로 식탁 위의 물건을 집어다가 입으로 가져가서 전혀 먹지 않고 어지르는 것은 나쁜 버릇이 된다. 이러한 가르침이 좋다고 생각하면 식탁 위에 접근시키지 않는 것이 중요하다. 일정한 식사에 능해질 때까지는 식탁 위에 접근시키지 않는 것이 가장 좋은 방법임을 알아야 한다. (미완)

싱가포르의 식물원 이야기

이는 일본의 어떤 삼림학 박사의 일화인데, 흥미로운 볼거리가 자못 있다. 그러한 까닭에 다음에 기재하여 독자들의 마음을 즐겁게 하려 한다.

싱가포르의 식물원은 잔교(棧橋)에서 대략 2리(里)가량-이는 일본 리로 말한 것이다. 일본 리 1리는 조선의 10리다-으로 시가지에서 대략 1리 남짓에 있다. 마차와 인력거가 통하는 도로 가운데 말레이시아, 인도네시아 등지의 가로수가 있고 또 좌우의 전지(田地)에는 닝구스단의 과수원이 많다. 식물원 내부는 다소 구릉의 형태를 띠는데 그 안에 두 연못이 있다. 식물원 주위는 대략 20정(町)인데 열대지방의 식물이 거의 다 있다. 특히 식물원 후방에 속한 수많은 삼림은 각종 열대 나무가 식재되어 있는데 지극히 무성하고 그 잎사귀가 드넓고 육질이 단단하며 심녹색이다. 또한 장대한 모양의 잎을 지닌 거목 사이에 수많은 상록관목류(常綠灌木類), 대나무류, 야자류 등이 촘촘히 자라고, 다시 이들 수목에 이어 수많은 초등류(肖藤類)의 덩굴식물이 있다. 이는 소면(素麵)처럼 촘촘하고 가늘고 길어서 수십 척의 가지 위에서 아래로 드리우는 것도 있고, 이리저리 자라면서 가는 그물 형상이 된 것도 있고, 거대한 덩굴줄기가 죄다 둘둘 말고 다시 다른 줄기로 옮겨서 꿈틀꿈틀 허공을 가로지르는 형상이 거의 수백 수십 척이 되는 것도 있고, 삼림 위로 고개를 높이 들어 완연히 거대한 용이 하늘로 오르는 형상이 된 것도 있고, 지상으로 내려와서 큰 뱀이 감아 도는 형상이 된 것도 있는 등 참으로 천태만상이다. 다시 그 삼림 사이를 자세히 살펴보니 나무, 대나무, 덩굴을 가리지 않고 어디서나 봉래초(蓬萊蕉), 난류(蘭類), 지의류(地衣類) 및 그 밖의 수

많은 기생식물, 반록식물(攀綠植物) 등이 자라고 있으니 완연히 공중에 그린 일종의 식물원이다. 왼쪽에서 보고 오른쪽에서 보느라 정신이 없어서 눈을 돌릴 틈이 없다.

정문의 좌측에 일단의 종려수와 유사한 것은 바로 '사고야자(Sago palm)' 숲이다. 서양요리에 활용되는 사고(sago) 가루는 이 나무의 열매가 아니라 사실은 이 줄기 속에 함유된 전분으로 만든 것이다. 그렇다면 이는 쌀나무인 셈이다. 이 나무는 높이가 6·7백 칸이고 가지 형태가 종려수와 유사하고 잎이 거대한 날개 형태인데 길이가 3·4칸이고 가지 끝에 꽃자루가 나고 감 크기의 열매가 무더기로 난다. 이 줄기를 가르면 그 속에 다량의 전분이 함유되어 있다. 이 전분을 채취하여 사고 가루 등을 만드는데 한 줄기로 1인당 1년분의 식재료를 산생할 수 있다고 한다.

식물원 내, 시가지 사이, 촌락 부근, 무인도 등 어디서나 열대지방에 가장 많아서 사람들의 시선을 끄는 것은 '본야자(本椰子)' 숲이다. 이 나무는 앞서 언급한 사고야자와 유사하고 잎 사이에 가늘고 높은 꽃자루가 나며 사람 머리만 한 크기의 열매를 주렁주렁 맺는데 한 그루당 매년 1백여 개 열매를 산생하는 것도 있다. 해안에서 자생하는 야자에서 자연스럽게 떨어지는 열매는 물에 뜨면 열대지방 섬에 닿자마자 곧 싹을 틔워 야자림을 조성한다. 이것이 이 해안에 이 나무가 많은 까닭이다. 이 열매가 건조되기 전에 그 속에 가득 담겨 있는 2홉가량의 액체를 야자유라고 하는데 토착민의 음료를 대거 제공한다. 그 건조된 과핵은 견고하여 바가지나 식기를 만들 수 있다. 유액이 건조되면 납상(蠟狀)을 이루는데 이것이 코프라(copra)라는 상품이다. 야자유는 수많은 향료 또는 비누류의 원료가 된다.[2] 최근 유럽에 수출되는 다량의 코프라는 대부

---

2 야자유는……된다 : 해당 부분의 원문은 '椰子油又幾多香料는石鹼類의原料가되느니'

분 식물성 우유 또는 모조 우유를 만드는 원료이다. 열대지방의 무인도 등 도처에 있는 야자림은 열대 식민(植民)이 가장 주의하는 것이다.

식물원 내 또는 식물원에 인접한 왕궁 입구의 가로수로 웅대한 장관을 뽐내는 것은 '유야자(油椰子)'다. 이 나무는 종려수와 유사한데 줄기 둘레가 4 · 5척 이상이고 높이가 6 · 7칸이며 날개 형태의 잎의 길이가 3 · 4칸에 달하고 가지 끝에 사람 머리만 한 크기의 열매를 맺는다. 그 열매로 일종의 기름을 만들 수 있으니 열대지방의 중요한 산물이다.

그밖에 '주야자(酒椰子)'로 불리는 나무가 있으니 새싹 또는 꽃자루로 술과 식초를 빚을 수 있다.

또한 '상아야자(象牙椰子)'가 있으니 그 열매의 핵이 실로 상아와 유사하다. 조각과 단추 등등의 재료로 쓰인다.

대나무 형태의 길고 좁은 아름다운 줄기를 뽐내고 끝에 날개 형태의 잎이 겨우 붙어 멋이 있는 '빈랑나무'의 열매는 토착민이 즐겨 먹는 것이다.

'포규(蒲葵)'라 불리는 야자는 그 잎이 종려수 형태인데 줄기에 무성한 털이 나 있다. 줄기는 온갖 것의 재료가 되고 잎으로는 지붕, 벽, 자리 등을 만든다. 이 나무는 열대지방 숲에서 가장 많이 있고 토착민 가옥의 재료로 또한 가장 많이 제공된다. 이른바 야자기둥, 야자지붕, 야자자리에 살면서 야자주에 취한다는 것은 그 절반이 본야자 이외의 야자라고 한다. 다만 세상 사람들이 대개 야자라고 하면 야자뿐인 것으로 알고 야자류가 1천여 종이 있는지 모르는 이가 많다.

'라즉가 야자'는 그 줄기의 상단-새순 부분-이 붉은색을 띠어 자못 수려하여 수목원 내 휴게소 앞과 왕궁의 현관 앞에 식재되어 있다. 그밖에 '카리요타(Caryota) 야자' 류는 그 잎의 형태가 가장 앙증맞다. '선야자

이다. 조사의 위치가 바뀐 것으로 판단되어 위치를 바로잡아 번역하였다.

(扇椰子)'—일명 여인목—는 그 형태가 마치 막대기 끝에 부채를 펼친 것과 흡사하여 자못 기이한 장관을 이룬다.

열대지방 숲에 야자류 외에도 귀중한 열매를 생산하는 수목이 많다. 그 가운데 '망고스틴'은 세계의 과일왕이라 불린다.

망고스틴은 싱가포르 부근에 재배지가 많다. 늘 푸르며 두껍고 타원형에 7·8마디 크기의 아름다운 잎이 나고 지금 꽃이 한창 피었으나 그 열매의 판매도 적지 않아서 개당 3전가량이다. 타원형에 크기가 계란만 하고 감 열매와 유사한 꼭지가 있고 흑갈색을 띠며 그 속에 백육(白肉)으로 감싸인 종자 몇 개가 있다. 천하에 비할 데 없는 진미로 칭송되는 것은 그 종자가 포함된 백육이라 한다. 과수원에 식재된 것은 10평당 1본가량이고 높이가 5·6칸이다. 멀리서 보면 감귤류의 과수원과 유사하다. 이 열매가 나는 계절에는 선상의 식탁에 오르는 경우가 많다.

열대지방에서 쓰임새가 아주 많은 '망고'는 자못 높은 나무다. 그 잎은 길이가 1척 남짓이고 너비가 2·3마디이며 열매는 망고스틴보다 현저히 커서 그 길이가 4·5마디에 달한다. 이 열매가 익으면 황색을 띠고 그 맛이 익은 참외와 유사한데 감미가 강하고 얼음보다 차니 둘로 갈라서 수저로 먹는다. 이 나무는 타이완과 필리핀 그 밖의 열대지방 도처의 민가 부근에 식재되어 있다.

열대지방 토착민이 즐겨 먹는 '빵나무' 열매는 크기가 사람 머리만 한데 다소 긴 것이 많다. 나무의 종류 또한 다양하다. 혹 그 잎의 형태가 떡갈나무 잎과 유사하여 깊게 갈라지고 2척으로 큰 것도 있고, 겨우 4·5마디 크기의 타원형 형태의 잎이 나는 것도 있는데 인가 인근에 식재되어 있다. 그 열매의 맛은 달지만 다소 냄새가 난다. 이 나무는 숲에서 야생하는 것도 많다. 숲속에 있으면서 떨어지는 빵을 기다려 얻는 것은 열대에서만 가능한 행복이다. '파파야〔眞木瓜〕'는 낙엽과 유사한 잎이 있고 10여 칸이나 되는 거목이다. 잎 사이에 사람 머리만 한 크기의 열매를 잔뜩 맺는데 보통 야채로 각종 요리에 활용된다.

목재로 이 지방에서 볼 만한 나무는 '자단목(紫檀木)'이 있다. 그 잎이 늘 푸르고 두꺼운데 심녹색을 띤다. 또 '흑단수(黑檀樹)'가 있으니 식물원에서 특히 여러 나무를 뚫고 높이 솟아 하늘에 닿을 정도고 줄기 둘레가 지상 5척 높이에서 2장(丈)에 달하고 가지 아래 또한 8·9칸 이상이다. 침을 3척이나 흘리도록 사람을 황홀케 하는 것은 '데루미나리야'와 '소레아' 두 종인데, 전자는 잎이 백일홍과 유사하고 후자는 잎이 쇼지와 유사하다.

그밖에 저류(樗類)로 오인하기 쉬운 줄기의 형태를 띠고 가지 끝에 일곱 잎이 무더기로 나고 높이가 20여 칸이고 줄기 둘레가 10여 척에 달하는 '지이라', 그 잎이 '즉구바네가시'와 유사한 '보네아'라 하는 거목, 사람들이 '티크'라고 오인하기 쉬운 큰 잎을 지닌 '모모다마나라' 나무, 광택이 있는 심녹색 잎을 지닌 '야라보라'라 하는 가로수, 희고 붉은 꽃이 피는 '인도자귀'라는 거목, 연잎과 유사한 잎을 지닌 '하스노하기리' 등 그 성목(成木)의 웅대함과 장려함은 도저히 비할 데 없다.

특히 연초(煙草)의 잎처럼 큰 잎을 지닌 자못 웅장한 거목은 함선용 재료의 왕인 '티크나무'다. 군함 비각선(飛脚船)으로 시작하여 대선박의 갑판, 난간, 사다리 등은 주로 이 목재를 사용한다. 전체가 철로 되어 있는 것처럼 보이는 순양함 같은 것도 그 한 척을 만들 경우 최소한 이 목재의 척–척각(尺角) 2칸의 목재를 말함– 1천 본과 기타 목재 2천 본이 요구된다. 티크재는 척 1본당 가격이 3·40원이라 한다. 이 나무는 원래 태국과 미얀마의 천연림에서 벌목하는데, 최근 과도한 벌목으로 인해 점차 부족해지는 추세라 영국 정부에서 인도령 내에 이 식수의 조림을 대거 시행 중이라 한다.

그 가지와 잎이 가장 많이 번성하는 것은 바로 '베루지야미나 용수(榕樹)'인데, 식물원 내와 시가지의 가로수로 식재되어 있으며 공중에 기근

(氣根)을 드리운 것이 많다. 특히 열대지방에서 유명한 것은 이 용수(榕樹)와 유사한 종으로 동인도 지방에서 가장 많은 소위 '반얀나무'이다. 이 나무는 백초생(百草生)의 한 종류로 본줄기의 둘레가 46척이나 되고 다시 232본의 기근이 공중에 나서 어디든지 땅에 닿으면 거목이 된다. 그 크기는 줄기의 둘레는 운위할 것 없고 기근의 둘레가 13척 남짓인데, 포도덩굴의 형태로 사방으로 확장하고 번성하니 한 그루가 2정(町) 7무보(畝步)의 땅을 뒤덮는 것도 있다.

전 세계의 수목 중에 가로로 가장 긴 나무는 앞서 언급한 '반얀나무'이고, 세로로 가장 높은 나무는 호주의 '아미구다 유칼립투스'이다. 이 수목은 높이가 495척이고 최하 가지의 높이도 260척 이상이다. 그 높이와 너비와 그 재료적 효용의 크기 모두 천하의 으뜸이라 불리는 것은 북미 캘리포니아의 '기강도 세계성수(世界聖樹)'이다. 이 나무는 지상 5척 줄기의 둘레가 33칸이며 높이가 396척에 달하며 이 수목의 뿌리에 있는 동굴은 말 여섯 마리가 끄는 우편마차도 넉넉히 통과할 수 있고 그 가로 방향에 있는 작은 구멍은 눈 내리는 밤에 어미 새끼 37마리의 소가 머무른 일도 있다고 한다.

때는 3월 19일이었다. 오전 10시 반에 식물원을 떠나 대기하고 있던 지나인의 인력거를 탔다. 이른 새벽부터 조식을 먹지 않고 다섯 시간 넘게 식물원 내를 정신없이 배회하면서 배가 고프면 파초 열매를 10전에 2근 사서 인력거꾼과 나눠 먹었는데 그 맛이 참 좋았다. 도중에 일본 영사관 미쓰이(三井), 청과물시장 등을 방문하였다. 청과물시장에 수박, 가지, 박[夕顏], 넝쿨로 된 오이, 나무에 달린 파파야, 야자 열매, 감귤, 불수감(佛手柑), 오렌지, 망고스틴, 빵 열매 및 각종 야채와 과일이 자못 많았다. 다만 양배추는 이 지역에서 나무 형태로 자라서 둥글지 않은 것이기에 일본 등 한대지방에서 수입한다고 하였다. 정오 12시에 귀선(歸船)하여 보니 땀과 먼지투성이라 새 옷으로 갈아입고 쉬었다.

경의철도(京義鐵道)의 연로(沿路) 개황

경의철도의 개통이 한・일・청 세 나라 교통의 지대한 편리와 국민 계발의 막대한 영향과 무역(貿易)・식산(殖産)・흥업(興業)의 일대 기관이 되어 팔도의 발달을 촉진시킨 것은 말을 기다릴 필요도 없을 것이다. 해당 철도의 개황을 들어 다음에 기재한다.

광무 8년 2월 일본과 러시아가 개전함과 동시에 일본 정부에서 경의철도 부설의 특권으로 임시 군용선을 기공하여 속성으로 온전히 기약하여 공사를 서둘렀다. 재작년 12월 1일에 노선이 개통되어 화물차와 객차의 운전이 자유를 얻어서 일반 대중의 승차와 수하물 취급을 개시하였다. 그 길이는 3,130리(哩)−일본인의 설에 근거함−이다.

경의철도는 곧 경기도, 황해도, 평안남북도 각 도를 관통하는 철도이다. 이 구간의 연로에 속하는 경기도, 황해도, 평안남도 3도는 옥토가 천 리에 산이 드물고 암석이 적어서 공사 장소도 따라서 곤란하지 않다. 노선 중에 개성(開城)부터 토성(土城)까지의 구간에 터널 하나가 있고, 또 청천강(淸川江)과 대령강(大寧江) 두 강 사이에 암석을 개착(開鑿)한 처소가 있으나 공사하기 곤란하지 않다. 다만 임진강(臨津江), 대동강(大同江), 청천강, 대령강 등 큰 강의 가교는 공사하기 곤란하다.

정거장의 설비는 용산역(龍山驛)에서 신의주(新義州)까지 정거장 예정지 총 60개소가 있다. 그 가운데 준공된 정거장은 용산, 수색(水色), 일산(一山), 문산(汶山), 장단(長湍), 개성, 토성, 계정(鷄井), 잠성(岑城), 한포(汗浦), 남천(南川), 신막(新幕), 서흥(瑞興), 흥수(興水), 청계(淸鷄), 사리원(砂利院), 계동(桂東), 심촌(沈村), 황주(黃州), 겸이포(兼二浦), 중화(中和), 평양(平壤), 서포(西浦), 순안(順安), 어파(漁波), 숙천(肅川), 만성(萬城), 신안주(新安州), 영미(嶺美), 운전(雲田), 고읍(古邑), 정주(定州), 곽산(郭山), 노하(路下), 선천(宣川), 동림(東林), 차연관(車輦館), 남

시(南市), 양책(良策), 비현(枇峴), 백마(白馬), 석하(石下), 신의주 총 43개소다.

연로에서 조망하는 지역은 세 구역으로 구분할 수 있다. 즉 기차가 용산에서 출발하여 평양에 이르는 구간을 제1구역이라 하고, 평양에서 신의주에 이르는 구간을 제2구역이라 하고, 각 큰 강변의 조망을 제3구역이라 할 것이다.

제1구역인 용산 평양 구간의 조망은 회화적인데, 산세와 물길과 잡목 숲이 미묘한 조망을 이룬다 할 수 있다.

제2구역인 평양에서 신의주에 이르는 구간의 조망은 대륙적인데, 광활한 옥야에 산이 높고 물은 길며 수목이 드물고 초가집이 곳곳에 드문드문 있고 흰옷을 입은 촌민이 소를 몰며 이곳저곳을 유유자적하니 웅대한 경치라 할 수 있다.

제3구역 임진강, 대동강, 청천강, 대령강, 압록강 각 강변의 조망에 대해서는 우리가 사용하는 문자의 한계로 인하여 경치가 있어도 제대로 표현할 수 없는 것이 아쉬울 따름이다. 과연 이것이 강인지 호수인지 바다인지 물이 어디를 향하여 흐르는지 알 수 없고 기슭이 다 섬과 다름없는데 돛단배가 모여 있고 증기선이 번개처럼 내달리며 또 사계절마다 경치가 각기 달라서 무궁한 흥취를 드러낸다.

연로의 주요 역은 개성, 황주, 평양, 정주, 신의주의 각 역이다. 그 가운데 평양이 현재 발달되어 있어 장래 경의선의 중심지가 될 것으로 크게 촉망되는 지역이다. 그 외의 지역은 시가지와 떨어져 정거장이 고립되어 있기에 장래에 어떨지는 모르겠으나 현재는 특별히 볼 만한 것이 없다.

개성부(開城府)는 경성에서 대략 250리 떨어져 있는데, 일명 송도(松都)라 하니 전대인 고려왕조의 도읍지다. 용수산(龍首山)과 진봉산(進鳳山) 두 산이 서남쪽에 솟아 있고 북쪽에 송악산(松嶽山)이 우뚝 서 있다.

면적으로 말하면 동서가 짧고 남북이 긴 형태다. 성벽이 구불구불 멀리
에워싸서 송악산을 두르면서 반월(半月)의 형태를 이루니 그 주위가 실
제로 20여 리인데 지금은 황폐해져서 옛 모습이 남아 있지 않다. 호수
(戶數)는 성 내외를 합하여 1만 9천여 호이고 가옥 중 기와집은 극히
드물고 초가집이 많지만 얼개가 화려하여 아담하고 우아한 풍치가 있
다. 일본 수비대와 헌병대가 주둔하고 있고 군용통신소가 있으며 제일
은행 개성 지점이 있고 경찰서가 있으며 거류민역소(居留民役所)가 있
는데 거류민이 남녀 도합 3천여 명이고, 잡화상, 여관, 요리점 등이 있
다. 특산물은 유명한 인삼이 있어서 매년 생산액이 2백만 원 이상이라
하고, 그 외에 고려자기〔高麗燒〕가 이 지역의 특산물로서 지금도 세상
에서 귀중한 보물로 여겨짐은 사람들이 다 아는 것이다. 명승지와 유적
지로는 만월대(滿月臺), 부산동(扶山洞), 채하동(彩霞洞), 선죽교(善竹橋),
여현릉(麗顯陵), 목청전(穆淸殿), 산덕궁(散德宮), 태평관(太平館), 탁타
교(槖駝橋), 박연(朴淵)의 폭포, 성균관(成均館), 숭양서원(崧陽書院)이
있다.

황주부(黃州府)는 황주정거장에서 서남쪽으로 20여 리에 있는데, 동
쪽으로 산을 지고 서쪽으로 들에 임하니 누워 있는 소와 흡사하고 호수
는 3천이다.

평양부(平壤府)는 평안남도에 있다. 동쪽으로 대동강을 두르고 남북
으로 평야가 펼쳐져 뛰어난 풍경이 자못 요충지가 된다. 지금으로부터
대략 3,020여 년 전에 기자(箕子)가 이 지역에 와서 도읍하신 이래로
변천을 자주 겪어 성쇠의 연혁이 적지 않다. 고려조에 이르러 태조가
서도(西都)를 창건하고 성종조(成宗朝)에 이르러 석축을 크게 벌이고 우
리 조정에 이르러 더욱 중수하여 현재 내성(內城), 중성(中城), 외성(外
城), 동북성(東北城) 네 구역으로 구분한다. 내성의 주위는 20여 리인데
다섯 문이 있으니, 동쪽의 동경문(東慶門)과 대동문(大同門), 남쪽의 주

작문(朱雀門), 서쪽의 정해문(靜海門), 북쪽의 북리문(北里門)이 이것이다. 평양부의 범위 안은 쟁반처럼 평탄하니 기자의 옛 정전제(井田制)가 그 속에 남아 있다. 인민의 호수는 거의 2만여 호이고 일본인 거류자가 3천 인 이상에 달하고, 그 사령부, 보병연대, 포병연대, 헌병분대, 철도감부, 영사관, 우편국, 군용통신소, 제일은행 지점, 거류민역소, 심상고등소학교, 일어학교, 사원 등이 있고 그 밖에 평양부의 위생기관도 점차 갖춰지고 있다. 산물은 잡곡류, 우피(牛皮) 등인데 그저 그 생산지일 뿐 아니라 무역지이기도 하니 대동강의 수운(水運) 편이 있어서 평양의 번영을 크게 돕는다. 또한 시내 부근에 명승지와 유적지가 많으니, 모란대(牡丹臺)와 선교리(船橋里)가 청일전쟁의 격전장이 된 것은 사람들이 다 아는 것이고, 칠성문 밖 일본과 러시아 기병의 충돌지도 또한 사람들의 이목을 새롭게 하는 것이다. 이제 평양 팔경이란 것을 소개하면 기자묘(箕子廟), 모란대, 부벽루(浮碧樓), 을밀대(乙密臺), 능라도(綾羅島), 선교리, 연광정(鍊光亭), 만경대(萬景臺)가 그것이고, 그 밖에 기자정(箕子井), 주암(酒巖), 의암(衣巖), 만수산(萬壽山), 대동문(大同門) 등의 고적(古跡)이 있다.

정주부(定州府)는 정주정거장에서 서쪽으로 대략 5리가량에 있다. 인구는 5천여 명이고 시가지는 삼면이 산으로 둘러싸여 있고 명승지와 유적지가 적지 않다.

신의주는 압록강을 사이에 두고 청국 안둥현(安東縣)과 마주하는 드넓은 평야 가운데 있다. 일본인 거류자가 많아 여관도 있고 요리점도 있으나 아직 불완전하고, 그밖에 철도감부, 수비대, 헌병분대, 우편국, 거류민역소 등이 있다.

한국의 염업(鹽業) 일반(一斑)

일본의 어떤 기사가 한국 각 지방을 순회하여 동서 양 해안의 염업 주산지를 답사하고 그 제염업의 현황을 대략 서술하였으니 다음과 같다.

1. 소금 생산지

한국에서 생산하는 소금은 해염(海鹽)뿐이다. 이는 해수를 원료로 하여 염전에서 함수(鹹水)를 채취하고 끓여서 거두는 것이다. 이를 생산하는 지방은 그 구역이 자못 광대하여 경기도, 경상남도, 경상북도, 전라남도, 전라북도, 강원도, 평안남도, 평안북도, 충청남도, 황해도 및 함경남북도 12도에 달하고 오직 바다가 없는 충청북도만 염전의 존재를 찾아볼 수 없다. 요컨대 한국 연안 전부에서 염전의 존재를 볼 수 있고 단지 그 면적과 규모만 대소(大小)·광협(廣狹)의 차이가 있을 뿐이다.

2. 염전의 면적, 생산액

한국 염전의 소재지는 앞 단락에서 기술한 바와 같으니 그 면적도 결코 협소하지 않다. 하지만 숫자로 그 면적을 들려고 하면 한국에 정리된 통계가 부족하고 조사를 시행한 적이 없어서 그 숫자를 들 수 없으니, 이것이 크게 유감스러운 점이다. 그리고 그 생산되는 소금의 수량 역시 명확하지 않다. 한국 정부의 조사에 의하면 1개년 총생산액이 대략 2백만 석이라 한다.

3. 토양, 지형과 염전의 축조

한국의 염전은 동서 양 해안을 따라 거의 전 해안에 걸쳐 있다. 그 토양의 성질의 경우 동서 양 해안의 성질이 전혀 다르다. 즉 한국의 남단을 경계로 하여 서해안의 경우 북부 만주의 경역에 이르기까지의 일대가 순연한 점토질인데, 그 점토가 지하 수 척의 깊이에 달하니 현재 존재하는 염전에 국한되지 않고 염전 부근의 토양도 동일한 토질을 지니고 있다. 동해안의 경우 북부의 함경북도에 이르는 연안 일대가 사질(砂質) 토양이라 그 연안에 존재하는 염전도 또한 사질 토양이다. 그러므로 한국의 염전 토양은 동서 양 해안이 확연히 다른 두 종류의 토양으로 이루어져 있다.

한국의 염전 중 서해안에 속한 염전은 둑이 없고 동해안에서 관찰되는 염전은 어디든 둑이 설치되어 있다. 각지에 있는 항만 내부는 해수가 극히 고요한 덕에 염전의 축조에 편리하고, 또 그 부근에 언덕과 산림이 없고 대체로 평활함으로 인하여 통풍이 아주 양호하여 수분의 증발도 또한 아주 큰 것을 볼 수 있다.

4. 함수(鹹水) 채취 및 제염 방법

염전의 축조는 앞 단락에 게재한 바와 같이 동부 연안에서는 둑을 쌓아 인위적으로 해수를 염전 내로 끌어들였다가 배출시키고, 서부 연안에서는 둑 없이 해수가 조수 간만의 자연적 작용에 의해 염전의 표면을 덮고 또 염전에서 빠져나간다. 동부 연안의 염전은 염전 내에 작은 도랑을 파서 여기에 해수를 담아 모세관(毛細管) 인력의 작용을 통해 해수를 염전 표면으로 상승케 하고 햇볕과 바람의 힘에 의해 수분을 증발시켜 염분의 미립자를 결정으로 만든 뒤에 염사(鹽砂)를 긁어모아 이를 흙으로 만든 소정(沼井)에 넣고 해수를 주입하여 함수를 얻는다. 서부 연안의 염전은 만조기에 해수가 자연히 염전 표면으로 넘쳐 들어와 염전의 표면으로 범람하고 간조기에 이르면 빠져나가 염전의 표면에 해수가 없게 되니, 이에 염전 표면의 염사를 긁어모아 흙으로 만든 소정(沼井)에 넣고 해수를 주입하여 함수를 얻는다. 염사를 긁어내어 모으는 작업은 전부 소를 활용한다.

그러고 나서 그 채취한 함수를 가마에 넣고 끓여서 염분을 결정으로 만들어 소금을 만들어내는 것이다. 그 방법은 동서 양 해안의 염전 모두 차이가 없다. 소금을 끓이는 데에 사용하는 가마는 여회(蠣灰)로 제작된 것이 많지만 돌가마를 사용하는 경우도 있고, 최근에 이르러서는 해당 업자 중 철가마를 사용하는 경우도 있다. 가마는 전부 갈고리를 걸어 드리운다.

가마집은 어느 지역이든 간에 조잡한 목조나 초가 가옥인데, 옥상이 뚫려 있어 수분의 분산에 편리하지만 비가 내릴 때가 되면 빗물이 실내로 떨어져 가마 안으로 들어가는 불리함이 있고, 가마에 연통을 설치하지 않음으로 인하여 매연이 실내에 가득 차서 인부의 노동이 고될 뿐 아니라 가마 안으로 그을음이 떨어져 소금의 손실을 면하지 못하기도 한다.

함수를 끓이는 데 사용되는 연료는 석탄과 땔감이 부족한 까닭에 온돌에 사용하는 훤고(萱藁) 또는 송엽(松葉)을 사용한다. 이 때문에 끓임용 연료가 놀랄 정도로 고가이다. 현재 가장 저렴한 경우도 소금 1석에 대하여 60전이 요구되고 가장 비싼 경우에는 2원 50전이 요구되니, 보통 연료비가 대략 1원 50전이 된다.

5. 소금의 품질

앞 단락에서 기술한 바와 같이 조잡한 구조를 지닌 가마집에 연통을 설치하지 않음으로 인해 그 색깔과 광택이 극히 나빠 일견 소금이 아닌 것처럼 보인다. 하지만 한번 소금을 가마솥에서 채취하면 곧 거출장(居出場)에 방치하여 상당한 정도로 건조되기를 기다려 판매하는 것이 상례이다.

6. 기후

기후는 제염업과 지대한 관련이 있다. 기온이 높고 맑은 날이 이어지고 풍력이 강하면 제염에 유리하고 기온이 낮고 비가 많고 풍력이 약하면 제염에 불리하니, 기후는 함수의 채취와 가장 큰 관련이 있는 것이다. 한국의 염업지는 그 기후가 몹시 양호하여 제염에 편리하다. 내가 염업지를 순회하던 당시는 한파가 맹렬한 겨울이었다. 서해안 북부의 곽산(郭山)을 시작으로 남부의 신도(薪島)에서 동해안의 울산(蔚山)을 경유하여 북부의 원산(元山)에 있는 염전까지 갔는데 어디서든 함수를 채취하였고, 그 농도도 모씨(母氏)[3] 18·9도의 고도를 보였으니 기후가 염업에 적합하다고 하기에 충분하다.

7. 한국 염업의 결점

한국 염업의 개요는 앞 단락에서 순서대로 대략 기술하였다. 다만 그 염전 축조의 방법부터 함수를 채취하고 끓이는 장치 및 방법에 이르기까지 결점이 많다. 다음의 방안에 따라 개량하면 소득이 적지 않을 것이다.

갑. 둑이 있는 사질 염전

　　1) 도랑의 수를 증가할 것

　　2) 살사량(撒砂量)을 증가할 것

　　3) 함수 수송의 장치를 설치할 것

　　4) 함수받이를 설치할 것

　　5) 가마를 철제로 할 것

　　6) 가마집에 온돌과 연통을 설치할 것

　　7) 그에 따라 연료를 석탄으로 교체할 것

3　모씨(母氏) : 소금기의 정도를 측정하는 염도의 단위로 추정된다. 퍼밀(‰)이나 psu 등을 사용한다.

을. 둑이 없는 점토질 염전
    1) 가마집과 연료의 경우 앞의 항목대로 할 것
    2) 염전의 구조를 천일제염전으로 개선할 것

이상의 방안이 과연 좋은 결과를 얻을 때 한국의 염업은 적은 비용으로 다량의 좋은 소금을 생산할 수 있을 것이다. 만약 천일제염이 과연 한국에 성립되면, 염전 축조에 적합한 지역이 몹시 광대함에 따라 다대한 생산을 이룰 수 있을 것이다. 또한 재래식 염전도 이상의 개량 방안으로 좋은 결과를 얻는다면 두 가지가 서로 작용하여 한국 염업의 이익을 증진시킬 것이 분명하다.

이를『한양보』제1호 〈실업부〉의 「한국 염업 사견(私見)」과 대조하여 참고해보면 염업에 대해 깨닫는 바가 많을 것이다. 무릇 염업은 우리 한국의 일대 수익원인데 현재 비참한 지경에 놓여서 근근히 이어지고 있다. 그 이유는 무엇인가. 제염의 방법이 너무 유치하여 제염비와 연료비가 사람을 놀래킬 정도로 고가이고, 또 지나 소금의 수입이 한국 소금을 압도하여 매년 증가하기 때문이다. 이 기회에 개량하지 않고 구습을 으레 고수한다면 한국의 염업은 망할 것이니 어찌 한심하지 않으리오. 하지만 한국 염업을 한국인은 조사한 바 없고 외국인의 조사에 근거해 말하니, 이것이 어찌 단지 염업뿐이리오. 수치와 회한이 이보다 더 클 수 없다. 외국인의 조사가 이미 이와 같은데 본국인이 여전히 무지몽매해서야 되겠는가. 우리나라 동포들은 장차 대단히 주의할지어다.

경성 고탑(古塔)

경성 내 탑동(塔洞)에 대리석으로 된 13층 고탑이 있는데, 이는 경성에서 가장 오래된 물건이다. 이 동네가 탑동이라 불리는 것은 실로 그 탑의 존재 때문이니 무려 경성의 명물이 되었다.

그 형상을 말하자면 하단의 6층은 직각의 20변형으로 되어 있고 상단의 7층은 사각형인데 각기 지붕을 본뜬 것이다. 그 가장 아래 3층까지는 층절(層節)이 짧은데 4층부터는 늘어나서 그 아래층의 3배나 된다. 그 표면에 조각된 것이 가장 흥미로우니, 이는 불상인데 아래층에는 용과 연꽃이 생생하여 뛰쳐나올 듯하다.

이 탑의 상단 3층은 그 곁의 바닥에 놓여 있는데, 징험할 문헌이 없어서 그 사연을 알 수 없다. 일설에 의하면 "일본인이 일본에 가져가려고 하여 이를 내렸는데 그 하중을 견디지 못하여 그 곁에 두었다." 한다.

이 탑을 언제 누가 어떻게 여기에 두었는지 그 유래에 대해 탑과 돌도 말이 없고 연대도 분명하지 않으니, 이 일이 어찌 유감스럽지 않겠는가. 이 탑의 제작 연대만 안다면 이 탑이 당대 예술의 좋은 표본이라 그 문명의 수준도 가늠해볼 수 있을 것이다. 지금 이 탑에 대한 내외국인의 기록을 다음에 채록하여 둔다.

남공철(南公轍)은 순조조(純祖朝)의 재상으로 호가 금릉(金陵)이다.『금릉집(金陵集)』의「고려불사탑기(高麗佛寺塔記)」의 내용은 다음과 같다.

경사(京師)로 들어가 북쪽으로 10리가 채 안 되어 옛 고려의 부도사(浮圖寺)가 있다. 사찰이 망한 지 4백 년이 되었는데 그 탑은 남아 있다.『고려사(高麗史)』에 의하면 "원(元) 순제(順帝) 11년에 충순왕(忠順王)의 여식인 금동공주(金童公主)가 원 순제에게 시집 갔다. 순제의 총애가 깊어서 공주를 위해 사시(舍施)하여 공예가를 시켜 두 개의 탑을 만들게 하고 배로 실어 요동(遼東)에 보냈다. 하나는 풍덕(豐德)의 조천사(肇天寺)에 두고 하나는 한양(漢陽)의 원각사(圓覺寺)에 두었는데, 원 승상 탈탈(脫脫)이 그 일을 실제로 주관하였다." 한다. 여기서 한양이란 그 「지리지」에서 이르기를 "고려조 때는 속부(屬府)로서 태수(太守)를 두었는데 지금은 경사 (京師)가 되었다." 한다. 탑은 총 24감(龕)으로 되어 있는데, 감의 조각은 관음보살이니 전부 도자(道子)의 그림이다. 세상에 전해지 는바 예전에 탑의 측면에 그 사적이 기록된 비석이 있었는데 비석 이 오래되어 전부 마멸된 탓에 성명(姓名)이 전해지지 않는다 하나, 많은 사람들이 그 설을 의심한다.

『한성방리록(漢城坊里錄)』은 편찬자가 누구인지 확실히 알 수 없다. 그 가운데 고탑에 관한 구비설화가 채록되어 있는데 그 내용은 다음과 같다.

　　원(元) 세조(世祖)의 여식인 제국대원장공주(齊國大元長公主)가 고려 충렬왕(忠烈王)에게 시집갈 때 몽고탑(蒙古塔) 2좌를 봉안해 와서 하나는 요동에 두고 하나는 한양의 원각사에 두었다. 그후에 장목왕후(莊穆王后)에 봉해지고 충선왕(忠宣王)을 낳았다.

광무 4년-일본 메이지 33년- 3월 20일에 일본인이 발행한 『조선월보(朝鮮月報)』에 「조선의 수도 경성」이란 제목의 글 한 편이 실려 있는데, 그 말미에 십삼층대리석탑(十三層大理石塔)을 언급한 부분은 다음과 같다.

　　일설에 의하면 고려 충숙왕(忠肅王)-서력 1314년-이 즉위할 때 원나라 조정에서 기증한 것이라 한다. 이에 역사서를 검토하였는데 지금도 그에 관한 기사를 확인하지 못하였다.

대한 개국 504년-서력 1895년- 4월에 서양인이 발행한 잡지『코리아 리포지토리(Korea Repository)』에「경성 명승(名勝)」이라는 글 한 편이 있는데 그 가운데 '대리석탑(大理石塔)'이란 제목의 한 구절은 다음과 같다.

　본국의 기록에 의하면 "고려조 중기의 왕이 원 황제 세조(世祖)의 여식과 결혼하였는데 이 세조는 1269년경에 송(宋)을 멸망시키고 1368년까지 지나를 지배한 인물이다. 이 사람이 곧 그 여식에게 증물(贈物)로 탑을 보냈다."고 되어 있다.

광무 5년-일본 메이지 34년- 12월에 서양인이 발행한『코리아 리뷰』에「대리석탑」이란 제목의 글 한 편이 실려 있는데 이 탑에 관한 기록이 매우 상세하다. 이러한 이유로 번잡함을 무릅쓰고 다음에 그 요지를 인용한다.

　고려 문종(文宗) 23년 11월에 하계(夏季)의 궁전을 한양에 세울 때 그 장소를 인왕산(仁王山)으로 결정하였다. 이듬해 여름에 왕이 그 부지를 살피기 위해 한양에 갔다가 도중에 비를 만나 임진강 인근의 사찰에서 묵었는데, 꿈에서 승려 3인이 한양에 사찰 하나씩 세우는 것이었다. 다음날 왕이 한양에 들어가 그 승려들을 위하여 부지를 살폈는데, 하나는 죽악(竹岳)의 남쪽에 있으니 지금 탑이 있는 소북방(少北方)이고, 하나는 지금 동대문 내의 좌측이고, 하나는 지금의 신문(新門)-즉 서문- 밖이었다. 여기서 첫 번째 사찰은 원각사다. 두 번째 사찰은 중흥사(重興寺)인데 본조 초기에 동문 밖으로 옮기면서 신흥사(新興寺)라 하였다. 세 번째 사찰은 한인사(漢仁

寺)인데 후대에 무너졌다. 사찰 세 곳이 완공되고 나서 왕이 원각사의 정면에 기념비를 세우도록 명하였는데, 바로 그 자리에 화강암 끝이 드러나 있기에 드디어 그 머리에 거북의 형상을 조각하고 기념비를 안치하였으니 현존하는 비석이 이것이다. 이 비석은 본래 신라의 옛 비석을 본떠 조각한 것이다. 현재 그 비문을 판독할 수 없지만, 단 기단에 문자 14자가 조각되어 있는데『한서(韓書)』에 전부 실려 있는 것이다. 그렇다면 이 거북 형상의 돌과 그 비석은 탑이 세워지기 전에 조성되었을 것이다.

서력 1352년에 공민왕(恭愍王)이 즉위하였다. 당시 그의 조부인 충숙왕(忠肅王)이 승하하고 조모가 살아 있었는데 이 사람은 원 영궁(英宮)의 아우인 영왕(營王)의 여덟 번째 여식이다. 한양에 하계의 궁전을 세우고 원각사를 중수하려는 소망이 있었으나 자금이 없어서 본국 북경의 조정에 청구하니 원 순제가 재상인 탈탈(脫脫)의 권유로 곧 승낙하고 솜씨가 뛰어난 공예가와 만금을 보내었다. 이때 탈탈이 또 왕에게 권유하여 아름다운 탑을 조각하고 고려에 있는 비(妃)에게 증물로 보내도록 하였다.

이 조각가는 당대 최고의 공예가 유용(劉榕)으로 황제에게 예진(藝眞)이란 별호를 받은 인물이다. 그에 앞서 공민왕의 부군(父君)에게 아들이 없어서 부소산(扶蘇山) 경천사(敬天寺)에 기도하여 공민왕을 낳았기 때문에, 이 사찰에 기념비를 세우기로 결심하고 유용에게 의뢰하여 강화도의 석재를 가지고 13층 탑을 조각하여 경천사에 안치하였다.

『대동금석서(大東金石書)』는 편찬자가 누구인지 확실히 알 수 없다. 그 가운데 탑동의 고탑에 관한 기사는 없지만 풍덕 경천사의 탑에 관한 기사가 있으니, 경천사의 탑은 탑동의 고탑과 밀접한 관계가 있어 다음

에 채록하여 참고할 자료로 제공한다. 그 '고려' 부에

> 「경천탑기(敬天塔記)」-풍덕 부소산에 있음-, 「경천사십삼층탑기(敬天寺十三層塔記)」-무명씨-에 따르면 진녕부원군(晋寧府院君) 강융(姜融)이 원(元) 순제(順帝) 지정(至正) 8년 무자(戊子)에 세운 것으로 이때는 고려 충목왕(忠穆王) 4년이다.

라 하였다. 또 '속편' 부에도

> 「경천탑-풍덕 부소산에 있음-서(書)-실명(失名)」에 따르면 원 순제 지정 8년 무자에 세운 것으로 이때는 고려 충목왕 4년이다.

라 하였다. 이상 나열한 내용들이 경성 탑동의 탑에 대한 기록인데, 여러 설들이 서로 모순된 탓에 전부 믿을 수는 없으나, 일단 신문에 기재하여 고사를 좋아하는 자들이 참고할 자료로 삼게 한다.

인물고

강감찬(姜邯賛)

강감찬은 고려인이다. 어려서부터 배우기를 좋아하고 기이한 지략이 많았다. 성종(成宗) 연간에 갑과(甲科)에 급제하고 여러 관직을 역임하여 예부시랑(禮部侍郎)에 이르렀다. 현종(顯宗) 원년에 거란(契丹)의 군주가 서경(西京)을 공격하여 아군의 패전 보고를 받았다. 이에 신하들이 항복을 논의하니 강감찬이 불가하다고 하며 말하기를 "오늘의 사태는 죄가 강조(康兆)에게 있으니 우려할 바는 아닙니다. 다만 중과부적(衆寡

不敵)이니 적의 예봉을 피하고 천천히 부흥을 도모해야 할 것입니다"
하고, 마침내 왕에게 남쪽으로 몽진(蒙塵)[4]하기를 권하고 사신을 보내
화친을 청하니 거란군이 물러났다. 9년에 강감찬이 서경수(西京守) 내
사시랑(內史侍郞) 문하평장사(門下平章事)에 제수되니 왕이 손수 적기를

경술년에 북방 유목민의 변란이 있어	庚戌年中有虜塵
적군이 한강까지 침공하였지	干戈深入漢江濱
당시에 강공의 계책 쓰지 않았더라면	當時不用美公策
온 나라 모두 유목민이 되었겠지	擧國皆爲左袒人

라 하니, 사람들이 모두 영예롭게 여겼다.

　이후에 거란의 소손녕(蕭遜寧)이 침략할 때 10만 대군이라 불렸다.
당시 강감찬이 서북면 행영도통사(西北面行營都統使)가 되었더니 왕이
강감찬을 상원수(上元帥)에 임명하고 강민첨(姜民瞻)을 부장에 임명하
였다. 강감찬이 병사 20만 8천 3백을 거느리고 흥화진(興化鎭)에 당도
하여 기병 1만 2천을 선발하여 산골짜기 안에 매복하고 거대한 동앗줄
로 소가죽을 꿰어 성 동쪽의 큰 개울을 막고 기다리다가 적군이 당도하
자 막았던 개울을 터트리고 매복한 군사를 내어 적군을 크게 격파하였
다. 소손녕이 병사를 이끌고 바로 개경(開京)으로 진격하자 강민첨이
자주(慈州)의 내구산(來口山)까지 추격하여 다시 크게 격파하였다. 이듬
해 정월에 거란이 경사(京師) 인근에 당도하자 강감찬이 병마판관(兵馬
判官) 김종현(金宗鉉)을 보내 병사 1만을 거느리고 행군 속도를 배로 늘
려 개경에 들어와 방어하게 하였다. 이에 거란이 군사를 돌려 연주(漣
州)·위주(渭州)에 이르거늘 강감찬이 기습하여 5백여 수급을 베었다.

4　몽진(蒙塵) : 먼지를 뒤집어쓴다는 뜻으로, 임금이 급박한 상황에서 궁궐 밖으로 몸을
　피하는 것을 말한다.

2월에 거란군이 귀주(龜州)를 통과하자 강감찬 등이 동쪽 교외에서 요격하였으나 양군이 서로 대치하여 승패를 가리지 못하였다. 갑자기 비바람이 남쪽에서 불어와 군기가 북쪽을 향하니 아군이 그 기세를 타고 용기백배하여 격렬히 공격하였다. 거란군이 북쪽으로 달아나자 추격하여 반령(盤嶺)에 당도하니, 시신이 벌판을 덮었으며 포로와 말, 낙타, 갑옷, 병기 등의 전리품을 이루 다 셀 수 없었다. 강감찬이 삼군을 거느리고 개선하여 돌아와 포로와 전리품을 바쳤다. 왕이 영파역(迎波驛)에서 직접 마중하여 채붕(綵棚)을 엮어 세우고 음악을 갖추어 장수와 병졸을 위해 잔치를 베풀었다. 왕이 금화(金花) 여덟 가지를 강감찬의 머리에 직접 꽂아주고 왼손으로 손을 잡고 오른손으로 술잔을 들며 위로와 찬탄을 금하지 못하였다. 도성에 성곽이 없어서 강감찬이 나성(羅城)의 축조를 간청하니 왕이 이를 따랐다.

　강감찬은 성품이 청렴하고 검소하여 생업을 돌보지 않았다. 체격이 왜소하고 용모가 볼품 없으며 차림새가 남루하여 중인을 넘지 않았으되, 정색하고 조정에 서서 대업에 임해 대책을 결정하니 나라의 우뚝한 지주가 되었다. 당시 세상이 태평하고 백성이 편안하여 국내외가 편안한 것은 강감찬의 공로였다. 덕종(德宗) 연간에 사망하니 향년 84세였고 시호를 인헌(仁憲)이라 하였다.

사조

열사 정재홍(鄭在洪) 군을 곡하다 漢

회원 한교학(韓敎學)

소식 듣고 아연히 외쳐본들 어쩌랴	接報瞠然喚奈何
이 사람 이 거사 허물 없으니	斯人斯擧得毋過

| 헌신하여 희생적 죽음 달게 받았고 | 獻身甘作犧牲死 |
| 애국정신의 일념 많았지 | 愛國精神一念多 |

태평성대에 생장한 이 백성들	太平生長爾紳民
보답을 지금 몇 명이나 보였던가	報答如今見幾人
취생몽사하던 2천만 백성	醉裏夢中二千萬
각자 정신 차려 일시에 각성하네	一時回省自精神

예전 봄날 안면 익힌 때 기억나니	記得前春識面時
인명의숙(仁明義塾) 홀로 지켰지	仁明黌舍獨維持
이제부터 항구 내 청년자제들	從今港內青年子
신지식의 계몽을 다시 누구에게 의지하리	牖發新知復仗誰

문원

경성 역사의 개요

회원 김달하(金達河)

1. 경성의 연혁 개요

경기도는 전국의 중앙에 자리하니, 동북쪽으로 강원도와 경계를 접하고 서쪽으로 황해도와 접하고 남쪽으로 충청남북도와 접하고 서쪽으로 인천 바다의 팔미도(八尾島)를 아우르고 있다.

수도는 경성인데 한성(漢城), 한양(漢陽), 황성(皇城)이라고도 불린다.

본도(本道)는 고대에 마한(馬韓) 지역이었다. 한(漢)나라 성제(成帝) 홍희(鴻喜) 3년, 고구려왕 고주몽(高朱蒙)의 차자(次子)인 고온조(高溫

祚)가 비로소 나라를 세우고 국호를 십제(十濟)라 하고 한강의 북쪽 위
례성(慰禮城)에 도읍하니 위례성은 경성 혜화문(惠化門)–동소문(東小門)– 밖
성터의 옛 명칭–혹은 위례성이 지금의 충청남도 직산군(稷山郡)이라고도 한다–이다. 인
근 각 부락의 백성들이 점차 모여들어 패업의 실마리가 어느 정도 잡히
자 국호를 백제로 개칭하니 고온조는 백제의 건국시조가 되었다.

그로부터 13년 뒤에 고온조가 신하들과 논의하기를 "우리나라는 동
쪽으로 낙랑(樂浪)과 접하고 북쪽으로 말갈(靺鞨)과 접하고 있다. 그러
므로 침략과 토벌이 늘 끊이지 않는 것이다. 마땅히 요충지를 찾아서
근거지를 확보하는 것이 좋겠다." 하고는 남한산 아래로 천도하니 이곳
이 바로 현재 광주(廣州) 고읍(古邑)인데 하남(河南) 위례성(慰禮城)이라
불린다.

얼마 지나지 않아 고온조가 승하하고 몇 세대를 거쳐서 개루왕(蓋婁
王) 5년 봄 2월에 북한산성(北漢山城)을 축수하고 궁궐을 창건하니 현재
경성의 한양동(漢陽洞)이 그 옛터라고 한다.

그 이후로 도읍을 한수의 남쪽으로 옮기고 북쪽으로 옮기는 등 일정한
국도(國都)가 없었다. 그런데 근초고왕(近肖古王) 26년에 한강의 남쪽에
서 경성으로 옮겨 다시 수도로 정하였다. 그에 앞서 백제가 미약한 탓에
침략에 시달린 나머지 마침내 외적을 피하여 한강의 남쪽으로 천도하였
는데 근초고왕에 이르러 백제의 병력을 키우고 영토를 넓혀서 동쪽으로
신라를 정벌하고 북쪽으로 고구려를 침략하기에 충분한 국력을 확보하
여 옛 도읍인 경성으로 복귀한 것이다. 진사왕(辰斯王) 8년에 고구려왕
담덕(談德)이 경성을 침범하자 담덕의 용병술이 정교하다는 소문을 듣
고 싸우기도 전에 두려워한 나머지 한강 북쪽의 여러 부락을 잃었다.
문주왕(文周王)이 한강의 남쪽으로 천도한 이후로는 한강의 남북이 전부
고구려에 복속되었다. 신라 진흥왕(眞興王) 16년에 백제 위덕왕(威德王)
이 북한산(北漢山)을 순행하여 신라와 고구려의 경계를 삼각산(三角山)

의 덕수하(德水河)로 정하고 18년에 북한산주(北漢山州)를 두었다.

이로부터 106년이 지나 백제 의자왕(義慈王) 19년에 신라가 당나라 군사를 빌려 백제를 멸망시키고, 그로부터 8년이 지나 신라가 다시 당나라 군사와 함께 고구려를 멸망시켰다. 이로부터 신라가 삼국통일의 대업을 이루어 조선 전도(全道)가 다 신라에 복속되기에 이르렀다.

신라 경덕왕(景德王) 15년에 이르러 한양군(漢陽郡)이라 비로소 개칭하였다. 신라가 멸망한 후 고려 초년에 양주(楊州)라 개칭하고 문종(文宗) 대에 이르러 남경(南京)이라 개칭하고 문종 21년에 신궁(新宮)을 창건하였다.

그로부터 27년이 지나 숙종(肅宗) 원년에 이르러 김위제(金謂磾)라는 자가 신라 승려 박도선(朴道銑)의 밀기(密記)에 근거하여 양주(楊州)의 목멱양(木覓壤)에 도성을 세워 남경(南京)으로 천도해야 한다고 주청하였다. 이에 숙종 6년에 개창도감(開創都監)을 설치하고 평장사(平章事) 최사추(崔思諏)와 주지사(奏知事) 윤관(尹瓘) 등에게 부지를 살피게 하고 그 복명에 의하여 최사추·윤관 외에 어사대부(御史大夫) 임의(任懿)에게 공사를 감독하게 하니 5년 만에 도성을 완공하고 7년 만에 남경의 경계를 정하여 궁궐을 세웠다. 2년이 지나 낙성(落成)의 공적을 보고하니 왕이 행차하였다.

공민왕(恭愍王) 6년에 이제현(李齊賢)에게 명하여 궁궐을 중건하게 하였다. 그에 앞서 인종(仁宗) 6년에 남경의 궁궐에 화재가 나서 대부분 전소되었다. 당시 승려 보우(普愚)의 참설(讖說)을 믿은바 "한양에서 왕이 될 자가 이씨라"고 하기에 오얏나무를 대거 심고는 늘 그 새순을 잘라내 생장을 방해하여 그 왕기(王氣)를 근절하는 저주를 내리고 궁궐을 중건하였다. 신우왕(辛禑王) 8년에 도읍을 이 지역으로 옮겼다가 이듬해에 개경으로 복귀하고 15년에 한양 중흥산성(重興山城)을 수축하니 현재 북한산 성내에 있다. 고려는 그로부터 3년이 지나 공양왕(恭讓王)

에 이르러 멸망하였다. 우리 태조대왕(太祖大王)께서 이 지역을 수도로 정하고 국호를 조선이라 개칭하였다.

애초에 태조께서 개성에서 즉위한 지 얼마 지나지 않아 천도할 논의를 정하고 충청도 공주(公州) 계룡산(鷄龍山) 아래 남방에 부지를 살펴서 도읍을 정하고 궁궐의 공사에 착수하였다. 하지만 이윽고 중지하고 한양에 도읍을 세울 논의를 결정하여 승려 무학(無學), 문신 정도전(鄭道傳)·남은(南誾)·이직(李稷) 등으로 하여금 면악(面岳)-백악(白岳)-의 남목멱(南木覓)-남산- 북쪽의 부지를 살피도록 하였다. 이에 만년 제왕의 기초를 이 지역을 버리고 다른 지역에서 찾아서는 안 된다고 하여 드디어 천도를 결정하였다. 궁궐의 건축을 논의하던 날 승려 무학이 간절히 동향을 주장하고 정도전은 남향을 주장하였다. 정도전의 설이 승리하니 남면으로 정전(正殿)을 세우고 3년 가을 9월에 종묘와 궁궐을 완공하고 11월에 도읍 전부를 이 지역으로 이전하였다. 5년 정월에 조준(趙浚)에게 명하여 도성을 축조하게 하였다. 서북 지역 삼도(三道)의 민부(民夫) 11만 9천 명을 징발해 2월 말이 되어 해산시켰고, 가을 8월에 다시 강원도·경상도·전라도 삼도의 민부(民夫) 7만 9천 명을 모집해 석재로 축조하여 9개월 만에 완성하니 둘레가 주척(周尺)으로 9,775보이고 높이가 40척 2촌이다. 도성에 여덟 문을 세우니 남문은 숭례(崇禮)-남대문-이고 북문은 숙정(肅靖)-북문-이고 동문은 흥인(興仁)-동대문-이고 서문은 돈의(敦義)-신문(新門)-이고 동북문은 혜화(惠化)-동소문(東小門)-이고 서북문은 창의(彰義)이고 동남문은 광희(光凞)-수구문(水口門)-이고 서남문은 소의(昭義)-서소문(西小門)-이다. 광희문과 소의문 두 문 외에는 도성 내에 망자의 출입을 엄격히 금하였다. 이로부터 오늘까지 514년이 되었다.

2. 경성의 지세

경성의 지세는 옛 지나에서 관측하여 북극고(北極高) 37도 29분 10초로 정하였다. 그후 여러 천문학자들의 관측에 의하여 북위 37도 35분으로 확정하니 영국의 '그리니치' 동경 127도에 자리하고 있고 그 사면이 산으로 둘러싸여 있다.

백두산은 한국과 청국의 경계에 솟아 있다. 그 한 지맥이 함경도에서 천여 리를 굽이져서 평강군(平康郡) 분수령이 되고, 다시 수백 리를 이어와서 영평군(永平郡) 백운산이 되고 여기서 서남쪽으로 이어 양주군(楊州郡) 불곡산이 되고 다시 남쪽으로 둘러 도봉산이 되고 이 산이 곧장 치달려 한쪽이 낮고 한쪽이 높은데 바로 삼각산이다. 삼각산은 백운대(白雲臺), 국망봉(國望峰), 인수봉(仁秀峰) 세 봉우리를 통칭한 것인데 또한 북한산이라 칭하기도 한다.

국망봉에서 남쪽을 향하여 문주봉(文珠峰)・보현봉(普賢峰) 두 봉우리가 일어나니 바로 한양 정맥(正脈)이다. 보현의 한 지맥이 서쪽으로 치달려 비봉(碑峯)이 되고 동쪽으로 사모암(紗帽岩)이 있다. 백제의 시조 고온조가 그 형인 비류(沸流)와 함께 남쪽으로 와서 부아악(負兒岳)에 올라 그 도읍할 부지를 조망하고, 신우왕(辛禑王) 6년에 부아악이 무너졌다고 하는데, 바로 이 봉우리라고 한다.

보현봉의 정맥은 굽이와 기복이 이어져 백악산이 되고 백악산 우측의 한 지맥이 서북쪽으로 흘러서 인왕산(仁王山)이 되고 그 지맥이 서남쪽에 평지를 굽이져서 정남쪽에 목멱산(木覓山)이 되고 또 인왕산의 한 지맥은 서쪽으로 떨어져 모악(母岳)-일명 안현(鞍峴) 혹은 기봉(岐峯)이라 한다-이 되고 다시 남쪽으로 치달려 원현(圓峴)이 되고 모악이 따로 떨어져 와우(臥牛), 백련노고(白蓮老姑), 용산(龍山) 등의 산이 된다.

백악산에서 동쪽을 향하여 한 지맥이 남쪽으로 응봉(鷹峰)이 되니 아래로 동궐(東闕)의 기초를 열고 동쪽으로 성균관의 기초가 되고 혜화문을 경유하여 산세가 다시 동쪽으로 치달려 낙타산(駱駝山)이 된다. 산세가 이와 같으니 경성은 북쪽으로 백악산 응봉을 지고 있고 서북쪽으로 인왕산이 우뚝 서 있고 동쪽으로 낙타산이 솟아 있고 남쪽으로 목멱산의 전 봉우리를 마주하고 있다.

3. 경성의 하류(河流)

경성의 동면과 남면으로 회류(回流)하는 한강은 옛날 삼국시대에는 한산하(漢山河)라 칭하고 고려 시대에는 사평도(沙平渡)라 칭하니 이른바 열수(洌水)가 그것이다. 본조에 이르러 한강이라 칭하니 두만강, 대동강, 압록강, 금강, 낙동강 등과 같이 우리나라 12강의 하나로 헤아려 그 이름이 가장 드러났다. 그 수원은 세 군데. 하나는 강원도 강릉 오대산 우통수(于筒水)에서 발원하고 하나는 강원도 회양(淮陽) 금강산 만폭동(萬暴洞)에서 발원하고 하나는 충청도 보은 속리산 문주대(文珠臺)에서 발원한다. 강원도 14군과 충청도 12군과 경기도 16군의 여러 강물이 합류해 광진(廣津)에 이르러 제1강이 되고, 서쪽으로 10리나 흘러 송파도(松坡渡)에 이르러 제2강이 되고, 그 아래 삼전도(三田渡)와 독도(纛島)를 경유해 경성 내의 계수(溪水)와 합쳐서 보강(普江)을 지나 한강에 이르러 제3강이 되고, 다시 서쪽으로 따라 흘러 서빙고(西氷庫), 동작도(銅雀渡)를 지나 노량진에 이르러 제4강이 되고, 다시 서쪽으로 흘러 용산과 마포를 지나 양화진에 이르러 제5강이 되고 마침내 서쪽으로 흘러 바다로 들어간다. 이상을 총칭하여 오강(五江)이라 한다. (미완)

시보

시보

8월 5일

○ 연호 반포 : 연호를 융희(隆熙) 원년으로 개정하고 전전날 각부에서

13도에 훈령하기를 "대황제 폐하의 대연호를 8월 3일 이후로 각항의 문첩(文牒)에 아울러 일호로 개정하라." 하였다.

9일

○ 황태자 책봉 : 조서에 이르시길 "영왕(英王) 은(垠)을 황태자로 책봉하는 의절(儀節)을 궁내부 장례원에 명하여 전례에 비추어 거행하게 하라." 하셨다.

○ 경절(慶節) 개칭 : 황제 폐하의 탄신 경절을 건원절(乾元節)로 개칭하셨다고 한다.

○ 태묘(太廟) 전알(展謁) 조칙 : 조칙에 이르시길 "태묘에 전알할 것이니, 날짜는 중추(仲秋) 초열흘 사이로 가려 정하라." 하셨다.

○ 황후 추봉(追封) 시의 정사(正使)와 부사(副使) : 황후 추봉 시의 정사로 완순군(完順君) 이재완(李載完) 씨, 부사로 정2품 정한조(鄭漢朝) 씨를 임명하였고, 황후 진봉(進封) 시의 정사로 완평군(完平君) 이승응(李昇應) 씨, 부사로 태학사(太學士) 김학진(金鶴鎭) 씨를 임명하였다고 한다.

12일

○ 귀국 제씨 : 일본에 장기간 체류한 조희연(趙羲淵), 유길준(兪吉濬), 장박(張博), 이범래(李範來) 씨 등이 귀국차 오늘 도쿄에서 출발하였다는 전보가 있었다 한다.

13일

○ 상호택길(上號擇吉) : 태황제 폐하 상호망(上號望)은 '수강(壽康)'으로 봉칙(奉勅)하였다고 한다.

○ 교사가 새로 도착하다 : 기독교청년회 영어 총교사(總教師)는 미국 펜실베니아 주 프린스턴 대학교의 졸업생 쓰아이더[5]가 임명되어 조

---

5 쓰아이더 : 미상이다.

만간 도착할 예정이라 한다. 그는 문학, 철학, 심리학 등을 전공하여 학사학위를 취득하였다고 한다.

15일

○ 청년회 위원 파견 : 10월경에 만국기독교청년회 대회를 워싱턴에서 개최하여 구미 여러 나라와 일본, 청나라, 인도 등의 각 청년회에서 위원을 파견해 참여토록 할 터인데, 대한청년회에서는 윤치호(尹致昊) 씨가 위원으로 선정되어 다음 달 8일경에 출발한다고 한다.

16일

○ 이어(移御) 조칙 : 조서에 이르시길 "마땅히 경복궁으로 이어하겠다. 수리하는 절차를 궁내부에서 신속히 거행하도록 하라." 하셨다.

○ 성은(聖恩)을 내리다 : 종2품 이준용(李埈鎔) 씨가 자수하자 교지를 내리시길 "연전의 옥초(獄招)가 짐은 애매하다고 생각한다. 그와 같은 처지에 그와 같은 지조를 지녔는데 어찌 문제 삼은 사람의 말에 가깝겠는가. 심문할 필요가 없다. 원래의 공안은 말소하라." 하셨다.

8월 19일

○ 조칙 특하(特下) : 조칙에 이르시길 "짐이 시정을 개선하여 세상에 유신(維新)을 도모할 것이니 이는 반드시 짐 자신부터 시작할 것이다. 즉위일에 단발과 융장(戎裝)을 행할 것이니, 신료들은 다 알아서 짐의 뜻을 헤아리려." 하셨다.

○ 황태자의 참위(參尉) 임명 : 황태자 전하께서 육군 참위에 임명되셨다.

8월 20일

○ 중추원 헌의(獻議) : 어제 중추원에서 예회(例會)를 개최하고 강홍두(康洪斗) 씨가 건의한 지방 국민의 소란을 진정시킬 사안과 이민설(李敏卨) 씨가 건의한 승려의 혼인 사안과 박시병(朴是秉) 씨가 건의한 개가법과 관혼상제(冠婚喪祭) 사례(四禮)를 개정할 사안과 각도 각군의 교토(校土)·원토(院土) 및 서리(胥吏)와 군교(軍校) 소속의 논밭과

남은 사환미(社還米) 등을 조사하여 학교에 부칠 사안과 국민의 남녀 의복 제도를 각기 균일하게 개정할 사안과 지방의 인구와 토지를 조사하여 자치 제도를 실시할 사안과 본원 직권 실시 사안 등의 가부를 결정하여 내각에 헌의하였다.

23일

○ 즉위식 : 대황제 폐하께서 이달 27일 오후 5시에 돈덕전(惇德殿)에서 즉위식을 거행하셨다. 참여 인원이 730인이고 참여석 순서는 내외 문무백관이니, 식장이 협소한 까닭에 이같이 제한하였다고 한다.

26일

○ 의장 제도의 신식화 : 조서에 이르시길 "시대적 상황이 변하니 이제부터 동가(動駕) 시의 시위대(侍衛隊) 군사의 수를 취품(取稟)하는 등의 구식 규례를 전부 폐지하고, 모든 의장물(儀仗物)은 내외 사례를 참작하여 신식으로 별도로 정하여 들여보내라." 하셨다.

○ 옥책문 재가 : 존봉도감(尊奉都監)에서 엊그제 옥책문(玉冊文) 초도서(初度書)를 태황제께 바쳤다. 즉시 재가(裁可)되니 서사관(書寫官) 윤용구(尹容求) 씨가 정서하였다고 한다.

○ 각 도의 농업 현황 : 금년 각 도의 농업 현황을 열거하면 함경남북도는 풍년이고 평안북도는 풍흉이 따로 없고 평안남도는 십분의 칠이 풍년이고 충청남북도, 경기도, 황해도 등은 풍년이고 경상남북도는 풍년이고 전라북도는 십분의 육이 풍년이고 전라남도는 풍년이라고 한다.

27일

○ 정씨 출각(出脚) : 신사 정운복(鄭雲復) 씨의 문장 및 명예가 현저함은 전 사회가 다 아는 일이다. 정운복 씨를 학부 편집국위원으로 내정하고 매일 몇 시간씩 출근하여 사무를 보게 하여 주임관에 상당하는 수수료를 지급하기로 약정하고 이듬해부터 해당 부서 주임관으로 서용(敍用)한다고 한다.

28일

○ 5도의 선유사(宣諭使) : 내각에서 상소를 올리기를 "경기도, 강원도 등지에 불령(不逞)한 도당이 우민(愚民)을 선동하더니 끊임없이 집합하고 해산하면서 성읍을 침략하며 장리(長吏)를 학살하는데 그 형세가 몹시 거셉니다." 하니, 경기도 선유사로 정인흥(鄭寅興)을, 경상북도로 김중환(金重煥)을, 강원도로 홍우철(洪祐哲)을, 충청남북도로 이순하(李舜夏)를 임명하여 그들로 하여금 나누어 가서 효유(曉諭)하여 해산토록 하고, 그 나머지 각 도 역시 해당 도 관찰사로 하여금 일체 칙유하여 며칠 내로 안정시키도록 하고, 그 정황을 순서대로 빠짐없이 기록하여 올리도록 하였다.

9월 2일 -음력 7월 25일-

○ 본일은 바로 우리 태황제께서 탄생하신 만수경절(萬壽慶節)이다. 각 부(部)・원(院)・청(廳)과 각 사회와 각 관・사립학교에서 일제히 경축하였다.

동 5일

○ 자살 명확 : 헤이그 평화회의에 갔던 이준(李儁) 씨의 별세 보도가 나왔는데, 혹은 병사라고 하고 혹은 자살이라 하여 의혹이 분분하다. 그런데 어제 헤이그에서 온 소식에 의하면 이준 씨가 음력 6월 6일에 회석에서 통곡하며 자살한 사실이 명백하기에 이준 씨의 부인이 발상(發喪)하였다고 한다.

동 6일

○ 봉군(封君) 처분 : 이준용(李埈鎔) 씨를 장차 봉군하라는 처분을 하명하셨다고 한다.

○ 박사의 새로운 시험 선발 : 학부에서 박사를 시험으로 선발한다는데, 매년 30명씩 경의(經義)와 문대(問對)로 시험 선발하다가 올해는 정원을 50명으로 한정하여 특별히 신학문과 구학문에 익숙한 인사를

선발할 예정인데, 초시(初試)는 지방관이 시험하고 재시(再試)는 학부에서 시행한다고 한다.

동 7일

○ 책봉 거행 : 금일 황태자의 책봉 예식을 거행하는데 종친과 문무백관이 일제히 참여한다고 한다.

동 9일

○ 죄명 탕척(蕩滌) : 조서에 이르시길 "개국 504년 8월의 사변은 짐이 차마 말하지 못하겠다. 진범은 지난번에 벌써 사형되었고, 그밖의 사람들이 사실 죄가 없음을 짐은 분명히 알고 있다. 그런데 아직도 갈피를 못 잡고 줄곧 불문에 부치니 쇄신과 화해를 도모하는 뜻이 전혀 아니다. 김홍집(金弘集), 정병하(鄭秉夏), 조희연(趙羲淵), 유길준(兪吉濬), 장박(張博), 이두황(李斗璜), 이범래(李範來), 이진호(李軫鎬), 조희문(趙羲聞), 권동진(權東鎭) 등의 죄명을 전부 탕척하라." 하셨다.

동 11일

○ 체조 사관 선거 : 학부 학무국에서 사범학교, 고등학교, 각 어학교 등에 통첩하기를 "각 귀교의 체조 교사를 촉탁(囑託)으로 임용하겠으니 전 무관 중에 체조 사무에 능숙한 인물 1명을 선출하여 본부로 회동하여 협의하라." 하였다.

동 12일

○ 보조금 문제 : 오사카『마이니치신문(每日新聞)』에 따르면, 한국의 정무비를 시급히 보조할 예정이라 당장 국고잉여금을 유용하여 지출하고 제24회 의회에서 사후 승낙을 청구할 예정인데, 그 지출의 명목에 대해서는 일설에 따른즉 "한국이 완전히 독립을 잃어 일본의 속국이 된 것이 아닌데도 우리나라가 직접 정비(政費)를 보조한다면 한국과 일본 양국에 명분상 불가함이 있다. 그렇다면 사실상 보조와 차이

가 없지만 차관의 명분으로 보조하는 편이 훗날 양국 간에 문제가
발생할 경우에 더 나을 것이니 지금 차관의 명분으로 보조하는 것이
일본에 유익하다."는 것이었다.

동 14일

○ 조서에 이르시길 "종2품 이준용(李埈鎔)은 종1품으로 특초(特超)하고
영선군(永宣君)에 봉하노라." 하셨다.

국내우체요람(國內郵遞要覽)

3. 금전 징수 방법 : 대금 영수증, 주식 분리권(分利券), 공채(公債)나
사채(社債)의 이권, 보험납부금 영수증 등을 소지하고 와서 출급을
원하는 사람은 이에 대해 채무자에게 현금을 징수하는 방법을 우편
국에 위탁할 수 있다. 단, 이 처리를 청구할 때는 증권 1매에 금 5전
을 납부해야 한다. 징수금을 수령할 때는 다음과 같은 요금을 다시
납부해야 하며 그 금액의 제한은 1,000원까지로 한다.
금액 10원까지는 5전으로 하되, 10원 이상 100원까지는 그 초과액
에 대해 10원당 4전, 100원 이상 1,000원까지는 그 초과액에 대해
10원당 3전이다.

4. 우편환전을 통한 송금 방법 : 한국인 사이에서 행하는 송금 방법을
살펴보면 오직 사람에게 맡겨 보내거나 소나 말에 실어 보내는 것이
보통이다. 이러한 이유로 시간과 노력과 비용의 낭비가 막대하니,
이제부터 우편환전의 방법을 통해 송금하면 지극히 편리함을 알 수
있을 것이다.
우편환전이란 대한 전국 도처에 산재한 우편국에서 송금자의 위탁을

받아서 송금을 처리하는 것이다. 그 순서는 관민 상하를 막론하고
어디의 누구에게 보내줄 금전을 우편국에 와서 납부하면 우편국은
송금자에게 영수증표와 환전표를 교부한다. 송금자가 자비로써 해당
환전표를 금전수령자에게 우편으로 발송하면 해당 환전표를 수령한
자는 그 소재지 우편국에서 동일한 금액의 금전을 찾는 것이다.
우편국 상호 간의 송금은 현금을 체전(遞傳)하는 것이 아니다. 이 우
편국에서 저 우편국으로 통지 한 통을 발송하여 어디의 누구에게 금
전 얼마를 출급하라는 뜻을 전할 뿐이다. 이 통지를 받은 우편국에서
송금자가 지정한 인물에게 금전을 출급하는 규정이니, 송금 도중에
도둑을 맞는 등의 우려가 전혀 없음은 굳이 말할 필요도 없거니와
간단하며 신속하고 또 저렴한 비용으로 송금할 수 있는 것이다.

○ 송금의 저렴과 균일

우편국의 송금 집행에 대해 송금자가 납부할 수수료는 송금액의 다소에
따라 차등이 있으니, 다음 표와 같다. 대한 국내에서는 도로의 원근에
구애되지 않고 전부 이 요금으로 송금할 수 있다.

○ 송금 수수료

5원 이내는–이는 소환전(小換錢)이다–	3전
10원 이내는	6전
20원 이내는	10전
30원 이내는	15전
40원 이내는	18전
50원 이내는	22전
60원 이내는	28전
70원 이내는	32전

80원 이내는	37전
90원 이내는	40전
100원 이내는	44전

○ 송금의 확실

금전을 우편국에서 출급할 때는 정당한 수령자임을 충분히 조사하고 증명한 뒤에 출급하니 그 방법의 확실함은 굳이 말할 필요가 없다. 이 송금 방법이 확실하다는 증거 하나를 들자면, 수령자에게 금전을 출급하기 전이라면 송금자가 되찾을 수 있다는 것이다. 그러므로 송금자가 손실을 입는 경우는 전혀 없다.

○ 송금 절차

송금 청구자는 우편국에 가서 통상환전송부 청구서 용지를 교부받아 이에 상당하는 사항을 기입하고 송부하고자 하는 금전과 수수료를 첨부하여 제출한다. 이에 대한 통상환전표와 환전영수표를 수취할 수 있다.

소환전으로 송금하고자 할 때는 송금하는 금전에 수수료를 첨부하여 제출하고 이에 대한 소환전표 및 환전영수표를 수취할 수 있다. 청구자는 앞서 기술한 환전표를 자비로 수취인에게 송부한다. 환전영수표는 자신이 보존할 수 있다. (미완)

회보

회계원 보고 제11호

| 19원 63전 | 회계원 임치 조(條) |
| 100원 | 한성은행 저축금 중 인출 조 |

30원 52전   월보 대금 수입 조, 우편비용 포함

합계 150원 15전

○ 제11회 신입회원 입회금 수납 보고

나상목(羅相穆) 계학서(桂鶴瑞) 김희작(金熙綽) 김광호(金光鎬)

윤 경(尹 燗) 이홍준(李弘濬) 홍순걸(洪淳杰) 김상준(金商俊)

황재순(黃在淳) 조일근(趙一根) 엄원선(嚴元善) 백낙준(白洛俊)

박태유(朴泰裕) 조동검(趙東儉) 김영철(金永哲) 최성률(崔聖律)

최석하(崔錫夏) 이명환(李明煥) 장명호(張明昊) 최득수(崔得守)

이준명(李俊明) 박기화(朴基華) 이남기(李楠基) 김주헌(金周憲)

배명선(裴明善) 황성룡(黃成龍) 김시혁(金時赫) 김정무(金廷懋)

최병주(崔秉周) 이석기(李碩基) 김경환(金景煥) 이승근(李昇根)

김희벽(金熙璧) 장석하(張錫夏) 문시정(文時禎) 백도원(白道源)

이민정(李敏正) 최학제(崔學濟) 이인화(李寅華) 이수은(李洙殷)

이수기(李洙基) 최서환(崔瑞煥) 정용일(鄭龍日) 정봉소(鄭鳳詔)

유봉문(劉鳳文) 정치경(鄭致璟) 정봉래(鄭鳳來) 방제선(方濟善)

정경억(鄭敬億) 정석태(鄭錫台) 안 호(安 灝) 김승익(金昇翼)

김윤근(金潤根) 장응룡(張應龍) 이의정(李儀貞) 손효칙(孫孝則)

김덕렴(金德濂) 송지찬(宋之贊) 김병현(金秉鉉) 박의형(朴宜衡)

김석규(金錫奎) 김학천(金學天) 강홍묵(姜弘默) 김창규(金昌奎)

강흥주(姜興周) 김찬선(金贊善)

각 1원씩

합계 66원

○ 제11회 월연금 수납 보고

박용수(朴龍洙) 20전	3월 조	
박용수(朴龍洙) 80전	4월부터 11월까지 8개월 조	
이완영(李玩瑛) 1원	6월부터 2년 3월까지 10개월 조	
김세호(金世昊) 40전	2월부터 3월까지 2개월 조	
김세호(金世昊) 50전	4월부터 8월까지 5개월 조	
계학서(桂鶴瑞) 1원	10년 11월부터 11년 3월까지 5개월 조	
김희작(金熙綽) 1원	10년 11월부터 11년 3월까지 5개월 조	
김형섭(金亨燮) 20전	7월부터 8월까지 2개월 조	
최창립(崔昌立) 20전	3월 조	
최창립(崔昌立) 90전	4월부터 12월까지 9개월 조	

합계 6원 20전

○ 제11회 기부금 수납 보고

김달하(金達河) 40원   8월 월급 조

합계 40원

이상 4건 총합 262원 35전 이내

○ 제11회 사용비 보고 : 8월 15일부터 9월 15일까지

2원 73전	양지봉투(洋紙封套), 소필(小筆), 성냥 값 포함
10원	10호 월보 인쇄비 완납 조
54전	11호 월보 미국 각 사회 송달 시 우편료 조
50전	고아원 유리창[6] 기부 조

---

6 유리창 : 원문에는 '硝子票'로 되어 있다. '票'를 '窓'의 오기로 판단하여 위와 같이 번역
   하였다.

4원 50전　　　　5리 우표 900매 값

1원　　　　　　각 신문사 간친회 시 비용 조

125원　　　　　각 사무원 8월 월급 조

4원　　　　　　하인 월급 8월달 20일치 일급 조

67원　　　　　11호 월보 인쇄비 지급 조

합계 215원 27전 제외하고

잔액 47원 8전 이내.

30원 한성은행 저축금 제외하고

잔액 17원 8전 회계원 임치.

한성은행 저축금 도합 930원.

광무 10년 12월 1일 창간		
회원 주의		
회비 송부	회계원	한성 북서(北署) 원동(苑洞) 12통 12호 서우학회관 내 박경선(朴景善) 김윤오(金允五)
	수취인	서우학회
원고 송부	편집인	한성 북서 원동 12통 12호 서우학회관 내 김달하(金達河)
	조건	용지 : 편의에 따라 기한 : 매월 10일 내
주필		박은식(朴殷植)
편집 겸 발행인		김달하(金達河)
인쇄소		경성일보사(京城日報社)
발행소		한성 북서 원동 12통 12호 서우학회
발매소		황성 중서(中署) 포병(布屛) 밀 광학서포(廣學書舖) 김상만(金相萬) 평안남도 평양성 내 종로(鐘路) 대동서관(大同書觀) 평안북도 의주(義州) 남문 밖 한서대약방(韓西大藥房) 황해도 재령읍 제중원(濟衆院)
정가		1책 : 금 10전(우편비용 1전) 6책 : 금 55전(우편비용 6전) 12책 : 금 1환(우편비용 12전)
광고료		반 페이지 : 금 5환 한 페이지 : 금 10환
회원 주의		

1. 본회의 월보를 구독하거나 본보에 광고를 게재하고자 하시는 분들은 서우학회 서무실로 신청하십시오.
1. 본보 대금과 광고료는 서우학회 회계실로 송부하십시오.
1. 선금이 다할 때에는 봉투 겉면 위에 날인으로 증명함.
1. 본보를 구독하고자 하시는 여러분은 주소와 통호(統戶)를 소상히 기재하여 서우학회 서무실로 보내주십시오.
1. 논설, 사조 등을 본보에 기재하고자 하시는 여러분은 서우학회 회관 내 월보 편집실로 보내주십시오.

○ 광고

민사소송 대리와 형사 변호·감정(鑑定) 고문(顧問)과 법률상 문안 기초 등 일체 사무를 신속 처리하오니 계쟁(係爭) 사건이 있는 분들께서는 꼭 문의하십시오.

융희 원년 8월 27일
한성 서서(西署) 송교(松橋)-신작로- 43통 2호
변호사 허헌(許憲), 변호사 옥동규(玉東奎)
합동법률사무소

○ 광고

해주(海州) 본회 박창진(朴昌鎭) 씨를 월보 대금 수입위원으로 특별히 정하였으니 해당 지역 여러분은 월보 대금을 일제히 이분에게 보낼 것.

○ 광고

제9호 국채 보상 수입 광고 제4회의 '의장택(義張澤)'은 '장의택(張義澤)' 씨로 수정하고 제10호 이분 이름 아래 '1원'은 중복된 것이기에 무효로 함.

○ 영업 개요

-만 가지 서적의 구비는 본관의 특색-

△ 종교와 역사 서적	○ 내외 도서 출판	△ 법률과 정치 서적
△ 수학과 이과 서적	○ 교과서류 발매	△ 수신과 위생 서적
△ 실업과 경제 서적	○ 신문 잡지 취급	△ 어학과 문법 서적
△ 지리와 지도 서적	○ 학교용품 판매	△ 생리와 화학 서적
△ 소설과 문예 서적		△ 의학과 양잠 서적

-배달 우편료의 불필요는 독자의 경제-

(본점) 황성 중서(中署) 포병(布屛) 밑   중앙서관(中央書舘)
(지점) 평북 선천읍(宣川邑) 천변   신민서회(新民書會)

역자소개

권정원 權政媛
부산대학교 점필재연구소 연구원. 한국한문학 전공. 조선후기 문인 이덕무(李德懋)를 연구해 왔으며, 조선후기 문단의 명청문학유파 수용에 주목하고 있다. 주요 논저로 『책에 미친 바보』(2011), 『역주 이재난고』(공역, 2015), 『완역 태극학보』(공역, 2020), 「이덕무의 명청문학에 대한 관심의 추이 양상」(2015), 「이덕무의 경릉파 인식과 수용」(2017) 등이 있다.

신재식 申在湜
부산대학교 점필재연구소 연구원. 한국경학 전공. 조선에서의 명말청초 경학자 고염무(顧炎武) 학설의 수용 사례를 연구하였다. 주요 논저로 「정조조(正祖朝) 경학(經學)의 고염무 경설(經說) 수용 양상」(2017), 「조선후기 지식인의 이광지 수용과 비판」(2017), 「조선후기 고증학과 염약거」(2019), 『완역 태극학보』(공역, 2020) 등이 있다.

장미나 張미나
부산대학교 한문학과를 졸업하고 동 대학원 한문학과 석박통합과정을 수료하였다. 한국고전번역원 부설 고전번역교육원 연구과정을 졸업하였고, 한국고전번역원 번역위원으로 조선왕조실록 번역현대화사업에 참여하고 있다.

최진호 崔珍豪
동아시아학 전공자로 중국의 근대성이 한국에서 갖는 의미를 연구하고 있다. 현재 성균관대, 서울과학기술대학 등에서 강의하고 있다. 주요 논저로 『상상된 루쉰과 현대중국』(2019), 「'모랄'과 '의식화'-한국에서 '루쉰의 태도' 번역의 계보」(2019), 「친선과 연대의 정치성」(2019) 등이 있다.

┌─── 연구진 ───┐

연구책임자	강명관
공동연구원	손성준
	유석환
	임상석
전임연구원	권정원
	신재식
	신지연
	최진호
연구보조원	서미나
	이강석
	장미나

대한제국기번역총서

완역 서우 2

2021년 7월 20일 초판 1쇄 펴냄

역 자 권정원·신재식·장미나·최진호
발행인 김흥국
발행처 보고사

책임편집 황효은
표지디자인 손정자

등록 1990년 12월 13일 제6-0429호
주소 경기도 파주시 회동길 337-15 보고사
전화 031-955-9797(대표), 02-922-5120~1(편집), 02-922-2246(영업)
팩스 02-922-6990
메일 kanapub3@naver.com / bogosabooks@naver.com
http://www.bogosabooks.co.kr

ISBN 979-11-6587-202-1 94910
      979-11-6587-200-7 (세트)
ⓒ 권정원·신재식·장미나·최진호, 2021

정가 32,000원

이 저서는 2017년 대한민국 교육부와 한국학중앙연구원(한국학진흥사업단)의
한국학 분야 토대연구지원사업의 지원을 받아 수행된 연구임(AKS-2017-KFR-1230013)